칼뱅을 읽다

「기독교 강요」로 배우는 칼뱅 신학 사상

(주)죠이북스는 그리스도를 대신한 사신으로
문서를 통한 지상 명령 성취와 하나님 나라 확장을 위해 노력합니다.

Copyright © 2016 by David B. Calhoun
Originally published in English under the title
Knowing God and Ourselves by David B. Calhoun
by THE BANNER OF TRUTH TRUST, 3 Murrayfield Road, Edinburgh EH12 6EL, UK
P.O.Box 621, Carlistle, PA 17013, USA
All rights reserved.

Translated and used by permission of The Banner of Truth Trust through arrangement of rMaeng2, Seoul, Republic of Korea.

This Korean Edition Copyright © 2018 by JOY BOOKS Co., Ltd., Seoul, Republic of Korca.

이 한국어판의 저작권은 알맹2 에이전시를 통하여 THE BANNER OF TRUTH TRUST사와 독점 계약한 (주)죠이북스에 있습니다. 신 저작권법에 의하여 한국 내에서 보호받는 저작물이므로 무단 전재와 무단 복제를 금합니다.

칼뱅을 읽다

「기독교 강요」로
배우는
칼뱅 신학 사상

데이비드 칼훈 지음
홍병룡 옮김

David B. Calhoun

죠이북스

"성령께서는 하나님을 향한 사랑과 뜨거운 경건으로
우리 마음이 불타오르게 하신다."

「기독교 강요」 제3권 1장 3절

주님께 영광을 돌리고 우리의 덕을 세우기 위해
우리가 더욱 경건해지고
하나님이 소유한 거룩한 지혜의 신비를 아는 것을
주께서 허락하시길 기도합니다. 아멘.

칼뱅이 날마다 성경 강의를 시작하며 드린 기도

차례

서문 · 10

「기독교 강요」에 대하여 · 16

1장   창조 세계를 통해 하나님을 아는 지식_ "신성의 거울" · 38
2장   성경을 통해 하나님을 아는 지식_ "안경" · 47
3장   하나님_ "한 본질 속 세 위격" · 58
4장   창조 세계_ "넓고 찬란한 집" · 75
5장   섭리_ "늘 함께하는 하나님의 손길" · 90
6장   타락과 그 결과_ "저주 …… 불타는 용광로" · 104
7장   그리스도 안에서의 구속_ "유일한 문" · 121
8장   십계명_ "은혜의 법" · 132
9장   구약과 신약_ "새벽 …… 정오" · 149
10장 그리스도의 인격_ "밝은 거울" · 158
11장 그리스도의 사역_ "선지자, 왕, 제사장" · 174
12장 성령_ "유대" · 188
13장 믿음_ "종려나무" · 196

14장 회개_ "경주" · 206

15장 그리스도인의 삶_ "본보기와 모범" · 217

16장 칭의_ "중심점" · 236

17장 기도_ "믿음의 주된 훈련" · 258

18장 선택_ "생명의 책" · 284

19장 최후의 부활_ "약속된 영광" · 306

20장 교회_ "어머니와 학교" · 328

21장 교회_ "그리스도의 몸" · 347

22장 로마 가톨릭교회_ "반쯤 부서진 건물" · 359

23장 성례_ "사다리" · 375

24장 세례_ "입양의 상징" · 384

25장 성만찬_ "놀라운 맞바꿈" · 397

26장 시민 정부_ "또 다른 도움" · 415

    결론 · 429
    감사 기도 · 430
    참고 문헌 · 431

서문

이 책의 목적은 칼뱅의 「기독교 강요」를 공부하는 학생들, 특히 입문자들이 그 내용을 잘 이해하도록 돕고, 중요하지만 만만찮은 「기독교 강요」를 끝까지 공부하도록 격려하는 것이다.

나는 칼뱅 신학을 다룬 학자들의 글이 아니라, 칼뱅이 「기독교 강요」에 쓴 내용에 초점을 맞추었다. 이 책은 칼뱅 신학에 관한 또 하나의 책이 아니다. 독자 스스로 「기독교 강요」를 읽도록 권유하는 초대장이다. 「기독교 강요」를 처음 읽는다면, 뜻밖의 사실 몇 가지를 접하게 될 것이다. B. B. 워필드(Warfield)는 "칼뱅은 …… 그가 결단코 부인한 교리들을 그의 주장으로 돌리는 부당한 처우 때문에 대부분의 사람들보다 더 고통 당했다"(*Calvin and Augustine*, 155)고 평가한다.

나는 대체로 칼뱅의 가르침을 비판하지 않았다. 그렇다고 해서 칼뱅이 언제나 옳았다고 생각하는 것은 아니다. 칼뱅도 그렇게 생각하지 않았다. 어려운 성경 구절을 해석할 때, 칼뱅은 자기 견해를 신중하게 변호하고 나서 독자가 무슨 근거로 그 본문을 다르게 해석할 수 있을지 종종 설명한다. 그는 「기독교 강요」에서 성만찬을 광범위하게 다룬 후 이런 말로 마무리했다. "나는 독자들이 자신의 정신적 관심을 이처럼 좁은 범위에 국한하지 말고, 내가 인도할 수 있는 수준보다 훨씬 높이 올라서도록 애쓰길 간절히 바란다"(IV.17.7). 내 목표는 독자가 칼뱅을 이해하도록 돕는 것이다. 독자가 "훨씬 높은 수준까지 올라서는" 일은 다른 이들이 도와줄 것이다.

칼뱅 사상을 온전히 이해하려면 「기독교 강요」는 물론 그의 주석과 소논문, 편지까지 공부해야 하는데, 이는 매우 벅찬 작업이다. 그러나 가장 유명한 책인 「기독교 강요」만 공부해도 칼뱅 신학에 대해 정확한 지식을 얻을 수 있다. 칼뱅의 신학은 평생 동안 거의 변하지 않긴 했지만, 칼뱅이 죽기 5년 전에 완성한 「기독교 강요」 최종판이야말로 그의 성숙한 사상이 담긴 최상의 자료다. 칼뱅은 1559년판 「기독교 강요」가 "모든 부분에 기독교의 전부를 담고" 있고 "그러한 순서로 잘 정리되었기" 때문에 독자로 성경을 더 잘 이해할 수 있게 해주리라고 믿었다 (「기독교 강요」 I:3).

칼뱅 신학의 구체적인 주제를 각각 다룬 책들도 유익하지만 그런 책은 특정 주제를 따로 떼어 놓을 수밖에 없다. 예컨대, 제인 뎀시 더글라스(Jane Dempsey Douglass)는 이렇게 말한다. 칼뱅이 말하는 "그리스도인의 자유"를 논할 때 "「기독교 강요」에서 이 주제를 다룬 장(chapter)만 살펴본다면, 마치 연극의 제2막이 진행될 때 극장에 들어갔다가 마지막 막이 끝나기 전에 떠나는 것과 같다"고 말이다(*Women, Freedom, and Calvin*, 17). 「기독교 강요」의 어떤 교리나 주제를 다루든 마찬가지다. 따라서 「기독교 강요」를 처음부터 끝까지 공부하면서 서로 관련되어 있는 칼뱅 사상의 흐름을 이해하고 그 신학의 모든 범위와 위력을 파악하는 일이 중요하다. 칼뱅의 생애와 영향력, 신학을 다룬 책은 수백 권이나 되지만, 「기독교 강요」를 전반적으로 빠짐없이 다룬 책은 많지 않다.

칼뱅은 성경 읽기의 안내자이자 그가 쓴 주석의 신학적 동반자로서 「기독교 강요」를 썼다. 무엇보다 독자들이 성경의 진리를 깨닫고 나서 하나님을 사랑하고 순종하며 살아가기를 바랐다. 이 책 원서의 부제는 "「기독교 강요」 경건하게 읽기"(Reading Calvin's *Institutes* Devotionally)다. 「기독교 강요」를 경건하게 읽는 일은 단지 칼뱅의 책을 읽는 한 가지 방식이 아니다. **유일한** 방식이다.

이 책의 장 제목은 모두 칼뱅의 글에서 따왔다. 나는 특히 비유 표현을 찾아보았다. 칼뱅에 따르면, "비유가 언어의 눈(eyes)이라고 불리는 것은 단순하고 평범한 언어보다 주제를 더 쉽게 설명해서가 아니다. 주목받을 만한 적절성, 생각을 일으킬 만한 광채, 말하려는 내용을 잘 대변하는 생생한 직유를 통해 더 효과적으로 마음속에 새기기 때문이다"(*Calvin: Theological Treatises*, 319). 각 제목 아래에 인용한 문장은 그 제목을 담고 있는 칼뱅의 글에서 따온 것이다.

상자에 담긴 인용문은 「기독교 강요」의 해당 주제에 관한 중요한 내용을 설명하는 글이다.

이 책의 각 장과 더불어 읽으면 좋을 「기독교 강요」의 장도 표기했다. 이 "읽기" 과제는 1559년 「기독교 강요」의 맥닐-배틀즈(McNeill-Battles)판을 기준으로 삼았다. 서문에서 인용한 글은 제1권의 쪽 번호로 표기했다(예를 들면, I:33). 「기독교 강요」 읽기 과제와 본문에 인용한 「기독교 강요」 내용은 권, 장, 절의 순서로 표기했다. 예컨대, "I.1.1"은 제1권 1장 1절을 의미한다. 칼뱅의 주석에서 인용한 것은 "주석"이라고 표기했으며, 성경 본문이 있을 때는 "주석_ 요 3:16"이라고 표기하였다.

내용을 풍부하게 담고 있으면서도 더 간략한 「기독교 강요」판을 읽고 싶은 사람에게는 로버트 화이트가 1541년 프랑스어판을 영어로 번역한 판을 권한다. 이 영어판 부록에는 1541년판과 1560년판을 비교한 도표가 수록되어 있다.

각 장에 나오는 "성경 본문"은 해당 주제에 관한 칼뱅 사상을 담고 있는 핵심 구절이다. 성경 구절은 ESV에서 인용했다(한국어판은 주로 개역개정판을 사용했고, 필요한 경우 다른 번역판을 사용하고 표기해 주었다_옮긴이).

"주목할 인용문"은 「기독교 강요」나 주석, 설교에서 따온 것으로 그 장의 주제를 기억하기 쉽게 설명한다.

"기도"는 칼뱅의 풍부한 기도문에서 선정한 것으로, 출처는 예전, 설교, 강연, 개인 및 가정 기도 등이다.

2장부터 나오는 "돌아보며 내다보며"는 앞서 칼뱅이 다룬 내용을 간략하게 복습하고, 앞으로 다룰 내용을 살짝 설명한다. 아름다우면서도 때로는 복잡하고 창의적인 「기독교 강요」의 연결 관계를 인식하도록 도와주기 때문에 그 책을 읽을 독자에게는 매우 중요한 부분이다.

각 장은 "하나님과 우리 자신을 알기"로 끝난다. 칼뱅이 다룬 주제를 적용하고 묵상하는 짧은 글로, 우리가 「기독교 강요」를 경건하게 읽어야 한다는 점을 상기시킨다.

배경색이 깔린 인용문들은 출처가 다양하며 칼뱅이 가르치는 내용의 이런저런 측면을 요약하거나 예시하거나 강조한다.

나는 각주를 사용하지 않고 인용문 출처를 본문 안에 표기했다. 인터넷을 활용하면 출처를 쉽게 확인할 수 있다. 이렇게 해서 이 책을 읽을 때, 학문적 부담에서 벗어날 수 있게 했다. 목표는 독자가 칼뱅을 읽게 하는 것이지 각주를 읽게 하는 것이 아니지 않은가!

칼뱅은 "선천적으로 나는 간결함을 좋아한다"고 썼다. 이 글은 「기독교 강요」 배틀즈 번역판 제1권 685쪽에 나온다. 「기독교 강요」의 분량을 보면 칼뱅의 주장에 의문을 품게 되지만, 과거와 현재의 많은 신학과 비교해 보면 칼뱅의 책은 놀라울 만큼 간단명료하다. 나 역시 이 책에서 칼뱅의 충고를 따르려고 애썼다. 나는 이 책이 성경을 안내하는 칼뱅의 「기독교 강요」에 대한 짧고 명료한 안내서이길 바란다.

나는 프린스턴 신학교 박사 과정을 밟기 전에는 「기독교 강요」를 읽은 적이 없었다. 그후에야 칼뱅이 쓴 다른 글들과 칼뱅에 관한 책들과 함께 「기독교 강요」를 꾸준히 읽어 왔다. 그리고 25년 동안 커버넌트 신학교에서 「기독교 강요」 과목을 가르쳤다. 나는 칼뱅을 숭배하지 않는다. 그러나 세월이 흐르면서 교사이자 목회자인 칼뱅을 더 존경하게 되었다. 일상에서 온갖 부담과 압박을 직면하고, 불치의 암과 투쟁하며, 세계에서 일어나는 혼란하고 무서운 사건들을 이해하기 위해 애쓰는 동안 나는 칼뱅이 든든하고 강건한 안내자라는 사실을 발견했다. 인생의 선물, 가족과 친구의 사랑, 음식이 주는 즐거움, 자연의 아름다움, 그리고 이 모든 것에서 느끼는 경이로움을 누리면서 참으로 칼뱅이 나의 동료 순례자임을 깨달았다. 그의 글은 종종 내 감정을 잘 비추어 주었고, 내 눈을 하늘에 고정시키고 감사하도록 도와주었다. 칼뱅은 또한 부드러우면서도 단호하게 나를 자극하고 책망해서 하나님을 더 사랑하고 그분 말씀에 더욱 순종하도록 이끌어 준다. 당신에게도 「기독교 강요」가 큰 축복의 통로가 되기를 기도한다.

초임 목회자 시절에 유진 피터슨은 퀘이커교도 철학자 더글라스 스티어(Douglas Steere)가 강연하는 장 칼뱅의 「기독교 강요」 강의를 들었다. 피터슨은 신학에 그다지 관심이 없었고, 더구나 칼뱅에 관해서는 관심이 전혀 없었다. 그런데 "한 시간 강의를 들은 후 칼뱅과 신학에 관한 내 고정관념이 대부분(어쩌면 모두) 사라졌다"고 피터슨은 말했다. 스티어가 "그 글의 우아한 문체, 이 영적 고전의 치솟는 건축학적 숭고함, 그 사유의 명료함과 폭넓음, 날카로운 통찰과 포괄적인 상상력 등을 길게 이야기했다. 그 강의는 내게 큰 영향을 끼쳤다. 400년이 지난 지금도 칼뱅이 이처럼 훌륭한 인물로 칭송받는다고 생각하니, 직접 그의 책을 읽고 싶은 마음이 들었다. 이튿날, 서점에 가서 두 권짜리 「기독교 강요」를 사서 읽기 시작했고, 1년 만에 다 읽은 후 다시 읽었다. 그리고 그 이후로 계속 읽고 있다." (*Books & Culture*, September/October 2011, 17, 19)

「기독교 강요」에 대하여

> 칼뱅은 종교개혁 시대의 가장 위대한 석의학자이자 가장 위대한 신학자였다. 그리고 종교개혁의 실천적인 천재였다. 우리는 칼뱅의 유식한 주석들과 심오하고도 매우 논리 정연한 신학에도 "불구하고" 그가 종교개혁의 실천적 천재였다고 말하는 것이 아니다. 오히려 대부분 그런 것들 "때문에" 실천적 천재였다고 말하는 편이 맞을 것이다. 타의 추종을 불허하는 날카로운 통찰과 명료하고 엄격한 정직함으로 날마다 성경을 주해하는 것만큼 칼뱅에게 실천적인 작업은 아마 없었을 것이다. 그리고 「기독교 강요」를 쓰는 것은 분명 가장 실천적인 작업이었다.
> (Selected Shorter Writings of Benjamin B. Warfield, I:403)

읽기 | 'Introduction' by John T. McNeill(I:xix-lxxi), 'John Calvin to the Reader', 'Subject Matter of the Present Work', and 'Prefatory Address to King Francis I of France'(I:3-31). [*1541* 'Translator's Introduction'(vii-xiii), 'Outline of the Present Book'(xv-xvi), 'Prefatocy Letter to Francis I'(xvii-xxxvi)].

성경 본문 | "너는 진리의 말씀을 옳게 분별하며 부끄러울 것이 없는 일꾼으로 인정된 자로 자신을 하나님 앞에 드리기를 힘쓰라"(딤후 2:15).

주목할 인용문 | "우리는 하나님 말씀을 …… 다른 목표와 목적이 아니라 오직 건전한 교리를 배우기 위해, 즉 우리 구원에 유익한 교리를 배우기 위해 읽는다"(디도서 1장 1-4절 설교).

기도 | 주님, 모든 지혜와 지식의 원천이시여, …… 그대로 두면 어둡기만 한 내 지성에 빛을 비추셔서 내가 받을 가르침을 파악하게 하소서. 내 기억력을 강건케 하셔서 잘 기억하게 하시고, 내 마음을 준비시키셔서 배우는 것을 기꺼이 열정적으로 잘 받아들이게 하소서. 그래서 나의 배은망덕 때문에 당신이 주시는 기회를 놓치지 않게 하소서.

그러기 위해 모든 총명과 진리, 판단력, 신중함, 가르침의 영이신 당신의 성령을 내게 넘치게 부어 주소서.

내 공부가 참된 목적을 지향하게 하소서. 참된 목적은 우리 주 예수 그리스도 안에서 당신을 아는 것, 오직 당신의 은혜 안에서 구원과 생명을 온전히 확신하는 것, 당신이 기뻐하는 대로 당신을 올바르고 순수하게 섬기는 것입니다.

자비로운 아버지여, 우리 주 예수 그리스도로 인해 내 기도를 들어주소서. 아멘.

(John Calvin: Writings on Pastoral Piety, 212-13.)

> "칼뱅은 병약하지만 부지런한 목회자이자 학자, 외교관, 논쟁가로서 성경의 많은 책에 관해 한 절씩 주석을 썼을 뿐 아니라 놀랄 만큼 아름답고 강건한 신학을 집필한 인물이다."
> (Robinson, *The Death of Adam*, 175)

존 맥닐(John T. McNeill)에 따르면, 장 칼뱅의 「기독교 강요」는 "역사의 흐름에 눈에 띄게 영향을 끼친 선별 도서 목록에서 한 자리를 차지한다"(I:xxix). 칼뱅의 책은 "세계 문학의 걸작"으로 불려 왔다(Nichols, *Primer for Protestants*, 61). 「기독교 강요」는 종교개혁을 "신학적으로 매우 유창하게 진술"(Ozmenttttt, *The Age of Reform 1250-1550*, 372)했으며, "개혁 신앙의 개요를 담고 그 신앙의 핵심을 표현하고 있다"(Mackay, *Christianity on the Frontier*, 86).

이 놀라운 책의 초판은 1536년, 칼뱅이 프로테스탄트가 된 지 2-3년밖에 안 된 20대 중반에 출간되었다. 「기독교 강요」는 필리프 멜란히톤의 「신학 강요」(*Loci Communes*)가 출간된 지 15년 뒤, 그리고 스위스 개혁파 목사 울리히 츠빙글리와, 칼뱅의 동포이자 친구인 기욤 파렐이 신학 개요들을 쓴 지 약 10년 뒤에 세상에 모습을 드러냈다. 칼뱅의 「기독교 강요」가 출간되자 파렐은 사람들에게 자기 책은 제쳐 놓고 칼뱅의 책을 읽으라고 충고했다.

제목

16세기에는 보통 "요약"이나 "핵심"을 뜻하는 "*summa*"(전집, 백과전서)라는 단어로 신학 책을 지칭했다. 토마스 아퀴나스의 「신학대전」(*Summa*

Theologiae)이 대표적이다. 법학을 공부한 칼뱅은 자기 책에 *"institutio"* 라는 단어를 넣기로 했다. 이 단어는 법과 같은 주제를 다루는 설명서에 종종 사용되었다. 「기독교 강요」(*The Institutes of the Christian Religion*)는 기독교의 기본을 소개하는 설명서 같은 책인 것이다. "종교"(religion)라는 단어는 16세기에 그리스도인의 삶이나 행위를 가리켰는데, 제목에 나오는 단어 역시 같은 뜻을 담고 있는 듯하다. 칼뱅의 「기독교 강요」는 "신학의 개요"(*summa theologiae*)라기보다 "경건의 개요"(*summa pietatis*)라고 할 수 있다. 기독교 경건, 기독교 제자도, 하나님을 사랑하고 섬기는 일에 관한 책이기 때문이다.

목적

"사도 바울 이래 모든 위대한 신학자들이 보이는 한 가지 특징은 그들의 훌륭한 신학이 구체적인 도움 요청으로 정립되었다는 점이다"(Battles, *The Piety of John Calvin*, 20-21). 칼뱅이 「기독교 강요」 초판(1536)을 쓴 것은 프로테스탄트 신앙을 받아들인 사람들, 특히 칼뱅의 고향인 프랑스에 사는 동족들과 그 신앙을 더 알고 싶어 한 다른 이들에게 절실했던 "기독교" 입문서를 제공하기 위해서였다. 칼뱅의 책은 프로테스탄트가 무엇을 믿는지를 프랑스 왕에게 명료하게 서술했다. "만일 내가 [프랑스 그리스도인들을] 가르치는 동시에 당신(왕) 앞에서 신앙을 고백한다면, 가치 있는 일을 한다고 생각될 것입니다"(I:9). 칼뱅이 프랑스에서 박해받는 프로테스탄트의 믿음을 왕 앞에 설명하고자 한 것은 이단은 그들이 아니라 오히려 참된 신앙에서 벗어난 가톨릭 박해자들이라는 사실을 보여 주기 위해서였다.

「기독교 강요」 2판(1539)에서는 또 다른 목석을 추가했다. 성경에 대한 교리적 입문서를 제공하기 위해서라는 것이다. "이 길이 닦인 후에는 내가 성경에 관한 어떤 주석을 출간할지라도 항상 간결하게 다룰 수 있을 것이다. 교리에 대해 길게 논의를 펼치지 않아도 되기 때문이다." 따라서 "경건한 독자에게 …… 성가심과 지루함을 크게 덜어 줄 것이다"(I:4-5).

> "1536년에 「기독교 강요」는 돛단배로서 시장을 오가다가 1559년에 이르면 여섯 장에서 팔십 장으로 늘면서 화물선으로 성장했다. …… 또한 그 책은 …… 전투선으로 변했는데, 칼뱅은 그 책으로 하나님의 영광을 변호하길 원했다."
>
> (Selderhuis, *John Calvin: A Pilgrim's Life*, 229)

발전

1536년에는 "간단하고 작은 핸드북"이던 칼뱅의 「기독교 강요」는 여러 판을 거쳐 1559년에 "부피가 크지만 압축되고 철저히 정돈된 신학 교과서"로 성장했다(Warfield, *Calvin and Calvinism*, 7). 칼뱅이 그 책을 다시 쓰고 개정한 것은 아니다. 1536년판과 이후 판들에 쓴 내용은 1559년판에 거의 모두 포함되었다. 그러나 그는 내용을 "추가했고, 진전시켰으며, 명확히 밝혔다"(Warfield, *Calvin and Calvinism*, 390). 또한 마지막 판에 이를 때까지 주제 순서에 만족하지 못했다면서 순서를 다시 배열했다(I:3).

「기독교 강요」 최종판에서 "장 칼뱅이 독자에게 드리는 글"은 아우구스티누스의 글을 인용하며 끝난다. "나는 나 자신이 배우면서 글을 쓰고 글을 쓰면서 배우는 많은 사람 가운데 하나라고 생각한다"(I:5). 설교하고 성경을 강연하고 주석을 쓰면서 늘어난 칼뱅의 성경 지식은 「기독교 강요」의 여러 판에 반영되어 있다. 교부 연구에는 신학적 통찰과 인용문, 논증이 더해졌다. 제네바, 스트라스부르, 그리고 다시 제네바에서 쌓은 목회 경험은 교회 생활과 실천 신학을 이해하는 데 도움이 되었다. 로마 가톨릭, 루터교, 재세례파 등에 속한 이들과 벌인 논쟁 덕분에 그의 논증은 날카로워졌고 「기독교 강요」의 부피도 더욱 커졌다.

프랑스어 번역판

당시 라틴어를 모르는 프랑스인들을 위해 칼뱅은 「기독교 강요」를 프랑스어로 번역했다. 1539년 라틴어판을 번역한 최초의 프랑스어판이 1541년에 모습을 드러냈다. 1541년 프랑스어판을 영어로 번역한 판은 두 가지인데, 하나는 엘시 앤 맥키(Elsie Anne McKee)의 번역판(2009)이고 다른 하나는 로버트 화이트(Robert White)의 번역판(2014)이다. 맥키는 칼뱅의 프랑스어판은 "단순히 1539년 라틴어판을 번역한 것이 아니다. 의도적으로 평민을 겨냥하여 그들의 언어로 쓴 목회 신학 텍스트다"(x)라고 말한다. 로버트 화이트는 자신의 번역판을 읽는 독자들에게 "인간을 향한 하나님의 선하심과 그분의 큰 영광이라는 두 가지 신비를 표현하기에 적절한 언어를 찾던 그 종교개혁가의 노고에 감동받길 바란다"(xiii)고 말한다.

영어 번역판

「기독교 강요」를 영어로 번역한 사람들은 토마스 노튼(Thomas Norton, 1561), 존 알렌(John Allen, 1813), 헨리 비브리지(Henry Beveridge, 1845) 등이다. 1962년에 비브리지 번역판이 다시 인쇄될 때 존 머리는 그 책 서문에 "칼뱅의「기독교 강요」를 더 적합하게 번역한 판이 절실히 필요하다"고 썼다. 또한 그런 작업에는 "최고 수준의 언어 기술, 칼뱅의 저술에 대한 철저한 지식, 그의 신학에 대한 깊은 공감이 필요하다"고 했다. 포드 루이스 배틀즈(Ford Lewis Battles)의 번역판(1960)은 이따금 비판받기도 하지만 존 머리의 기준에 부합하며, 우리를 칼뱅의 방식과 뜻에 더 가까이 데려가 준다.

특징

> "칼뱅을 또 한 명의 16세기 저자가 아니라 그 유명한 '칼뱅'으로 만든 것은 사상가와 저자로서 지닌 탁월함, 그리고 무엇보다 성경을 해석하는 능력이었다. 인류를 향한 하나님의 변함없는 사랑을 바라보는 그의 일관되고 예리하고 명석한 안목은 당대 가장 정교한 산문으로 표현되어 사람들에게 대대로 가르침과 영감을 주었다."
> (Gordon, *Calvin*, viii)

칼뱅의「기독교 강요」는 성경적이고, 조직적이며, 논쟁적이고, 목회적이며, 경건한 책이다.

1. 성경적인 책

> "칼뱅의 성경 주석을 보면 한 구절도 경시하는 경우가 거의 없고, 히브리어나 헬라어 해석과 관련된 쟁점을 다루지 않고 넘어가는 경우도 없다. 도무지 상상할 수 없을 만큼 수고하여 해석해 낸 내용을 보면 비유적(allegorical)이거나 유추적인 해석도, 스스로 확실히 옳다고 주장하는 해석도 없다. 확실하지 않은 경우에는 대안이 될 만한 해석들을 제공하면서 독자에게 스스로 결정하라고 말한다. 그는 강요된 해석을 피하려고 애쓰며, 한 어구나 구절의 전후 문맥에 신중하게 주의를 기울인다. 때때로 칼뱅은 현대 석의학의 아버지라고 불린다."
>
> (Robinson, *The Death of Adam*, 191)

칼뱅은 「기독교 강요」에서 이른바 "확립된 원칙"을 지키려고 노력한다. "교회에서 하나님 말씀으로 여겨야 할 것은 첫째, 율법과 선지서에 담긴 것과 둘째, 사도들의 저술에 담긴 것뿐이며, 교회에서 올바르게 가르치는 유일한 방법은 그 말씀의 규정과 규율을 따르는 것이다"(IV.8.5).

「기독교 강요」 최종판에는 성경 구절이 무려 7,000여 개나 있다(성경 색인은 맥닐-배틀즈판 「기독교 강요」 제2권 1553-1592쪽에 실려 있다). 칼뱅이 지향하는 성경 해석의 목표는 "미묘하거나 강요되거나 왜곡된 것이 아니라, 자연스럽고 거침없고 명백한" 것이었다(IV.11.1). 성경의 모든 부분을 사용하되 잘 사용하기까지 하는 그의 능력은 아마 신학 저술 역사상 유례가 없을 것이다. R. C. 리드(Reed)는 칼뱅을 "모세와 다윗, 이사야와 에스겔, 예수와 요한, 베드로와 바울에서 끌어온 …… 대대적인 표절자"라고 불렀다(*The Gospel as Taught by Calvin*, 14).

칼뱅의 「기독교 강요」는 내용이 성경적일 뿐 아니라 의도 역시 성경적이다. 존 리스(John Leith)는 이렇게 말한다. "그 종교개혁자는 신학 재료를 성경에서 취하려고 했을 뿐 아니라 자신의 신학을 완전하고 일관된 성경 내변사로 만들려고 애썼다"(*Pilgrimage of a Presbyterian*, 174). 칼뱅은 자신의 책을 성경 안내자이자 신학적 동반자로 삼을 생각이었다. 「기독교 강요」는 우리를 성경(과 성경 주석)으로 안내하고 성경 공부는 우리를 다시 「기독교 강요」로 이끌어서 요약되고 정돈된 성경 내용을 찾게 만든다.

> "1559년판 「기독교 강요」는 위대한 신학이다. 우리가 그 책을 읽고 또 읽을 때 그 많은 세월을 건너뛰어 우리 마음에 직접 호소하는 대목들과, 오늘날의 신학 논쟁을 언급하는 대목들을 얼마나 자주 접하는지 신기하기만 하다. 당신은 결코 그 책의 밑바닥에 도달할 수 없을 것이다. 기독교 신앙의 모든 주요 주제에 관한 성경적 지혜가 담긴 참된 보물 상자인 그 책은 계속 열리고 있기 때문이다."
> (Packer, *A Theological Guide to Calvin's Institutes*, xiii)

2. 조직적인 책

> "칼뱅이 남긴 진정한 유산은 …… 체계가 아니라 방법이다. 즉 모든 것(인간, 그리스도, 믿음, 세상, 성경, 종교, 삶)을 사람의 관점이 아닌 하나님의 관점에서 보려고 노력한 방법이다."
> (Fuhrmann, *God-Centered Religion*, 23)

칼뱅 신학은 논리적으로 자기모순이 없는 체계로 묘사되어 왔다. 어떤 이들은 「기독교 강요」를 비난하려고, 또 어떤 이들은 그 책을 칭송하려고 그렇게 말했다. 윌 듀란트(Will Durant)는 칼뱅의 천재성은 "새로운 아이디어를 착안한 데 있지 않고, 선배들의 사상을 감당할 수 없을 만큼 논리적인 결론으로 발전시킨 데 있다"고 썼다(*The Reformation*, 465). 아브라함 카이퍼(Abraham Kuyper)는 칼뱅 신학이 지닌 "철저한 논리적 일관성" 때문에 아우구스티누스의 신학보다 우월하다고 보았다(*The Presbyterian and Reformed Review*, July 1891, 377).

칼뱅에 따르면 하나님은 "우리에게 이해력과 이성의 빛을 주셨"으며, 칼뱅은 논리학을 "유식하고 고상한 학문"으로 소중히 여겼다(주석_ 시 119:73, 주석_ 사 28:29). 그는 「기독교 강요」에서 성경이 가르치는 내용을 지지하는 데 사용할 수 있을 때만 논리에 호소한다. 인간 철학은 오직 이성에 기반하지만 "기독교 철학은 성령께 양보하고 복종하라고 이성에 명한다"(III.7.1). "믿음의 신비에서 상식은 우리의 충고자가 아니며, 배우려는 자세와 온유한 정신으로 …… 하늘에서 주어진 교리를 받는다"(IV.17.25).

성경을 공부할 때 칼뱅은 우리가 이렇게 해야 한다고 주장한다. "주님이 감춰 두신 것을 조사해서는 안 되며", "그분이 밝히 드러내신 것을 무시해서도 안 된다." 우리는 성경이 가는 만큼 가지 않아서 "지나친 배은망덕"에 빠지는 것도, 성경이 말하는 바를 넘어서서 "지나친 호기심"에 빠지는 것도 피해야 한다(III.21.4). 워필드는 "성경이 그를 데려가는 곳이면 어디든지 갔고, 성경의 선언이 없는 곳에서는 그도 곧 멈추었다"(*Calvin and Augustine*, 481)고 말한다.

칼뱅은 성경이 계시하는 바를 넘어 교리를 찾아내려는 모든 시도는 우리를 "미궁"에 빠뜨린다고 경고했다. 예컨대, 예정에 관해 전부 알려는 사람은 자신이 "출구를 찾을 수 없는 미궁"에 빠졌다는 사실을 알게 될 것이다(III.21.1). 칼뱅은 이렇게 설교했다. "우리는 하나님이 말씀하신 바를 아는 데 만족하고, 나머지를 알기 위해서는 완전한 계시의 날을 기다리자. …… 하나님이 설명하길 바라시지 않는 것은 무시하자. 그런 무지가 세상의 모든 지혜를 초월하기 때문이다"(*Sermons on the Ten Commandments*, 247). 또 다른 설교에서는 "우리 잣대로 하나님을 측정하면 안 된다"고 경고했고, "우리가 이해할 수 없는 하나님의 비밀을 경외해야 마땅하다"고 말했다(에베소서 1장 3-4절 설교).

「기독교 강요」를 읽어 보면 칼뱅이 모든 신학 문제를 다 풀지 않으며 우리의 모든 의문에 전부 답하지 않는다는 사실을 금방 알 수 있다. 그는 서로 충돌하는 것처럼 보이는 성경 진리들을 억지로 짜 맞추지 않고 그 진리들이 병행하는 것을 기꺼이 허용한다. 에드워드 다위(Edward Dowey)는 "칼뱅 신학의 특징은 개별 주제들의 명료함과 그 상호 관계의 불가해성이다"라고 말한다(*The Knowledge of God in Calvin's Theology*, 40). 칼뱅은 양립할 수 없어 보이는 성경 교리들을 그대로 수용하여 가르친다. 이를테면 하나님의 선하심과 악의 존재, 하나님의 사랑과 진노, 이 땅의 삶에 대한 감사와 하나님 나라를 향한 갈망, 하나님의 전능하심과 인간의 책임 등이다. 셀더하위스(Selderhuis)는 이런 결론을 내린다.

> 칼뱅은 기꺼이 다음과 같은 역설과 함께 살아간다. 하나님의 말씀과 우리의 일상 현실, 하나님의 질서와 세상의 무질서, 천상의 안정과 우리의 내적 불안, 하나님의 자비와 진노, 하나님의 구원 약속과 인간의 비참한 경험, 하나님의 "실질적 현존"과 그분의 숨겨짐, 하나님을 향한 신실한 신뢰와 우리에게 소리치는 "왜"라는 비명 간의 역설이다(*Calvin's Theology of the Psalms*, 290-291).

엘시 맥키는 칼뱅이 「기독교 강요」에서 기도에 관한 장(III.20)을 쓴 후 여러 장에 걸쳐 예정에 관해 논한 것(III.21-24)을 주목하면서 이렇게 말한다.

칼뱅은 철학자가 아니라 목사였다. 그는 어떤 것도 건너뛰거나 더하려 하지 않은 경건한 성경 학도였다. 성경에서 예정에 관해 말하기 때문에 칼뱅도 예정을 말한다. 성경에서 기도에 관해 말하기 때문에 칼뱅도 기도를 말한 것이다. 그의 견해에 따르면, 예정과 기도를 묶어 놓는 것은 타당하다. 이것이 철학자를 만족시키지 못한다 해도 어쩔 수 없다(*Interpretation*, April 2009, 130).

워필드는 칼뱅이 "우리에게서 동경과 감사를 불러일으키는 가장 위대한" 측면은 바로 조직 신학자의 모습이라고 한다(*Calvin and Calvinism*, 22). 찰스 파티(Charles Partee)는 "칼뱅은 조직적인 사상가이지, 조직 건축가가 아니다"라고 주장한다(*The Theology of John Calvin*, 27). 메리 포터 엥겔(Mary Porter Engel)에 따르면, 칼뱅 신학은 "상충되는 관점들"을 담고 있다. 그럼에도 그 신학은 "통일된 한 덩어리다. 그러나 그 통일성은 논리적 일관성이 아니다. 오히려 부분들의 복합적 질서가 이룬 통일성, 복합적인 한 실재를 묘사하기 위해 모순되지만 상호보완적인 관점들을 묶어 놓는 통일성이다"(*John Calvin's Perspectival Anthropology*, 193).

성경은 조직 신학 책이 아니지만 질서 정연한 사유를 격려한다. "하나님의 영은 성경을 주실 때 정확히 또는 계속해서 체계적인 한 가지 계획을 고수하지는 않지만, 어디서든 한 계획을 정하실 때는 우리가 그것을 무시할 수 없다는 것을 충분하게 암시하신다"(III.6.1). 「기독교 강요」에 나오는 주제들의 배열이 로마서에 바울이 쓴 순서를 따르는 것을 보면, 칼뱅은 이 글을 쓸 때 로마서를 생각했을지도 모른다. 칼뱅은 헬라인에게 전한 바울의 설교에 주목하고 그것을 자기 사역에 적용한다.

가르칠 때 올바른 순서는 더 잘 알려진 것에서 출발하는 것임을 우리는 알고 있다. 바울과 바나바가 이방인에게 복음을 전할 때, 그들을 즉시 그리스도께 인도하려 했다면 쓸데없는 짓이었을 것이다. 그들은 공통된 지식에서 멀지 않은 다른 지점에서 시작해야 했다. 그래야 그에 동의하면서 그리스도로 넘어갈 수 있기 때문이다(주석_ 행 14:15).

알리스터 맥그래스(Alister McGrath)는 "칼뱅의 신학 체계 조직을 지배하는 것으로 보이는 유일한 원칙은 한편으로 성경에 충실하고 다른 한편으로 되도록 명료하게 표현하는 것이다"(*Christian Theology*, 64-65).

3. 논쟁적인 책

> 1559년판 「기독교 강요」 내용은 "칼뱅의 성경 신학(성경 전체를 이해하는 법과, 교회와 세상에서 기독교 신앙을 실천하는 법)을 완전하게 안내할 뿐 아니라, 16세기 논쟁들에 비추어 이단과 교회의 분립에 대항하여 이 가르침을 어떻게 변호할지도 포함하고 있다."
>
> (McKee, *Institutes of the Christian Religion 1541 French Edition*, viii)
>
> "대표적인 기독교 신학은 모두 논쟁적인 맥락에서 발생한 것으로 보인다. ······ 예수께서도 당시 종교학자들과 논쟁을 벌이셨다. ······ 계기가 무엇이든 위대한 신학은 오로지 그 내용 때문에 위대해질 수 있다. 유감스럽게도 어떤 독자들은

> 분노하거나 위급한 어조를 접하면, 그 순간의 격정을 넘어 그것이 보여 주는 숭고한 개념을 보지 못하기 때문에 그로부터 고개를 돌린다."
>
> (Robinson, *John Calvin: Steward of God's Covenant*, xviii-xix)

포드 루이스 배틀즈는 「기독교 강요」를 "반정립(antithesis)의 책"이라고 묘사했다(*Analysis of the Institute of the Christian Religion of John Calvin*, 23). 칼뱅은 "신학자의 과업은 …… 참되고 확실하며 유익한 것을 가르쳐 양심을 강건케 하는 것"이고, 이어서 그러한 것들의 진리를 변호하는 것이라고 믿었다(I.14.4). 「기독교 강요」는 몇몇 부분, 때로는 많은 부분에서 가톨릭교도, 재세례파, 그리고 세르베투스처럼 삼위일체를 부인하는 자들을 공격한다. 칼뱅은 거의 스물다섯 쪽에 걸쳐 정통적인 삼위일체 교리를 제시하고 나서 이렇게 덧붙인다. "지금까지 내 특별한 의도는 배우려는 사람들의 손을 잡아 인도하며, 완고하고 다투길 좋아하는 이들에게는 접근하지 않는 것이었다. 그러나 이제는 평화롭게 보여 준 진리를 악한 자들의 모든 비방에 맞서 반드시 지켜 내야 한다"(I.13.21).

칼뱅은 제9계명을 설교하면서 이렇게 말한다.

> 진리가 억압받는 모습을 보면 나는 최선을 다해 그것을 묵인하지 말아야 한다. 왜인가? [왜냐하면] 하나님은 나를 부르셔서 그분의 이름으로 거짓이 억압받는 모습을 보게 하시기 때문이다. 이것은 무엇보다 구원 교리에 적용된다. …… 중상이든 거짓말이든 비방이든 누군가를 모욕하길 원한다는 말로 우리를 책망하지 못하게끔 다른 사람들과 단순하게 살아야 한다. 우리는 또한 하나님에 대해서도 그와 같은 열정을 유지해서 그분의 진리가 충만하게 거하고 그분의 통치

가 우리 가운데 살아 있도록 그 진리를 보존해야 한다(*Sermon on the Ten Commandments*, 218).

워필드는 이렇게 말한다. "칼뱅의 근본 목표는 파괴하는 것이 아니라 건설하는 것이다. 그는 교회를 참된 기초 위에 재건하길 바랐지, 그 건축물을 파괴하길 바라지 않았다. 그러나 앞서 거룩한 도시를 재건한 자들처럼 그는 한 손에 삽을, 다른 손에 칼을 들고 일해야 했다"(*Calvin and Augustine*, 10).

칼뱅의 독자들, 특히 그의 책을 처음 읽는 이들은 칼뱅이 적을 공격할 때 사용하는 거친 언어가 껄끄러울 것이다. 때로는 칼뱅의 사나운 논박이 당시에는 전형적이었다는 변명이 통한다. 사실 16세기 저자들은 대체로 칼뱅만큼 날카로운 언어를 사용했고, 마르틴 루터와 토마스 무어의 저술은 그보다 훨씬 날카로웠다. 로버트 화이트는 칼뱅의 「팔복 설교」 번역판에 쓴 각주에서 "우리 시대에는 알려지지 않은 방법이지만, 자신의 적을 악마로 묘사하는 일이 16세기 논쟁에서는 흔한 추세였다"(106)고 말한다. 칼 바르트는 "칼뱅보다 작은 대의에 대한 더 작은 견해를 지니고 사는 사람들은 그보다 덜 가혹해지기 쉽다고 생각한다"(*The Theology of John Calvin*, 125)고 썼다. 중요한 사안들에 대한 칼뱅의 깊은 확신이 거친 언어에 반영된 것은 사실이다. 에베소서 4장 29-30절을 설교하면서 칼뱅은 "영혼을 독살하는 자들"은 "자기 몸을 살해하는 것보다 훨씬 극악하고 혐오스런 짓"을 행한다고 말했다.

4. 목회적인 책

> 워필드는 칼뱅이 관념적이고 체계적인 충동으로 글을 쓴 것이 아니라 "영혼들의 필요와, 진정으로 당시의 특별한 요구를 염두에 두며" 글을 썼다고 주장한다.
> (Calvin and Augustine, 133)

칼뱅은 상아탑에 있는 학자로서가 아닌 어려운 장소에서 힘든 시기를 보내는 바쁜 도시 목사로서 「기독교 강요」를 집필했다. "칼뱅이 드러내어 개인 이야기를 하지는 않지만, 그의 글은 인생의 회의와 시련을 느낀 적 없는 목사가 아니라 자신이 경험한 것을 전하는 사람에게서 나온 것임을 알 수 있다"(*John Calvin: Writings on Pastoral Piety*, 32)고 엘시 맥키는 전한다. 시린 존스(Serene Johns)에 따르면, 칼뱅의 신학 담론은 이중 목적을 특징으로 한다. "그것은 성경에 담긴 하나님의 계시를 증언하려 하고, 청중의 마음과 생각과 의지를 움직여 점점 깊은 신앙생활에 이를 수 있게 해주는 언어로 그 계시를 증언하려 한다"(*Calvin and the Rhetoric of Piety*, 187). 칼뱅은 설교에서 가르침과 권면이 "결코 분리되어서는 안 된다"고 썼다(주석_ 딤전 4:12-13).

칼뱅은 (「기독교 강요」의 세 가지 특징인) 석의상의 정확성, 명료하고 질서 정연한 제시, 오류에 대한 경각심 등이 설교의 필수 요소라고 믿었다. 적실한 적용과 설득력 있는 언어도 마찬가지다.

칼뱅은 이렇게 설명한다. "마태와 누가는 세례 요한의 설교가 일반적 의미의 회개가 아니라, 개인으로 하여금 그 중요성을 깨닫게 하는 외침이었다고 말한다. 당대의 필요가 무엇인지, 관련된 사람들에게 적합한 것이 무엇인지를 선생들이 잘 이해하지 못한다면, 그것은 참으로 매력 없는 교육 방식일 것이다"(주석_ 마 3:7). 설교자는 "각 사람이 감당할 수 있는 질문이 무엇인지 생각하고, 교리를 개인의 역량에 맞추어야" 한다(주석_ 롬 14:1).

칼뱅은 중세 스콜라주의의 건조하고 전문적인 방법을 배척했다. 그는 스콜라주의 신학이 "매우 뒤틀리고 뒤얽히고 비틀리고 어려워서 일종의 은밀한 마법"으로 묘사해도 될 정도라고 말했다(*Tracts and Treatises* I:40). 칼뱅은 참신한 방식의 신학적 글쓰기를 선호해서 "설명하기 위해서뿐만 아니라 독자를 설득하고 부추기고 꾸짖고 도전하고 감동시키기 위해서도 수사적 기교와 효과"를 이용하였다(Steinmetz, *Protestant Scholasticism*, 24). 그는 종종 반복, 예화, 잠언, 수사 등을 사용한다. 또한 비유 언어 사용은 "신학자에게 어울리는 유일한 답변"이라고 변호했다. 비유 표현은 덜 정확하지만, "비유 없이 단순하게 표현할 경우 위력이 떨어질 내용을 더욱 우아하고 의미심장하게 표현해 준다." 비유 언어는 주목을 끌고 생각을 불러일으켜 "마음속에 더 효과적으로 들어간다"(*Calvin: Theological Treatises*, 319).

칼뱅은 그가 사용하는 언어의 힘과 아름다움으로 우리를 감동시킨다. 초창기에 쓴, 「기독교 강요」에 첨부된 "헌사"가 좋은 본보기다.

> 우리가 하나님으로 옷 입기 위해 그 어떤 미덕도 없는 상태임을 인정하는 것보다 믿음에 더 어울리는 것이 있을까요? 그분에 의해 충만해지기 위해 모든 선이 결여된 상태임을 인정하는 것보다, 그분에 의해 해방되기 위해 우리가 죄의 노예임을 인정하는 것보다, 그분에 의해 눈 뜨기 위해 맹인임을 인정하는 것보다, 그분에 의해 정상이 되기 위해 절름발이임을 인정하는 것보다, 그분으로 지탱되기 위해

연약함을 인정하는 것보다 더 믿음에 어울리는 것이 있을까요? 우리의 모든 자랑거리가 사라져야, 오직 그분만이 영광스럽게 드러나 우리가 그분을 자랑하게 되는 것입니다(I:13).

5. 경건한 책

> "[칼뱅을] 신학자로 만든 것은 머리가 아니라 가슴이고, 그가 신학에서 주로 다루는 것도 머리가 아니라 가슴이다. …… 가슴의 신학이라는 것이 있다면, 그의 신학은 두드러진 가슴의 신학이고, 칼뱅이야말로 '신학자를 만드는 것은 가슴이다'라는 금언이 가장 돋보이는 인물인 듯하다."
> (Warfield, *Calvin and Augustine*, 23, 482-83)

찰스 파티는 칼뱅의 「기독교 강요」가 "네 마음을 다하고, 네 목숨을 다하고, 네 힘을 다하고, 네 뜻을 다하여 하나님"을 사랑하는 것을 성찰한다고 말한다(*The Theology of John Calvin*, 12-13). 경건(하나님을 신뢰하고 사랑하며, 그분께 순종하는 것)을 격려하는 것은 많은 주제 가운데 하나가 아니라 「기독교 강요」의 목표였다. 하이코 오버만(Heiko Oberman)은 "칼뱅주의적 경건주의"는 "종교개혁 전통의 귀중한 핵심"이라고 주장한다(*The Dawn of the Reformation*, 264). 윌리엄 더니스(William A. Dyrness)는 이렇게 말한다. "그가 진리를 이해하는 데 매우 중요한 역할을 하고 그의 「기독교 강요」를 구성한 질서 정연한 구조는 사람들이 예배 생활에서 한결같이 수행해야 하는 것이었다. 그런데 그것을 넘어 제네바의 가정과 일터에서도 살아 내야 하는 것이었다"(*Reformed Theology and Visual Culture*, 82). 오버만은 칼뱅이 이해하는 "경건"을 중세 후기의 "영성"과 구별한다. 그는 칼뱅이 "세상을 경멸하는 것"이 아니라 "이 세상에 집중적으로 참여하여 이뤄 가는 성화의 삶을 묘사한다"고 말한다(*The Dawn of the Reformation*, 265).

칼뱅은 1536년판 「기독교 강요」에 첨부한(이후 모든 판에 실려 있다), 프랑수아 1세에게 보낸 편지를 이렇게 시작한다. 내 "목적은 오로지 신앙에 열정적인 이들이 참된 경건을 이룰 수 있도록 기본 원리들을 전달하는 것입니다"(I:9). 초판 제목은 「경건에 대한 거의 모든 것과 구원 교리를 아는 데 필요한 모든 것을 포함한 기독교 강요: 경건에 열정이 있는 모든 사람이 읽을 만한 작품」이다. 이 제목은 칼뱅이 아닌 출판사에서 붙였을 수도 있으나 칼뱅에게 승인받았을 가능성이 높으며, 책 내용을 잘 나타내고 있다. 「기독교 강요」 최종판에 실린 서문에서 칼뱅은 "[하나님의] 나라를 전파하고 공공선을 증진하고픈 [자신의] 열정"을 통해 "순수한 경건 교리를 지켜 교회에 유익을 주려는 것 말고는 다른 목적이 없다"(I:4)고 반복하여 말한다.

칼뱅은 시편 주석 서문에서 자신의 회심과 그 회심이 자신의 삶에 끼친 영향을 언급했다. "참된 경건을 맛보고 그 지식을 얻고 나서 나는 갑자기 더 알아 가고픈 열망으로 매우 불타올랐다. 그래서 다른 학업은 완전히 포기하지 않았지만 좀 더 느슨하게 임하게 되었다"(Battles, *The Piety of John Calvin*, 31). 「기독교 강요」 집필은 칼뱅이 하나님의 은혜로 받은 "참된 경건의 맛과 지식"을 다른 이들에게 전달하고픈 열정에서 촉발되었다. 맥닐-배틀즈가 번역한 「기독교 강요」의 주제 색인에는 "경건"이라는 단어 아래 목록이 77개가 있지만, 사실 「기독교 강요」 거의 모든 페이지에 하나님에 대한 경건과 경건한 삶에 관한 칼뱅의 관심이 나타나 있다. "그리스도인의 삶 전체에서 경건이 실천되어야 마땅하다"(III.19.2).

칼뱅이 말하는 경건은 과연 무슨 뜻인가? 그는 자신의 첫 교리문답 책에 이렇게 썼다. "참된 경건은 하나님을 주님으로 두려워하며 경외하는 만큼 그분을 아버지로 사랑하고, 그분의 의를 받아들이며, 그분을 거스르는 것을 죽음보다 두려워하는 진실한 느낌에 있다"(1538년에 발행된 교리문답, section 2). 「기독교 강요」 첫 부분에서는 이렇게 설명한다. "나는 하나님의 은혜를 아는 지식에서 초래된 하나님을 향한 사랑과 함께하는 경외심을 '경건'이라 부른다. 모든 것이 하나님 덕분이라는 것, 아버지 같은 하나님의 돌보심으로 양육된다는 것, 그분이 모든 선의 창조자라는 것, 그분 말고는 아무것도 추구해서는 안 된다는 것을 인식하기 전에는 누구도 그분을 기꺼이 섬기지 못할 것이기 때문이다"(I.2.1). 칼뱅은 「기독교 강요」를 비롯하여 많은 주석과 설교에서 하나같이 경건을 설명하고 그 중요성을 강조한다. 에베소서 5장 3-5절 설교에서 "거룩함이란 무엇인가"라고 묻고 이렇게 답한다. "거룩함은 …… 그분이 우리를 즐거워하고 우리를 빚으셔서 온전히 그분 것이 되도록 우리 자신을 하나님께 드려야 한다고 말하는 것이다."

엘런 채리(Ellen Charry)에 따르면 "교리와 경건이 서로 다른 두 영역, 즉 전자는 학문 영역에, 후자는 목회 영역에 속한다고 생각한다면 결코 칼뱅을 이해할 수 없다"(*By the Renewing of Your Minds*, 199). 칼뱅은 「기독교 강요」에서 줄곧 신학과 경건을 연결한다. 섭리 교리를 다룬 장에 이어 "최대 유익을 얻기 위해 섭리 교리를 어떻게 적용할 수 있을까"(I.17)라는 제목으로 섭리 교리를 설명한다. 칭의를 다룬 글에서는 이렇게 말한다. "먼저 당신과 하나님의 관계가 무엇인지, 그리고 그분이 당신을 심판하는 특성이 무엇인지를 파악하지 못한다면, 당신은 당신의 구원을 세울 기초도, 하나님을 향한 경건을 세울 기초도 없는 셈이다"(III.15.7). 성화에 관한 논의에서는 교리 문제들을 다룬 뒤에 네 장에 걸쳐 그리스도인의 삶을 설명한다. "우리의 종교를 담은 성화 교리에 첫 자리를 부여한 것은 우리 구원이 그 교리와 함께 시작하기 때문이다. 그러나 그것은 우리 마음에 들어가고 우리의 일상생활에 스며들어야 하며, 우리에게 무익하지 않도록 우리를 변화시켜야 한다"(III.7.4).

칼뱅은 자신의 주석에서 줄곧 정확한 교리가 참된 경건에 꼭 필요하다고 강조한다.

- "경건은 언제나 참된 하나님을 아는 지식에 기초하며, 지식을 얻으려면 가르침이 필요하다"(주석_ 단 3:28).

- "하나님 말씀의 진리와 건전한 가르침이 경건의 규율이다. 그러므로 참된 깨달음의 빛이 없으면 기독교도 있을 수 없음을 알자"(주석_ 행 17:4).

- "교리 자체에 진보와 계발이 없다면, 이미 그리스도의 규례에서 떠난 것이다. …… '교리'가 우리에게 하나님을 향한 두려움과 예배를 가르치지 않는다면, 교리가 우리 믿음을 함양하지 않는다면, 교리가 다른 사람에게 빚진 모든 사랑의 의무를 다하며 인내하고 겸손하도록 우리를 훈련하지 않는다면, 그것은 '경건'과 양립하지 못하기 때문이다"(주석_ 딤전 6:3).

- "한 사람의 경건을 교육하려면 건전한 교리가 필요하다"(주석_ 딛 2:1).

- "교리에 있어서 …… 우리는 언제나 유용성에 관심을 가져야 한다. 따라서 경건에 기여하지 않는 것은 모두 존중받지 못할 것이다"(주석_ 딛 3:10).

하나님과 우리 자신을 알기

엘시 맥키는 칼뱅의 "목회적 경건"이 지닌 "강도와 실천성, 성경적이고 포괄적인 특성, 능동적이고 사회적인 양상"을 이렇게 설명한다.

[칼뱅의 "목회적 경건"은] 매우 개인적이지만 결코 개인주의적이지 않다. 믿음에 의한 칭의, 생명의 중생, 하나님의 영광과 섭리 등 위대한 교리들과 이리저리 엉켜 있다. 기도로 받쳐 주고, 말로 선포되며, 성례로 공유되고, 시편으로 노래된다. 행동으로 구현되며, 이웃을 존중하고 영이나 마음이나 몸으로 고통당하는 이들과 연대하라고 요구한다. 수월하거나 편안한 경건이 아니다. 한 사람의 전부를 요구한다. 평범한 일상 업무 속에서 살아 내는 견고하고 현세적 성격을 띠지만, 언제나 초월적 하나님의 현존과 하나님 앞에 살아가는 높은 소명을 의식한다. 하나님의 해방 선포, 하나님의 의로운 자비, 하나님의 강권하는 사랑, 우리가 기뻐하는 소속감 등에 대해 평생 보이는 역동적 반응이다. "우리는 우리 자신의 것이 아니라 …… 하나님의 것이다!"(*John Calvin: Writings on Pastoral Piety*, 34-35)

1장

창조 세계를 통해 하나님을 아는 지식
"신성의 거울"

"그런즉 세상을 **신성의 거울**이라 부르는 것이 옳은 것은 사람이 세상을 주시하면 하나님을 분명히 알 수 있기 때문이 아니다. 그분이 자신을 명백히 나타내셔서 비그리스도인들이 자신의 무지를 변명하지 못하게 만들기 때문이다"(주석_ 히 11:3).

> "칼뱅의 「기독교 강요」 첫 다섯 장은 일반적으로 기독교 신학을 위한, 구체적으로는 기독교 변증을 위한 금광이다. 칼뱅의 주제 선정이 바울의 로마서를 그대로 따라가는 것을 감안하면, 칼뱅의 첫 관심사가 하나님과 사람의 관계, 즉 사람이 하나님의 형상이라는 사실을 중심으로 하는 관계이고, 하나님은 사람이 명백하게 이해할 수 있는 것, 곧 모든 창조 세계 안의 계시와 그 세계를 통한 계시로 사람에게 끊임없이 도전하는 분임을 알리는 것이라는 사실에 의문의 여지가 없다. 하나님의 피조물인 우리의 공통점은 우리가 하나님의 현존(과 그 현존에 대한 지식)을 결코 피할 수 없다는 것이다."
>
> (Oliphant, *A Theological Guide to Calvin's Institutes*, 40-41)

읽기 | 「기독교 강요」 I. 1-5. [*1541* ch. 1, pp. 1-16.]

성경 본문 | "하나님의 진노가 불의로 진리를 막는 사람들의 모든 경건하지 않음과 불의에 대하여 하늘로부터 나타나나니 이는 하나님을 알 만한 것이 그들 속에 보임이라 하나님께서 이를 그들에게 보이셨느니라 창세로부터 그의 보이지 아니하는 것들 곧 그의 영원하신 능력과 신성이 그가 만드신 만물에 분명히 보여 알려졌나니 그러므로 그들이 핑계하지 못할지니라 하나님을 알되 하나님을 영화롭게도 아니하며 감사하지도 아니하고 오히려 그 생각이 허망하여지며 미련한 마음이 어두워졌나니"(롬 1:18-21).

주목할 인용문 | "당신이 하나님의 작품이라는 사실, 그리고 그렇기 때문에 그 권리에 따라 그분의 명령에 묶여 있다는 사실, 당신의 생명이 그분 덕택에 주어졌다는 사실을 인식하지 못하면서 어떻게 하나님에 대한 생각이 당신 머리에 침투할 수 있겠는가? 당신이 무슨 일을 떠맡든, 무엇을 행하든, 마땅히 그것을 그분에게서 비롯되는 것으로 여겨야 하지 않겠는가?(I.2.2)

기도 | 전능하신 하나님, 우리가 낮에는 햇빛을, 밤에는 달빛을 즐길 때, 눈을 더 높이 드는 법을 배우게 하소서. 우리와 함께 이 혜택을 누리는 비그리스도인과 달리 우리는 영원한 구원을 소망하며 앞을 내다볼 수 있게 해주소서. 이 피조물들 안에 새겨진 당신의 확고부동한 불변성의 증거를 우리 눈앞에 두셨으니, 우리의 구원도 확실하고 확고하다는 사실을 의심치 않게 하소서. 이 구원이 당신의 확실한 진리에 기초하고 모든 것을 확실하게 만드셨으니, 마침내 우리가 당신의 외아들의 피로 우리를 위해 확보하신 그 복된 나라에 들어갈 때까지 그 사실을 의심치 않게 하소서. 아멘.

(*Lifting Up Our Hearts*, 135.)

창조 세계에 나타난 하나님을 아는 것

「기독교 강요」 첫 장 제목은 "창조주 하나님"이 아니라 "창조주 하나님을 아는 지식"이다. 칼뱅은 하나님의 존재를 논증하는 것으로 시작하지 않는다. 그는 "하나님의 존재에 의문을 제기하기 위해 멈추지 않는다. 그에게 하나님은 명백히 존재하는 분이기 때문이다"(Marilynne Robinson, *John Calvin: Steward of God's Covenant*, xx). 그래서 "우리가 어떻게 하나님을 알 수 있는가"라는 실제적이고 중요한 문제로 곧바로 뛰어든다. "우리가 소유한 거의 모든 지혜, 말하자면 참되고 건전한 지혜는 두 부분으로 구성되어 있다. 하나님을 아는 지식과 우리 자신을 아는 지식이다"(I.1.1). 유명한 이 첫 문장이 진술하는, 하나님과 우리 자신을 아는 이중 지식은 제1권과 제2권에서 사중 지식으로 확대될 것이다. 즉, 하나님을 창조주와 구속주로 아는 지식, 그리고 우리 자신을 창조된 자와 구속받은 자로 아는 지식이다.

하나님을 아는 지식과 우리 자신을 아는 지식은 "많은 끈으로 묶여 있어서 …… 어느 것이 앞서고 어느 것에서 비롯되었는지 분별하기가 쉽지 않다"(I.1.1). 자신을 알지 못한다면 누구도 하나님을 제대로 알 수 없다. 하나님을 알지 못한다면 누구도 자기 자신을 바르게 알 수 없다. 칼뱅에 따르면 우리는 하나님을 아는 지식이나 우리 자신을 아는 지식에서 시작할 수 있지만, "올바른 가르침의 순서"는 하나님을 아는 지식에서 시작하도록 우리를 지도한다(I.1.13). 이는 로마서에서 취한 바울의 주제 배열을 따르고 싶은 칼뱅의 마음을 반영하는 듯하다. 하지만 "올바른 가르침의 순서"가 반드시 하나님을 아는 지식에 이르는 순서를 말하는 것은 아니다. 우리 자신을 유한하고 죄 많은 인간으로 아는 지식도 하나님을 무한하고 자비로운 분으로 아는 지식으로 이끌 수 있다.

하나님을 아는 것은 하나님에 관한 정보, 즉 "그저 머릿속을 스치는"(I.5.9) 이론적 지식을 훨씬 능가하는 것이다. "정확히 말하자면, 종교나 경건이 없는 곳에 하나님이 알려져 있다고 말할 수 없다"(I.2.1). 하나님을 아는 사람은 "하나님을 아버지로 사랑하고 경외하며, 주님으로 예배하고 경배한다"(I.2.2).

칼뱅은 "아담이 고결한 상태로 남아 있었다면 자연 질서에 따라 우리가 얻었을 원초적이고 단순한 지식"(I.2.1)을 설명한다. 창조 세계에 하나님의 계시가 나타나는 출처는 내적인 것과 외적인 것 두 가지로 나뉜다.

내적 계시

창조 세계에 근거하여 하나님을 아는 내적 지식은 "모든 사람 속에 있는 선천적인 것으로 …… 우리 각자가 모태에서부터 통달하는 것이다"(I.3.3). 이처럼 하나님에 대해 "심어진" 지식은 "신성에 대한 인식" 또는 "신의 위엄에 대한 이해"다(I.3.1). "'하나님'은 하나의 단어이며, 아무리 미심쩍어도 사전을 뒤지지 않는다. 우리는 태어날 때부터 그 지식을 갖고 있는 듯하다"고 존 업다이크는 말했다(*Self-Consciousness*, 40). 인간 내면은 하나님의 존재와 신적 위엄에 대한 지식을 가지고 있을 뿐 아니라 (칼뱅이 "종교의 씨앗"으로 설명한) 그분의 뜻도 조금은 이해한다. 사람들은 하나님이 예배 대상이라는 것과, 어떤 행위는 그분을 기쁘게 하고 또 어떤 행위는 그렇지 않다는 것을 알고 있다.

> 제럴드 메이(Gerald May)는 이렇게 말한다. "사람들 마음속에 있는 열망을 20년 동안 경청한 뒤, 나는 모든 인간이 하나님을 향한 욕망을 타고났다고 확신하게 되었다. 우리가 종교적인지를 의식하든 아니든, 이 욕망은 우리의 가장 깊은 갈망이자 가장 귀중한 보배다."
>
> (Addiction and Grace, 1)

자연 자체는 어느 한 사람도 하나님이 존재하신다는 것을 잊지 않게 한다. "비록 많은 사람이 그러려고 온갖 노력을 기울이지만" 말이다(I.3.3). 로마 황제 칼리굴라는 번개와 폭풍이 몰아치자 자신이 믿지 않는다고 말한 그 하나님의 진노를 피하려고 침대 아래에 숨었다. 칼뱅은 무신론자라고 자처하는 이들이 "때때로 그들이 믿고 싶지 않은 것을 어렴풋하게 감지한다"고 말한다(I.3.2).

그러나 "절대 뿌리 뽑히지 않는" 하나님에 대한 내적 지식이 하나님을 아는 참된 지식으로 이어지는 것은 아니다(I.4.4). 하나님은 "모든 사람 속에 종교의 씨앗을 뿌리셨다. 그러나 백 명 가운데 겨우 한 사람만이 그것을 키우고 …… 그것을 숙성시키는 사람은 한 명도 없다"(I.4.1). 왜 그런가? 칼뱅은 바로 인간의 죄 때문이라고 말한다. 사람들은 "일부러 자신을 혼란스럽게 만든다"(I.4.2).

> C. S. 루이스는 「마법사의 조카」에서 앤드류 삼촌이 사자가 부르는 노래("오래전 아직도 어두울 때, 그는 그 소음이 노래라는 것을 알아차렸네. 그는 그 노래를 몹시 싫어 했다네")를 어떻게 들었는지 묘사한다. 해가 떠오르자 "그는 노래하는 자가 사자인 것을 알았다(혼잣말로는 '사자일 뿐이야'라고 중얼댔지만). 앤드류 삼촌은 그것은 노래가 아니었다고, 노래는 결코 없었다고, 단지 이 세계에 있는 동물원의 사자처럼 으르렁거리는 소리만 있었다고 믿으려고 최대한 노력했다. 그리고 사자가 더 오래, 더 아름답게 노래를 부를수록 앤드류 삼촌은 자신이 으르렁거리

> 는 소리만 들을 수 있다고 믿으려고 더 열심히 노력했다. 그런데 자기 자신을 실제보다 더 어리석게 만들려고 애쓰는 것의 문제는 종종 그 노력이 성공한다는 것이다. 앤드류 삼촌도 그랬다. 그는 곧 아무것도 듣지 못하게 되었고, 아슬란의 노래에서 으르렁거리는 소리만 들었다. 곧 그는 듣고 싶을 때조차 다른 어느 것도 들을 수 없었다."

인간의 죄 때문에, 인간 내면에 있는 하나님의 증언은 그들을 하나님에 대한 참된 지식으로 인도하지 못한다. 그 대신 "몹시 타락해서 그것만으로는 최악의 열매만 맺을 뿐이다"(I.4.4). 그 결과는 종교의 부재가 아니라 미신과 위선으로 얼룩진 거짓 종교다. 티모시 켈러는 이렇게 설명한다. "모든 사람에게 신(神) 의식이 있을지 몰라도 성령과 성경을 통해 하나님에 대한 우리의 견해가 교정되고 명료해지지 않는 한, 우리는 모두 우리의 이익과 욕망에 맞추어 신 의식을 개조한다고 칼뱅은 말했다"(*Prayer: Experiencing Awe and Intimacy with God*, 45).

외적 계시

하나님은 **인간 안에** 자신을 계시하셨을(내적 계시) 뿐 아니라 **인간에게** 계시하기도(외적 계시) 하셨다. 따라서 사람들은 "눈을 뜨는 순간 그분을 보지 못할 수 없다"(I.5.1).

> 마릴린 로빈슨은 "우리가 보는 것의 아름다움은 진리를 짊어지고 있다. 그것은 인간 피조물을 향한 하나님의 능력과 한결같은 은혜를 나타낸다"고 말한다.
>
> *(John Calvin: Steward of God's Covenant*, xxii-xxiii)

우주는 "우리가 하나님을 묵상할 수 있는 거울"이라고 칼뱅은 말한다(I.5.1). 그분의 위대함을 볼 수 있는 하나의 그림인 것이다(I.5.10). 교양 과목을 공부하면서 우리는 "그 도움을 받아 신적 지혜의 비밀 속으로 훨씬 깊이 들어갈 수 있다"(I.5.2). 천문학은 "즐거운 학문일 뿐 아니라 알면 매우 유용하기도 하다. 이 학문이 감탄할 만한 하나님의 지혜를 펼쳐 보여 준다는 것은 도무지 부인할 수 없다"(주석_ 창 1:16). 칼뱅은 욥기 39장 26-30절에서 하나님이 욥에게 매와 독수리에 대해 질문하신 것을 설교하면서 이렇게 말한다. "온 세상 나머지 부분과 비교한다면, 매는 아무것도 아니다. 그러나 하나님의 작품 가운데 그토록 작은 부분이 우리에게 황홀감과 놀라움을 선사한다면, 우리가 그분의 모든 작품을 열거할 때 과연 어떻게 되겠는가?"

또한 우리는 (심지어 발톱도 포함해서) 우리 몸에 드러난 하나님의 지혜를 찾으려고 우리 안으로 "내려갈" 수 있다! 인간 두뇌의 놀라운 활동은 하나님의 존재와, 우리와 함께하심을 보여 주는 예증이다(I.5.3-4).

역사에 나타난 하나님의 사역은 또 다른 외적 계시다. "일반적인 자연의 흐름 밖에 있는 두 번째 종류의 사역이다"(I.5.7). 창조 세계와 마찬가지로 인간 역사에 나타난 하나님의 섭리는 "하나의 눈부신 극장"이다(I.5.8). 그러나 역사의 사건들이 하나님의 "자비"와 "엄격함"을 온전하게 보여 주지는 않는다는 것을 칼뱅도 알고 있다. 이 세상에서 일어나는 일의 불완전한 속성은 "불의가 벌을 받고 의로움이 보상 받을" 장래의 삶을 가리킨다(I.5.10). 그때가 되면 최종 결산이 있을 것이다.

사람들은 하나님의 내적 계시를 억누르듯이 외적인 "신성의 표시들"도 부인한다(I.5.4). 그들은 창조 세계의 경이로운 현상에서 하나님을 보지 못하고, 역사를 "맹목적이고 무분별한 운명" 탓으로 돌린다

(I.5.11). 모든 사람이 "그처럼 눈부신 극장에서 갑자기 눈이 멀어 버린다"(I.5.8). 그들 중에는 "전체 철학자 집단"도 포함된다(I.5.11). 각 사람의 머릿속은 혼동과 오류로 가득한 "미궁"이다(I.5.12). 그러므로 "공통 이해에만 기반을 둔 순수하고 공인된 종교"는 아예 존재하지 않는다(I.5.13). 하나님에 대한 인류의 지식을 그대로 내버려 두면 혼동, 미신, 오류, 우상 숭배로 귀결된다.

그러나 "아담이 고결한 상태로 남아 있었다면" 일반 계시에서 하나님에 대한 건전한 지식을 얻을 수 있었을 것이다(I.2.1). 문제는 빛이 부족한 것이 아니라 인간의 마음이 타락한 것이다. 칼뱅은 눈먼 상태를 예로 들어 이 논점을 개진한다. 그러나 잠시 뒤에는 "매우 아름다운 책"의 "두 단어조차 해석할 수" 없는 "늙은이나 눈이 흐린 사람들, 시력이 약한 이들"이라고 바꾼다(I.6.7). 이로써 칼뱅은 자신의 주요 논점을 명백히 밝힌다. 사람들은 자신이 마땅히 봐야 할 것을 보지 못하며, 따라서 변명할 수 없다는 것이다. "우리는 무지를 이유로 내세워 우리의 사악함에 대해 유죄를 선고받지 않을 만큼 눈이 먼 것은 아니다. …… 스스로 변명을 늘어놓을 수 없을 만큼 충분히 볼 수 있다"(주석_ 롬 1:20). 사람들은 하나님에 대한 참된 지식을 얻을 만큼 명료하게 보지는 못하지만, 하나님의 심판에 직면할 때 무죄하다고 주장할 수 없을 만큼은 볼 수 있다.

칼뱅에 따르면, 사람들은 "인간이 망하는 모습을 보면서도 호각을 불어 돌이키게 할 가치도 없다고 생각하시는 하나님이 오히려 잔인하다"면서 "자신들은 어떤 비난도 받을 수 없다는 변명"을 대고 달아날 것이다(주석_ 행 14:17). 그러나 하나님은 "호각을 부는 것" 이상을 하셨다. 커버넌트 신학교 교수인 마이클 윌리엄스는 이런 예화를 든다.

"'야훼 라디오'는 언제나 켜져 있고 늘 큰 소리를 내며 분명하게 작동한다. 듣지 않는 것은 우리다. 우리는 세속 방송을 바꾸고 있다." 하나님은 그토록 관대하게 계속해서 우리에게 계시하시는데, 우리가 피하고 거부한다는 뜻이다. 창조 세계에 나타난 하나님의 어마어마한 계시와 그토록 풍성한 메시지를 끈질기게 거부하는 인류의 모습은 우리 죄가 얼마나 큰지를 뚜렷이 보여 준다.

하나님은 모든 사람 속에, 그리고 모든 사람 앞에 생생한 증거를 두셔서 그분의 존재와 성품을 보여 주신다. 존 업다이크의 소설에 나오는 한 여성은 이렇게 말한다. "당신과 당신 세대는 나를 미쳤다고 생각하겠죠. 그러나 하나님이 존재하지 않는다는 사실은 부자연스러워서 나는 도무지 친숙해질 수 없어요"(*Seek My Face*, 206). 칼뱅에 따르면, 그것은 **정말로** 부자연스럽다.

하나님과 우리 자신을 알기

「기독교 강요」 첫 부분에서 하나님과 우리 자신에 관해 무엇을 배웠는가? "우리 자신의 무지와 허영, 빈곤과 허약함, 더 나아가 부패와 타락을 느낌으로써 지혜의 참된 빛, 건전한 미덕, 풍성한 온갖 선행, 순수한 의로움이 오직 주님 안에만 있다는 것을 깨닫는다"(I.1.1). 우리는 우리 자신을 있는 그대로, 하나님을 계신 그대로 보게 된다. 우리는 모든 면에서 부족하기 때문에 모든 것을 하나님께 의지해야 한다. 인간은 부족하고 하나님은 풍족하다는 가르침은 「기독교 강요」 전체에서 줄곧 반복되고 점차 강화된다.

2장

성경을 통해 하나님을 아는 지식
"안경"

"늙은이나 눈이 흐린 사람들, 시력이 약한 이들 앞에 매우 아름다운 책을 내놓는다면, 그들은 그것이 어떤 글이라는 것은 알아볼지 몰라도 두 단어조차 해석할 수 없을 것이다. 그러나 **안경**을 쓰면 명료하게 읽기 시작할 것이다. 이와 같이 성경은 하나님에 대해 우리 머릿속에 있는 혼란스런 지식을 모으고 우리의 우둔함을 쫓아 버린 뒤 우리에게 참된 하나님을 명확하게 보여 준다"(I.6.1).

> "성경은 …… 죄로 어두워진 눈에 자연의 하나님을 더욱 밝게 보여 줄 뿐만 아니라 자연에서 발견할 수 없는 은혜의 하나님까지 보여 준다. 칼뱅은 성경 속에 구현된 이 폭넓은 계시를 간과하지 않고, 특별히 그 계시에 주의를 돌린다(I.6.1). 그러나 그는 그것이 당면 목표와 덜 직결되어 있기 때문에 잠시 그 주제에서 벗어난다. 그 당면 목표란, 성경이라는 '안경'이 없으면 죄인이 창조주 하나님에 관한 건전한 지식에 이를 수 없음을 보여 주는 것이다."
>
> (Warfield, *Calvin and Augustine*, 68)

읽기 | 「기독교 강요」 I.6-9. [*1541* ch.1, pp.16-26.]

성경 본문 | "네 위에 있는 나의 영과 네 입에 둔 나의 말이 이제부터 영원하도록 네 입에서와 네 후손의 입에서와 네 후손의 후손의 입에서 떠나지 아니하리라"(사 59:21).

주목할 인용문 | "이제 참된 종교가 우리에게 빛을 비추려면, 우리는 하늘의 교리에서 출발해야 하는 것과, 성경을 배우지 않는다면 누구도 옳고 건전한 교리를 조금도 맛볼 수 없다는 것을 견지해야 한다"(I.6.2).

기도 | 전능하신 하나님, 당신이 말씀으로 우리를 비추실 때, 우리가 대낮에 눈이 멀거나 일부러 어둠을 찾아서 우리의 정신이 잠들지 않게 하소서. 우리가 날마다 당신의 말씀으로 일어나게 하시고 갈수록 당신의 이름을 더 깊이 경외하게 해서, 우리 자신과 우리가 추구하는 모든 것을 당신에게 제물로 드리게 하소서. 우리 주 예수 그리스도를 통해 우리를 위한 영원한 안식과 영광이 준비된 당신의 천상의 거처로 우리를 모으실 때까지 우리를 평화롭게 다스리시고 영원히 우리 속에 거하시옵소서. 아멘.

(Devotions and Prayers of John Calvin, 21.)

돌아보며 내다보며

"[하나님이] 자기를 증언하지 아니하신 것이 아니니"(행 14:17). 하나님은 각 사람 **안에** 그분의 존재에 대한 의식과 그분의 뜻에 대한 인상을 심어 두셨다. 모든 사람은 본능적으로 하나님이 계신 것과 그분이 거룩하시다는 것을 알고 있다. 아울러 하나님은 높은 별들에서 우리 존재의 심층부에 이르기까지 모든 창조 세계 안에 그분을 증언하는 것들을 두셔서 각 사람 **앞에** 놓으셨다. 역사의 흐름에서 우리는 심판과 자비의 손길로 그분의 목적이 이뤄지는 것을 목도한다. 그러나 (우리가 물려받은) 아담의 죄 때문에, 그리고 우리 죄 때문에 우리는 (거의) 눈이 멀고 머릿속은 혼동과 좌절의 미궁이 되고 말았다. 그러므로 "공통이해에만 기반을 둔 순수하고 공인된 종교"는 아예 존재하지 않으며(I.5.13), "우둔함의 잘못이 우리에게 있기 때문에 어떤 변명도 받아들여지지 않는다"(I.5.15). 죄인이 하나님을 알려면 초자연적 계시와 초자연적 조명이 필요하다. 하나님이 자신의 말씀과 자신의 영을 통해 주신 것이 바로 이것이다.

성경에 나타난 하나님을 아는 것

칼뱅은 제1권 1-5장에서 자연 계시의 실재와 정도, 그리고 죄 많은 사람들이 그 계시를 끈질기게 거부하는 모습을 설명하고 예증하기 위해 성경을 풍부하게 인용한다. 그러나 성경에 대한 본격적인 가르침은 제1권 6장에서 시작한다. 하나님은 경이로운 창조 세계에서 "무언의 선생들을 사용하실 뿐 아니라", 성경에서 "그분의 가장 신성한 입술을 열기도 하신다." 성경은 "또 하나의 더 나은 도움"이자 "더 직접적이고 확실한 표식"이다(I.6.1). 성경은 일반 계시를 제쳐 놓는 것이 아니라 오히려 회복시킨다. 성경은 창조 세계가 우리에게 보여 주는 것보다 훨씬 많은 것을 준다. 워필드가 표현하듯이, 성경은 "죄로 어두워진 눈에 자연의 하나님을 더욱 밝게 보여 줄 뿐만 아니라 은혜의 하나님까지 보여 준다"(*Calvin and Augustine*, 68).

칼뱅은 다섯 가지 논점으로 성경 교리를 제시한다.

1. 성경은 하나님의 영감 어린 말씀이다

칼뱅은 하나님이 "성경의 저자"라고 말한다(I.9.2). 성경은 "하나님의 입에서 우리에게 흘러왔다"(I.7.5). "칼뱅에게 성경은, 즉 성경 전체와 성경 구석구석은 마치 하나님이 친히 하신 말씀처럼 전적으로 하나님의 말씀이다"(Parker, *Calvin's Old Testament Commentaries*, 66).

칼뱅이 성경의 "무오성"을 주장했는가? 16세기에는 이 단어가 성경에 사용되지 않았다. 그러나 시편 119편 130절 주석에서 칼뱅은 우리 삶을 규제할 수 있는 "확실하고 오류 없는 잣대"로 성경을 설명한다. 그는 성경이 하나님 말씀이며, 그렇기 때문에 매우 정확하고 신뢰할 만하다고 믿었다. "우리는 하나님께 드려야 마땅한 경외심을 성경에도 돌려야 한다. 성경의 유일한 출처는 그분이며, 그 출처에는 인간적 기원이 전혀 섞이지 않았기 때문이다"(주석_ 딤후 3:16).

어떤 사람들은 칼뱅이 성경의 무오성을 견지하지 않았다고 주장했다. 그가 성경에 나타난 문제들을 인정하기 때문이다. 존 맥닐은 문제가 되는 본문을 몇 가지 열거한 후, 칼뱅이 "축자 수준에서 일부 구절은 무오성을 주장할 수 없다는 점을 솔직히 인정한다"고 말한다(I:lv).

물론 칼뱅이 문제 구절들을 인정하는 것은 사실이지만, 이 때문에 성경이 하나님의 완전한 말씀이라고 주장할 수 없음을 시사하는 것은 결코 아니다. 그는 어떤 본문은 필사자가 오류를 범했을 가능성이 있다고 언급한다. 성경은 정확하거나 과학적인 자료를 주지 않는 것이 아니라 때때로 "부정확하게" 말하는 것이다. 이는 잘못 말하는 것이 아니라 일반적인 언어, 즉 "일상에서 하는 방식"으로 말하는 것이라고 칼뱅은 지적한다(주석_ 습 3:7). 칼뱅은 신약 기자들이 자유롭게 구약 성경을 인용하는 사례와, 구약 본문을 잘못 적용한 것으로 보이는 신약 구절들을 변호한다. 그는 바울이 고린도전서 2장 9절에서 이사야 64장 4절을 인용한 사례를 주석하면서 이렇게 말한다. "친히 이사야에게 받아쓰라고 하신, 그 권위 있는 명령의 주체이신 하나님의 영, 그분이 바울의 입으로 그 강해를 제공하셨으니, 그분만큼 확실하고 신실한 해석자를 우리가 어디서 찾을 수 있겠는가?" 한 설교에서 칼뱅은 바울이 "분을 내어도 죄를 짓지 말며"(엡 4:26)라고 쓸 때 아마도 시편 4편 4절을 인용했을 것이라고 말했다. "바울은 시편 구절의 원래 의미를 전하기 위해서가 아니라 자신의 목적에 맞춰 적용하기 위해 그 구절을 인용한다. 우리가 많은 성경 본문을 취해서 하나도 고치지 않은 채 이런저런 목적에 맞춰 적용하더라도 그 본문은 여전히 그 본연의 의미를 보유할 수 있기 때문이다"(에베소서 4장 23-26절 설교). 칼뱅은 구약 율법에서 심하게 엄격하거나 야만적인 냄새가 나는 것들에 비판적이긴 했으나 성경에 오류가 있다고 믿지는 않았다. 그는 하나님의 적응 전략을 호소하면서 "그분이 더 완전한 규율에서 일부러 일탈하신 것은 고집 센 백성을 다뤄야 했기 때문임을 상기하자"고 썼다(주석_ The Last

Four Books of Moses 3:40, 62-64).

성경은 전부 하나님의 말씀이므로 "신적 화자의 성품"을 반영한다고 칼뱅은 주장한다(I.7.4). 제러드 맨리 홉킨스(Gerard Manley Hopkins)가 쓴 시의 한 행은 칼뱅의 논점을 잘 반영하고 있다.

하나님의 아들이 내게 말씀하신 것, 난 진리로 받아들이네.
진리이신 그분이 진실로 말씀하시네, 그보다 진실한 것은 없으리.
"성 토마스의 성체 찬미가"(S. Thomae Aquinatis Rhythmus)

하나님 말씀은 "일곱 번 정련된 금처럼 순결하고 깨끗하다. …… 하나님 말씀은 그런즉 확실한 진리다. …… 말씀하실 때 거짓말을 하실 수 없는 하나님은 단지 약속하는 데 만족하지 않으시고 맹세의 말씀도 주신다는 사실에서 우리는 큰 안위를 받는다"(주석_ 히 6:18). 워필드는 이런 결론을 내린다. "칼뱅이 '축자 영감'과 '성경의 무오성'을 모두 견지했다는 사실은 무엇보다 확실하다. 이런 것들을 보증하신 하나님의 행동을 그가 어떻게 생각했든 상관없이 말이다"(Calvin and Augustine, 61).

2. 성경은 인간 언어로 계시된 하나님의 영감 어린 말씀이다

칼뱅은 성경이 "인간의 사역에 의해 하나님의 입에서 우리에게 흘러왔다"고 진술한다(I.7.5). 그는 인간이 성경의 저자라는 사실을 무척 편안하게 생각했다. 그는 다양한 문학 양식("유려한 양식"과 "세련되지 않고 투박한 양식")을 지닌 성경의 "인간다움"에 주목한다(I.8.2).

성경은 "사람의 생각이 낳은 산물이 아니라 …… 성령에 의해 받아쓴 것"(주석_ 딤후 3:16)이라는 칼뱅의 진술은 성경에 인간적 요소가 들어

설 여지를 없애는 것처럼 들릴 수 있다. 워필드는 이렇게 말한다. "이 주장은 불공평하지 않다. …… 이 문제는 비유적이며, 칼뱅이 염두에 둔 것은 영감이라는 방식으로 받아썼다는 주장이 아니라 그 결과물이 마치 받아쓴 것처럼 보인다는 것, 즉 인간의 혼합물이 없는 순수한 하나님 말씀으로 만들어졌다는 것이다"(*Calvin and Augustine*, 63-64).

칼뱅은 종종 하나님이 우리 인간의 한계에 맞춰 주셨다고 말한다. "보통 보모가 어린아이에게 하듯이, 하나님은 우리에게 말씀하실 때면 조금 '어눌하게' 말씀하시는 데 익숙하다"(I.13.1). 하나님이 맞춰 주신다고 해서 성경에서 말씀하시는 내용이 완전한 진리가 아니라는 뜻은 아니다. 성경은 조절된 진리지만 절대로 참되고 믿을 만하다. "우리는 성경을 안전하게 따를 수 있다. 성경 말씀은 엄마가 자녀에게 맞추어 천천히 나아가듯이 우리가 연약한 상태로 남아 있지 않도록 나아가게 해주기 때문이다"(III.21.4).

> "**사람의 언어로 말한다**는 측면에서 성경은 놀랍도록 친숙한 책이라는 사실을 여러분에게 상기시키고 싶다. 하나님이 자신의 언어로 책을 쓰셨다면, 우리는 이해하지 못했다. …… 사람들이 어눌한 말투로 아기들과 이야기하듯이, 아랫사람에게 하는 말도 마찬가지다. 성경은 천상의 말이 아니라, 신분이 낮은 사람에 맞춰 이 낮은 나라의 **사투리**로 기록되었다."
>
> (C. H. Spurgeon, *The Metropolitan Tabernacle Pulpit* 17:595)

3. 성령의 증언이 성경의 권위를 확증한다

"하나님이 교리의 창시자이심을 의심 없이 확신하기 전에는 교리의 신빙성을 확립할 수 없다"(I.7.4). 우리는 성경이 하나님 말씀임을 어떻게 알 수 있을까?

성경을 하나님 말씀으로 받아들이는 것은 교회의 권위에 달린 것이 아니다. 이성적인 증명에서 나오는 것도 아니다. 그보다 "성령의 증언"을 통해 이루어진다. 우리 죄 때문에 우리는 창조 세계에 주어진 하나님의 계시를 제대로 보지 못한다. 우리 상태를 치유하는 **객관적인** 치료책이 바로 성경, 곧 "안경"이다. 그런데 우리는 성경 이상이 필요하다. 우리 생각과 마음이 죄로 어두워졌기 때문에 하나님이 "성령의 증언"으로 우리 눈을 열어 주셔서 **주관적인** 치료책을 제공하지 않으시면, 우리는 그 안경을 쓰고도 볼 수 없다. "선지자들의 입으로 말씀하신 동일한 성령이 우리 마음에 침투하셔서 그들이 하나님의 명령을 신실하게 선포했음을 확신시키셔야 한다"(I.7.4). "하나님 말씀은 그것이 선포되는 모든 이에게 해처럼 빛나지만, 맹인들 사이에서는 전혀 효과가 없다. 이런 측면에서 우리는 모두 타고난 맹인이다. 따라서 내면의 선생이신 성령께서 조명하셔서 말씀이 들어올 길을 만들지 않으시면, 그 말씀은 우리 생각 속으로 침투할 수 없다"(III.2.34).

"마치 흰 것과 까만 것이 스스로 그 색을 드러내듯이, 달콤한 것과 쓴 것이 스스로 그 맛을 나타내듯이, 성경은 그 고유한 진리의 명백한 증거를 밝히 보여 준다"(I.7.2). 성경은 "스스로 확증한다. …… 그것은 성령을 통해 우리 마음에 인증된다"(I.7.5). 칼뱅이 번역한 「기독교 강요」 프랑스어판에는 "스스로 확증한다"는 말이 성경은 "그 자체 안에 신임장을 갖고 있다"는 말로 표현되어 있다. 성경과 관련된 성령의 사역은 두 가지다. 바로 조명과 인증이다. 우리 생각에 조명하는 일과 우리 마음에 인증하는 일인 것이다.

4. "충분히 확고한 증거"가 성령의 증언으로 확립된 성경의 권위를 지지한다

성경이 하나님의 권위 있는 말씀이라는 (하나님이 주시는) 확신은 "어떤 이유도 요구하지 않지만" "최상의 이성이 동의하는 지식"이라고 칼뱅은 말한다(I.7.5). 칼뱅이 제공하는 "충분히 확고한 증거" 가운데 일곱 가지 증거는 주로 성경에서 나왔다. 고전성, 기적, 성취된 예언, 보존, 천상의 특성, 단순성, 권위다(I.8.3-11). 두 가지 증거는 교회 역사에서 끌어왔다. 교회의 증언과 순교자들의 증언이다(I.8.12-13).

성령은 성경의 권위에 대한 믿음을 신자의 마음속에 직접 창조하신다. 그 "증거들"은 이미 받아들여진 것을 "뒷받침하고" "확증하는" 역할을 한다(I.8.1). 증거들은 "우리의 연약함을 돕는 이차 도우미"다(I.8.13). 우리는 증거 없이도 지낼 수 있지만, 우리의 믿음이 연약하기 때문에 이미 믿는 것(성경이 하나님 말씀이라는 것)을 보존하고 때로 회복하려면 그 도움이 필요할 수 있다. 더 나아가 이 증거들은 성경을 비방하는 자들에 맞서 성경을 변호하는 데 쓸 수 있는 논리를 제공한다. 그 증거들 가운데 일부는 이 시대에 효과가 있을지 의심스러울 것이다. 그러나 기억하라. 이 증거들은 어디까지나 이차적인 것이다. 성경의 권위에 대한 확신은 궁극적으로 그 증거들에 달려 있지 않다. 성령의 증언으로 우리에게 직접 오는 것이다.

5. 성경과 성령은 서로에게 속한다

칼뱅에 따르면 성령이 없는 말씀은 죽은 것(치명적인 것)이다. "그런즉 문자는 죽은 것이다. 그리스도의 은혜에서 단절되어 귀에는 들리지만 마음을 움직이지 못한다면 주님의 율법은 그 문자를 읽는 독자를 죽이게 된다"(I.9.3).

말씀이 없는 성령은 망상이다. 성령은 "들은 적 없는 새로운 계시"를 꾸며 내지 않으시며 "우리 마음에 복음이 권유하는 교리"의 인을 치신다(I.9.1). 성령이 "성경의 저자"이기 때문에 그분은 "그 자신과 달라질 수 없다. 그래서 성령은 그곳[성경]에 자신을 계시하신 대로 언제나 남아 있어야 한다"(I.9.2). 성령은 우리를 말씀에서 놓아 버리지 않으시고 말씀을 이해하고 말씀에 순종케 하신다. 칼뱅은 이렇게 설명한다. "하나님에 대해 올바로 배운 이들은 비밀스러운 계시인 율법과 성경에서 멀어지지 않는 반면, 자신이 오만하게 하나님 말씀을 짓밟지 않는 한 여전히 기본 교리에 머물러 있다고 생각하는 일부 광신자들은 어리석은 환상을 좇아 멀리 날아가고 만다"(주석_ 시 119:171).

조지 스트룹(George Stroup)은 칼뱅의 논점을 이렇게 요약한다. "성령이 없는 말씀은 한갓 정보에 지나지 않고, 변화와 구속의 능력도 없다. 말씀이 없는 성령은 자기 기만과 우상 숭배를 조장한다"(*Calvin*, 22). 앤서니 레인(Anthony Lane)은 "말씀이 없는 성령은 위험하고, 성령이 없는 말씀은 치명적이며, 성령과 함께하는 말씀은 역동적이다"라고 말한다(*A Reader's Guide to Calvin's Institutes*, 48).

하나님과 우리 자신을 알기

"[하나님이] 말씀하신 것은 단 한 번에 이뤄졌다. 그리고 그분의 뜻은 우리가 그분이 말씀하신 바를 신봉하는 것이다. …… 우리 주님은 우리가 그분께 완전히 붙어 있기를 원하신다. …… 우리가 그분 말씀의 울타리 안에 있을 때, 스스로 인간이 꾸며 낸 이야기에 접근하지 않기로 할 때, 우리 마음이 빗나가지 못하게 할 때, 우리는 그분께 붙어 있을 수 있다. 거룩한 성경에 담긴 내용을 경청한 후 곧바로 아멘이라고 말하되, 우리 입뿐 아니라 우리 믿음이 하나님 입에서 나온 말씀을 온전히 의지할 때에야 그렇게 될 것이다"(*Sermons on the Ten Commandments*, 242, 306-307).

> 교회가 아멘으로 화답하게
> 교회가 아멘으로 화답하게
> 하나님이 말씀하셨네.
> 그래서 교회가 아멘으로 화답하게.
> 　　　　　　　안드레 크라우치(Andrae Crouch)

3장

하나님

"한 본질 속 세 위격"

"우리 믿음이 **한 본질 속 세 위격**을 품지 않는다면 하나님이 참되게 알려지지 않은 셈이다"(주석_ 마 28:19).

> "칼뱅은 「기독교 강요」 첫 부분에서 하나님을 아는 지식의 출처와 도구를 설명한 뒤, 자연스럽게 다음 여러 장에서 그 하나님의 본성을 설파한다. 하나님은 자신의 말씀 안에 자신을 계시하시고 그분 성령이 내적으로 작용케 하셔서 자기 백성의 마음속에 그분 자신에 대한 지식의 틀을 만드신다."
>
> (Warfield, *Calvin and Augustine*, 133)

읽기 | 「기독교 강요」 I.10-13. [*1541* ch.1, pp.26-28; ch.3, pp.126-132; ch.4, pp.208-229.]

성경 본문 | "여호와께서 그의 앞으로 지나시며 선포하시되 여호와라 여호와라 자비롭고 은혜롭고 노하기를 더디 하고 인자와 진실이 많은 하나

님이라 인자를 천대까지 베풀며 악과 과실과 죄를 용서하리라 그러나 벌을 면제하지는 아니하고 아버지의 악행을 자손 삼사 대까지 보응하리라"(출 34:6-7).

주목할 인용문 | "더욱이 처음에 우리는 하나님을 아는 지식이 냉철한 사변에서 비롯하지 않으며 그분을 영예롭게 하는 것을 수반한다고 말했다"(I.12.1).

기도 | 전능하신 하나님, 모든 것이 당신의 명령 아래 있다는 것을 매우 놀라운 증거로 보여 주셨으니 당신의 은총으로 세상을 살아가는 우리는 아무것도 아님을 알게 하소서. …… 아, 우리가 당신의 권능을 의식하여 당신 손을 두려워하고 당신의 영광을 위해 온전히 헌신하게 하소서.
그리고 친절히도 우리에게 스스로를 아버지로 나타내시니, 우리가 그 친절에 이끌려 기꺼운 순종으로 우리 자신을 당신께 온전히 내어 놓게 하시고, 평생토록 당신의 이름을 영화롭게 하는 일만 추구하게 하소서. 유일한 아들을 통해 우리를 구속하셨으니 우리 또한 우리를 위해 하늘에 쌓아 둔 영원한 유산을 그분을 통해 누리게 하소서. 아멘.

(*Lifting Up Our Hearts*, 35.)

돌아보며 내다보며

창조 세계에 나타난 하나님을 아는 지식이 성경에는 "더욱 상세하고 생생하게 계시되어" 있다(I.10.1). 우리는 찬란한 하늘에서 하나님의 영광을 본다. 성경에서 "하늘이 하나님의 영광을 선포하고 궁창이 그의 손으로 하신 일을 나타내는도다"(시 19:1)라는 구절을 읽으면, 우리는 창조 세계에서 보는 것이 실재한다는 것을 확신한다. 손에 성경을 들고 우리의 생각과 마음에 성령을 모시면, 우리는 하나님을 더 온전하게 아는 지식에 이를 수 있다. 창조 세계만으로는 배울 수 없는 것을 배우는 것이다. 한 하나님이 세 위격, 즉 아버지와 아들과 성령이라는 진리를 배운다. 우리는 창조의 "시간과 방법", 그리고 하나님의 특별한 섭리가 이르는 모든 범위를 알 수 있는 더 온전한 지식을 받았다. 칼뱅은 이렇게 말한다. 제1권 10-13장에서 칼뱅은 "세계의 창조에서 멈추고 중보자 그리스도까지는 나아가지 않을 [하나님을 아는] 지식에 초점을 맞출 것"이라고 말한다(I.10.1). 중보자 그리스도는 제2권에서 다룰 것이다.

하나님에 관한 교리

제1권 11-12장에서 장 칼뱅은 로마 가톨릭이 예배 시간에 형상을 사용하는 것을 우상 숭배라며 배격한다. 제1권 13장에서는 삼위일체에 관한 정통 교리를 설명하고 과거와 현재의 이단들에 맞서 그 교리를 변호한다.

하나님의 교리를 다루는 내용은 두 가지 특징을 지닌다.

첫째, 칼뱅은 하나님을 아는 참된 지식은 오직 성경에서 나온다고 주장한다. "하나님의 신성한 말씀이 아닌 다른 곳에서 하나님을 찾으려 하지 말고, 그분에 관해 그 말씀에서 촉발되지 않은 것은 생각하지도 말며, 그 말씀에서 취하지 않은 것은 말하지도 말자"(I.13.21). 달리 말하면, 우리는 하나님에 관해서 성경이 말하는 것을 넘어서서는 안 된다. 그는 성경에서 하나님은 "그분의 본질적인 존재를 보여 주는 것이 아니라 우리를 향한 모습을 보여 주신다"는 중요한 문장을 말한다(I.10.2). 하나님께는 우리가 도무지 헤아릴 수 없는 깊은 면모가 감춰져 있다. 우리는 하나님을 참되게 알 수 있지만, 샅샅이 알 수는 없다. 그렇지만 "우리를 향한" 그 하나님이 "본질적인" 하나님과 일관된다고 확신할 수 있다. 특히 삼위일체를 생각할 때는 "진지하고 절제된 태도로 철학자처럼 행동해야 한다"(I.13.21). 칼뱅은 형이상적 추론이나 자연적 유추를 통해 삼위일체의 증거나 예증을 제시하는 것을 피한다. "인간사에서 끌어온 모든 비유"는 기대에 훨씬 못 미치기 때문이다(I.13.18).

둘째, 칼뱅은 하나님의 교리를 다루기 전에 하나님께 드리는 참된 예배를 다룬다. 하나님이 받으실 만한 참된 예배는 하나님을 아는 데 필수기 때문이다. 하나님을 아는 지식은 "우리에게 먼저 그분을 두려워하고, 이어서 신뢰하도록 권유한다. 이로써 우리는 순결한 삶과 거짓 없는 순종으로 그분을 예배하는 법과, 이어서 그분의 선하심에 전적으로 의존하는 법을 배울 수 있다"(I.10.2).

하나님을 예배하는 것

하나님은 성경에서 "자신이 어떤 예배를 받고, 어떤 예배를 거절하는지"를 가르치신다(I.11.1). 칼뱅이 예배에 하나님의 형상을 사용하는 가톨릭의 행습을 배격하는 것은 성경이 하나님의 "가시적 형태"를 예배하는 것을 용납할 수 없다고 말하기 때문이다. 바울과 바나바가 세계의 창조주이신 하나님은 한 분뿐이라고 말하기 전까지 루스드라 사람들은 많은 신을 믿었다고 한다. "수많은 허구의 신들을 제거하자 두 번째 단계가 열렸다. 그들에게 하늘과 땅의 창조주이신 하나님이 어떤 분인지를 가르친 것이다. 오늘날 가톨릭교도와의 논쟁은 그것과 다르다. 그들은 하나님의 하나 됨을 고백하고, 성경이 들어오는 것을 허락한다. 그러므로 우리가 할 일은 성경에 근거하여 하나님이 어떤 분인지, 그분이 사람에게 어떤 예배를 요구하시는지 그들에게 증명하는 것이다"(주석_ 행 14:15).

칼뱅은 예배에 하나님의 형상을 사용해서는 안 되는 세 가지 이유를 설명한다.

- 형상을 허용하면 안 되는 것은 하나님이 "친히 그것을 금하셨기" 때문이다(I.11.12). 둘리아(*dulia*, 성인의 형상에 드리는 공경)와 라트리아(*latria*, 하나님께만 드리는 예배)를 구별하는 "가톨릭교도들의 어리석은 얼버무림"을 알고 칼뱅은 배격한다.

- 형상이 무가치한 것은 "[하나님의] 영광을 손상시키지 않고는" 형상을 사용할 수 없기 때문이다(I.11.12). 구약에 나오는 "그의 하늘

의 영광의 상징들"(구름, 연기, 불길)은 우리에게 하나님의 모습을 말해 주는 것이 아니라 그분의 압도적인 영광을 의식하게 해주는 것이다.

- 형상이 필요 없는 것은 우리에게 성례, 세례, 성만찬에 내포된 "살아 있고 상징적인 형상들"이 있고(I.11.13), 참된 복음을 전파할 때 "우리 눈앞에서 그리스도가 십자가에 죽으시는 모습이 묘사되기" 때문이다(I.11.7). 워필드는 이렇게 말한다. "그리스도께서 있는 그대로 묘사되는 것, 바울의 증언처럼(갈 3:1) 우리 눈앞에서 공개적으로 십자가에 달리신 모습으로 묘사되는 것은 진정한 복음 전파가 이뤄질 때다. 그리스도가 충실하게 전파된다면, 즉 우리의 저주를 짊어지기 위해 십자가에서 죽어 가시는 모습으로, 그의 몸을 희생하여 우리 죄를 속량하시는 모습으로, 그의 피로 우리를 깨끗케 하고 우리를 하나님 아버지와 화해시키시는 모습으로 전파된다면, 교회를 나무와 돌, 은과 금으로 만든 십자가상(像)으로 가득 채울 이유가 없다"(*Calvin and Augustine*, 181). 그리스도께서 올바로 전파될 때, 우리는 하나님의 형상을 보는 것보다 더 깊고 순수한 방식으로 진리를 "보게" 된다.

칼뱅은 예배에서 형상을 사용하는 것을 금하긴 하지만 모든 예술을 배격한 것은 결코 아니다. "조각과 그림은 하나님의 선물이다"(I.11.12). 워필드는 칼뱅이 "예술을 사랑하고 장려하는 사람"이었다고 주장한다(*Calvin and Augustine*, 183). 적어도 칼뱅이 다수가 믿듯이 예술의 적은 아니었다는 것을 확신할 수 있다. 칼뱅에 따르면, "눈이 볼 수 있는" 것들을 제시하는 예술의 "순수하고 정당한 용도"가 있다(I.11.12). 여기에는 (가르치고 훈계하기 위해) 역사적 사건들을 그린 그림과 (즐거움을 위한) "신체 형태"들이 포함된다. 하지만 인간의 신체를 묘사하는 작업은 정숙해야 한다. 칼뱅에 따르면, 가톨릭교회가 "동정녀의 형상으로 여기는 물체들"보다 사창가에서 보는 매춘부가 "더욱 단정하고 정숙하게 차려입는다"(I.11.7).

하나님의 속성

칼뱅은 하나님의 속성을 철학적이거나 전문적인 방식으로 다루지 않는다. 오히려 독자들의 마음속에 하나님에 대한 실질적인 지식, 즉 하나님을 두려워하고(경외하고) 신뢰하도록 이끌어 줄 지식을 일깨우는 데 몰두한다. 칼뱅이 논하는 하나님의 속성은 성경이 하나님에 관해 말하는 것을 모두 모아 놓은 것이다. 그는 "하나님의 본질적인 존재"는 간단히 다루지만, "우리를 향한 하나님"을 알고 있다고 강조한다(I.13.1). 하나님의 본질이 가리키는 하나님의 두 가지 "특별한 표지"가 있다. 바로 무한하신 것과 영이신 것이다. 하나님은 무한하시기 때문에 우리는 감히 우리의 감각으로 그분을 측정해서는 안 된다. 그분은 영이시기 때문에 우리는 그분을 지상의 어떤 모습으로 상상해서는 안 된다. 우리는 "하나님의 본질적인 존재"를 더 발견하려고 노력하기보다 그분의 성품과 행위 면에서 "우리를 향한" 하나님을 찾는 데 만족해야 한다. 칼뱅은 이렇게 말한다.

하나님의 위엄이나 권위, 영광은 상상 속의 찬란함에 있지 않다. 그것은 그분의 본질에서 분리할 수 없으며 그분께 반드시 속하는, 그런 행위에 있다. 즉 특별히 하나님께 속하는 것으로서, 세상을 다스리고, 인류를 돌보며, 선과 악을 차별하고, 비참한 자를 도우며, 모든 사악함을 벌하고, 불의와 폭력을 통제하는 것이다(주석_ 습 1:12).

칼뱅은 이 주제를 "그러면 우리는 하나님에 관한 지식을 기꺼이 그분께 맡겨 두자"라는 문장으로 요약한다(I.13.21).

칼뱅은 하나님의 속성을 보여 주기 위해 출애굽기 34장 6-7절과 시편 145편에 관한 간략한 성경 연구를 제시한다. 워필드는 그 연구에 대해 "경솔하게 내놓은 것이 아니라 말하자면 해결책으로" 제시한 것이라고 말한다(*Calvin and Augustine*, 143). 다시 말해 칼뱅은 하나님의 다양한 속성을 전문적으로 하나씩 나눠서 다루지 않고 하나님을 총체적으로 묘사한다. 칼뱅이 (『기독교 강요』와 다른 곳에서) 하나님의 주권을 무척 강조하면서도 하나님의 사랑을 그보다 더 강조하는 것에 주목해야 한다. 시편 기자가 하나님을 왕으로 고백하는 시편 74편 12절 주석에서 "여기서 하나님께 붙인 왕이라는 호칭은 단지 그분의 주권에 국한되지 않고, 우리를 향한 그분의 아버지다운 사랑도 가리키는 것이 분명하다"고 말한다.

워필드는 이렇게 말한다.

> 칼뱅에게는 하나님을 아버지로 보는 인식이 그분의 주권에 대한 인식만큼 하나님 개념에 근본이 되는 요소다. 물론 칼뱅은 하나님의 주 되심에 가장 많은 관심을 기울인다. 하나님의 주권은 칼뱅이 그

분에 관해 생각하는 중심점이다. 그러나 그는 이 주권을 언제나 하나님 우리 아버지의 주권으로 생각한다. …… 하나님의 주권을 매우 강조하면서 더불어 칼뱅은 그분의 사랑을 더 크게 강조한다. 칼뱅의 하나님 교리는 하나님의 아버지 되심에 최고 자리를 부여한다는 점에서 종교개혁 시대의 하나님 교리 가운데 으뜸이다. "주님이자 아버지인 분"(아버지의 주권 또는 주권적인 아버지), 이것이 바로 칼뱅이 생각한 하나님이다(*Calvin and Augustine*, 175-76).

칼뱅은 하나님의 아버지 되심을 강조하지만 아울러 (성경이 말하듯) 어머니 되신 하나님을 말하면서 어떤 면에서는 이것이 하나님을 더 적절하게 그리고 있다는 논점을 편다.

"내[주님]가 해산하는 여인같이 부르짖으리니." 이 비유로 [하나님은] 놀랍도록 따스한 사랑과 매우 부드러운 애정을 표현하신다. 그분은 자신을 자녀를 향해 도무지 비할 데 없는 사랑을 품은 엄마에 비유하시기 때문이다. 이것이 하나님께 어울리지 않아 보일지 몰라도 이러한 비유만이 우리를 향한 그분의 열정적인 사랑을 표현할 수 있다(주석_ 사 42:14).

[하나님은] 자신을 엄마에 비유하신다. 아기를 향한 엄마의 사랑은 몹시 애틋하고 깊어서 아빠의 사랑은 그에 한참 뒤지기 때문이다. …… 아기에게 느끼는 엄마의 애정은 참으로 놀랍다. 엄마는 아기를 무릎에 올려놓고 귀여워하고, 가슴으로 젖을 먹이며, 매우 애틋하게 쳐다보다가 어느새 밤을 지새운다. 이런 식으로 계속 자신을 지치게

하고 자신에 대해서는 잊어버린다(주석_ 사 49:15).

엄마 역할을 떠맡을 때 [하나님은] 자신의 영화로운 자리에서 한참 내려오신다. 그렇다면 그분이 암탉의 모습을 취하시고 우리를 자신의 병아리로 여기실 때는 얼마나 더 내려오신 것인가!(주석_ 마 23:37)

에베소서 3장 9-12절 설교에서는 이렇게 말했다. "마치 자녀가 아빠나 엄마의 무릎에 몸을 던지듯, 우리는 하나님의 존전에 나아가 그분을 피난처로 삼을 수 있다. 하나님의 친절과 은총은 세상의 모든 아비와 어미를 능가한다는 것이 확실하기 때문이다." B. A. 게리쉬(Gerrish)는 "신적 독재자가 아닌 부모이신 하나님, 선(善) 그 자체이신 분이 칼뱅의 경건 대상이며, 그렇기 때문에 그가 말하는 하나님 교리의 주된 주제이기도 하다"고 말한다(*Grace and Gratitude*, 41).

> "칼뱅의 판단에 따르면, 창조주는 우리가 그분의 피조물에 품을 수 있는 그 어떤 개념보다 훨씬 위대하고, 동시에 자유롭고 현존하며 공의롭고 자애로운 분이며, 타락한 인류를 애틋이 주목하시되 한 집단으로도, 한 명씩으로도 주목하시는 분이다."
> (Robinson, *John Calvin: Steward of God's Covenant*, ix)

삼위일체

다음으로 칼뱅은 삼위일체 교리를 다룬다. 그는 삼위일체를 하나님이 "자신을 우상들과 좀 더 엄밀하게 구별하시는 또 다른 특별한 표시"로 생각한다(I.13.2). 하나님을 삼위일체로 아는 지식에서 벗어나면 우리는 하나님을 전혀 알지 못하게 된다고 칼뱅은 믿는다. 하나님이 자신을 아버지와 아들과 성령으로 보여 주신, 그분의 자기 계시를 통해서만 우리는 하나님이 누구신지 올바로 알게 된다.

1536년판 「기독교 강요」에서는 삼위일체 교리를 간략하게 다루었다. 칼뱅은 일찍이 니케아 신조와 같은 교리적 진술에 마지못해 찬동했다. 그리스도인에게는 전통적 진술들과 상관없이 성경에서 직접 교리를 만들 수 있는 "경건한 자유"가 있다고 확신했기 때문이다. 1559년판 「기독교 강요」에서도 칼뱅은 "모든 사람에게" 정통 삼위일체 교리가 받아들여지기만 한다면 신조에 있는 진술들은 "묻히기를" 바란다고 말한다. 우리가 삼위일체에 관해 사용하는 말은 (아우구스티누스가 말했듯이) "저기에 있다는 것을 표현하기 위함이 아니라" 단지 우리가 "침묵을 지키지 않기" 위함이다. 따라서 우리는 "검열관마냥 우리가 생각해 낸 진술에 맹세하길 원치 않는 이들을 비난해서는 안 된다. 단, 그들이 교만이나 완고함, 악의적인 술책에 이끌려 맹세하지 않는 것이 아니라면 말이다"(I.13.5). 워필드는 "[칼뱅의] 프로테스탄티즘의 순수성"을 말하면서, 칼뱅이 스스로 따른 것은 하나님 말씀이지 아타나시우스의 말이 아니었다고 말한다(*Calvin and Augustine*, 206).

하지만 칼뱅은 니케아 신조에 나오는 "위격"과 "본질" 같은, 성경에 없는 전문 용어 사용을 지지하게 되었다. 이단들이 거짓 가르침을 설명하기 위해 정확한 성경 단어를 사용하는 만큼, 우리는 "진리를 명백하게" 설명하기 위해 성경에 나오지 않는 단어들을 사용해도 좋고, 실은 사용해야 한다고 말한다(I.13.3). 하나님의 셋 됨을 가리키는 단어("위격")와 하나님의 하나 됨을 가리키는 단어("본질" 또는 "본체")를 사용하는 것은 삼위일체에 관한 신약의 가르침을 정확히 진술하고 변호하는 역할을 한다. 그런 용어는 좋고 또 필요하다. "단 그것들이 성경의 의미를 잘 끌어내는 동시에 그 신비를 지켜 주고 …… 그에 관한 거짓 가르침에 맞서 우리를 보호한다면 말이다"(Helm, *Calvin at the Centre*, 113).

칼뱅이 말하는 삼위일체 교리의 핵심을 간단히 설명하자면, "하나님의 하나 됨 안에 위격의 구별이 있다"는 것이다. 칼뱅의 말을 인용하면 이렇다. "한 하나님을 믿는다고 고백할 때, 우리는 하나님의 이름 아래 단일한 본질이 있고 그 안에 세 위격(persons, 또는 *hypostases*)이 있는 것으로 이해한다"(I.13.20). 그리고 "아버지와 아들과 성령은 한 하나님이지만, 아들은 아버지가 아니고, 성령은 아들이 아니다. 그러나 …… 그들은 특정 속성으로 구별된다"(I.13.22).

칼뱅은 삼위일체 교리를 둘러싼 신비의 깊이를 인식했다. 그는 이 교리를 진술하되 설명하려 들지는 않는다. 이런 견해에 대해 그는 교부들에게 도움을 얻는다.

[4세기 교부인 푸아티에의] 힐라리우스는 이단들이 큰 죄를 범했다고 비난한다. 그들의 사악함 때문에 인간 정신의 신성함 속에 가둬 놓았어야 할 인간 언어의 위험에 순복하도록 강요받았기 때문이다. 그리고 이것은 불법적인 일을 하는 것이며, 표현할 수 없는 것을 말하고, 용인되지 말아야 할 것을 추정하는 것이라는 사실을 그는 숨김없이 이야기한다. 잠시 후 [힐라리우스는] 감히 새로운 용어를 내놓는 것을 양해해 달라며 길게 진술한다. 그는 자연스러운 이름들(아버지, 아들, 성령)을 제시했고, 이 이름들 이외의 것을 추구하는 것은 언어의 뜻을 뛰어넘고, 의식의 범위를 넘어서며, 이해력을 초월하는 것이라고 덧붙인다(I.13.5).

조금 뒤에 칼뱅은 또 다른 교부인 나지안조스의 그레고리우스의 글을 인용하면서 "그의 말이 내게 큰 기쁨을 준다"고 말한다. "나는 하나를 생각하는 즉시 셋의 찬란함에 둘러싸이지 않을 수 없다. 아울러 내가 셋을 분별할 때 곧바로 그 하나로 되돌아가지 않을 수 없다"(I.13.17).

칼뱅은 삼위일체 교리를 설명할 때 성경 본문을 신중하게 사용한다. 그는 삼위일체 교리를 변호하는 데 자주 사용되는 논증들, 즉 하나님의 복수형(*Elohim*), 세 번 반복되는 스랍의 찬사(이사야 6장), 예수의 진술("나와 아버지는 하나이니라"[요 10:30]) 등은 약하다고 생각한다. 하지만 창세기 1장 26절("우리의 형상을 따라 우리의 모양대로 우리가 사람을 만들고")에서는 하나님 안에 있는 복수성을 분명히 볼 수 있다.

성경은 종종 **아버지**를 하나님이라고 부르지만, 칼뱅은 이렇게 주장한다. "지정하지 않은 채 하나님의 이름이 언급될 때는 언제나 아버지와 마찬가지로 아들과 성령도 지칭하는 것이다. 그러나 아들이 아버지와 함께하는 경우에는 둘의 관계가 개입한다"(I.13.20).

칼뱅은 제1권 13장 7-13절에서 **아들**이 하나님이라는 성경적 증거를 제시한다.

- 잠언 1장과 요한복음 1장은 그 아들이 하나님과 함께 있으며 하나님이기도 한 영원한 지혜 또는 영원한 말씀이라고 진술한다.

- 그리스도는 신약 성경과 마찬가지로 구약 성경에서도 하나님이라고 불린다.

- 그리스도가 행한 사역과 기적들은 그분이 하나님임을 입증한다.

- 성경은 우리에게 그리스도를 믿고, 그분께 기도하고, 그분을 하나님으로 경배하라고 요청한다.

칼뱅은 그리스도의 신성에 관한 교리적 지식을 "실천적인 앎"과 연결시키면서 "경건한 지성은 스스로 각성되고, 조명되고, 보존되고, 의롭게 되고, 성화되었다고 느낄 때 하나님의 현존을 인지하고 그분을 만지다시피 하게 된다"고 말한다(I.13.13).

칼뱅은 제1권 13장 14-15절에서 **성령**이 하나님임을 보여 준다. 그는 아들의 신성을 증명하기 위해 사용한 논증을 성령의 신성을 입증하는 데 끌어 쓴다.

- 하나님께만 돌릴 수 있는 행위를 성령의 것으로 여긴다.

- 몇몇 성경 구절은 성령이 하나님이라고 말한다.

하나님의 하나 됨과, 세 위격 각각의 신성을 보여 준 뒤, 칼뱅은 하나님 안에 "구별은 있되 구분은 없다"고 말한다(I.13.17). 어느 것도 하나님의 하나 됨을 가릴 수 없지만, 동시에 성경이 만든 "구별을 억누르는 것은 합당치 못하다"(I.13.18). 칼뱅은 삼위일체의 각 위격에서 "모든 신적 본성을 이해할 수 있다. 단, 각 위격에 그 고유한 속성이 속한다는 조건 아래 그렇다"라고 주장한다(I.13.19). 아버지와 아들과 성령은 뒤집을 수 없는 순서를 지닌 별개의 위격으로 늘 존재해 왔다. 칼뱅은 이렇게 설명한다. "성부는 행위의 시초, 만물의 원천과 근원이시고, 성자는 지혜와 지침이시며 행위를 배열하는 분이다. 행위의 힘과 효력은 성령께 속한다"(I.13.18). 워필드는 칼뱅의 견해를 이렇게 말한다. "성부는 모든 신적 활동의 원천으로, 성자는 지휘자로, 성령은 실행자로 간주된다. 성부는 근원으로, 성자는 그분에게서 나오는 지혜로, 성령은 하나님의 지혜로운 계획을 실행시키는 능력으로 간주되는 것이다"(*Calvin and Augustine*, 229). 줄리 캔리(Julie Canlis)는 칼뱅의 견해를 "하나님의 아버지 되심, 말씀의 중재, 성령의 '돌봄'"으로 설명한다(*Calvin's Ladder*, 5). 마이클 호튼은 이렇게 말한다. "이 형식('성부로부터, 성자 안에서, 성령을 통해')은 칼뱅의 사유 전반에 다시 나타난다. …… 그러므로 칼뱅이 생각하는 모든 주제는 신적 위격들 간의 역동적인 교환과 협동을 틀로 삼고 있다. 요컨대 칼뱅에게 삼위일체는 우리가 동의하는 하나의 도그마가 아니라, 우리가 그 안에서 살고 움직이며 존재하는 실재의 핵심인 것이다"(*Calvin on the Christian Life*, 62-63).

칼뱅은 삼위일체의 삼위 각각이 완전한 하나님이라는 사실을 강조한다. "아버지는 존재가 아닌 순서와 관련하여 신성의 원천이다"(I.13.26). "낳다"(begotten, "하나님의 유일한 외아들이자 창세전에 성부에게서 나신[begotten] 주 예수 그리스도")와 "나오다"(proceeding, "성부와 성자에게서 나오신[proceed] …… 성령")와 같은 니케아 용어들에 잠재된 인과 관계나 종속 관계에 대한 암시는 배격되어야 한다. 이런 표현 자체가 아니라 성경적이지 않은 해석을 배격해야 한다는 말이다. 아들과 성령에게 "파생된" 신성을 부여하는 것, 즉 아버지만이 온전한 하나님이고, 그분의 신성이 아들과 성령에게 부여졌다는 생각을 칼뱅은 전혀 용납하지 않는다. 아버지가 하나님이듯, 아들도 하나님이고, 성령도 하나님이다. 아들과 성령의 신성은 아버지라는 위격(*hypostasis*)이 아니라 하나님(Godhead)이라는 존재 또는 본질(*ousia*)에서 나온 것이다. 성자는 성부 때문에 하나님인 것이 아니라 성부 때문에 성자인 것이다.

칼뱅은 오해되거나 오용될 만한 니케아 신경의 두 가지 표현에 의문을 제기한다. "하나님에게서 나신 하나님"(God of God)이라는 표현과 "영원히 낳은"(eternally begotten)이라는 표현이다. 칼뱅은 "하나님에게서 나신 하나님"이라는 어구가 아버지가 아들에게 신성을 준다는 뜻이 아니라면 거부하지 않는다. 그는 아들이 창세전에 아버지에게서 "났다"는 표현은 기꺼이 받아들이지만, "영원한 발생"(eternal generation)의 개념은 달가워하지 않는다. 이 어구는 계속해서 발생하는 무언가를 뜻하는 것처럼 보이기 때문이다. 그래서 이 개념을 무의미하다고 보지는 않았으나 받아들이기 어려워했다. 「기독교 강요」 제1권 13장은 이렇게 마무리된다.

> 나는 교회의 덕을 세우는 데 열심이 있다. 그러나 덜 유익한 것들은 많이 다루지 않는 편이 낫고, 독자들에게 쓸데없는 짐을 지우지 않는 편이 낫다고 생각했다. 그렇다면 아버지께서 계속 낳으시는지 여부를 놓고 논쟁하는 취지가 무엇인가? 사실 계속해서 낳는 행위를 상상하는 일이 어리석은 것은 세 위격이 영원 전부터 하나님 안에서 자존해 왔기 때문이다(I.13.29).

더글라스 켈리(Douglas Kelly)는 이렇게 설명한다.

> 칼뱅이 기독교 신학 전통에 나오는 고대 용어들의 특정 해석을 비판하는 것은 오로지 유일하고 참되신 하나님이 무한히 영적인 한 존재 안에서 동등한 세 위격으로 영원히 존재한다는 성경적 교회 교리를

강화하기 위해서다. 이 하나님을 아는 것이 곧 영원한 생명을 소유하는 것이나. 그래서 하나님이 계시하신 말씀에 따라 겸손하고 사려 깊게 이 하나님을 알고 거론하며 사랑하려는 것은 최선을 다할 만한 가치가 있다. 이는 대대로 하나님의 성도가 최선을 다할 만한 가치가 있는 일이었기 때문이다(*A Theological Guide to Calvin's Institutes*, 89).

워필드는 칼뱅이 품은 삼위일체 개념의 세 가지 "특징"이 "단순화, 명료화, 평준화"라고 말한다. 더 나아가, 칼뱅이 강조한 평준화는 "삼위일체 교리의 역사에서 획기적인 일이다"(*Calvin and Augustine*, 230).

칼뱅은 삼위일체 교리에 관한 성경의 가르침을 제시한 후 세르베투스(Servetus)를 비롯한 당시 반(反)삼위일체론자들에 맞서 그 교리를 강력하게 변호한다(I.13.21-29). "이제는 평화롭게 보여 준 진리를 악한 자들의 모든 비방에 맞서 반드시 지켜 내야 하기" 때문에 때로는 논쟁이 필요하다고 칼뱅은 말한다(I.13.21).

하나님과 우리 자신을 알기

워필드는 칼뱅이 "「기독교 강요」에서 하나님을 숙고하는 단계마다 하나님을 경배하라는 권면이나 그분께 마음을 드리라는 권면으로 마무리한다"고 말한다(*Calvin and Augustine*, 141-42). 이 장들을 되돌아보며 그러한 권면을 찾아보라. 그 대목을 다시 읽고 표시해 보라. 하나님을 경배하고 그분께 당신의 마음을 더 많이 드리게 해달라고 간구하라.

4장

창조 세계
"넓고 찬란한 집"

하나님은 "마치 **넓고 찬란한 집**처럼 무한히 풍성하고 다양하며 아름다운 만물로 하늘과 땅을 최대한 멋지게 장식하시고, 가장 정교한 동시에 가장 풍성한 장식품들로 채우셨다"(I.15.20).

> "자신의 체계를 발전시키면서 칼뱅은 하나님 교리에서 단번에 창조와 섭리의 사역에 관한 해설로 이동한다. 논리적으로는 이 지점에서 하나님의 목적이나 명령이 먼저 나오고 창조와 섭리의 집행이 따라와야 하는데 전자를 건너뛰는 것은 칼뱅의 실천적 정신과 단순한 방법을 보여 주는 또 다른 지표다. 그는 독자들을 하나님이 누구신지에서 단번에 하나님이 무엇을 하시는지로 인도한다."
>
> (Warfield, *Calvin and Calvinism*, 287)

읽기 | 「기독교 강요」 I.14-15. [*1541* ch. 2, pp. 31-36, 39-52.]

성경 본문 | "믿음으로 모든 세계가 하나님의 말씀으로 지어진 줄을 우리가 아나니 보이는 것은 나타난 것으로 말미암아 된 것이 아니니라"(히 11:3).

주목할 인용문 | "하늘에 있는 것들에서 땅 아래 있는 것들까지 모든 피조물은 분명 하나님의 영광을 드러내는 승인과 메신저가 될 수 있다. …… 노래하는 작은 새들은 하나님을 노래하고, 짐승들은 그분께 부르짖고, 자연의 환경들은 그분을 경외하고, 산들은 그분의 이름을 울려 퍼지게 하고, 파도와 샘은 그분께 눈짓하고, 풀과 꽃은 그분 앞에서 웃기 때문이다"(올리베탕[Olivétan]의 프랑스어 성경[1535년판]에 실린 칼뱅의 서문).

"그분께 눈을 받은 신자는 이제 그분의 영광의 불꽃, 말하자면 모든 피조물 안에서 반짝이는 그 불꽃을 본다. 세상은 신적 영광을 선보이는 극장으로 만들어진 것이 틀림없다."
(주석_ 히 11:3)

제러드 맨리 홉킨스는 "알록달록한 아름다움"이라는 시에서 칼뱅 사상을 아름답게 묘사한다.

> 알록달록한 것들을 주신 하나님께 영광을.
> 얼룩소처럼 두 겹 색깔을 띠는 하늘을
> 헤엄치는 송어에 점점이 새겨진 장밋빛 반점을
> 갓 붙은 석탄불처럼 땅에 떨어진 알밤과, 방울새의 날개를
> 구획되고 나눠진 풍경인 외양간과 휴경지와 경작지를
> 그리고 온갖 생업과 그 장치와 기구와 장비를 주신 그분께 영광을.
> 반대인 것, 본래의 것, 여분의 것, 낯선 것
> 변하기 쉬운 것은 무엇이든, 반점이 있는 것(누가 그 경위를 알랴?)
> 재빠른 것과 느린 것, 달콤한 것과 쓴 것, 눈부신 것과 희미한 것,
> 그분이 아버지로 창시하신 아름다움은 변함이 없는 것
> 그분을 찬양하라.

기도 | 하나님은 우리의 유익과 구원을 위한 모든 것을 갖추셨습니다. 다름 아닌 우리 자신 안에서 우리는 우리에게 값없이 베푸신 그분의 능력과 은혜, 헤아릴 수 없는 큰 혜택을 느끼고 있습니다.

그렇다면 우리가 그분을 신뢰하고 부르짖고 찬양하고 사랑하도록 우리 자신을 촉구하는 것 말고 무엇을 할 수 있겠습니까? 하나님의 모든 작품은 우리를 위해 만든 것입니다. 단 엿새 동안에도 그분은 아직 태어나지 않은 자녀를 돌보는 아버지의 손길을 보여 주십니다.

그분을 잊는 배은망덕한 태도를 버리십시오! 그분이 우리를 만족시키지 못하리라는 소심한 두려움은 버리십시오! 그분은 우리의 안녕에 부족한 것이 전혀 없게 하셨습니다.

하늘과 땅의 창조주이신 하나님을 부를 때마다 우리는 그분이 우리에게 주시는 모든 것이 그분의 손 안에 있음을 유념해야 합니다. 우리는 모든 신뢰와 소망을 오직 그분께 둡니다.

무엇을 원하든지 그분께 간구하고, 우리에게 주시는 모든 유익을 감사히 받아야 합니다. 이제 온 마음으로 그분을 사랑하고 섬기도록 애씁시다.

(「기독교 강요」에서 각색한 'Hymn to Creation'
by Ford Lewis Battles, *The Piety of John Calvin*, 169-70.)

돌아보며 내다보며

"우주를 창조하신 하나님은 성경 안에서 우리에게 밝히 드러나셨다"(I.6.1). 타락한 사람은 자연에 나타난 하나님의 찬란한 계시를 거의 또는 전혀 보지 못하지만, 성경이라는 "안경"에 도움을 받고 성령으로 눈을 뜨면 창조주 하나님을 아는 참된 지식에 이르게 된다. "하나님은 말씀과 성령의 능력으로 무(無)에서 하늘과 땅을 창조하셨다"(I.14.20). 만물을 만드신 하나님은 만물을 지키고 보존하신다. 이것이 다음에 다룰 칼뱅의 섭리 교리다.

창조

창조 세계가 "믿음을 갖게 하는 주된 증거"(그 증거는 "그리스도 안에 계신 구속주 하나님"이라는 제목이 달린 제2권에 나올 것이다)는 아니다. 그러나 "자연 질서에 나타난 첫 번째 증거이며, 우리가 어디로 눈길을 던지든 모든 것이 하나님의 작품임을 유념하게 된다"(I.14.20). 하나님의 아름다운 작품들은 그림처럼 하나님의 능력과 지혜를 보여 준다(I.5.10). 천체의 찬란함과 장엄함은 "신학교 교수처럼 하나님의 영광"을 전파한다(주석_ 시 19:4). 진정 모든 피조물은 우리로 하나님의 지혜와 능력과 선하심을 배우게 하는 "신학의 문자"라고 불러도 좋다(주석_ 렘 10:1-2).

> "죽기 1년 전에 완성된 칼뱅의 창세기 주석은 기쁨과 감정이 넘치는 작품이며, 앞선 주석들의 뚜렷한 특징인 간결함을 완화시킨 저작이다. 아프고 지친 이 사람이 그토록 간절한 마음으로 창조 세계를 선하다고 부르는 모습은 참으로 감동적이다."
>
> (Robinson, *The Death of Adam*, 184)

장 칼뱅이 창조 세계를 다루는 방식은 실제적이고 개인적이며 경건하다. 성경이 우리에게 "창조의 역사"를 제공하는 목적은 우리의 모든 질문에 답하기 위해서가 아니다. 하나님에 대한 우리 믿음을 강화시켜서 "오직 모세가 우주의 창조자이자 창설자로 제시한 그 하나님만 추구하게" 하려는 것이다(I.14.1). 칼뱅은 "우리 마음속에 하나님, 곧 [창조에 의해] 지혜와 능력과 공의와 선하심을 나타낸 그 하나님의 영광과 완전함에 대한 의식"을 일깨우고, "우리에게 주신 혜택을 그분께 감사하도록 우리 마음을 고양시키기를 원한다"(Warfield, *Calvin and Calvinism*, 306).

성경은 우리에게 과학적이고 전문적인 언어로 창조 이야기를 들려주지 않는다. 칼뱅은 이렇게 말한다.

성령은 천문학을 가르칠 생각이 없으시다. 그분이 모세를 비롯한 여러 선지자의 입을 빌려 가장 단순하고 가장 못 배운 사람들이 공유할 만한 가르침을 베푸신 것은 어느 누구도 모호하다는 핑계를 대며 숨지 못하게 하시려는 것이다. 우리가 보게 되듯이, 심오하거나 난해한 것을 접할 때 사람들은 때로 선뜻 이해할 능력이 없는 체하기 때문이다. 따라서 …… 성령은 소박하고 못 배운 사람들이 알아듣지 못하게 말하기보다는 유치하게 말하는 편을 택하신다(주석_ 시 136:7).

칼뱅이 하나님의 적응 교리를 말한다고 해서 성경의 무오성이 손상되는 것은 아니라고 이미 시석했다. 어린아이처럼 말하는 것과 잘못 말하는 것은 전혀 다른 문제다. 성경의 창조 이야기는 우리에게 맞춘 이야기인 동시에 진실이다.

전능하신 하나님이 하늘과 땅을 창조하시는 데 왜 엿새나 걸렸을까? 칼뱅은 우리의 유익을 위해서라고 답한다. 즉, 우리의 머리가 그 많은 것을 단번에 받아 지나치게 혹사당하지 않도록, 우리를 위해 그토록 신중하게 이 세상을 준비하신 그분의 사랑을 보여 주기 위해서라고 말이다. 그러므로 우리는 "사물의 질서 속에서 우리를 향한 하나님의 아버지다운 사랑을 부지런히 묵상해야" 마땅하다(I.14.2).

칼뱅은 남자와 여자의 창조를 다루기 전에 천사와 마귀를 논한다. 성경적이고 실제적으로, 그러면서 차분하게 이 주제를 다룬다. 성경은 천사를 창조한 목적, 방식, 시기는 물론 귀신들의 타락도 분명하게 설명하지 않는다. 칼뱅은 이사야 14장 12절을 사탄의 타락이 아니라 바벨론 왕에 대한 언급으로 해석한다. 그는 이 문제에 대한 디오니시우스(Dionysius)의 억측(5세기 말 저술로, 사도행전 17장 34절의 "아레오바고 관리 디오누시오"의 것으로 잘못 알려졌다)을 "어리석은 지혜"라고 부른다(I.14.4).

천사

천사는 "인지와 지성"이 특징인 진짜 영이다(I.14.9). 성경은 그들을 천군, 권세, 통치자, 권력자, 보좌와 같은 높은 호칭으로 묘사하지만, 하나님의 모든 피조물처럼 그들도 하나님께 절대적으로 의존한다. 그들은 하나님의 종이고, 칼뱅이 아름답게 표현하듯이 "하나님의 손들, …… 그분 대신 일하는 존재가 아니라 그분의 도구로 일하는 존재다"(I.14.12). 하나님은 "그들의 사역과 섬김을 사용하셔서 …… 자신이 명령한 모든 일을 수행하신다"(I.14.5). 천사들이 일한다고 하나님이 계시지 않은 것이 아니다. 오히려 그들은 하나님의 현존을 보여 주는 대리자다. 마릴린 로빈슨(Marilynne Robinson)의 소설 『릴라』(Lila)에 나오는 한 설교자는 "칼뱅은 천사들을 하나님의 효과적인 손길로 본다"(231)고 말한다.

하나님의 종인 천사들은 또한 "우리의 약함을 위로하는 역할"을 한다. 이는 "우리 마음에 선한 소망을 불러일으키거나 우리 마음이 안정되는 데 전혀 부족하지 않게" 한다(I.14.11). 하나님은 우리를 보살피고 보호하신다는 것을 알게 하려고 천사를 통해 일하신다. 하나님이 우리를 돌보려고 보내신 천사들이 있다는 것을 알 때 우리는 비로소 이를 깨닫는다. 이는 단 하나의 "수호" 천사가 아니라 천사들을 가리키는데, "우리 각자를 돌보는 일은 한 천사만의 과업이 아니기" 때문이다. 모든 천사가 "만장일치로 우리의 구원을 돌봐 준다"(I.14.7)고 칼뱅은 말한다. 천사들은 우리를 돌봐 주는 한편, "우리 손을 잡고 곧장 그리스도께 인도하여 우리가 그분을 바라보고, 부르고, 우리의 유일한 구원자로 선포하도록" 한다(I.14.13).

마귀

칼뱅은 창조를 다루는 대목에서 악의 존재를 검토하고, 나중에 구속 교리를 다룰 때는 죄의 존재를 점검한다. 그는 죄와 악 모두 "현존하는 실재지만 궁극적인 신비"로 다룬다(Partee, *The Theology of John Calvin*, 75).

마귀들은 "하나님의 대적이자 우리의 대적"이다(I.14.15). 칼뱅은 마귀에 대해 세 가지 사항을 이야기한다.

1. 마귀들은 하나님에 의해 선하게 창조되었으나 "그들 스스로 망했다"(I.14.16). 사탄은 한때 진리 안에 있었으나 진리 안에 거하지는 않았다. 마귀들은 선한 영이 잘못된 경우다. 우리는 "그분[하나님]과 전혀 상관없는 일"을 하나님 탓으로 돌리지 않도록 조심해야 한다(I.14.16).

2. 마귀는 하나님의 권세 아래 있다. 그는 "하나님이 원하시고 동의하시지 않는 한 아무것도 할 수 없다"(I.14.17). 하나님은 "더러운 영들"을 이용해서 악한 자를 벌하시고 자신의 자녀를 훈련하고 자라게 하신다. 사탄은 우리를 괴롭히는 자들 배후에 있고, 사탄의 배후에는 하나님이 계신다. 하나님은 우리를 훈련하고 훈계하고 정결케 하려고 그런 시련을 허용하신다(주석_ 시 44:13).

3. 우리는 마귀에 대항하는 "끊임없는 투쟁"에 관여한다(I.14.15). "자신의 구원에 조금이라도 신경을 쓴다면, 우리는 평화를 깨뜨리기 위해 줄곧 함정을 놓는 마귀와 평화 협정을 맺거나 휴전해서는 안 된다"(I.14.15). 이와 동시에 우리는 그리스도 안에서 우리가 "언제나 완전한" 승리를 획득했다는 사실을 기억해야 한다. 단, 그 승리가 이생에서는 완전히 실현되지 않지만 말이다(I.14.18).

세상

칼뱅은 세상 창조에 관한 대목에서 하나님이 무에서 만물을 창조하셨다고, 하나님이 창조하신 모든 것이 매우 좋았다고, 그분이 인간을 위해 온 창조 세계를 만들고 장식하셨다고 주장한다.

칼뱅은 창세기의 "엿새"가 24시간으로 이뤄진 날들이라고 확신했으나, 「기독교 강요」나 「창세기 주석」 어디에서도 이 쟁점을 논하지 않는다. 창세기 1장 1절에 나오는 천지 창조는 엿새 동안 형성되는 과정을 통해 완료되었다. 칼뱅은 하나님의 창조 사역을 세 단계로 묘사한다. (1) 하나님은 무에서 하늘과 땅을 창조하셨다. (2) 하나님은 온갖 살아 있는 존재와 무생물을 생산하셨다. (3) 하나님은 "마지막 날까지" 각 종(種)이 보존되는 데 필요한 것을 공급하셨다(I.14.20). 따라서 모든 창조물은 하나님이 직접 만드신 작품으로, 무에서 무언가를 창조한 뒤에 그 무언가에서 모든 것이 만들어진 것이다.

인간

칼뱅은 자신의 계획을 따라 우리 자신에 대한 이중 지식을 발전시킨다. 이는 우리가 (제1권 15장에서 논하는) 창조된 존재이자 (제2권 1-5장에 나오는) 타락한 존재라는 것을 말한다. 인간 철학은 창조된 인간과 타락한 인간을 혼동하여 "폐허에서 건물"을 찾는 꼴이다(I.15.8). 하나님이 창조하신 모습("[하나님의] 공의와 지혜와 선하심을 반영한 가장 고상하고 놀라운 본보기"I.15.1]) 그대로 인간을 보면 우리는 경이와 감사로 반응하지 않을 수 없다. 아울러 우리가 처한 현재의 "슬픈 몰락"을 하나님 탓으로 돌리지 못하며(I.15.1) 그에 대한 우리의 책임을 회피하지 못한다. 우리의 몰락은 우리의 죄악 된 반역 때문이기에 칼뱅은 "모든 도피로가 막혀 있다"고 말한다(I.15.1).

> "인간은 창조 세계에서 매우 위험한 요소지만 정의를 보호하고 보장할 역량도 지니고 있다. …… 세상에 존재하는 인간의 이러한 이중 특성을 가장 유창하게 설명하는 글이 「카스피안 왕자」에 나온다. 카스피안 왕자가 자신의 백성이 해적 부족의 후손이라는 사실을 막 알았을 때다. …… 그는 '자신이 좀 더 명예로운 혈통 출신이기를' 바란다. '너는 아담 왕과 하와 왕비의 후손'이라고 아슬란이 말했다. '그리고 그것은 가장 가련한 거지도 고개를 쳐들게 할 만큼 영예로운 것이고, 지상에서 가장 위대한 황제도 어깨를 쳐지게 할 만큼 수치스러운 것이다.'"
>
> (Rowan Williams, *The Lion's World: A Journey into the Heart of Narnia*, 22-23)

칼뱅이 말하는 남녀의 창조 교리에는 세 가지 주안점이 있다.

1. 인류는 몸과 영혼으로 창조되었다

몸 또는 "겉 사람"을 볼 때 하나님의 영광이 빛난다(I.15.2). 인간 몸의 "정교한 솜씨"는 "주목해 보면 우리 마음을 사로잡을 만한 기적"을 담고 있다(주석_ 창 1:26).

칼뱅은 인간 몸의 경이로움을 칭송하는 한편, 그 몸을 "부서지기 쉬운 숙소", "가련한 오두막"(주석_ 고후 5:1), "지상의 감옥"(I.15.2, III.6.5, III.25.1)이라고도 말한다. 자신이 직접 체험한 질병 때문에 그렇게 말했을지도 모른다. 곧 많은 사람이 몸을 축복보다는 짐으로 보기에 이른다. 극적인 한 대목에서 칼뱅은 이렇게 말한다. "이 장막, 즉 불안정하고 불완전하며 썩기 쉽고 쇠약하며 수척하고 타락한 장막이 분해되어 곧 확실하고 완전하며 썩지 않고 멋진 하늘의 영광으로 새로워질 것을 생각하면, 본성적으로 두려워하던 것도 믿음으로 인해 간절히 열망하지 않겠는가?"(III.9.5) 그런데 우리가 소원하는 바는 깨어지고 연약한 우리 몸을 벗어 버리는 것이 아니라 더 나은 몸을 얻는 것이다.

어떤 이들은 몸에 관한 칼뱅의 어휘에서 플라톤식 신학에 영향 받은 흔적을 발견했다. 메리 포터 엥겔은 칼뱅이 몸을 감옥으로 보는 플라톤의 은유를 두 가지 방식으로 사용한다고 주장한다. 하나는 타락 이후 인간의 죄악 된 상태를 언급하는 방식이고, 다른 하나는 모든 사람이 공유하는 현세적 삶의 덧없음을 언급하는 방식이다. 엥겔은 칼뱅의 많은 대목에서 "몸이 영혼과 비슷하게, 그리고 영혼과 연합한 상태로 하나님의 창조와 보존과 회복의 은혜를 받을 만한 것으로 나타난다"는 것에 주목한다(*John Calvin's Perspectival Anthropology*, 169-71). 현세와 내세에서 하나님은 "그처럼 빛나는 영예를 받을 만한" 몸에 필요한 것을 공급하신다(III.25.7). "우리와 그리스도의 영적 연합은 영혼만이 아니라 몸의 문제이기도 하다"(주석_ 고전 6:15). "하나님이 우리 영혼뿐 아니라 몸도 창조하셨고 그것들을 먹이시고 지탱하시는 만큼, 이는 그분이 우리 몸으로 섬김과 영광을 받아야 하는 충분한 이유를 제공한다. 더군다나, 우리는 주님이 우리 영혼뿐 아니라 몸도 그분의 성전이라 부르시는 것에서 우리를 존귀하게 여기신다는 사실을 알고 있다"(주석_ 고전 6:20). 마침내 온 창조 세계가 회복될 때 영혼뿐 아니라 몸도 새 하늘과 새 땅에 속할 것이다(주석_ 고전 15:53). 그렇다면 칼뱅에게 "몸 그 자체는 …… 인간 본성에 가치 없는 요소가 아니다. 그 안의 무가치함은 모두 죄에서 온다"(Warfield, *Calvin and Calvinism*, 339, 341). 칼뱅의 글을 인용해 보자. "전인(全人)이 (대홍수 때처럼) 머리에서 발끝까지 완전히 잠기시 죄의 영향에서 벗어난 부분이 하나도 없고, 인간에게서 나오는 모든 것이 죄의 탓으로 돌려진다"(II.1.9).

칼뱅은 "사람 안에 몸에서 분리된 무엇이 숨겨져 있다"고 말하면서 그것을 영혼, 곧 "불멸하되 창조된 본질"이라고 부른다(I.15.2). 영혼은 몸 없이는 존재할 수 없는 일종의 능력일 뿐이라고 주장하는 이들이 있다. 이에 반해 칼뱅은 영혼이 몸과 별도로 존재하는 진정한 실체라고 주장한다. 양심, 하나님을 아는 지식, 인간 정신의 놀라운 민첩성, 심지어 꿈과 같은 "다수의 탁월한 선물들"이 영혼이 몸과 분리되어 있음을 증명한다고 주장한다. 그러나 비로소 그 주장의 기반이 더 든든해지는 것은 성경이 처음부터 끝까지 영혼과 몸의 차별성과 분리 가능성을 진술한다는 것을 칼뱅이 보여 주면서다. 칼뱅은 마치 하나님의 돌봄 없이 자존할 수 있다는 듯이 영혼 자체가 불멸한 존재라는 것은 부인한다. 영혼의 불멸성은 몸과 별도로 존재한다는 사실에서 도출된 결론이 아니다. 영혼은 모태에서 창조된 순간은 물론 생존 순간마다 하나의 선물이다. 칼뱅은 영혼 유전설(traducianism, 영혼이 몸처럼 출생을 통해 생산된다는 사상)을 배격한다. 각 영혼은 하나님의 직접적인 창조물이다. 그것은 "하나님의 본질에서 파생된 것"이 아니라 무에서 창조된 것이다(I.15.5).

2. 인류는 하나님의 형상으로 창조되었다

몸에도 하나님 형상의 "불꽃"이 몇 가지 있는데, 가령 사람을 동물과 구분하는 "올려다볼 수 있는 얼굴"과 같은 것이다(I.15.3). 하지만 하나님의 형상은 주로 영혼에 자리 잡고 있다. "아담이 부여받은 온전함",

말하자면, "지성의 빛 …… 마음의 올곧음 …… [그리고] 모든 부분의 건전함"이다(I.15.3-4).

칼뱅은 하나님의 형상을 우리의 첫 부모에게 주어진 "장식들"("지혜, 미덕, 거룩함, 진실, 공의")로 보았을 뿐 아니라 그들이 하나님과 맺은 관계로도 보았다. 아담은 하나님의 형상으로 창조되었는데, 이는 "사람이 축복받은 것은 그 자신의 선행 때문이 아니라 하나님으로 인한 것임을 시사한다"(II.2.1). 게리쉬는 칼뱅이 보기에 하나님의 형상은 "인간 본성 자체이기보다는 개인적 존재 방식이고, 선천적 선물이기보다는 하나의 관계"라고 말한다(*Grace and Gratitude*, 42-43). 마이클 호튼도 이에 동의한다. "그 형상은 우리 안의 어떤 것에 있기보다는 우리 사이의(즉, 하나님과 다른 피조물과 함께하는) 관계에 있다"(*Calvin on the Christian Life*, 64). 하나님의 형상은 하나의 소유물인 동시에 하나의 관계다. 마이클 윌리엄스는 이것을 복사기에 비유하여 설명한다.

> 복사기는 복사물을 만들기 위해 존재한다. 이것이 복사기의 정체성이자 역할이다. 인간은 하나님의 형상을 지닌 자로서 그 형상을 복사하고 반영하고 비추는 피조물이다. 이는 우리가 어떤 종류의 피조물인지, 왜 우리가 하나님의 세계에 존재하는지를 말해 준다. …… 우리가 존재하는 목적은 하나님의 모습을 비추고, 세상에 그분을 반영하며, 그분의 특정 면모를 우리 주변 사람들의 삶과 사회에 복사하는 것이다. 물론 우리는 제대로 작동하지 않는 복사기, 즉 종이나 토너가 떨어졌거나 종이가 중간에 걸린 기계를 상상할 수 있다. 복사기는 여전히 복사물을 만들 목적으로 만든 기계지만, 그런 상태로는 기능을 제대로 수행하지 못한다. 마찬가지로 인간도 [하나님의 모

습을] 잘 비출 수도, 엉성하게 비출 수도 있지만, 하나님의 모습을 비추거나 반영할 목적으로 창조된 피조물인 것은 변함없다(*Presbyterion* 39/1:43-44).

제1권 15장 4절에서 칼뱅은 인류의 "사중 상태"(fourfold state)와 관련하여 하나님의 형상을 폭넓게 요약한다.

1. "하나님의 형상은 아담이 타락하기 전에 그 안에서 빛나던 인간 본성의 완벽한 탁월성이다."

2. "그러나 이후에 매우 손상되고 거의 지워지다시피 해서 타락 이후에는 혼란스럽고 훼손되고 질병에 찌든 모습 말고는 하나도 남지 않았다"(이는 제2권 1-5장에 나온다).

3. "그러므로 하나님 형상의 어떤 부분은 지금 선택받은 자들에게서 나타난다. 그들이 영적으로 거듭난 경우에 한해서 말이다"(제3권 상당 부분을 차지하는 주제다).

4. "그러나 그 형상은 하늘에서 완전하게 찬란해질 것이다"(제3권 마지막 장).

3. 인류는 두 가지 기능, 곧 지성과 의지를 가진 존재로 창조되었다

지성은 "영혼의 지도자요 통치자"이고, 의지는 추종자다. 지성은 선과 악을 구별하고, 의지는 지성을 좇기로 선택한다(I.15.7). 맨 처음 창조

될 때 사람은 의지의 자유를 갖고 있어서 "그가 원하기만 하면 영생을 얻을 수 있었다"(I.15.8). 칼뱅은 감정을 별도의 범주로 나누진 않았지만 감정 또는 열정을 지성의 일부로 믿었다. 출애굽기 32장 19절 주석에서 이렇게 설명한다. "스토아학파의 생각, 즉 모든 열정이 혼란이고 질병과 같다는 원리는 그릇되며 무지에 뿌리를 두고 있다. 슬퍼하는 것이나 두려워하는 것, 기뻐하는 것이나 소망하는 것 등 어느 것도 결코 이성과 모순되지 않기 때문이다." 감정도 이성과 의지 못지않은 하나님의 선물이고, 인간 본성에 반드시 필요한 요소다. 우리가 감정을 제거하려고 애쓰는 것은 "하나님을 모욕하는" 것이다.

하나님과 우리 자신을 알기

칼뱅은 "하나님이 세상 창조를 연속적인 단계들로 나눈 것은 우리의 주목을 끌어 우리로 잠시 멈추고 성찰하게 하려는 것이다"(주석_ 창 1:5)라고 말한다. "이것은 …… 평생에 걸친 올바른 직무다. 사람들이 하늘과 땅이라는 장엄한 극장에서 날마다 하나님의 무한한 선하심, 공의, 능력, 지혜를 생각하는 연습을 하는 것이다"(주석_ 창 2:3). 엿새에 걸친 하나님의 창조 사역을 다시 돌아보라. 하루하루를 생각해 보라. 잠시 멈추고 그 풍성한 창조 세계에 나타난 하나님의 선하심을 성찰해 보라. 하나님께 감사와 찬송을 드리라.

5장

섭리

"늘 함께하는 하나님의 손길"

"그러나 그리스도의 말씀에서 우리의 모든 머리카락도 다 세신다는 것을 배운 사람이면 누구나 …… 모든 사건이 하나님의 은밀한 계획에 좌우된다는 것 …… [그리고] **늘 함께하는 하나님의 손길**에 지배받는다는 것을 생각할 것이다"(I.16.2).

> "별에서 곤충까지, 천사장에서 영아까지 칼뱅이 다루는 세계는 하나님의 주권이 다스리는 곳이다. 그의 모든 작품에는 하나님을 경외하는 분위기가 서려 있다. 몹시 장엄하여 다가서거나 헤아릴 수 없는 지혜를 가지신 초월적인 하나님, 동시에 인간사에 내재하시고 늘 의로운 일을 행하시며 부족한 사람에게 자비로우신 하나님은 칼뱅의 생각이 늘 되돌아가는 대표 주제다. 그의 생각의 제단 위에는 언제나 영원한 하나님께 드리는 예배의 불길이 있다."
>
> (McNeill, *The History and Character of Calvinism*, 209)

읽기 | 「기독교 강요」 I. 16-18. [*1541* ch. 4, pp. 229-233; ch. 8, pp. 499-515.]

성경 본문 | "오직 우리 하나님은 하늘에 계셔서 원하시는 모든 것을 행하셨나이다"(시 115:3). 칼뱅은 이 구절을 "아름다운" 본문이라고 부르면서 이렇게 설교한다. "그분이 모든 것을 어떻게 다루시는지 알기 위해 우리가 그분의 비밀 회담에 참석하지 않은 것은 사실이나, 그분은 우리가 알 만한 것을 우리에게 충분히 계시하신다. 우리는 그분이 우리를 돕기 원하신다는 것을 안다! 그분은 속이지 않으신다. 그분은 '그분이 원하는 것을 행하신다.' 그분은 우리를 돕기 원하신다. 우리를 어려움 가운데 내버려 두길 원치 않으신다"(*John Calvin: Writings on Pastoral Piety*, 164-65).

주목할 인용문 | 하나님은 "가장 작은 참새까지 포함하여 그분이 만든 모든 것을 지탱하시고 기르시고 돌보신다"(I.16.1).

기도 | 전능하신 하나님, 우리 삶은 무수한 위험에 노출되어 있사오니 우리가 당신께 달려가 우리 자신을 당신 뜻에 온전히 맡기게 하시고, 당신이 우리 인생의 보호자이심을 알게 하셔서 우리의 머리카락 한 가닥도 당신의 감춰진 허락 없이는 떨어질 수 없게 하소서. 또한 우리로 당신께 지혜와 분별의 영을 간구하는 법을 배우게 하셔서 당신이 친히 우리 발걸음을 인도하여 주소서. 우리를 대적하는 온 세상과 우리를 사방으로 둘러싼 수많은 계략에서 이 삶을 지킬 능력이 우리 안에는 없사오니 당신의 배려와 보호 아래 우리의 순례 길을 걷게 하시되, 우리가 우리 주 그리스도께서 하늘에 준비하신 그 축복된 안식처로 옮겨질 때까지 전진하게 하소서. 아멘.

(*Lifting Up Our Hearts*, 57.)

돌아보며 내다보며

칼뱅은 하나님을 만물의 창조주로 설명한 후(I.14-15), 섭리 교리에 이르러 하나님이 만물의 보존자이자 통치자라고 가르친다(I.16-18). "우리는 우주가 시작될 때만큼 우주가 지속되는 상태에서도 하나님의 능력이 밝게 빛나는 모습을 본다"(I.16.1).

1559년판 「기독교 강요」에서는 섭리와 예정이 매우 떨어져 있음을 주목하라(그 이유는 나중에 살펴볼 것이다). 섭리와 예정은 때때로 하나님의 작정(decree)이라 불리는 것과 관련된다. 섭리는 제1권에 나오는데, 창조 세계를 보존하고 다스리는 하나님의 사역을 다룬다. 예정은 하나님의 구원 사역에 관한 것으로 제3권에 나온다.

섭리의 정의

장 칼뱅은 섭리의 정의를 다섯 사항으로 신중하게 정립한다. 이 정립 작업을 하면서 그는 두 가지 잘못된 견해를 논박한다. 하나는 하나님을 창조 세계에 가두는 스토아 사상이고, 다른 하나는 하나님을 창조 세계에서 분리하는 에피쿠로스 사상이다.

1. 섭리는 단순한 예지(豫知)가 아니다. 다스림이다

하나님이 "모든 일을 다스리신다. 그래서 [섭리는] 그분의 눈 못지않게 그분의 손과 관계가 있다"(I.16.4). 하나님은 발생할 일을 보기만 하시지 않고 정하신다.

2. 섭리는 단순한 허용이 아니다. 목적이다

칼뱅은 아우구스티누스가 "허용"이라는 단어를 특정한 뜻으로 사용한다고 말한다. "하나님의 뜻 없이는 어느 것도 이뤄지지 않으며, 심지어 그분 뜻에 반하는 것도 마찬가지다. 하나님이 허락하지 않으시면 그 일은 이뤄지지 않을 것이기 때문이다. 하지만 그분은 마지못해 허용하는 것이 아니라 기꺼이 허용하시며, 전능하신즉 악에서도 선을 만드실 수 있지만, 그럴 경우가 아니라면 그분은 선하시기 때문에 악이 행해지도록 허락하시지 않는다"(I.18.3). 칼뱅도 허용이라는 단어를 이와 같이 사용한다. 사탄은 "하나님이 그에게 허용하시는 것만 수행할 뿐이다"(I.14.17). 그러나 그는 이른바 "인색한 허용"(I.18.1), "나태한 허용"(I.18.3), "약간의 허용"(I.23.8)과 같은 개념은 배척한다. "인색한 허용"은 하나님의 책임을 면제하지 않으면서 그분의 주권은 약화시킨다. 폴 헬름(Paul Helm)은 이렇게 쓴다. "'허용'의 개념이 우리에게 상기시키는 바는, 하나님의 작정은 비인격적 세력을 지닌 결정론이 아니라 지성적이기 때문에 다양한 종류의 사건과 관련하여 하나님이 분명하고 의도적인 태도를 취하실 수 있다는 점이다"(*Calvin at the Centre*, 232). 달리 말하면, 하나님이 특정한 것들은 발생하도록 택하시는 한편, 다른 것들은 허용하기로 하신다는 뜻이다. 그러나 그분의 계획과 목적에서 벗어나는 것은 하나도 없다.

3. 섭리는 단순히 일반적인 것이 아니다. 특정한 것이다

철학자들은 일반적인 섭리 또는 보편적인 섭리를 가르치지만 칼뱅은 하나님의 섭리가 한정적이고 특정하다고 주장한다. 시편 135편 6절("여호와께서 그가 기뻐하시는 모든 일을 천지와 바다와 모든 깊은 데서 다 행하셨도다")을 주석하면서 "시편 기자는 세상 모든 부분이 하나님의 돌보심 아래 있다고, 어느 것도 우연히 발생하지 않는다고 명백히 주장한다"고 썼다. 낯익은 복음성가도 같은 주장을 한다. "그분은 그 손에 온 세상을 쥐고 계시네. …… 그분은 그 손에 바람과 비를 쥐고 계시네." 칼뱅은 "하나님의 확실한 명령 없이는 비 한 방울도 떨어지지 않는다"고 말한다(I.16.5). 그리고 "하나님의 분명한 명령이 아니면 바람도 결코 일어나거나 커지지 않는다"(I.16.7).

4. 하나님의 섭리는 자연과 동물의 삶을 넘어 인간과 인간의 행동을 포함한다

그 복음성가는 이어서 "그분은 그 손에 자그마한 아기를 들고 계시네"라고 노래한다. 그리고 그분은 "그 손에 죄인을" 갖고 계신다. 하나님은 사람들의 행동, 심지어 그들의 "계획과 의도"까지 다스리신다(I.16.8). 여기에는 악한 계획과 의도도 포함된다. 어느 것도 하나님의 통제와 다스림에서 벗어날 수 없다. 죄와 악도 마찬가지다.

5. 하나님의 섭리는 비인격적인 운명이 아니다. 하나님의 인격적인 정리 작업이다

스토아학파는 모든 것이 자연의 필연성에 지배받는다고 주장했다. 즉 밀접한 연관성이 있으나 궁극적으로는 헤아릴 수 없는, 운명적인 인과의 그물인 자연에 지배받는다고 주장했다. 그러나 칼뱅은 "운명"을 이방 단어라고 말한다. 비인격적인 용어라는 것이다. 하나님은 인격적인 분이며, 창조자이자 보존자로서 그분이 만드신 우주를 사랑으로 지탱하고 돌보신다. "스토아학파는 그들의 운명대로 내버려 두라.

그러나 우리는 하나님의 자유의지가 모든 것을 처리한다고 믿는다"
(*Concerning the Eternal Predestination of God*, 170).

이제 우리는 칼뱅의 정의를 이렇게 요약할 수 있다. 섭리란, 하나님이 세상의 모든 것과 발생하는 모든 일을 주의 깊게, 효과적으로, 능동적으로, 쉬지 않고, 총체적으로, 세세하게, 인격적으로, 사랑으로, 지혜롭게, 거룩하게 다스리는 것을 말한다.

섭리의 적용

칼뱅은 섭리를 정의한 후, 이 교리를 여러 방식으로 적용한다. 우리는 네 가지 질문에 대한 칼뱅의 대답을 살펴볼 것이다.

1. 하나님의 섭리는 어떻게 작동하는가?

섭리는 "때로는 중개자를 통해, 때로는 중개자 없이, 또 때로는 모든 중개자와 반대로" 작동한다(I.17.1). 하나님이 중개자를 통해 일할 때에도 일하는 분은 하나님이라고 칼뱅은 주장한다. 빛은 해가 창조되기 전에도 존재했다. 해는 "하나님이 원하셔서 사용하는 도구일 뿐이다"(I.16.2). 우리가 먹는 빵이 우리에게 양분을 공급하지만 그것은 오직 하나님의 "은밀한 복" 때문이다(I.16.7). 독자적 원인은 아니지만 이차적 원인도 진정한 원인이다. 칼뱅의 섭리 교리에 의해 우주에서 쫓겨난 것은 우연이지 이차적 원인이 아니다.

2. 우리는 하나님의 섭리 이유를 이해할 수 있는가?

이 질문에 칼뱅은 두 가지로 대답한다. 첫째, "발생하는 일들의 순서, 이유, 목표, 필연성 등은 대체로 하나님의 목적 안에 감춰져 있어서 인간의 판단력으로는 파악하지 못한다"(I.16.9). 둘째, 하나님의 "아버지다운 호의와 은혜 또는 가혹한 심판은 종종 섭리의 전 과정에서 밝게 빛난다"(I.17.1). 섭리는 실로 신비롭지만 완전히 감춰져 있는 것은 아니다. 폭넓게 보면 하나님의 복과 심판을 목격할 수 있다. 그러나 종종 그 세부 사항과 더 큰 그림은 우리에게 감춰져 있다. 그럴 때라도 우리는 하나님이 지혜롭게, 의롭게, 사랑으로 모든 것을 다스리고 통제하고 계신 것을 알 수 있다. 그러므로 우리는 "우리 주님이 (이 시대에는 이뤄지지 않겠지만) 만물의 질서를 되찾을 때까지 인내로 기다리는" 동안 (욥기 22장 18-22절 설교) "하나님께 답변을 요구하지 않고"(I.17.1) "경외하는 자세로 그분을 숭배할 뿐이다"(I.17.2).

> 하나님은 신비롭게 움직이며
> 기적을 일으키는 분
> 그분은 바다에 그 발자국을 심고
> 폭풍우를 타신다.
>
> 무진장한 기술로 만든
> 깊고 깊은 탄광 속에
> 그분의 찬란한 설계 소중히 간직하시고
> 그분의 주권적인 뜻을 펼치신다.
>
> 그대 두려운 성도들이여, 새로운 용기 찾으라.
> 그대가 그토록 두려워하는 구름들
> 자비롭게 커지고, 그대 머리 위에서

> 축복으로 사라지리라.
> 나약한 의식으로 주님을 판단하지 말고
> 그분의 은혜로 그분을 신뢰하라.
> 찡그린 섭리 뒤에
> 미소 짓는 얼굴 숨기신다.
>
> 맹목적 불신은 확실한 잘못
> 그분의 일을 헛되이 살피는 것
> 하나님은 스스로 해석하는 분
> 그분은 그것을 명백히 밝히리라.
>
> 윌리엄 쿠퍼(William Cowper)

3. 하나님의 섭리 교리는 실질적으로 어떤 결과를 낳는가?

하나님의 섭리를 믿는다고 해서 안이하고 피상적인 낙관주의에 빠지는 것은 아니다. 즉 "하나님이 하늘에 계시니 세상만사가 잘 돌아간다"라는 태도를 취하는 것이 아니다. 칼뱅은 세상만사가 잘 돌아가지 않는다는 것을 안다. 그렇게 되어 있지 않다. 세상은 죄와 악, 고통과 죽음으로 가득하다. 인생의 비극이야말로 진정한 재난이다. 예수께서 나사로의 무덤에서 우셨듯이 우리도 세상의 괴로움을 보며 눈물짓는다.

더군다나, 하나님의 섭리 교리는 우리의 책임과 신중한 태도를 덜어 주지 않는다. "주님이 우리에게 우리 생명을 보호하라고 맡기셨다면, 우리는 그것을 보호할 의무가 있다. 그분이 도움을 주신다면, 우리는 그것을 사용해야 한다. 그분이 우리에게 위험을 경고하신다면, 경솔하게 뛰어들지 말아야 한다. 그분이 치료책을 주신다면, 그것을 무시해서는 안 된다"(I.17.4).

이 두 가지 경고를 쫓아서 칼뱅은 하나님의 섭리 교리가 낳는 세 가지 긍정적 결과를 제시한다.

1. 하나님의 섭리를 올바르게 이해하면, "우호적인 결과에 감사하는 마음"이 생긴다(I.17.7). 우리에게 얼마나 좋은 일이 생기든, 하나님이 보내신 것임을 알고 그분께 감사하게 된다.

2. 하나님의 섭리를 올바르게 이해하면, "역경 중에 인내"를 발휘할 수 있다(I.17.7). 칼뱅은 시편 115편을 설교하면서 "하나님이 애초에 우리를 돕지 않으신다면, 그분을 기다리자. 우리는 실망하지 않을 것이다. 하나님은 오실 것이다. 그렇다면 언제 오시는가? 그 때는 그분만이 알고 계신다"고 말했다(*John Calvin: Writings on Pastoral Piety*, 172).

3. 섭리 교리는 "장래에 대한 염려에서 놀랄 만큼 자유롭게" 해준다 (I.17.7).

> "우리는 하나님의 섭리를 빼앗길 수 없다." 이것은 토머스 칼라일(Thomas Carlyle)의 집안에서 유행하는 말이며, 그 뛰어난 여성, 제인 웰시 칼라일(Jane Welsh Carlyle)의 입에 자주 맴돌던 말이다. 이 말 안에서 낙담은 그리스도인의 자신감과 희망 밑에 놓이게 된다. 우리는 하나님의 섭리를 빼앗길 수 없기 때문에, 그 어떤 흑암에 둘러싸여 있을지라도 그분을 사랑하는 이들에게는 모든 것이 합력하여 선을 이룬다는 것을 알고 있다. 우리는 하나님의 섭리를 빼앗길 수 없기 때문에, 어느 것도 우리를 그리스도의 사랑에서 떼어 놓을 수 없다는 것을 알고 있다. 환난이나 곤고나 박해나 기근이나 적신이나 위험이나 칼이랴!
>
> (*Selected Shorter Works of B. B. Warfield*, 1:110)

4. 하나님의 섭리가 어떻게 죄와 악을 포함할 수 있는가?

"하나님의 뜻 없이는 어느 것도 이뤄지지 않으며, 심지어 그분 뜻에 반하는 것도 마찬가지다"(I.18.3). 칼뱅의 주장이다. 동시에 그는 하나님은 죄의 창시자가 아니라고 주장한다. 칼뱅은 하나님이 죄의 창시자가 아니라는 것을 어떻게 아는가? 그는 이른바 "명백한 성경의 증거들"을 가리킨다(I.18.4). 하나님이 죄의 창시자가 아닌 것은 그분이 그렇게 말씀하시기 때문이다!

칼뱅은 이 질문을 다루면서 네 가지 개념을 제시한다.

1. 하나님은 죄와 악 안에서, 그리고 죄와 악을 통해 섭리적으로 일하시면서 자신의 선한 목적을 위해 이 둘을 사용하신다.

하나님은 "선을 행하기 위해 악한 도구를 사용하는 법을 잘 아신다"(I.17.5). 한 가지 실례가 "사탄의 사자"가 바울에게 준 "육체의 가시"다. "사탄의 유일한 의도는 그의 성격과 습관에 따라 죽이고 파괴하는 것이며 …… 주님이 본래 죽음의 도구인 것을 치유의 도구로 바꾸는 일은 특별한 자비 행위였다"(주석_ 고후 12:7). 그렇다고 악한 도구가 악하지 않다는 뜻은 아니다. "하나님은 악한 자들을 통해 은밀한 심판으로 작정한 일을 이루신다. 그러나 악한 자들이 정욕에 이끌려 일부러 그분의 가르침을 위반했는데도 마치 순종한 것처럼 변명할 수는 없다"(I.18.4).

> 알렉산더 어바인(Alexander Irvine)은 「굴뚝 코너의 내 숙녀」(My Lady of the Chimney Corner)라는 책에서 섭리에 관한 칼뱅주의자 특유의 관점이 잘 나타난 이야기를 들려준다. 굶주린 한 아일랜드인 가족이 도박 게임에 건 내기 결과로 풍성한 식사를 대접받는다. 경건한 엄마 안나는 그 구원의 손길을 하나님께 감

> 사드린다. 못된 행위로 가족이 만찬을 누리게 한 보일은 "안나, 누군가가 오늘 밤 우리를 이곳에 데려다준 것이라면, 그 자는 지옥의 마귀가 틀림없소"라고 응답한다. 그 말에 안나는 부드럽게 말한다. "당신이 잘못 생각했어요. 하나님이 누군가를 어딘가로 보낼 때는, 비록 마귀가 데려다주는 것일지라도, 그 사람은 언제나 그곳에 이르게 된답니다."
>
> (George, *Theology of the Reformer*, 208)

2. 하나님이 고난 가운데, 그리고 고난을 통해 섭리적으로 일하시는 것은 "자신의 백성에게 인내를 가르치거나, 그들의 악한 정념을 바로잡아 정욕을 길들이거나, 그들로 그들 자신을 부인하게 하거나, 그들을 게으름에서 일으키기 위해서다"(I.17.1).

3. 예수께서 날 때부터 눈먼 사람을 치유하실 때처럼(요 9:3) 우리의 불행은 하나님의 영광을 드러내는 계기가 될 수 있다.

4. (특히 악과 죄와 고난과 관련된) 하나님의 섭리는 인간의 이해를 초월한다. 베자(Beza)는 칼뱅이 죽기 며칠 전인 1564년 5월 27일에 "주님, 당신이 나를 아프게 하지만 당신의 손길이니 나는 만족합니다"(*Selected Works of John Calvin* I:XCV)라고 고백하는 것을 들었다. 우리는 상처를 늘 이해할 수 없어도 그것이 "늘 함께하는 하나님의 손길"임은 알 수 있다. 그것으로 충분하다.

어떻게 하나님은 전능하신(일어나는 모든 일을 다스리고 지휘하시는) 동시에 선하시며 죄를 미워하고 금하실 수 있을까? 우리로서는 알 수 없다. 하나님이 상반된 두 가지 뜻을 갖고 계시다는 의미인가? 칼뱅은 그렇지 않다고 말한다. 하나님의 뜻이 "우리에게 다양해" 보일지 몰라도 그분에게는 단 하나의 (또는 "단순한") 뜻밖에 없다. 우리가 도무지 헤아릴 수 없는 심오한 "숨은 뜻"이 있을지 몰라도 말이다(I.17.2). 이것은 모순이 아니라 신비다. "하나님이 어떻게 자신이 금하신 일이 일어나길 바라시는지 우리가 이해할 수 없을 때는 우리의 정신적 무능력을 상기하는 동시에, 하나님이 거하시는 빛에는 다가갈 수 없다고 말하는 데는 그럴 만한 이유가 있다는 사실을 곰곰이 생각해 보자"(I.18.3). 한 설교에서 칼뱅은 이 점을 잘 개진하여 설명한다.

> 우리에게 아무리 다양하게 보여도 하나님의 뜻은 언제나 단 하나며 자기모순이 없다. 우리 눈을 부시게 하거나 완전히 침침하게 하는 100가지 다른 모양을 본 것처럼, 그 뜻에는 많은 측면이 있다. 사도 바울이 [에베소서 3장 9-12절에서] 하나님의 지혜가 많은 측면에서 다양하다고 말한 것은, 한 그림 안에 천 가지 색이 있지만 사람이 그 색들을 따로따로 구별할 수 없는 것과 비슷하다. 그럼에도 사도 바울은 하나님의 지혜가 내적으로 매우 혼란스러워서 어떤 모순이나 분쟁이 있다는 뜻으로 말한 것이 아니다. 그보다 그는 하나님이 언제나 단 하나의 뜻을 지니시고, 동일한 경로와 방향으로 움직이고 계심을 보여 준다(에베소서 3장 9-12절 설교).

칼뱅에게 섭리 교리는 발생하는 사건을 설명하는 문제라기보다는 하나의 신앙고백이다. 그 교리는 우리 질문에 모두 답해 주지 않지만, 우리의 모든 의문이 사라지는 날이 올 때까지 답변 없이도 살 수 있게 해준다. 호튼 데이비스(Horton Davies)는 이렇게 말한다. "신정론(theodicy) 또는 악의 문제에 대한 이론적 해결안을 찾는 이들은 그 해답을 칼뱅주의에서 찾을 수는 없을 것이다. 아니, 다른 어느 곳에서도 찾지 못할 것이다. …… 그래서 칼뱅주의는 악의 문제에 대해 신정론이 아닌 종말론으로 응답한다"(*The Vigilant God*, 2). 쿠퍼의 찬송은 이런 노랫말로 끝난다.

하나님은 스스로 해석하는 분
그분은 그것을 명백히 밝히리라.

한 복음성가는 이렇게 약속한다. "우리는 그것을 더 잘 이해하게 될 거야, 안녕."

일부 그리스도인은 하나님과 악에 관한 칼뱅의 논의를 용납하지 못하거나 터무니없다고 여길 것이다. 그러나 누군가는 죄와 악의 문제를 하나님의 주권적 통제 밖에서 해결하려 한 당시 기독교 신앙에 대해 칼뱅이 품었을 많은 의문을 상상할 수 있다. "우리의 참된 지혜는 성경이 전달하는 것은 무엇이든 유순한 태도로 무조건 받아들이는 것이다. 하나님을 겨냥해 무례한 태도를 취하는 이들과는 더 길게 논쟁할 가치가 없다"(I.18.4).

우리는 하나님을 섭리의 하나님으로 보기 전에는 그분을 제대로 알 수 없다. "그런즉 하나님을 아는 참된 지식을 갖는 경우는 우리가 그분을 세상의 창조주로 인정할 때뿐 아니라 그분이 세상을 다스린다고 완전히 믿을 때이고, 더 나아가 그분이 세상을 다스리는 방식, 즉 자비와 심판과 공의를 행함으로 다스리신다는 것을 이해할 때다"(주석_ 창 1:5).

> "「기독교 강요」를 읽는 독자는 누구나 매우 우아하고 정중한 도덕적 비전에 놀라지 않을 수 없다. 그 신학은 슬픔과 어둠을 포용하겠다는 결의로 더욱 아름답게 빛난다."
>
> (Robinson, *The Death of Adam*, 131)

하나님과 우리 자신을 알기

칼뱅은 하나님의 섭리에 관한 성경의 가르침을 이해하면 "우호적인 결과에 감사하는 마음, 역경 가운데 견디는 인내, 장래에 대한 염려에서 벗어나는 놀라운 자유 등 이 모든 것이" 반드시 따라온다고 말한다(I.17.7). 다음 세 가지를 열거해 보라. 당신에게 원만하게 풀린 일, 당신이 현재 직면한 어려움, 당신이 염려하는 일. 첫째 사항에 대해서는 하나님께 감사를 표현하라. 둘째 사항에 대해서는 인내를 달라고 하나님께 간구하라. 셋째 사항은 지워 버리고 그리스도인으로 "장래에 대한 염려에서 벗어나 놀라운 자유"를 즐기라.

6장

타락과 그 결과

"저주 …… 불타는 용광로"

"우리가 아담의 죄를 통해 하나님께 심판받게 되었다고 말하는 것은 마치 죄가 없는데도 그의 범죄를 부당하게 짊어진 것처럼 생각할 것이 아니라 우리가 그의 범죄를 통해 **저주**에 얽히게 되어 그가 우리를 죄인으로 만들었다는 것이며 …… 부패가 우리 안에서 끊임없이 진행되고 계속 새로운 열매를 맺는 것은 …… **불타는 용광로**가 불길과 불꽃을 내뿜고 샘에서 물이 끊임없이 부글부글 솟아나는 것과 같다"(II.1.8).

> "논리적으로 말하면 한 사람의 죄에 대한 견해가 그의 구속에 대한 견해를 좌우한다. 그리스도는 아담이 망가뜨린 것이 무엇이든 그것을 고치려고 오셨다. 그리스도의 사역을 이해하려면 아담의 일을 알아야만 한다. 우리가 그리스도께 얼마나 많은 빚을 졌는지 알려면 우리가 아담에게 얼마나 많은 빚을 졌는지 알아야 한다."
>
> (Reed, *The Gospel as Taught by Calvin*)

읽기 | 「기독교 강요」 II. 1-5. [*1541* ch. 2, pp. 29-108.]

성경 본문 | "아담 안에서 모든 사람이 죽은 것같이 그리스도 안에서 모든 사람이 삶을 얻으리라"(고전 15:22).

주목할 인용문 | "우리 현 상태는 하나님의 자녀가 누리는 영광에 훨씬 못 미친다. 우리 몸은 먼지이자 그림자이고, 죽음이 늘 우리 눈앞에 있으며, 우리는 또한 천 가지 불행에 빠지기 쉽고, 영혼은 무수한 악에 노출되어 있어서 늘 우리 안에 있는 지옥을 발견하기 때문이다"(주석_ 요일 1:2).

기도 | 주 하나님, 영원하시고 전능하신 아버지, 우리가 당신의 거룩한 보좌 앞에 진실하게 고백하며 인정하는 것은 우리가 가련한 죄인이고, 죄악과 부패 가운데 잉태되어 태어났으며, 악을 행하길 좋아하고, 전혀 선을 행하지 못하며, 타락한 상태에서 끊임없이 당신의 거룩한 계명을 어기고 있다는 것입니다. 그런 행위로 우리는 당신의 의로운 심판에 의해 스스로 우리의 패망과 멸망을 자초합니다. 주님, 그럼에도 우리는 당신에게 범죄한 것을 슬퍼하고, 참된 회개로 우리 자신과 우리 죄를 정죄하며, 당신의 은혜가 우리의 괴로움을 덜어 주길 간구합니다.

하나님, 가장 은혜로운 아버지, 연민이 풍성한 분이여, 당신의 아들 예수 그리스도, 우리 주님의 이름으로 우리를 불쌍히 여기소서. 우리 죄악과 얼룩을 지워 주시고 날마다 우리 안에 성령의 은사를 증대시키고 키워 주셔서 온 마음으로 우리의 불의를 인정하게 하시고, 죽음으로 이끄는 모든 죄를 진정으로 회개하며 슬픔에 젖게 하셔서 우리로 당신을 기쁘게 하는 의와 순결의 열매를 맺게 하소서. 당신의 아들, 우리 주 예수 그리스도를 통하여. 아멘.

(John Calvin: Writings on Pastoral Piety, 217-18.)

돌아보며 내다보며

『기독교 강요』 제2권에는 이런 제목이 붙어 있다. "먼저 율법 아래 있던 조상들에게 나타났고, 이후에 복음을 통해 우리에게 나타난, 그리스도 안에 계신 구속주 하나님을 아는 지식." 아버지와 아들과 성령은 제1권 "창조주 하나님"에서 능동적인 행위자로 나오고, 삼위일체의 세 위격은 제2권 "그리스도 안에 계신 구속주 하나님"에서도 능동적인 행위자로 나온다. 이는 제3권 "우리가 그리스도의 은혜를 받는 방법"에서도 마찬가지다. 그러나 삼위일체의 세 위격은 각각 특별한 역할이 있다. 아버지는 창조 사역(제1권)을, 아들은 구속 사역(제2권)을, 성령은 구속의 적용(제3권)을 각각 수행하신다. 로버트 피터슨(Robert Peterson)은 이렇게 말한다. "구원은 삼위일체께서, 특히 아버지께서 계획하셨다. 구원은 삼위일체께서, 특히 아들이 이루셨다. 구원은 삼위일체께서, 특히 성령이 적용하셨다"(*Presbyterion*, Fall 2004, 81).

제2권에서는 "그리스도 안에 계신 구속주 하나님을 아는 지식"을 다루기 전에 다섯 장에 걸쳐 인간의 죄와 그 결과를 설명하여 우리가 구속주가 필요한 존재임을 생생하게 보여 준다. 칼뱅은 제1권에서 하나님을 창조주로, 우리 자신을 그분의 놀라운 피조물로 설명했다. 제2권에서는 그 순서를 바꿔 우리 자신이 그리스도 안에 있는 하나님의 놀라운 구원에 이르기 전에는 타락하고 죄 많은 피조물이라는 사실을 다룬다. "우리가 처한 무력한 곤경을 깨닫지 못한다면, 우리는 그리스도의 치료책이 얼마나 필요한 존재인지 알지 못하고 뜨거운 사랑으로 그분께 나아가지도 못할 것이다"(주석_ 사 53:6). 마이클 호튼에 따르면 "우리 시대는 창조의 장엄함도 모르고 타락의 비극도 알지 못하는 듯하다"(*A Theological Guide to Calvin's Institutes*, 153).

제2권은 하나님이 만드신 인간을 간략하게 살펴보는 것으로 시작한다. 칼뱅은 다시금 우리 앞에 우리의 "원초적 가치"를 제시한다. 다시금 우리에게 "우리의 본성이 흠 없이 남았더라면 선천적인 탁월성이 얼마나 컸을지" 상기시킨다. 이어서 "우리의 더러움과 불명예로 얼룩진 유감스러운 모습"이라는 슬픈 현실을 상세히 논한다(II.1.1).

아담의 죄

칼뱅은 아우구스티누스처럼 아담이 지은 최초의 죄가 교만이라고 믿으면서도, 그 죄가 불순종("타락의 시작")과 불성실("타락의 뿌리")이기도 하며 이는 배은망덕을 낳는다고 본다.

하나님은 왜 아담의 죄를 막지 않으셨는가? 이 질문은 "지나친 호기심"을 드러내는 것이라고 칼뱅은 말한다. 이는 "예정의 비밀"과도 관련되는데, 이에 관해서는 칼뱅이 나중에 다룰 것이다. 그러나 그는 "사람의 패망은 오직 사람 탓이라고"(II.1.10) 주장한다. 하나님 탓으로 돌려서는 안 된다.

아담의 죄의 전이

아담의 죄는 모든 후손에게 영향을 끼쳤다. 교부들은 이것을 "원죄"라고 불렀다. 칼뱅은 "물려받은 부패"(II.1.5)라고 부른다. "이생의 빛을 보기 전에 이미 우리는 하나님이 보시기에 더럽혀지고 얼룩이 생겼다" (II.1.5). "모든 사연 질서"가 그랬듯이(II.1.5) 아담의 범죄로 우리도 "저주에 얽히고" 만 것이다(II.1.8). 칼뱅은 초기 교부들이 아담의 죄의 전이를 모호하게 말한 것을 시인하면서 "적어도 그들은 적절한 수준만큼 명료하게 설명하지 못했다"고 말한다(II.1.5).

그러면 아담의 죄가 어떻게 모든 후손에게 전이되는가? 칼뱅은 아담의 죄가 생물학적으로 부모에게서 자녀로 전이된다는 생각을 배격한다. "전염의 뿌리는 육신이나 영혼의 실체에 있지 않기 때문이다" (II.1.7). 아담의 죄가 "모방에 의해 퍼지는" 것도 아니다(II.1.6). 이는 사탄이 그 질병을 가려서 치유되지 못하게 하려고 이용하는 관점이다 (II.1.5). 펠라기우스의 가르침대로 우리 죄가 타인의 악행을 본받아서 생기는 것이라면, 죄는 그리 심각한 문제가 아니다. 우리가 악행을 그만두기만 하면 개혁할 수 있기 때문이다.

우리는 죄를 짓기 때문에 죄인이 아니라 죄인이기 때문에 죄를 짓는다. "물려받은 부패"는 인간 본성의 뿌리인 동시에 인류의 대표인 아담에게서 우리에게 온다. 아담과 모든 인간 사이에 선천적인 관계가 있는 셈이다. "아담에게 부패의 발단이 있었기에 그것은 끊임없이 흘러 조상들에게서 후손들에게 전달되었다"(II.1.7). 아담과 인류의 관계는 하나님이 지정하신 것이기도 하다. 아담은 모든 사람의 대표였다. "최초의 사람이 하나님께 받은 선물들을 자기 자신을 위해, 그리고 자기 후손을 위해 갖고 있던 동시에 잃어버린 것은 하나님이 정해 놓으신 일이었다"(II.1.7).

우리의 죄

우리가 아담의 "후손"인 덕분에(II.1.7), 그리고 하나님의 "규례"에 의해 (주석_ 요 3:6) 아담의 죄는 우리의 것이 되었다. 우리 죄는 "우리 본성의 유전적인 타락과 부패로서 영혼의 모든 부분에 퍼져 있으며, 먼저 우리로 하나님의 진노를 면치 못하게 하고 이어서 성경이 '육신의 일'이라 부르는 것을 우리 안에 불러일으키기도 한다"(II.1.8). 아담이 우리에게 전수한 "전염"은 "형벌을 받아야 마땅하다"(II.1.8). 많은 사람이 칼뱅의 원죄론은 부당하다고 한탄한다. 그런데 문제는 이것이다. "그것이 옳은가? 그렇지 않다면 그것이 마음에 드는가? 죄인의 도덕적 취향은 잣대가 아니다"(Reed, *The Gospel as Taught by Calvin*, 35).

우리의 타락

우리는 죄를 안고 태어났을 뿐 아니라 타락한 상태로 출생했다. 이를 칼뱅은 두 가지로 설명한다.

첫째, 우리는 확실히 타락했다. 우리의 본성은 "선이 결핍되고 비어 있을" 뿐만 아니라 "온갖 악이 풍부하고 풍성하다"(II.1.8). 그 본성은 "불타는 용광로가 불길과 불꽃을 내뿜고 샘에서 물이 끊임없이 부글부글 솟아나는 것과 같다"(II.1.8). 중세 가톨릭 신학자들에 따르면, 아담의 타락은 하나님이 그를 창조하실 때 주신 추가된 "은총의 선물"을 잃은 것을 의미했다. 그러나 칼뱅은 타락한 인간이 단지 박탈당했을 뿐 아니라 더러워지기도 했다고 주장한다.

둘째, 우리는 근본적으로 타락했다. 가톨릭 신학자들은 우리의 문제를 인간 본성의 한 부분, 곧 "현세적 욕망"(또는 육욕)에 국한시켰다. 칼뱅은 "현세적 욕망"(concupiscence)이라는 단어를 사용하는 데 반대하지 않았지만, 그것을 우리의 육욕적 본성에 국한하지 않았다. "사람 안에 있는 것이 무엇이든, 지식에서 의지까지, 영혼에서 심지어 육신까지 모두 더러워졌다"(II.1.8). 다름 아닌 "전인(全人)이 (대홍수 때처럼) 머리에서 발끝까지 완전히 잠겨서 죄의 영향에서 벗어난 부분이 하나도 없는" 것이다(II.1.9). "머리부터 발끝까지" 온통 우리는 죄인이다. "우둔함의 잘못"에 의해 망가진 우리의 머리부터 "다양한 오류로 방황하고 거듭 넘어지는" 우리의 발에 이르기까지 우리는 죄인이라는 말이다(주석_ 롬 1:20-21). 칼뱅은 에베소서 1장 1-3절을 설교하면서 "사람의 마음은 끔찍한 혼동 구덩이다. 우리는 스스로 그것을 인지하지 못한다. 그러나 하나님은 나보다 더 밝은 눈을 갖고 계시다"고 말했다.

종종 전적 타락(total depravity)이라 불리는 칼뱅의 가르침은 오히려 "근본적 타락"으로 설명하는 편이 낫다. 인간이 극단적으로 타락한 것은 아니다. 각 사람에게 모든 악한 속성이 전부 나타나는 것도 아니고, 실제 나타나는 악한 속성이 완전히 발달된 것도 아니기 때문이다. 하나님이 억제하시는 덕분에 인간의 사악함은 최극단까지 나아가지 않는다. 그렇지만 죄는 각 사람의 본성과 삶의 모든 부분에 근본적으로 영향을 끼친다. 아주 어린 아이도 아담의 "숨은 씨앗"을 안고 있다(주석_ 시 69:20).

"칼뱅의 전적 타락 교리는 …… 결의론적(개개의 도덕 문제를 법률 조문식으로 규정한 도덕법으로 해결하는 방법_ 옮긴이)인 죄의 열거를 겨냥한 것이고, 그것들에 각기 다른 심각성을 부여하려는 시도를 겨냥한 것이다. [칼뱅이 보기에] 우리는 모두 절대적으로, 즉 똑같이 값없는 은혜를 받을 만하지 못하지만 그 은혜에 의존하고 있다."

(Robinson, *The Death of Adam*, 155)

우리의 무력함

우리는 근본적으로 타락한 죄인이고, 이에 대해 아무것도 할 수 없는 무능력자다. 제2권 2장 제목은 인간이 "선택의 자유를 빼앗겼고" "비참한 노예 상태에 묶여 있다"고 주장한다. 우리는 죄에 사로잡힌 채 하나님이 주시는 해방의 은혜에 전적으로 의존한다.

칼뱅은 아우구스티누스의 진술, 즉 "사람 안에 있는 자연적 선물들은 죄로 부패했고 …… 초자연적 선물들도 모두 사라졌다"는 진술을 그대로 받아들인다(II.2.12). 초자연적 선물(믿음, 하나님을 향한 사랑, 거룩해지고픈 열정)은 아담이 타락할 때 완전히 잃어버렸다. 자연적 선물(이성과 의지)은 심각하게 손상되고 근본적으로 왜곡되었다. 그럼에도 타락한 인간은 "여전히 끊임없이 하나님의 많은 선물로 치장하고 싶어 한다"(II.2.15).

인간의 이성은 타락했어도 여전히 작동하고 있고, 종종 매우 잘 작동한다. 이성은 법률, 과학, 예술, 의료, 수학과 같은 "이 땅의 것들"에서 놀라운 업적을 이룬다. 철학자들은 어느 시대에서나 세상을 지식으로 일깨웠다. 칼뱅이 「기독교 강요」에서 때때로 그러듯이, 신자들은 "하늘의 철학이 진리임을 확증하고 설명하기 위해" 이 땅의 철학을 유익하게 이용할 수 있다(Engel, *John Calvin's Perspectival Anthropology*, 97). 타락한 인간은 그런 능력을 스스로 창조할 수 없다. 이 능력은 하나님의 "특별 은총"의 결과로(II.2.17), "진리의 유일한 원천"이신 하나님의 영이 주시는 것이다(II.2.15). 이 "특별 은총"은 중생의 은총(「기독교 강요」 제3권 주제)이 아니라 때때로 "일반 은총"이라 불리는 것이다. "어째서 한 사람이 다른 사람보다 훌륭한가?" "그것은 곧 공통된 본성을 통해 하나님의 특별 은총, 즉 많은 사람을 지나친 채 그 자체는 어느 누구에게도 묶이지 않았다고 선언하는 그 은총을 보여 주는 것이 아닌가?"라고 칼뱅은 대답한다(II.2.17). 중생하지 않은 남자와 여자의 능력과 업적은 하나님이 그들에게 베푸신 선의 결과이고, 모든 사람에게 유익한 하나의 복이다. 칼뱅은 (장막에 거주하는 자의 조상인 야발에 관한) 창세기 4장 20절 주석에서 "공동으로 사용되고 삶의 편리함에 기여하는 예술 등 여러 발명은 결코 멸시해서는 안 될 하나님의 선물이다"라고 말한다. 그는 가인의 후예가 "보기 드문 은사에서는 아담의 나머지 후손보다 뛰어났고", 교양 분야와 과학은 "이교도에게서 우리에게 내려왔다"고 지적한다.

하지만 인류의 지식은 "하늘의 것들"에 도달하지 못한다. "사실 사람의 지성은 둔하기 때문에 올바른 길에 서 있을 수 없고, 마치 어둠 속을 더듬는 것처럼 다양한 오류로 방황하고 거듭 넘어져서 결국은 길을 잃고 사라져 버린다"(II.2.12). 프란시스 쉐퍼의 말을 빌리자면, 타락한 사람은 영적 진리의 "단편들"은 이해하지만 그것을 일관성 있게 다함께 묶지 못한다. 사람은 "밤중에 들판을 지나가다가 번갯빛이 순간 번쩍이면 널리 봤다가 시야에서 몹시 빨리 사라져 한 발자국도 딛기 전에 다시금 칠흑 같은 어둠에 빠지는 여행객"과 비슷하다고 한다(II.2.18).

요컨대, 타락한 남자와 여자는 하나님의 특별한 도우심으로 중요하고 멋진 것을 많이 배우고 행하기는 하지만, 하나님을 아는 참된 지식에는 이를 수 없다. 칼뱅은 이 점을 주석과 설교에서 많이 반복한다. 가령, 에베소서 4장 17-19절 설교에서는 "하나님이 은혜로운 선물을 많이 퍼부어 주셔서 사람의 지성이 모든 지식 분야에서 매우 뛰어남을 보여 주었으나, 주요 분야, 즉 하나님께 이르는 방법을 아는 점에서는 그러지 못했다"고 말한다.

인간의 의지에 관해서는 "모든 부분에서 매우 깊이 손상되고 부패해서 오직 악밖에 낳을 수 없다"고 말한다(II.2.26). 이 논점은 제2권 3장에서 더 자세히 개진되어 "사람의 부패한 본성에서는 오로지 저주받을 것들만 나온다"고 말한다. 그러나 앞서 말했듯이, 모든 "악한 속성이 모든 사람에게 전부 나타나는 것은 아니다"(II.3.2). 칼뱅은 로마 귀족이자 애국자였던 카밀루스와, 키케로를 암살하고 로마 정부를 전복할 음모를 꾸민 카틸리나를 비교한다. 귀족 가문의 카밀루스가 사악한 카틸리나보다 의로울까? 칼뱅은 그렇지 않다고 대답한다. 카밀루스가 그만큼 많은 죄를 갖고 있는가? 역시 그렇지 않다고 답한다. 두 사람 모두 잃어버린 자들이다. 좋은 사람과 나쁜 사람 둘 다 그렇다. 그러나 죄를 지은 정도가 같지는 않다. 어째서인가? 하나님의 은혜가 [죄를] 깨끗이 씻지 않을 때에는 억제하기 때문이다(II.3.3).

자유의지

다음으로 칼뱅은 이른바 자유의지의 역사로 눈을 돌린다. 철학자들이 "진리의 물방울"(II.2.18)을 약간 획득하긴 했으나, 의지가 이성을 자유로이 따른다고 결론 내린 것은 진리에 한참 못 미치는 것이다. 칼뱅이 보기에, 교부들(과 에라스무스)은 내부분 철학사들을 매우 가까이 좇았다. 그들이 그렇게 한 것은 "철학자들의 조롱"을 피하고, "선에 이미 무관심한 육신에 게으름을 펼 수 있는 새로운 기회를 주는 것"을 피하기 위해서였다. 교부들은 "이 주제에 관해 매우 다르게, 또는 망설이거나 헷갈리게 말하기 때문에"(누구보다도 헬라 교부들, 그리고 칼뱅이 좋아한 교부인 크리소스토무스와 같은) "그들의 저술에서는 [자유의지에 관한] 확실한 지식을 거의 얻을 수 없다"(II.2.4). 그럼에도 칼뱅은 교부들이 "인간의 미덕을 전혀 또는 조금도 높게 평가하지 않았고, 온갖 선한 일에 대한 모든 공로를 성령께 돌렸다"고 주장한다(II.2.9). 예컨대, 키프리아누스는 "우리가 아무것도 자랑해서는 안 되는 것은 우리 것이 하나도 없기 때문이다"라고 가르쳤다. 다음에는 아우구스티누스가 등장했는데, 그는 칼뱅이 보기에 다른 모든 교부보다 훨씬 두각을 나타낸 교부였다. 칼뱅은 "나는 그 사람, 곧 경건한 자들이 최대의 권위를 부여하기로 옳게 합의한 그 사람과 상당히 많은 의견이 일치한다"고 썼다(II.3.8). "훗날의 저자들", 즉 중세 스콜라주의 신학자들은 "완전히 흠 없는 이성과, 대체로 손상되지 않은 의지"를 주장하는 바람에 갈수록 악화되는 상태로 떨어졌다(II.2.4). 이 책에서 칼뱅이 중세 전통 전체를 불공평하게 낙인찍는 듯이 보일지 모른다. 그러나 그는 아우구스티누스 이후 신학의 전반적인 방향을 제대로 이해하고 있었다.

칼뱅은 자유의지 교리의 역사를 개관한 후 타락한 인간 의지를 다룬다. 인류는 "의지를 빼앗긴 것이 아니라 건강한 의지를 빼앗겼다"(II.3.5). 타락한 사람은 여전히 선택할 수 있으나 좋은 것을 택하지 못한다. 이런 의미에서 그들은 자유의지가 없는 셈이다. 그들의 의지가 죄에 묶여 있기 때문이다. 그런데 또 다른 의미에서 사람들의 의지는 "자유롭다"고 말할 수 있다. 그들이 (그러지 않을 수 없기 때문이 아니라) 스스로 선택해서 악하게 행동하기 때문이다. 그들은 "마지못해서가 아니라 자진해서" 죄를 짓는다(II.3.5). "필연적으로, 하지만 …… 자발적으로" 죄를 짓는다(II.4.1). 타락한 이들은 외적인 강요 때문이 아니라 내적인 필연성 때문에 죄를 범한다. 그들이 죄를 짓는 것은 반드시 그래야 되기 때문이 아니라 원하기 때문이다. 문제는 우리가 죄를 짓기 원하는 상태에서 스스로 해방될 수 없다는 점이다. 이런 의미에서 우리의 의지는 묶여 있는 셈이다. 칼뱅은 우리가 "진정 자유로우나 자유로워지지 않았다"(II.2.8)는 아우구스티누스의 통찰을 가져온다. 칼뱅은 "자유의지"라는 단어를 제한된 의미로 사용했지만 그 표현 자체는 피하는 편을 택했다. 인간은 일종의 "자유의지"를 갖고 있다. 우리는 "자발적인 노예"다. 그러나 칼뱅은 "그처럼 사소한 것에 오만한 이름을 붙인다고 무슨 목적을 이루겠는가?"라고 묻는다(II.2.7).

칼뱅의 사상을 요약하면, 타락한 사람들은 여전히 생각할 수 있지만 하나님을 바르게 생각할 수 없다. 그들은 여전히 의지를 발동할 수 있으나 하나님께 순종하겠다는 의지는 발동할 수 없다. "아래의 것들"과 관련해서는, 인간 본성이 하나님의 "특별 은총" 덕분에 창의성과 통찰력이 있고 실로 놀라운 업적을 이룰 수 있다. "위의 것들"과 관련해서는, 인간 본성이 아담의 죄 때문에 타락하고 부패했으며 구원을 향한 작은 발자국조차 내디딜 수 없다. 칼뱅은 다음과 같은 베르나르두스의 말을 인용한다. "단순히 원하는 것은 인간의 본성이다. 나쁜 것을 원하는 것은 타락한 본성에 속한다. 좋은 것을 원하는 것은 은혜로 말미암는다"(II.3.5).

우리는 하나님의 은혜가 필요한 존재

우리는 하나님의 은혜가 필요한 존재다. 이것이 죄와 그 결과에 관한 모든 논의의 "주안점"이다(II.3.8). 칼뱅이 사람들을 끌고 그들이 지은 죄의 구덩이로 데려가는 것은 그들을 그곳에 두기 위해서가 아니라 복음의 좋은 소식을 듣도록 준비시키기 위해서다. "어느 누구든 자신이 가난하다는 것을 깊이 깨닫지 못하는 한, 하나님의 복을 받을 허락을 얻지 못한다"(II.2.10). 성경에서 인간의 사악함을 가르치는 내용에 따르면, 우리는 "모두 피할 수 없는 재난에 압도되어 왔고, 그 재난에서 우리를 건질 수 있는 것은 하나님의 자비뿐이다"(II.3.2). 칼뱅은 에베소서 1장 7-10절 설교에서 "우리의 욕구는 백만 크라운(영국의 옛 화폐로, 1크라운은 지금의 25펜스에 해당_ 편집자)어치인데 한 푼만 가져오는 어리석음을 범하지 말아야 한다"고 말했다. 줄리 칸리스(Julie Canlis)는 "칼뱅이 피조물의 연약함과 죄를 강조하는 것은 하나님과의 거리를 역설하기 위해서가 아니라 우리를 주도하는 분이 하나님임(우리가 하나님을 주도하는 것이 아님)을 역설하기 위해서다"라고 말한다(Calvin's Ladder, 65).

칼뱅의 죄 교리는 "나쁜 소식"인 동시에 "좋은 소식"이다. 우리가 죄인임을 아는 지식은 그리스도 안에 계신 우리의 구속주 하나님을 아는 지식으로 우리를 인도할 수 있기 때문이다. 이에 관해 칼뱅은 두 가지 중요한 논점을 개진한다.

첫째, 하나님은 우리 구원의 창시자시다. 중세 가톨릭 신학에 따르면, 사람들은 확실히 죄인이지만 능동적으로 하나님의 은혜와 협력하여 구원을 얻지 못할 만큼 큰 죄인은 아니다. 그러나 칼뱅은 하나님이 "처음부터 끝까지" 우리 구원의 창시자시라고 주장한다. "그분[하나님]

이 오직 자기 것이라고 주장하는 것을 그분과 우리 사이에 나누지 말자"고 말한다(II.3.6). "우리의 의지는 개혁되기 전에는 선한 것이 하나도 나올 수 없고, 개혁된 이후 그 의지가 선하다면 그것은 우리 자신이 아니라 하나님에게서 나오는 것이다"(II.3.8). 우리 죄는 우리 생각보다 훨씬 크며, 하나님의 은혜도 마찬가지다.

둘째, 하나님은 우리가 그분의 구원 메시지에 반응하게 해주신다. "그분은 우리 안에서 일하길 원하시고 …… [우리가] 그렇게 행하기를 바라신다"(II.3.10). "사람은 마치 마음이 움직이지 않고도 외부 세력만으로 움직이는 존재로 태어난 것이 아니다. 오히려 마음이 움직여야 복종하게 된다"(II.3.14). 하나님이 우리 안에서 은혜로 행하시기 때문에 우리가 반응하는 것이다. 이 주제는 제3권에서 훨씬 많이 다룰 것이다.

하나님은 사람의 마음속에서 어떻게 일하실까

제2권 4장에서 칼뱅은 동일한 일을 어떻게 하나님의 것, 사탄의 것, 인간의 것으로 돌릴 수 있는지 설명하려고 한다. 욥의 고난을 예로 들면서 "재난을 통해 주님은 자신의 종이 인내를 발휘하게 하시고, 사탄은 그를 절망으로 몰아넣으려 하며, 갈대아인들은 다른 사람의 재산에서 이득을 얻으려고 애쓴다"고 말한다(II.4.2). 칼뱅은 섭리를 다루면서 한 말, 즉 하나님의 통제에서 벗어난 것은 아무것도 없으며, 심지어 인간의 죄악 된 행동도 마찬가지라는 말을 되풀이한다.

자유의지를 변호하려고 흔히 내놓는 반론에 대한 반박

다음 추가 격론에 대해 칼뱅이 내놓은 변론을 주목하라. "자유에 대한 그릇된 개념으로 사람의 자유의지 개념을 무너뜨리려는 이들만 없다면, 의지의 속박 상태에 관해서는 더 설명하지 않아도 될 것이다" (II.5.1). 칼뱅은 자유의지를 변호하는 다섯 가지 주장을 열거하고, 상당 부분 아우구스티누스에 의존하면서 이에 답변한다.

1. 자유의지를 변호하는 이들은 필연적인 죄는 죄가 아니며, 자발적인 죄는 피할 수 있다고 말한다. 칼뱅은 죄가 필연적인 것은 타락 때문이나 그럼에도 죄는 여전히 자발적인 것이라고 답변한다. 베르나르두스가 가르치듯이, "우리는 그 필연성이 자발적이라서 더욱 비참한 존재다"(II.5.1).

2. 그들은 미덕과 악덕이 자유로운 선택에서 나오지 않는다면 처벌도 보상도 있을 수 없다고 말한다. 칼뱅은 악덕이 벌을 받는 것은 자발적이기 때문이라고 답변한다. 하나님이 우리의 미덕을 보상하시지만, 그 보상은 우리에게 주시는 선물이다. 아우구스티누스가 말하듯이, "공로에서 은혜가 생기는 것이 아니라 은혜에서 공로가 생긴다"(II.5.2).

3. 그들은 자유의지가 없으면 선과 악의 구별이 사라지고, 인간은 모두 악해지거나 모두 선해질 것이라고 말한다. 칼뱅의 답변은 이렇다. "우리는 모두 선천적으로 같은 질병에 시달리고 있지만, 주님

이 기꺼이 치유의 손길로 만지는 자들만 나을 것이다"(II.5.3).

5. 그들은 죄인에게 순종할 능력이 없다면 훈계는 어리석은 짓이라고 주장한다. 칼뱅은 하나님이 훈계와 권면을 사용하신다고 답변한다. "하나님은 선택된 사람 안에서 두 가지 방식으로 일하신다. 안으로는 그의 영을 통해서, 밖으로는 그의 말씀을 통해서" 일하신다(II.5.5).

칼뱅은 이어서 자유의지를 변호하는 데 흔히 사용하는 성경 구절들을 점검한다.

1. 자유의지를 변호하는 이들은 성경에 나오는 "하나님의 가르침"을 지적한다. 그들은 "당위"가 "가능성"을 함축한다고 주장한다. 말하자면, 하나님의 명령에는 그 명령을 따를 수 있는 인간의 능력이 반드시 함축되어 있다는 것이다. 그러나 칼뱅은, 하나님의 법은 그분의 거룩한 표준을 반영한 것이지 타락한 인간의 역량을 반영한 것이 아니라고 답변한다. "하나님의 법은 우리가 할 일을 규정하자마자 순종의 능력이 하나님의 선하심에서 나온다고 가르친다"(II.5.7).

2. 자유의지를 변호하는 이들은 "하나님이 우리의 의지와 언약을 맺는" 대목에 나오는 성경의 "약속들"을 인용한다(II.5.10). 그러나 그 약속들은 가르침처럼 우리로 하여금 하나님의 영에게 "우리를 바른 길로 인도하시도록" 부탁하게 만든다고 칼뱅은 답변한다(II.5.10).

3. 자유의지를 변호하는 이들이 내세우는 구절들은 "하나님이 배은망덕한 사람들에게, 그들이 그분의 자비에서 나오는 온갖 좋은 것을 받지 않은 것은 그들 잘못이라고 책망하는" 대목들이다(II.5.11). 그러나 "경건한 자는 …… 오직 하나님의 무기로 승리를 얻는다는 것을 우리는 알고 있다"고 칼뱅은 답변한다(II.5.11).

칼뱅은 우리의 일이 우리 안에서 일하시는 하나님 사역의 결과인데도 어떻게 그것이 우리 것이 될 수 있는지 묻는다. 그는 이렇게 답변한다. "비록 우리의 의지가 그분의 은혜를 떠나서는 아무것도 기여할 수 없을지라도, 하나님의 영이 우리 안에서 행하시는 일을 우리가 잘하고 있다고 막힘없이 말할 수 있다"(II.5.15).

하나님과 우리 자신을 알기

「기독교 강요」 첫 문장은 거의 모든 지혜가 하나님을 아는 지식과 우리 자신을 아는 지식에 있다고 선언한다. 「기독교 강요」 초반부에서 하나님이 말씀에 계시하신 것을 통해 우리가 창조된 존재임을 알 수 있다고 배웠다. 그리고 하나님이 우리를 그처럼 놀라운 방법으로 창조하셔서 그분께 감사하게 되었다. 이 단락은 우리 자신이 타락한 존재임을 알 때 우리가 무엇을 발견하는지 상세하게 설명한다. 아름다운 그림은 아니지만 꼭 필요한 그림이다. 우리 자신이 타락한 존재임을 알게 되면, 우리는 겸손해지고 "새로운 열정으로 하나님을 찾아서 우리 각자가 완전히 잃어버린 좋은 것들을 회복하고 싶어진다"(II.1.1).

7장

그리스도 안에서의 구속

"유일한 문"

성경은 그리스도야말로 "우리가 구원에 들어가는 **유일한 문**"이라고 가르친다(II.6.1).

읽기 | 「기독교 강요」 II.6-7. [*1541* ch.3, pp.168-181.]

성경 본문 | "내가 문이니 누구든지 나로 말미암아 들어가면 구원을 받고 또는 들어가며 나오며 꼴을 얻으리라"(요 10:9).

주목할 인용문 | "여기에 이루 말할 수 없는 하나님의 선하심이 더욱 완전하게 비추었으니, 그분은 우리의 질병을 예상하고 은혜의 치유책을 주시며, 첫 사람이 사망에 떨어지기 전에 생명으로 회복되는 길을 제공하신 것이다"(주석_ 벧전 1:20).

기도 | 가장 은혜롭고 자비로우신 아버지, 이제 우리는 도처에 있는 모든

사람을 위해 기도합니다. 당신은 당신의 아들, 예수 그리스도에 의한 구속을 통해 온 세상의 구원자로 인정받으실 것인즉, 아직도 그리스도를 알지 못하는 문외한들, 여전히 어둠 가운데서 오류와 무지에 사로잡힌 자들이 성령의 조명과 복음 전파에 힘입어 올바른 구원의 길로 인도되게 하소서. 그 길은 곧 유일하고 참되신 하나님인 당신과, 당신이 보내신 예수 그리스도를 아는 것입니다. 당신이 이미 은혜를 품고 찾아가서 당신의 말씀을 아는 지식으로 눈뜨게 한 사람들이 당신의 영적인 복으로 더욱 풍성해지고 갈수록 선해지게 하소서. 그리하여 우리 모두 한마음과 한목소리로 당신을 예배하고 당신의 그리스도, 우리의 주인, 왕, 입법자께 영광과 존경을 드리게 하소서. 아멘. (*John Calvin: Writings on Pastoral Piety*, 177.)

돌아보며 내다보며

장 칼뱅은 제2권 첫 다섯 장을 복습하면서 이 단락을 시작한다.

- 타락한 사실_ "온 인류는 아담 안에서 멸망했다"(II.6.1).

- 타락 결과_ "우리는 …… 어디로 눈을 돌리든 …… 하나님의 저주와 마주친다"(II.6.1).

- 구속주의 필요성_ "그러므로 …… 우리가 논한 창조주 하나님을 아는 모든 지식은, 믿음이 따라와서 우리에게 그리스도 안에 계신 우리 아버지 하나님을 알려 주지 않는다면, 아무런 소용이 없을 것이다"(II.6.1).

제2권 앞부분(1-5장)은 우리에게 구속주가 필요하다는 사실을 설명하고, 나머지 부분은 "그리스도 안에 계신 구속주 하나님을 아는 지식"을 다룬다. 제1권에서 칼뱅은 "신학 지식의 방향을 …… 창조 세계에 분명히 나타난 하나님의 영광스러운 은혜"와, 성경을 통해 우리에게 알려진 그 은혜에 맞춘다. 제2권은 "그리스도 안에 분명히 나타난 하나님의 자비로운 은혜"로 눈을 돌린다(Boulton, *Life in God*, 80). "은혜와 온유로 가득한 하나님의 얼굴은 우리처럼 가련하고 무가치한 죄인에게까지 그 빛을 비춘다"(II.7.8).

언약

제2권 제목은 이렇다. "먼저 율법 아래 있던 조상들에게 나타났고, 이후에 복음을 통해 우리에게 나타난, 그리스도 안에 계신 구속주 하나님을 아는 지식." 칼뱅은 "그리스도 안에 계신 구속주 하나님"에 관한 담론을 그리스도론(II.12-17)이 아니라 언약의 역사(II.1-11)로 시작한다. 그는 무엇보다 먼저 전반적인 성경 이야기에서 그리스도를 찾아보는데, 이는 그리스도께서 인간 역사의 어느 지점에서 행동하기 시작하시는지를 알기 위해서다. 그래서 베들레헴이 아니라 에덴동산으로 시작하는 것이다. 아담 이후 대대로 사람들은 "유일한 문"이신 그리스도 안에서 구원을 찾는다(II.6.1). 그리스도께서 "영생은 곧 유일하신 참 하나님과 그가 보내신 자 예수 그리스도를 아는 것이니이다"(요 17:3)라고 말씀하실 때, 그분은 "모든 시대를 포괄한다"(II.6.1). 그러므로 "[우리는] 모든 성경책을 읽을 때 그 안에서 그리스도를 찾으려는 의도를 품고 읽어야 한다"(주석_ 요 5:39). 성경은 바로 그분에 관한 이야기다.

칼뱅은 그리스도로 제2권 6장을 시작해서("타락한 사람은 마땅히 그리스도 안에 있는 구속을 구해야 한다"), 제2권 7-8장에서는 구약 율법을 논의한 뒤, 제2권 9장에서 다시 그리스도로 돌아온다("그리스도는 율법 아래 있는 유대인에게 알려지셨으나 오직 복음 안에서 비로소 분명히 나타나셨다"). 칼뱅이 말하는 구원 역사는 "율법과 은혜"가 아니라 "은혜와 율법과 은혜"다. 그는 율법을 은혜로 둘러싼다. 우리가 살펴볼 것처럼, 율법 역시 하나님의 은혜를 보여 주기 때문에 차라리 칼뱅이 말하는 구원 역사는 "은혜와 은혜와 은혜"로 부르는 편이 낫겠다! "성경에서 '언약'이라는 단어가 나올 때마다 우리는 마땅히 '은혜'라는 단어를 동시에 떠올려야 한다"고 칼뱅은 일러준다(주석_ 사 55:3). 이것이 칼뱅이 말하는 언약 신학의 핵심이다. 그리스도 안에 있는 하나님의 은혜야말로 모든 시대와 모든 장소에 이르기 때문이다.

제2권 9-11장에서 칼뱅은 모든 시대를 통틀어 인간을 구원하려는 하나님의 계획이 통일됨을 강조한다. 이 세 장은 언약 신학을 가장 완전하게 설명하고 있다. 칼뱅이 「기독교 강요」 구조를 만드는 데 언약이라는 주제를 사용하지는 않지만, 이 주제는 제2권은 물론 제3권 21장에 나오는 선택의 문제, 제4권 14-17장에 나오는 성례(특히 유아 세례)에도 무척 중요하다.

율법

구약의 율법은 계명들의 모음일 뿐만 아니라 복음의 약속이라는 더 큰 맥락 안에 놓인 하나님의 영속적인 계시의 일부이기도 하다. 모세는 율법 종교의 창시자가 아니라 하나님의 은혜의 언약을 전하는 선지자였다. 중요한 점은 율법이 바로 복음을 표현한다는 것이다. 복음은 우리에게 "그리스도 안에 있는 구속을 추구해야" 한다고 일러 주고, 율법도 동일한 메시지를 전파한다. 율법은 "선택받은 백성을 그리스도에게서 멀어지게 하려고 주어진 것이 아니다. 그분이 올 때까지 그들 마음을 준비시키려고 주어진 것이다"(II.7.1). 물론 "율법"이라는 단어는 때로 성경에서 "좁은 의미"로 사용된다. 가령, 갈라디아서에서 바울이 은혜의 맥락에서 찢어 낸 율법을 거론한 경우다. 율법이 오용되고 잘못 적용되면 그것은 더 이상 복음이 아니다. 율법의 일차적 목적은 "우리를 우리의 하나님과 연합시키는" 것이다(*Sermons on the Ten Commandments*, 39).

제2권 7-8장에는 칼뱅이 세 가지 주안점 아래 구약의 율법을 다루는 내용이 나온다.

1. 율법의 형식

하나님이 율법을 주신 것은 그분 자신을 우리에게 "맞춰 주신" 본보기다. 구약의 백성은 "아이와 같아서" 하나님은 그들이 이해할 수 있는 방식으로 말씀하셨다(II.7.2).

2. 율법의 유형

율법은 의식법, 시민법, 도덕법 등 세 가지 방식으로 표현되었다. 칼뱅은 제3권 19장과 제4권 20장에서 이 주제로 되돌아간다.

의식법은 본질적으로는 무가치하고 헛된 것이었다. "이유인즉, 사람들이 자신을 하나님과 화해시키기 위해 소의 기름에서 나오는 역겨운 악취를 드리는 일만큼 헛되거나 부조리한 것이 있을까?"(II.7.1) 의식법은 그리스도의 오심을 가리켰고, 실로 그리스도의 임재를 약속했기 때문에 이스라엘 백성에게 생명을 주는 것이었다. 그것은 늘 하나님의 은혜의 복음을 강력하게 제시했다. 의식법은 그리스도의 "영적 효과"를 반영한 "은혜의 외적 표현"이었다(주석_ 출 29:38). 그 법들은 "믿음과 회개의 훈련"이었다(주석_ 출 25:8).

그리스도께서 삶과 죽음으로 의식법을 종결시켰지만, 그렇게 해서 "그 법들의 의미와 효과를 승인하셨다"(II.7.16). 달리 말하면, 의식법의 용도와 기능은 끝났으나 그 의미는 끝나지 않았다는 뜻이다. 그 법들은 언제나 그랬듯이 여전히 그리스도를 가리킨다. 그러나 이제는 종교 행위가 아니라 성문법으로서 말이다. "제사 의식은 폐지되었지만 그 유형들의 실체와 비교해서 유형에 담긴 실체를 추구하는 것은 우리 믿음에 큰 도움이 된다"(주석_ 벧전 1:19). 구약의 의식법을 공부하면 그리스도께서 그 법들을 어떻게 성취하셨는지 더 잘 이해할 수 있다. 의식법은 "경건 교리에 속해 있었지만" 율법 그 자체가 경건에 필요한 것은 아니었다. 의식법은 끝났으나 경건은 그대로 남아 있다(IV.20.15).

시민법은 이스라엘 국가를 위한 규율과 규정을 담고 있었다. 신약의 교회가 구약의 나라를 대체했을 때, 시민법의 세부 사항은 종결되었으나 일반 원리는 끝나지 않았다. "사랑", "공평", "공의"와 같은 원리들이다. 시민법은 끝났으나 "영구적인 사랑의 의무와 가르침"은 그대로 남아 있다(IV.20.15). 칼뱅은, 현대 국가를 "모세의 정치 제도"로 다스려야 한다는 "그릇되고 어리석은" 관념을 명시적으로 배격했다(IV.20.14). 그는 한 설교에서 자신의 견해를 분명히 제시했다.

복음은 세상의 일반 정치를 바꾸고 현세의 국가에 속한 법률을 만들기 위해 도입된 것이 아니다. 물론 왕과 군주와 집권자가 언제나 하나님의 입에서 자문을 구하고 그들 스스로 그분 말씀을 따르는 것이 옳지만, 그럼에도 우리 주님은 그들에게 그들이 맡은 통치에 적합하게 법률을 만들 자유를 주셨다. 그들은 하나님께 지혜와 분별의 영을 달라고 요청해야 한다. 그들은 이런 면에서 부족하기 때문에 마땅히 하나님 말씀에서 자문을 구해야 한다(에베소서 6장 5-9절 설교).

칼뱅은 "의식적 법과 사법적 법은 도덕과도 관련된다"고 말한다

(IV.20.14). 출애굽기, 레위기, 민수기, 신명기에 관한 칼뱅의 주석은 십계명의 개요 아래 그 책들의 많은 내용을 배치시키는 식으로 조화롭게 정리되어 있다. 그는 의식적 법과 사법적 법이 이스라엘 백성을 위해 예배와 정치의 영역에서 어떻게 도덕법을 반영하고 설명하고 있는지 탐구했다.

도덕법은 "다름 아니라 자연법과, 하나님이 사람의 마음에 새겨 놓은 양심의 법에 대한 증언일 뿐이다"라고 칼뱅은 말한다(IV.20.16). 십계명으로 요약되는 성문법에서 하나님은 자연법을 명료하게 하고 성문화한다. 의식법과 시민법에서 볼 수 있는 연대기적 제한이나 민족적 제한이 도덕법에는 없다. 도덕법은 모든 나라의 사람들과 모든 시대를 위해 규정된 것이다.

3. 도덕법의 용도

데이비드 존스는 이렇게 말한다. "칼뱅의 분석에 따르면, 성경을 배경으로 한 도덕법의 용도 또는 기능은 삼중적이다. 편의상 예비, 보존, 회복으로 특징지을 수 있다"(*A Theological Guide to Calvin's Institutes*, 302).

도덕법의 첫째 "용도"는 예비다. 이 율법은 죄를 지적하며, 남자와 여자가 변명할 수 없게 한다. 도덕법은 저주하기 위해서가 아니라 축복하기 위해 주어졌으나 "우리 가운데 누구도 율법을 지키지 못하기 때문에 우리는 생명의 약속에서 배제된 채 저주로 떨어져 버린다"(II.7.3). 그런데 율법의 이러한 용도 또는 기능은 "우발적"이다. 도덕법이 죄의 굉장한 죄성을 폭로하여 죄인을 살해하는 순간, 그로 인해 우리는 "또 다른 도우미에게 도움을 구하고 기다리는 방향으로 움직이게" 된다 (II.8.1).

- 성경 본문_ "율법으로는 죄를 깨달음이니라"(롬 3:20).

- 예화 "거울"_ "[율법] 안에서 우리는 우리 연약함을, 이어서 그로부터 생기는 죄를, 그리고 결국에는 연약함과 죄에서 나오는 저주를 깊이 생각하게 된다. 마치 거울이 우리에게 얼굴에 있는 점을 보여 주는 것과 같다"(II.7.7).

도덕법의 둘째 "용도"는 보존이다. 그것은 사회를 보호하고, 더 많은 악행에 빠지는 인간의 성향을 억제시켜 사람들이 이 땅에서 살아갈 수 있게 해준다. 아울러 하나님이 믿음에 이르게 하겠다고 천명하신 사람들이 완전히 망하지 않도록 보존하는 역할도 한다.

- 성경 본문_ "율법은 옳은 사람을 위하여 세운 것이 아니요 오직 불법한 자 …… 를 위함이니"(딤전 1:9-10).

- 예화 "고삐"_ "율법은 격정을 억제하는 고삐와 같다. 만일 그러지 않는다면 육신의 사나운 정욕이 끝도 없이 날뛸 것이다"(II.7.10).

셋째, 도덕법의 가장 중요한 "용도"는 회복이다. 그것은 그리스도인들에게 하나님 뜻을 깨닫게 해서 완전한 순종에 이르게 한다. 도덕법은 하나님과 그리스도인 사이에 개입해서 인격적 관계를 법적인 관계로 대체하는 것이 아니다. 오히려 그 관계를 설명한다. 우리에게는 우리가 어떻게 하나님을 사랑할 수 있는지 보여 주는 율법이 필요하다. "그리스도인들은 날마다 그들이 갈망하는 주님 뜻의 특성을 더욱 철저히 배우고 그에 대한 이해를 확인받아야 한다. 이는 마치 진지한 심정으로 주인의 마음을 끌려고 준비한 어떤 종이 주인의 행위를 본받기 위해 그 행위를 살피고 관찰해야 하는 것과 같다"(II.7.12). 더 나아가, 도덕법에 순종하는 것은 그리스도인에게 큰 유익을 준다. 우리 자신을 그냥 내버려 둔다면 우리는 우리에게 가장 유익한 방식으로 행동하지 않을 것이다. 우리를 창조하고 구원하신 분이 우리에게 가장 좋은 것을 아신다.

- 성경 본문_ "주의 말씀은 내 발에 등이요 내 길에 빛이니이다"(시 119:105).

- 예화 "등과 회초리"_ 율법으로 하나님은 우리를 가르치시고 우리의 여정에 빛을 비추셔서 우리가 "날마다 주님 뜻의 특성을 더욱 철저히" 보게 하신다(II.7.12). "율법과 육신의 관계는 회초리와 (일하도록 자극해야 할) 말 안 듣는 게으른 당나귀의 관계와 비슷하다" (II.7.12).

루터교회 예배 의식에서는 대부분 우리에게 용서가 필요하다는 것을 보여 주려고 십계명이 죄 고백 앞에 나온다. 그러나 칼뱅은 그 계명들을 죄 고백 뒤에 두어 용서받은 그리스도인이 기꺼이 순종하기 위한 지침으로 삼았다. "루터는 은혜의 위로를 강조한 반면, 칼뱅은 은혜의 요구 사항을 깊이 생각했다"(Thompson, *Liturgies of the Western Church*, 194). 사실 칼뱅은 두 가지 모두 숙고했다.

하나님과 우리 자신을 알기

"[하나님은] 우리가 그분 집에 있기를 바라시므로 우리는 그분의 임재 가운데, 그리고 그분 눈앞에서 걷되 그분을 우리의 유일한 하나님으로 경배하는 방식으로 걷고, 의식이나 외적인 고백뿐 아니라 우리 마음으로도 예배하자"(*Sermon on the Ten Commandments*, 64).

8장

십계명

"은혜의 법"

"**은혜의 법** 아래 있는 그리스도인이 된다는 것은 고삐가 풀린 채 율법 밖에서 방황한다는 뜻이 아니라 그리스도 안에서 접붙임 받는다는 뜻이다. 우리는 그분의 은혜로 율법의 저주에서 해방되었고, 그분의 영으로 우리 마음에 새겨진 법을 갖고 있다"(II.8.57).

> "칼뱅에게 율법은 '그 길'이고 …… 하나님과 이웃과의 올바른 관계를 가리키는 무오하고 믿을 만한 이정표다." 율법은 "일련의 가르침 이상이며 …… 그 주안점은 믿음과 구원이다. 율법의 핵심이 가르치는 바는 하나님은 그분이 만드신 백성의 아버지이자 구원자라는 것이고 …… 은혜의 언약이다. 그런즉 모세의 율법은 그저 하나의 생활 방식이 아니라 생명의 길이다."
>
> (Oberman, *Calvin Studies VI*, 4)

읽기 | 「기독교 강요」 II.8. [*1541* ch.3, pp.109-168.]

성경 본문 | "그러나 그날 후에 내가 이스라엘 집과 맺을 언약은 이러하니

곧 내가 나의 법을 그들의 속에 두며 그들의 마음에 기록하여 나는 그들의 하나님이 되고 그들은 내 백성이 될 것이라 여호와의 말씀이니라"(렘 31:33).

주목할 인용문 | "하나님이 그분의 손가락으로, 말하자면 그분의 기적적인 능력으로 두 돌판에 그분의 법을 쓰신 것과 …… 같은 방식으로 오늘은 그분의 성령으로 우리의 돌 같은 마음에 쓰셔야만 한다"(*Sermon on the Ten Commandments*, 250).

기도 | 이제 우리는 선하신 하나님의 보좌 앞에 무릎 꿇고 우리의 잘못을 고백하며, 우리가 행한 것보다 낫게 느끼게 해달라고 기도하여 우리 자신을 그분께 온전히 내맡깁시다. 하나님이 손길을 뻗어 우리로 계속 환상과 애착에 빠지지 않게 하시고, 우리에게 베푸신 선하심을 우리가 널리 선포하고, 마땅히 받으실 순종을 그분께 드리길 기도하오니, 이는 그분이 그분의 법을 가져와서 우리에게 가르치겠다고 약속하셨기 때문입니다. 율법으로 그분은 우리에게 잘 사는 길을 보여 주셨을 뿐만 아니라 우리를 그분의 자녀로 입양하기로 약속하셨고, 우리 주 예수 그리스도를 위해 그분 자신을 우리의 아버지와 구원자로 보여 주셨습니다. 아멘.

(Sermon on the Ten Commandments, 50.)

돌아보며 내다보며

칼뱅은 구속자 그리스도를 소개한 다음, 신약 성경으로 눈을 돌려 그리스도께서 이루신 구속을 설명하지 않는다. 오히려 먼저 구약 성경으로 시선을 돌리는데, 제2권 8장에서 이른바 "은혜의 법"인 십계명에 주목한다.

하이코 오버만(Heiko Oberman)은 이렇게 말한다.

> 칼뱅은 서양 역사상 최초로 유대인 성경을 더 이상 "옛" 언약으로 묘사하지 않았다. 이제 [그 책들은] 모든 시대를 위해 이스라엘 백성에게 선포된 영원하고 영구적인 언약이 있는 고대의(즉 원초적) 언약 책으로 간주된다. …… "옛", 아니 "일차적인" 언약 책은 장래의 메시아를 예언하기 때문에 거룩한 경전일 뿐 아니라, 하나님이 자기 백성을 돌보시는 이야기를 들려주기 때문에 모세와 선지자들의 시대와 마찬가지로 오늘날에도 적실하다(*Calvin Studies VI*, 3-4).

십계명

칼뱅에 따르면, 하나님이 십계명으로 직접 그리고 단순하게 말씀하시는 것은 "우리가 하나님의 법을 이해하는 데 굳이 위대한 학자가 되지 않아도 됨을 알게 하기" 위해서다(*Sermon on the Ten Commandments*, 154-55). 그는 십계명 해석에 필요한 다섯 가지 일반 원리를 제시한다.

1. 십계명은 내면을 지향한다. 그것은 "외적 모습보다는 마음의 순결과 관계가 있다"(II.8.6). 이것이 그 법의 "최고 해석자"이신 그리스도께서 산상 설교에서 주장하신 바다. 그리스도는 그 법에 무언가를 덧붙이신 것이 아니라 "본래 정신을 회복시키셨을 뿐이다"(II.8.7). 그 법은 외향적일 뿐 아니라 내향적이기도 한 만큼 우리의 순종도 외향적인 동시에 내향적이어야 한다. 단지 "발과 손과 눈"만 개입시키고 마음은 함께하지 않는 율법 준수는 허식일 뿐이라고 칼뱅은 말한다(주석_ 시 40:8).

2. 각 계명의 목적이 그 뜻을 결정한다. 예컨대, 제5계명(네 부모를 공경하라)은 더 온전한 목적을 가리키고 있다. "하나님이 그런 위치에 두신 이들에게는 공경을 표해야 마땅하다"(II.8.8).

3. 부정적인 계명 또는 금지 사항에는 정반대인 긍정적 명령이 포함되어 있다. 살인을 금하는 계명은 "우리에게 이웃의 삶을 있는 힘껏 도와주라고" 요구한다(II.8.9). 도둑질을 금하는 계명은 우리에게 어려운 자들에게 베풀라고 요구한다.

4. 십계명의 요구 사항은 두 가지, 곧 하나님 사랑과 이웃 사랑이다. 마찬가지로 우리 삶에는 두 가지 큰 목적이 있다. "우리 주님은 자신의 법을 두 돌판으로 나누셨다. 하나는 우리가 [하나님을] 향해 우리 자신을 어떻게 다스려야 하는지를, 다른 하나는 우리가 우리 이웃과 더불어 어떻게 살아야 하는지를 알게 하려는 것이다"(*Sermon on the Ten Commandments*, 247). 각 판은 다른 판을 내포한다. "신앙

없이"(첫째 판_ 하나님 사랑) "의를 부르짖는 것"(둘째 판_ 이웃 사랑)은 헛된 일이나. "하나님을 두려워하지 않고는"(첫째 판_ 하나님 사랑) "사람들이 공정함을 지켜 내지 못하고 서로 사랑할 수도 없다"(둘째 판_ 이웃 사랑)(II.8.11). 이 계명들은 하나님과 이웃을 향한 "행동하는 사랑의 지침"이다(*John Calvin: Writings on Pastoral Piety*, 32).

5. 십계명은 완전하다. 우리는 "선행 위에 선행"을 덧붙여서는 안 된다(II.8.5). 우리는 "그분 말씀에 이런저런 것을 덧붙여 하나님의 감찰관이 되려고 해서는 안 된다"(*Sermons on the Ten Commandments*, 242).

전문

"나는 너를 애굽 땅, 종 되었던 집에서 인도하여 낸 네 하나님 여호와니라"(출 20:2-3). 십계명의 전문(前文) 또는 서문은 "능력을 부여하는 은혜와 순종적인 사랑 사이에 올바른 관계를 정립한다"고 데이비드 존스는 말한다(*A Theological Guide to Calvin's Institutes*, 310). 칼뱅은 하나님이 "은혜를 약속하시며 그 향기로움으로 [이스라엘 백성에게서] 거룩함을 향한 열정을 끌어내려 하신다"고 진술한다(II.8.13). 우리가 하나님의 법에 순종하는 일차 동기는 그분의 친절하고 자비로운 구원에 감사하는 마음이다. 칼뱅은 하나님이 이렇게 말씀하신다고 하면서 그분의 관대함을 묘사한다.

"우리가 처한 상황을 함께 생각해 보자. 너희와 나 사이에 무한한 거리가 있는 것도 사실이고, 내게 선해 보이는 것이면 무엇이든 너희에게 명할 수 있어야 하는 것도 옳다. …… 그런데 보라, 나는 내 권리를 제쳐 놓는다. 나는 여기서 나 자신을 너희의 안내자요 구원자로 내놓는다. 나는 너희를 다스리고 싶다. 너희는 나의 작은 가족과 같다. 그리고 너희가 내 말에 만족한다면 나는 너희의 왕이 될 것이다. 더 나아가, 내가 너희 조상들과 맺은 언약이 너희에게서 무엇이든 빼앗고자 한 것이었다고 생각하지 말라. 나는 필요한 것이 없고, 아무것도 부족하지 않기 때문이다. 그리고 너희가 도대체 나를 위해 무엇을 할 수 있는가? 그러나 나는 너희 평안과 구원을 확보해 준다. 그러므로 내 편에서는 한 항목씩 언약을 맺고 스스로 너희에게 서약할 준비가 되어 있다"(Sermon on the Ten Commandments, 45).

칼뱅은 에베소서 1장 15-18절 설교에서 바울이 에베소 교인들의 믿음과 사랑에 대해 말한다고 지적했다(15절).

이 두 마디로 바울은 그리스도인의 완전한 경지를 모두 파악했다. 그 법의 첫째 판이 목표로 삼는 바는 오직 한 하나님만 예배하고 모든 것을 위해 그분께 붙어 있으며, 우리가 그분께 크게 빚진 자임을 인정하고 오직 그분만 피난처 삼아 평생 동안 그분을 섬기기 위해 노력하는 것이다. 이는 그 법의 첫째 판을 요약한 것이다. 둘째 판의 내용은 다름 아니라 우리가 다 함께 공정하고 올바르게 살아야 하고, 누구도 해치지 않고 모든 사람을 도우려고 애쓰는 방식으로 우리 이웃을 대해야 한다는 것이다. 그리고 하나님이 그분의 법에 선한 삶에 관한 선하고 완전한 규율을 제시하셨기 때문에 그 법에 아무것도 더할 수 없다는 것을 우리는 확신한다.

첫째 판

첫 네 계명은 "특히 [하나님의] 장엄하심을 예배하는 것에 관한 종교적 의무들"과 관련된다(II.8.11). "그분은 우리가 노예처럼 두려워하는 마음으로 경배하기를 원치 않으신다. 오히려 성실하고 기쁜 마음으로 그분께 다가가 그분을 영화롭게 하는 데서 즐거움을 얻기를 바라신다. 이는 우리가 그분을 사랑하지 않으면 이뤄질 수 없다. 그런즉 순종의 시작은 물론 그 근원과 토대와 뿌리도 하나님을 향한 사랑임을 주목하자. 그분 안에서 깊고 깊은 즐거움을 찾지 못한다면 우리는 그분께 다가가려 하지 않을 것이다"(*Sermon on the Ten Commandments*, 76).

1. "너는 나 외에는 다른 신들을 네게 두지 말라"

하나님은 우리에게 "참되고 열성적인 경건함으로" 그분을, 오직 그분만을 예배하라고 명하신다. 우리는 하나님께 드려야 할 것(경배, 신뢰, 탄원, 감사)을 어느 누구 또는 어느 것에도 주어서는 안 된다(II.8.16). "그분만을 모시지 않는다면, 즉 우리가 그분께 동반자를 더하려고 한다면, 참 하나님을 모실 수 없다. 우리가 작은 신들을 들여놓기 시작하는 즉시 살아 계신 하나님을 버리게 되기 때문이다"(*Sermon on the Ten Commandments*, 305). "우리는 [하나님의] 임재 안에서, 그리고 그분 눈앞에서 행하되, 의식을 집행할 때나 외적으로 고백할 때뿐 아니라 우리 마음속으로도 그분을 우리의 유일한 하나님으로 예배하듯 살자. …… 그분이 우리 몸과 영혼을 사로잡으셔서 모든 일에서 모두에게 그분이 영광 받으시게 하자"(*Sermon on the Ten Commandments*, 64). 우리 삶이 방향을 찾고 의미를 발견하는 것은 하나님을 경배할 때다. "그분의 장엄하심을 묵상하고 두려워하고 예배하는 것, 그분의 복에 참여하는 것, 언제나 그분께 도우심을 구하는 것, 그분이 행하시는 일의 위대함을 인정하고 찬송하며 기뻐하는 것, 이런 것이야말로 이생의 모든 활동이 지향하는 유일한 목표다"(II.8.16).

2. "너를 위하여 새긴 우상을 만들지 말라"

"첫째 계명은 우리에게 올바른 하나님을 예배하라고 요구하고, 둘째 계명은 그 하나님을 올바르게 예배하라고 명한다"(Horton, *Calvin on the Christian Life*, 174). 하나님이 요구하시는 예배는 "그분 자신이 세우신 영적 예배"(II.8.17)다.

칼뱅은 십계명을 첫째 판의 세 계명과 둘째 판의 일곱 계명으로 나누는 행습을 배격한다. 그러한 방식이 형상을 다룬 계명을 지워 버리거나 적어도 첫째 아래 숨겨 버린다고 믿기 때문이다. 칼뱅은 둘째 계명을 돋보이게 하는 것을 왜 그토록 중요하게 생각했을까? 당시에는 로마 가톨릭의 "형상들"(images)이 큰 쟁점이었다. 그렇기 때문에 칼뱅은 둘째 계명이 금하는 대로 하나님은 "그분의 합법적인 예배가 미신적인 의례로 더러워지는 것을 원치 않으신다"고 주장했다(II.8.17). 그래서 아테네인들의 우상 숭배에 반대하는 사도 바울의 설교에 대한 주석에서도 "하나님은 그분 형상이 우리 안에 나타나기를 원하시기 때문에 그림이나 조각으로 표현될 수 없다"고 말한다(주석_ 행 17:29). 달리 말하면, 그리스도인은 하나님의 형상을 만들어서는 안 되고, 하나님의 형상이 되어야 하는 것이다.

3. "너는 네 하나님 여호와의 이름을 망령되게 부르지 말라"

우리는 "[하나님의] 장엄한 이름을 거룩하게 해야" 하고 "그것을 모욕적으로 불경하게 다루어" 더럽혀서는 안 된다(II.8.22). "하나님의 이름을 성실하고 순수하게 부르지 않는 사람은 모두 그분을 모독하는 것이다"(*Sermon on the Ten Commandments*, 85). 칼뱅은 셋째 계명을 주기도문의 첫째 간구("[주님의] 이름이 거룩히 여김을 받으시오며")와 연결한다. "[주님의] 이름이 거룩히 여김을 받으시오며"에 이어 "[주님의] 뜻이 하늘에서 이루어진 것같이 땅에서도 이루어지이다"가 따라온다. 우리가 하나님의 이름을 거룩하게 하려면 그분을 옳게 말할 뿐 아니라 거룩한 삶을 살아야 한다.

4. "안식일을 기억하여 거룩하게 지키라"

하나님은 자신의 백성에게 예배하고 안식할 특별한 날을 주셨다. 칼뱅에 따르면 "엄격한 규정"을 지닌 넷째 계명의 "의식적인 부분"은 다른 의식법들과 함께 폐지되었으나, 오늘날 그리스도인에게 그 계명은 하나의 규율로 계속 유효하다.

안식일의 주안점은 "하나님이 그들 안에서 일하시도록 신자들이 자기네 수고를 제쳐 놓는 영적 안식"을 상징한다는 것이다. "이처럼 영적 안식을 예시하는 것이 안식일에서 주된 자리를 차지했다"(II.8.29). 그리고 그것은 "마지막 날에 [하나님의] 안식이 완성될 것"을 가리켰다(II.8.30). 초기 교회에서 "주의 날"(Lord's Day, 주일)로 안식일을 대치한 것은 "고대 안식일이 상징한 참된 안식의 목적과 성취가 주님의 부활에 있기 때문이다"(II.8.34).

또한 안식일에 하나님은 신자들에게 특별한 날을 제공하여 다 함께 모여 가르침을 얻고 예배하며 "경건 훈련을 받게" 하셨다(II.8.28). 그날은 하나님의 모든 사역의 "아름다움과 탁월함과 안성맞춤을 숙고하는 날"이며(주석_ 출 20:8), 그분의 섭리의 "지혜와 능력과 공의를 숙고하는 날"이다(주석_ 민 15:32, 35). 안식일은 사람들이 한 주의 나머지 날들도 잘 살게 해준다. "하나님의 이름을 찬양하고 영화롭게 하며 그분의 사역을 묵상하는 시간으로 일요일을 보내고 나면, 우리는 그 주간의 나머지 날 내내 그로부터 유익을 얻었음을 보여 줘야 한다"(*Sermon on the Ten Commandments*, 113).

둘째 판

넷째 계명은 십계명의 두 판을 잇는 다리 역할을 한다. 이 계명은 첫째 판의 일부로서 하나님을 향한 계명이자, 둘째 판의 주제인 이웃을 향한 우리의 책임을 가리킨다. 첫 네 계명은 우리에게 온 마음을 다해 하나님을 사랑하라고 가르친다. 그리고 나머지 여섯 계명은 우리 이웃을 우리 자신처럼 사랑하는 법을 보여 준다. 칼뱅은 "하나님을 섬기는 것을 거론할 때 우리를 이웃에게 보내는 것은 성경적 방식이다"라고 말했다(에베소서 5장 8-11절 설교).

하이코 오버만은 이렇게 말한다. "그 율법의 둘째 판에 나오는 계명들은 칼뱅에게 자의적인 신의 명령이 아니라 사회적 악에 대한 치료책이자 참된 인도주의에 대한 최고 보호막이다"(*Calvin Studies VI*, 6). 이 계명들은 은혜의 법, 사랑하는 아버지의 선물로서 우리로 하여금 인간답게 살고 번창할 수 있게 한다고 칼뱅은 주장한다. 그것들은 장벽이 아니라 난간으로, 우리가 걷도록 도우며 떨어져서 다치지 않도록 우리를 지켜 준다.

5. "네 부모를 공경하라"

이것은 둘째 판의 첫 계명으로, "하나님에서 내림차순으로 그분이 우리 위에 두신 이들을 공경하라는 명령이다." "그러므로 부모, 집권자, 권위를 행사하는 모든 이들이 하나님의 대리인으로 그분을 대변하는 한, 우리가 그들을 경멸하고 배척하는 것은 마치 하나님께 순종하지 않겠다고 선언하는 셈이 된다"(*Sermon on the Ten Commandments*, 138, 151). 이 계명은 또한 권위 있는 자리에 앉은 자들에게도 "그들 위에 한 주인이 있으며" "그분께 반드시 순종해야 하고 그분의 권리가 완전히 보존되어야 한다"는 것을 상기시킨다(*Sermon on the Ten Commandments*, 143).

칼뱅은 에베소서 6장 1-4절을 설교하면서 이 계명만이 구체적인 약속이 달려 있다고 말했다. "그리하면 네 하나님 여호와가 네게 준 땅에서 네 생명이 길리라." 그런데 부모에게 불순종하는 사람인데 오래 살고, 어머니와 아버지에게 친절하고 그들을 사랑하는 사람인데도 젊어서 죽는 경우가 있다고 말하면서 "현세의 약속과 관련하여 늘 같은 결과가 나오는 것은 아니라"고 설명했다. 하나님은 "우리에게 유리한 것이 무엇인지 아시므로 우리는 그분의 [현세적] 약속을 엄격하게 해석해시는 안 된다." 오히려 "그분이 우리의 유익과 혜택을 알고 계시다는 사실을 언제나 유념해야 한다."

6. "살인하지 말라"

여섯째 계명은 살인을 금할 뿐 아니라 생명을 보존하고 "모두의 안전"에 관심을 기울이라고 요구한다(II.8.39). "주님이 그러시듯 우리도 이웃의 생명을 소중히 여겨야 하는 만큼 우리 주님은 우리가 서로 돕는 수고를 아끼지 않길 원하신다"(*Sermon on the Ten Commandments*, 163).

「기독교 강요」에서 칼뱅은 여섯째 계명에 가장 적은 지면을 할애하지만, 주석과 설교에서는 이 계명을 실질적으로 적용하는 데 상당한 주의를 기울였다. 「모세의 마지막 네 책들의 조화」(*Harmony of the Last Four Books of Moses*)라는 책에서는 십계명을 하나씩 다루면서 여섯째 계명과 관련된 성경 구절들을 논의해 나간다. "살인하지 말라"는 여섯째 계명의 제목 아래 낙태와 노예제를 비롯하여 이 계명을 위반하는 다양한 사례를 다루고 있다. "이 계명을 요약하자면, 우리는 누구에게든 부당하게 폭력을 가해서는 안 된다는 것이다"(III.20).

에베소서 6장 5-9절 설교에서 칼뱅은 바울 당시 노예와 칼뱅 당시 종의 차이를 설명하면서 "우리는 사람들 사이에서 그런 속박을 없애 버린 하나님을 찬양할 큰 까닭이 있다"고 한다. 바울이 주인에게 순종하라고 노예들에게 권면한 것을 칼뱅은 이렇게 말한다. "그로써 그[바울]는 노예들에게 잘못한 것으로 보이고, 오히려 그러한 유린을 잠재우기 위해 이 흔한 [노예제의] 학대에 반대하는 목소리를 높여야 했을 것으로 보인다." 칼뱅은 이 성경 대목에 불편한 심정을 품으면서도 반드시 유념할 두 가지 원리를 내놓는다. 첫째, 노예제는 "우리 조상 아담의 불순종과 죄의 열매"였으나 하나님이 허용하신 것이다. 둘째, "복음이 들어온 것은 세상의 일반 정치를 바꾸고 현세 국가의 법률을 만들기 위해서가 아니다." 그러므로 바울은 노예들에게 "그들이 몸담은 국가에 잘 처신하라"고 하고, 주인들에게 "온유하고 친절하게" 대하라고 격려하는 것이다.

7. "간음하지 말라"

이 계명은 "삶의 모든 부분을 순결하고 금욕적으로 규제하라"고 요구한다. "하나님은 정숙과 순결을 좋아하시기 때문에 우리는 모든 불결함을 멀리해야 한다"(II.8.41). 칼뱅은 우리가 삶에서 도덕과 경건을 보여 줘야 한다고 역설하면서 일곱째 계명에 관한 설교를 끝낸다. "하나님이 우리 주 예수 그리스도를 통해 엄청난 대가를 치르시고 우리 몸과 영혼을 구속하셔서 그것들이 그분께 드려지길 원하시고 그분의 성전처럼 그 속에 살기를 바라신 만큼 우리는 몸과 영혼을 하나님께 선물과 제물로 드려야 한다"(*Sermon on the Ten Commandments*, 183).

8. "도둑질하지 말라"

우리는 남의 것을 취하지 말아야 할 뿐 아니라 "각 사람이 자기 소유를 지키도록 돕기 위해 성실하게 노력해야 한다"(II.8.45). 우리는 "온갖 해로운 활동을 삼가고" "동시에 되도록 누구든지 해를 당하도록 내버려 두어서는 안 된다"(*Sermon on the Ten Commandments*, 200).

이웃에게 손해를 끼치면서 소유물과 돈을 획득하는 온갖 술책은 도둑질로 간주되어야 한다. 이런 식으로 행하는 자들이 종종 재판관 앞에서는 승소할지 몰라도, 하나님은 그들을 다름 아닌 도둑으로 확정히 신다. "단순한 사람들을 함정에 빠뜨리기 위해 교활한 자들이 꾸미는 복잡한 속임수를 그분은 아시기 때문이다. 그분은 부자가 가난한 자를 짓밟기 위해 그들에게 강요하는 혹독한 탈취를 아신다"(II.8.45). 칼뱅이 제2권 8장 46절에서 내놓은 인상적인 진술에 주목하라. 그 절에서 그는 이 계명의 함의를 다양한 대상(국민, 통치자, 목사, 교인, 부모, 자녀, 노인, 젊은이, 종, 주인 등)에 따라 설명하고 있다.

칼뱅은 가난한 자에게 하나님을 신뢰하며 자족하라고 요청한다. 부자에게는 하나님을 섬기며 관대하라고 요청한다. "무엇보다도 이 세상에서 필요한 모든 것에 대해 하나님의 축복을 열망하는 법을 배우자. 우리가 이 규칙에 따라 산다면, 모든 탐욕과 약탈과 사기가 …… 즉시 바로잡아질 것이 확실하기 때문이다. 이것이 이러한 악덕을 치유하는 데 필요한 유일한 약이다. 그러면 우리는 하늘을 향해 눈을 들고 '하나님은 우리 아버지인즉 우리에게 필요한 모든 것을 공급하십니다. 우리는 이생에서 우리를 지탱해 주는 모든 것에 대해 그분만 바라보아야 합니다. 요컨대 모든 부의 근원이 되는 것은 바로 그분의 축복입니다'라고 말할 수 있기 때문이다"(Sermon on the Ten Commandments, 196).

9. "네 이웃에 대하여 거짓 증거 하지 말라"

여덟째 계명은 남의 것을 훔쳐서 그들에게 해를 입히지 말라고 명한다. 아홉째 계명은 우리가 말로 남을 비난하거나 불명예스럽게 해서 그들을 해롭게 할 수 있다고 가르친다. "이웃을 나쁘게 말하거나 비방한다면 (세상은 그 죄를 중대하게 여기지 않을지라도) 하나님은 거짓 증언이라고 비난하신다"(Sermon on the Ten Commandments, 204).

우리가 이 계명을 올바로 실천하는 길은 "우리 혀가 진실을 말해서 이웃에게 좋은 평판을 안기고 그들을 이롭게 하는 것이다"(II.8.47). "이 본문에 담긴 내용을 살펴보고 싶다면, 우리는 더 높은 원리, 즉 하나님이 왜 우리의 혀를 창조하셨고 우리에게 언어를 주셨는지 생각해야 한다. 이유인즉 우리가 서로 소통할 수 있게 하기 위해서다. 그런데 인간의 의사소통 목적이 사랑으로 서로를 지지하는 것이 아니라면 도대체 무엇이겠는가?"(Sermon on the Ten Commandments, 216).

10. "네 이웃의 집을 탐내지 말라"

하나님이 이미 도둑질과 간음을 정죄하셨기 때문에 이 마지막 계명은 필요 없어 보일지 모른다. 그러나 이 계명은 한걸음 더 나아가 "우리 생각에서 사랑과 상반되는 모든 욕망을 제거하라"고 요구한다(II.8.49). "우리는 하나님께 성령으로 우리를 다스러 달라고 부탁하기 위해 열심히 노력해야 마땅하다. …… 그래서 사탄이 들어와 구멍을 내고 우리 마음을 사로잡지 못하도록 우리 자신을 억제하게 해달라고 요청해야 한다. 우리가 사탄을 격퇴해서 상당한 거리를 둘 수 있길 기도한다. 그리고 사악한 생각이 떠오르면 그것을 차단하고 문을 잠그고 다음 사실을 상기해야 한다. '하나님이 반드시 나를 완전히 다스리시게 해야 한다. 그분이 내 마음뿐 아니라 내 모든 감각도 소유하시게 해야 한다'"(*Sermon on the Ten Commandments*, 227). 한 설교에서 칼뱅은 이렇게 말한 적이 있다. "에베소서 5장 5절에서 탐욕을 우상 숭배라고 부른 것은 '이유가 없지 않은데', '한 사람이 일단 탐욕에 몰두하면 그의 모든 행복을 탐욕 안에 고착시킨 나머지' 그것이 중대한 죄라는 것을 보지 못하기 때문이다."

요약

칼뱅은 십계명 설교에 이어 신명기 5장 22절-6장 4절을 중심으로 네 차례 더 설교했다. 신명기 5장 22절 설교에서 세 가지 논점을 개진한다(*Sermon on the Ten Commandments*, 237-39).

1. 하나님은 율법을 공포하시면서 그 안에 담긴 교리가 크고 분명하게 선언되되, 단순히 서너 명이 아니라 신분이 높건 낮건 예외 없이 모든 사람에게 선포되기를 원하셨다. 더군다나 그분은 이 율법이 기록되고 보존되어 한 시대만 섬기는 것이 아니라 세상 끝 날까지 그 구속력과 권위가 유지되기를 바라셨다. 이 때문에 이 구절에 하나님이 "큰 음성으로" 말씀하셨다고 기록되어 있는 것이다.

2. 하나님은 이 열 가지 가르침 뒤에 아무것도 더하지 않으셨다. 모세가 그 백성을 간결하게 훈계하는 모습에서 우리는 용기를 품고 하나님 말씀을 받아야 한다. 그분이 우리 앞에 많은 책을 두셨더라면 우리는 평생 공부해도 부족하겠다고 대꾸할 수 있을 것이다. 그러므로 하나님은 우리에게 그분의 말씀을 "간결하게" 주셨다. 기껏해야 열 개의 진술밖에 되지 않는다. 우리 삶에 필요한 모든 가르침을 손가락으로 셀 수 있을 정도다. 더 나아가, 모세는 [하나님께서] 그분이 말씀하신 내용에 아무것도 더하지 말라고 하셨다고 전한다. 우리는 이 점을 고수해야 한다. 피조물이 그 말씀에 무엇이든 더하는 것은 불법이다.

3. 하나님은 율법을 공포하실 때 구름 가운데서 말씀하셨고 …… 산에는 연기가 피어나고 …… 사방은 온통 불길과 번갯불로 가득했다. 이 모든 것은 무슨 뜻인가? 그 교리를 더 장엄하게 만들기 위해서, 경외하는 마음으로 사람들이 하나님 앞에 그들 자신을 낮추게 하기 위해서, 그들이 자신을 완전히 굴복시켜 그 말씀에 순종하게 하기 위해서였다.

하나님과 우리 자신을 알기

십계명을 공부하면 우리 자신이 죄인임을 알게 된다. 칼뱅은 이렇게 말한다. "우리 자신을 아는 지식을 논하면서 이런 주안점을 제시했다. 우리 자신의 미덕에 관한 모든 의견을 내려놓고 우리 자신의 의로움에 대한 모든 확신을 버리며, (실은 우리의 전적인 가련함을 의식해서 완전히 깨어지고 뭉개진 상태로) 진정한 겸손과 낮아짐을 배워야 한다는 것이다"(II.8.1).

9장

구약과 신약

"새벽 …… 정오"

"율법 아래에서 어둠이 얼마나 짙었든 간에 [구약 성경의] 조상들은 그들이 걸을 길에 무지하지 않았다. **새벽**이 **정오**만큼 밝지는 않아도 여행하기에는 충분하며, 여행객은 해가 완전히 뜰 때까지 기다리지 않는다. 그들이 받은 빛의 몫은 새벽과 비슷했고, 그 빛은 그들을 모든 오류에서 지켜 주고 영원한 복된 상태로 인도할 수 있었다"(주석_ 갈 3:23-24).

> 이 장들에서 칼뱅은 "성경을 단일한 이야기로 보는 견해를 주장한다. 성경에서 복음이 처음부터 율법과 옛 언약 전체의 실체인 것을 완전히 드러내고 완성하며 성취한다는 것이다. 즉 하나님의 자비가 그리스도 안에서 실현되고 밝히 나타났다는 것이다." 이 장들은 "말라기나 세례 요한과 비슷해서 …… 우리로 그리스도를 맛보게 해준 구약 역사의 내용을 요약하되 우리로 그것에 만족할 수 없게 하고, 복음을 통해 우리 앞에 차려진 완전한 잔치를 바라보고 소원하게끔 만드는 방식으로 그렇게 한다."
> (Edmondson, *Calvin's Christology*, 47)

읽기 | 「기독교 강요」 II.9-11. [*1541* ch.7, pp.429-462.]

성경 본문 | "너희 조상 아브라함은 나의 때 볼 것을 즐거워하다가 보고 기뻐하였느니라"(요 8:56).

주목할 인용문 | "예수 그리스도가 없으면 율법은 도대체 무엇인가? 그것은 영혼 없는 몸이다"(*John Calvin: Writings on Pastoral Piety*, 187).

기도 | 전능하신 하나님, 당신의 자비로 우리를 당신의 교회로 모으시고 당신의 말씀을 울타리 삼아 우리를 감싸셔서 왕이신 당신을 참되고 옳게 예배하도록 지켜 주셨으니, 우리가 당신께 계속 순종하는 데서 만족을 얻도록 허락해 주소서. 그리고 사탄이 여러 방식으로 여기저기서 우리를 끌어당기려 하고 우리 역시 악을 좋아하는 성향이 있지만, 우리가 믿음을 굳게 하고 그 거룩한 끈으로 당신과 연합되었으니 우리로 줄곧 당신의 말씀에 지배받으며 살게 허락하소서.

우리가 당신의 유일한 외아들, 우리를 영원히 그 자신과 하나 되게 하신 그리스도께 붙어 있게 하소서. 마침내 그분이 우리 모두를 그분의 나라로 영접하실 때까지 어떻게든 우리가 당신에게서 결코 벗어나지 않고 그와 반대로 그분의 복음을 믿는 믿음 안에 굳게 서게 하소서. 아멘.

(*Devotions and Prayers of John Calvin*, 14.)

돌아보며 내다보며

장 칼뱅은 제2권 9장에 이런 제목을 붙였다. "그리스도, 그는 율법 아래 있는 유대인에게 알려지긴 했으나 마침내 오직 복음 안에서 분명하게 드러나셨다." 칼뱅에 따르면, "율법"은 "어렴풋이 보이는 윤곽"이었고 "복음"이 "훨씬 많은 빛"을 비추었다(II.9.1). 칼뱅이 말하는 "율법"은 구약이고, "복음"은 신약이다. 그런데 칼뱅이 "복음"을 두 가지 방식으로 사용한다는 것을 주목하라.

1. 율법 안에 있는 약속 또는 "하나님이 옛 족장에게 베푸신 자비와 아버지의 은총에 관한 증언"(II.9.2)은 구약에 나오는 "복음"을 말한다.

2. 약속의 성취 또는 "그리스도 안에 나타난 복음의 선포"(II.9.2)는 신약 성경에 나오는 "복음"을 일컫는다. 신약 성경에 나오는 복음은 율법, 즉 구약적 의미의 복음을 대신하지 않고 오히려 재가한다(II.9.4). "하나님은 진정 그리스도의 오심으로 새 언약을 주겠다고 약속하셨으나, 동시에 그 언약이 첫째 것과 다르지 않을 것임을, 아니 반대로 그 계획이 그의 백성과 처음부터 맺은 그 언약을 영구히 재가하는 것임을 보여 주셨다"(주석_ 마 5:17).

"구약 전체는 약속으로 가득하고 그리스도로 가득해서 신약이 구약 안에 있는 셈이다. 거꾸로 신약은 바리새인들이 왜곡한 율법을 제쳐 놓지 않고 확증하고 정화한다. 사도와 선지자 모두 심판도 하고 구원도 하는, 동일하고 변함없는 하나님의 뜻을 전파했다. 칼뱅 당시에 칼뱅 마음속에 성경 계시의 통일성에 대한 생각만큼 큰 자리를 차지한 것은 거의 없었다. 먼저 성경 자체와의 통일성이고,

> 이어서 그보다 덜 분명하지만 하나님이 과거에 말씀하신 것과, 자연과 역사와 양심을 통해 여전히 우리에게 말씀하시는 것의 통일성이다."
>
> (Barth, *The Theology of John Calvin*, 165)

구약과 신약의 유사성

칼뱅은 구약과 신약의 유사성을 네 가지로 정리한다.

1. 신구약 모두 목표는 동일하다_ 영원한 삶

구약의 상당 부분이 현세적 약속(예컨대, 땅과 나라)을 다루지만 구약의 진정한 목표는 "육체적 번영과 행복"이 아니라 "불멸의 소망"이다(II.10.2). 세르베투스를 비롯한 일부 사람은 이스라엘 백성을 "돼지 떼에 지나지 않은 존재"로 간주했다고 칼뱅은 말한다(II.10.1). 그들에게 답변하기 위해 칼뱅은 제2권 10장 7-22절을 아담에서 선지자들에 이르는 "구원 역사"에 할애하면서 구약의 성도가 "영원한 삶을 추구했다"는 것을 증명한다(II.10.13). 그들은 우리처럼 현세적 복만 바라지 않고 주로 천상의 것을 소망했다. 구약의 성도는 어려움과 시련에 빠졌을 때 "마음으로 하나님의 성소를 우러러보며" 그곳에서 "이생의 그늘에서는" 뚜렷이 나타나지 않고 감춰져 있는 영적이고 영원한 복을 찾았다(II.10.17). 칼뱅은 자신의 주장을 이렇게 요약한다. "주님이 이스라엘 백성과 맺은 옛 언약은 현세적인 것에 국한되지 않았고 영적이고 영원한 삶의 약속을 담고 있었다. …… 우리 주님인 그리스도는 오늘날 그분을 따르는 이들에게 다름 아닌 '하늘나라', 곧 그들이 '아브라함과 이삭과 야곱과 함께 식탁에 앉을' 그 나라를 약속하신다"(II.10.23).

2. 신구약 모두 중보자가 동일하다_ 그리스도

구약에서는 지상의 제사장들이 두드러지지만, 당시 신자들도 "그리스도를 중보자로 모셨고 또 알고 있었다"(II.10.2). 히브리서 13장 8절("예수 그리스도는 어제나 오늘이나 영원토록 동일하시니라")은 그분의 영원한 신성을 말할 뿐 아니라 모든 시대 신자들에게 항상 열려 있는 그분의 능력도 가리킨다. 그리스도께서 죽으실 때 예루살렘에서 성도가 부활한 사건은 "영원한 구원을 획득하기 위해 그분이 행하거나 고난당한 모든 것이 우리 자신과 마찬가지로 구약 신자들과도 관련된다는 사실을 보여 주는 그리스도의 확실한 보증"이다(II.10.23). 구약의 의식법은 그리스도를 예표할 뿐 아니라 그분이 (성육신 이전에) 중보자로 함께하신다는 상징이기도 했다. 레위기 24장에 나오는, 주님 앞에 놓인 떡덩이가 "하나님의 일상적 은총을 상징하지 않는 것은 그분이 마치 그들 식탁의 동반자인 것처럼 [가까이] 내려오셨기 때문이다"(주석_ 레 24:5-9).

3. 신구약 모두 수단이 동일하다_ 은혜

구약의 신자들은 "우리 가운데 통용되는 것과 같은 법, 같은 교리의 끈으로 [하나님과] 언약 관계를 맺었다"(II.10.1). 구약은 "행위"로 가득해 보이지만 구약의 신자들은 "공로가 아니라 오직 그들을 부르신 하나님의 자비로" 구원받았다(II.10.2).

4. 신구약 모두 성례가 동일하다_ 세례와 성만찬

"주님은 [구약 성도에게] (비록 형태는 달라도) 신약과 같은 상징들로 그분의 은혜를 나타내셨다"(II.10.5). 이스라엘 백성은 "우리가 오늘 누리는 것과 같은 혜택을 받았다. 하나님의 교회가 오늘 우리 가운데 있듯이 그들 가운데도 있었다. 그들은 하나님의 은혜를 증언하는 같은 성례를 갖고 있었다"(주석_ 고전 10:1-4).

이처럼 구약과 신약은 유사성이 크다. 칼뱅은 이를 사실상 동일하다고 말한다. "모든 족장과 맺은 언약은 본질상 우리의 것과 매우 비슷해서 둘은 사실상 동일하다"(II.10.2). "율법은 결코 불필요하지 않으며 구약도 마찬가지다. 오히려 그것은 영원한 것인 만큼 항상 세상 끝 날까지 그 능력을 유지해야 한다"(디모데전서 4장 12-13절 설교). 하이코 오버만은 이렇게 말한다. "칼뱅은 서양 역사상 최초로 유대인 성경을 더 이상 '옛' 언약으로 묘사하지 않았다. 이제 [그 책들은] 모든 시대를 위해 이스라엘 백성에게 선포된 영원하고 영구적인 언약이 있는 고대의(즉 원초적) 언약 책으로 간주된다"(*Calvin Studies VI*, 3).

구약과 신약의 차이

칼뱅은 구약과 신약의 동일성을 그토록 강력하게 주장한 나머지 이런 질문을 던지게 된다. "그렇다면 구약과 신약은 아무런 차이가 없는가? 둘을 상당히 다른 것으로 대비하는 그 모든 성경 구절은 어떻게 되는 것인가?" 칼뱅은 두 언약 사이에 차이가 있지만 "이미 확증된 통일성을 손상시키지 않을 만큼만" 다르다고 말한다. 이 차이는 "본질보다는 섭리 방식"과 관련된다(II.11.1).

1. 구약의 현세적 복과 신약의 영적인 복

구약의 언약에 현세적 요소가 있지만 그것은 육체적, 현세적 언약이 아니었다. 하나님 백성의 진정한 유업은 땅이 아니라 주님이었다. 하나님이 "낮은 차원의 훈련"으로 유대인에게 이 땅의 유익을 주신 것은 "그분의 손으로 친히 인도하셔서 그들이 하늘의 것을 바라게 하도록 결심하셨기 때문이다"(II.11.1). "주님의 법은 예나 지금이나 동일하지만 새로운 옷을 입고 시온에서 나왔다"(주석_ 사 2:3).

2. 구약의 형상과 의식과 신약의 "진리의 실체"

형상과 의식은 이스라엘이 "어린아이"와 같기 때문에 주어진 "언약의 비본질적인 도구"였다(II.11.4). 그 자체로는 의미가 없는 의식들은 그 자신을 넘어 그리스도를 가리켰고, "복음에 나타난 더 나은 소망으로 이끄는 입문"이었다(II.11.4). "고대 선지자들은 그들에게 약속된 그리스도를 멀리서 바라보았으나 직접 보는 것은 허락받지 못했다. 그분은 하늘에서 사람들에게 내려올 때에야 그 자신을 친근하고 완전하게 나타내셨기 때문이다"(주석_ 요 8:56).

3. 구약의 문자적 성격과 신약의 영적 성격

칼뱅은 이 차이가 절대적이 아니라 상대적이라고 주장한다. "은혜로 충만해진 것을 찬양하기 위해 비교하자면, 동일한 율법 수여자가 새로운 등장인물을 맡으신 것처럼 복음 전파를 귀하게 여기신다"(II.11.8).

4. 구약의 속박과 신약의 자유

구약 성도들의 속박은 "우리와 대조되는" 속박이었을 뿐이다(II.11.9).

구약의 신자들은 그들 상황에 억눌려 있었을 때 "도망쳐서 복음으로 피신했다"(II.11.9). "그들이 옛 언약 아래 산 것은 그곳에 머물기 위해서가 아니라 새 언약에 이르길 열망하기 위해서였고, 따라서 새 언약에 참여하기를 갈망했다"(II.11.10).

5. 구약의 한 나라와 신약의 모든 나라

신약에서 이방인을 부른 사건은 "구약에 대한 신약의 우월성을 보여주는 두드러진 특징이다"(II.11.12). 칼뱅은 신명기 6장 3절을 설교하면서 이렇게 말했다.

> 그런데 유대인에게 약속된 땅이 여기에 언급되어 있다. 그러므로 하나님은 온 땅이 그분 자신께 바쳐지고 자신의 이름이 도처에서 불리기를 원하시는 만큼 오늘 우리는 훨씬 큰 감동으로 하나님을 섬겨야 마땅하다. 이는 우리 주 예수께서 흘리신 피가 온 땅을 거룩하게 했기 때문이다. …… [당시에는] 이스라엘이 하나님께서 그분 자신을 위해 준비하신 유일한 땅, 자신의 아들이 오기까지 통치하길 원한 유일한 땅이었음을 우리가 알기 때문이다. 그러나 우리 주 예수 그리스도께서 나타났을 때 그분은 온 세계에 대한 소유권을 획득하셨고, 그분의 나라는 특히 복음이 선포되면서 한쪽 끝에서 다른 쪽 끝까지 펼쳐졌다(*Sermon on the Ten Commandment*, 299).

칼뱅은 이렇게 말한다. "율법 아래 있던 조상들보다 그리스도의 성육신 이후 우리에게 그 징표들의 효능이 더 풍성하고 풍요로워졌다는 것에 동의할 준비가 되어 있다. 그런즉 우리와 그들의 차이는 정도의 문제일 뿐이고, 흔히 말하듯이 '다소'의 문제에 지나지 않는다. 그들이 적게 갖고 있던 것을 우리는 더 많이 갖고 있기 때문이다"(주석_ 고전 10:1-4). 그러나 주안점은 차이가 아니라 유사성에 있다. "[하나님이] '내가 언약을 세우리라'고 말씀하실 때는 마치 그분이 '내가 그것을 다시 세우리라' 또는 '그것을 이전 상태로 회복하리라'고 말씀하신 것처럼 설명해도 좋다. …… 그러면 우리는 예레미야가 지적한 차이가 정말로 옳다는 것을, 그리고 새 언약이 옛 언약에서 흘러나온 만큼 본질은 동일하고 형식만 다르다는 것을 알게 된다"(주석_ 겔 16:61).

칼뱅은 두 차례에 걸쳐 신구약의 차이는 "경영 방식"으로 설명될 수 있다고 말한다(II.10.2, II.11.1). 구약 성경에 나타난 하나님의 경영 방식은 신약과 같지 않다. 그러면 하나님은 왜 그 자신을 다른 방식으로 나타내기로 하셨을까? 칼뱅은 두 가지 이유를 든다. 첫째, 하나님은 모든 일을 "지혜롭고 정의롭게" 행하셨다(II.11.14). 둘째, 하나님은 "각 시대에 무엇이 편리한지 아시기 때문에 각 시대에 맞게 다양한 형태를 제공하셨다"(II.11.13).

하나님과 우리 자신을 알기

이 장들을 공부하면, 하나님이 그분의 진리를 각 시대에 속한 그분 백성의 수준에 맞추시는 지혜롭고 신중한 선생이심을 알게 된다. 우리는 신약이라는 대낮에 살고 있는 만큼 우리에게 그분의 진리를 매우 풍성하게 주신 하나님께 더 헌신하며 살아야 한다.

10장

그리스도의 인격

"밝은 거울"

"그분은 하나님의 놀랍고 비범한 은혜를 반영하는 **밝은 거울**이다" (II.14.7).

> "베르나르두스의 가르침은 기억할 만하다. '예수의 이름은 빛이자 양식이다. 그 이름은 또한 기름이라서 그것이 없으면 영혼의 모든 양식이 메마른다. 그 이름은 소금이라서 그것으로 간을 맞추지 않으면 우리 앞에 놓인 모든 것이 싱겁게 된다. 끝으로, 그 이름은 입속의 꿀이요 귓가의 멜로디이며 마음의 기쁨인 동시에 약이다. 그의 이름이 언급되지 않은 모든 담론은 맛이 없다.'" (II.16.1)

읽기 ㅣ 「기독교 강요」 II.12-14. [1541 ch.4, pp.233-257.]

성경 본문 ㅣ "하나님은 한 분이시요 또 하나님과 사람 사이에 중보자도 한 분이시니 곧 사람이신 그리스도 예수라"(딤전 2:5).

주목할 인용문 ㅣ "해가 우리 눈에 땅과 하늘, 온 자연 질서의 가장 아름다운 장면을 보여 주듯이, 하나님은 그분의 아들 안에서 그분 사역의 주된 영광을 또렷하게 드러내셨다"(주석_ 요 9:5).

기도 ㅣ 전능하신 하나님, 당신께서 복음의 소리로 당신을 찾도록 우리를 계속 초대하실 뿐 아니라 당신의 아들을 우리의 중보자로 세우셔서 그분을 통해 당신께 나아가는 길을 여셨사오니 우리로 당신이 자비로운 아버지이심을 알게 하소서. 우리가 당신의 친절한 초대에 의지해 살아가는 동안 기도하게 하시고, 수많은 악이 사방에서 우리를 어지럽히고 수많은 욕망이 우리를 괴롭히고 억압하오니, 우리가 더욱 진지하게 당신을 부르고 기도하는 동안 결코 염려하지 않게 하소서. 평생 동안 당신이 우리의 목소리를 들으실 때까지, 우리가 마침내 당신의 영원한 나라, 당신이 우리에게 약속하신 구원을 누리게 될 그 나라로 모이게 하시고, 당신의 복음으로 날마다 우리에게 그 나라를 증언해 주시고, 이제 우리를 지체로 삼은 당신의 외아들과 우리가 영원히 연합하게 하시며, 그분이 죽음으로 우리를 위해 얻으신 그 모든 복에 우리가 참여하게 하소서. 아멘.

(*Devotions and Prayers of John Calvin*, 39.)

돌아보며 내다보며

제2권 제목은 "구속주 하나님을 아는 지식"이다. 칼뱅은 구속주의 필요성을 제2권 1-5장에서 확증한다. 제2권 6장에서는 구속주를 소개하고, 이후 여섯 장에 걸쳐 구약과 신약의 관계를 논한다(II.6-11). 신구약의 중심 메시지는 그리스도와 그분을 통한 구원이다. 제2권 6장 이전에 나온 내용은 모두 구속주 그리스도를 맞이하기 위한 예비 단계이자 서곡이다. 그리고 제2권 6장 이후의 모든 내용은 구속주 그리스도로 진행된다. 제3권과 제4권 제목을 주목해 보라. 각각 "우리가 그리스도의 은혜를 받는 방식"과 "하나님이 우리를 그리스도의 공동체로 초대하는 외적 수단 또는 도우미"다.

칼뱅이 말하는 그리스도 교리는 제2권 12-17장에 제시되어 있다. 칼뱅은 인간이 처한 곤경을 다시 설명하면서 시작한다. 우리는 하나님에게서 소외되어 있어서 인간인 동시에 신인 중보자가 필요하다. 칼뱅은 제2권 12-14장에서 그리스도의 인격을, 제2권 15-17장에서 그리스도의 사역을 각각 설명하며, 이 두 주제를 함께 묶어야 한다고 주장한다. 우리는 그리스도께서 행하시는 일을 떠나서는 그분이 누구신지 이해할 수 없고, 그분이 누구신지를 떠나서는 그분이 행하시는 일을 알 수 없다.

그리스도의 인격

장 칼뱅은 네 가지 주안점을 중심으로 그리스도의 인격을 논한다.

- 중보자는 하나님이면서 사람이어야 한다(II.12).

- 그리스도는 하나님이다(I.13).

- 그리스도는 사람이시다(II.13).

- 하나님인 동시에 사람이신 그리스도는 한 인격이시다(II.14).

성육신의 필요성

그리스도의 성육신은 하나님이 보여 주신 가장 뛰어난 적응 전략이다. 칼뱅은 다음과 같은 이레네우스의 글을 인용한다. "무한한 아버지께서 아들 안에서 유한한 존재가 되신 것은 우리 마음이 그분의 엄청난 영광에 압도당하지 않도록 스스로 우리의 작은 규모에 맞추셨기 때문에 가능하다"(II.6.4). 칼뱅은 이런 생각을 베드로전서 1장 20절 주석에서도 반복한다. 우리는 그리스도를 통하지 않고는 하나님을 믿을 수 없고 "하나님은 이 그리스도 안에서 자신을 작게 만드셨다. …… 이는 그 자신을 우리의 이해력에 맞추시기 위해서다."

칼뱅은 그리스도께서 인간이 되셔야 할 "단순한" 또는 "절대적" 필연성은 없었다고 주장한다. 그는 루터파 신학자 안드레아스 오시안더(Andreas Osiander)의 견해에 반박하는데, 오시안더는 아담이 죄에 빠지든 아니든 그리스도는 성육신하도록 예정되어 있었다고 가르쳤다. 그리스도는 하나님의 형상으로 모든 인간은 그분을 본보기로 창조되었다. 그러므로 오시안더에 따르면 아담의 창조는 그리스도의 성육신을 수반하지 않을 수 없었다. 칼뱅은 오시안더의 견해를 "헛소리"로 치부하면서 성육신의 목적은 디모데전서 1장 15절("그리스도 예수께서 죄인을 구원하시려고 세상에 임하셨다")에 명백히 진술된 대로 우리의 구속이라고 주장한다(II.12.5). 그리스도의 성육신은 "하늘의 칙령에서 나온" 것이다. 반드시 성육신하셔야 할 "절대적" 필연성은 없었지만, "중보자가 참 하나님인 동시에 참 사람이심은 우리에게 대단히 중요한 사실이다"(II.12.1).

칼뱅은 하나님이 인류를 다른 방법으로 구원하실 수도 있었다고 말한다. "하나님은 말씀 한 마디나 소원으로 우리를 구속하실 수도 있었다. 그러나 우리에게는 다른 방법이 최선으로 보이셨다. 다른 방법이란, 그분의 외아들을 아끼지 않으셔서 그분이 우리의 구원에 얼마나 관심이 많은지를 친히 증언하시는 것이다"(주석_ 요 15:13). 폴 헬름은 이렇게 말한다. "칼뱅은 하나님께 죗값을 치르실 다른 방법이 있을 수도 있었다고 본다. 아니, 죗값을 치르지 않으시고 값없이 죄를 용서하실 수도 있었다고 한다. 그러나 하나님의 용서에 경탄하고 놀라워하는 반응을 일으켜 하나님을 영화롭게 하는 결과를 확보할 만한 다른 방법이 없었다. …… 만일(그리고 오직 만일) 하나님이 우리를 용서히셔시 우리를 향한 위대한 사랑을 보여 주길 원하신다면, 속죄는 필연적이거나 꼭 필요한 일이다"(*Calvin at the Centre*, 179-80). 칼뱅은 "가장 자비로운 우리 아버지께서 우리에게 가장 좋은 것을 명하셨다"고 말한다(II.12.1).

칼뱅은 타락 이전에도 사람에게 중보자가 필요했다고 주장한다. "사람이 모든 얼룩에서 자유로운 상태였더라도 그 상태는 매우 저급해서 중보자 없이는 하나님께 도달할 수 없었을 것이다"(II.12.1). 죄는 없으나 유한한 인간이 하나님과 교제를 누리려면 중보자가 반드시 필요했다. 개혁주의 전통은 이 역할이 그리스도께 속해 있다고 주장해 왔으나, 보통은 그것을 중보로 묘사하지 않았다. 웨스트민스터 신앙고백에 따르면, 죄 없는 사람이 지지와 복을 받으려면 하나님의 "자발적인 낮아지심"이 필요했고, 하나님은 "언약의 방법으로" 이것을 표현하길 기뻐하셨다(II.7.1).

죄 없는 사람에게 중보자가 필요하다면, 죄 많은 사람은 얼마나 더 필요하겠는가? 거룩한 하나님과 타락한 인간 사이의 중보자인 그리스도는 타락 때에 시작하신 역할을 구약 전체에 걸쳐 수행하신다. 그동안 은혜의 언약이 약속되고, 율법의 징표와 의식이 집행되며, 때때로 하나님의 천사가 나타나기도 한다. 인간이 타락했을 때 "그리스도는 일종의 맛보기로서 이미 중보자의 직분을 수행하기 시작하셨다. 아직 육신을 입으시기 전이었지만, 말하자면 그분은 중보자로서 신자들에게 더 친밀하게 접근하기 위해 그렇게 하신 것이다"(I.13.10). 성육신하신 중보자는 "육신으로 나타나" 우리 중 하나가 되시어 우리에게 훨씬 가까이 다가오셨다.

우리가 "하나님의 은혜"를 받는 자리를 회복하려면(II.12.2) "죄에 대한 형벌을 치러야" 한다(II.12.3). 이것은 우리가 할 수 없는 일이다. 그런 이유로 그리스도께서 우리를 위해 그 일을 하시려고 육신으로 오신 것이다. 칼뱅은 이렇게 묻는다. "하나님과 같은 하나님의 아들이 사람의 아들이 되어 우리 것을 취하시고 그분의 것을 우리에게 주셔서 본래 그분의 것을 은혜로 우리 것이 되게 하지 않았다면, 누가 이 일을 할 수 있었겠는가?"(II.12.2) "요컨대, [그리스도는] 하나님의 자격만으로는 죽음을 느끼실 수 없었고 사람의 자격만으로는 죽음을 극복하실 수 없었다. 그렇기 때문에 그분은 인성에 신성을 결합하여서 죄를 속죄하기 위해 인성의 연약함을 죽음에 넘겨주실 수 있었고, 신성의 능력으로 죽음과 싸워 우리를 위해 승리를 얻으실 수 있었다"(II.12.3). "아담의 죄는 그리스도의 의로 극복되었다. 아담의 저주는 그리스도의 은혜로 극복되었고, 그리스도가 주는 생명은 아담에서 유래한 죽음을 삼켜 버린다"(주석_ 롬 5:17). 조지 허버트는 칼뱅의 사상을 "제물"이라는 시에서 몇 마디로 표현했다. "그리스도 안에서 두 본성이 만나 그대를 치유하셨네"(*The Work of George Herbert*).

칼뱅은 그리스도의 참된 본성을 되도록 명료하게 설명하려 한다. 그 이유는 마태복음 22장 42절 주석에 나와 있다. "그리스도께서 세상에 모습을 드러내신 이후 이단들은 다양한 책략을 써서 …… 때로 그분의 인성과 때로 그분의 신성을 뒤집으려 했다. 그것은 그분이 우리를 구원하실 능력을 갖지 못하게 하거나 우리가 그분께 접근하지 못하게 하기 위해서였다."

그리스도는 하나님이다

칼뱅은 삼위일체를 다루면서 이미 그리스도의 신성을 설명하였다 (I.13.7-13).

그리스도는 사람이시다

칼뱅은 세 이단에 반대하여 그리스도께서 진정한 몸을 입으셨다고 주장한다. 세 이단이란, 마니교도(그리스도가 "하늘의 몸"을 입었다고 믿은 자들), 마르키온주의자(그리스도의 몸은 진짜가 아니라 "겉모습"일 뿐이라고 믿은 자들), 메노 시몬즈(그리스도가 "무[無]에서" 몸을 취했다고 가르친 자)를 일컫는다. 그분은 참으로 인간이 되셨다. 인간으로 가장한 것도, 일시적으로 인간이 되신 것도 아니고 참으로 우리와 같은 인간이 되셨다는 뜻이다.

동정녀 마리아는 그리스도의 진정한 인간 됨의 근원이었다. 마리아는 단지 "그리스도께서 흘러나온 통로"가 아니다. 그분은 마리아에게서 태어났다(II.13.3). 그리스도는 "인간의 씨에서 태어나[그러나 인간 아버지를 통하지 않고] …… 굶주림과 목마름과 추위 등 우리 본성의 연약함에 시달리셨다"(II.13.1). "어떻게 하나님의 아들이 신음과 마음의 근심을 지닐 수 있는가?" 아우구스티누스는 "그리스도는 원래 모든 감정에서 자유로운 분이었는데 자진해서 신음과 슬픔을 불러오셨다"고 설명했는데, 칼뱅은 이 설명을 배격한다. "하나님의 아들은 우리 육신을 입으실 때 또한 자진해서 인간의 감정을 입으셨기 때문에 죄만 제외하고 그분의 형제들과 다를 바가 하나도 없었다"(주석_ 요 11:33).

마리아는 그리스도의 어머니, 곧 그리스도의 인간 됨의 근원일 뿐 아니라 "교회의 첫 구성원"이기도 하다고 칼뱅은 누가복음 1장 39-44절 설교에서 말한다.

마리아는 다른 모든 신자처럼 복을 받은 자였다. 즉 은혜로 복을 받았기에 전적으로 우리 주 예수 그리스도를 찬양해야 마땅하다. 그렇다면 예수 그리스도를 배 속에 잉태했듯이 마리아는 마음속에도 믿음으로 그분을 잉태한 것이 틀림없다. 나중에 마리아의 본보기에서 얼마나 큰 유익을 얻을 수 있는지 살펴볼 것이다. 마리아가 하나도 놓치지 않기 위해 모든 것을 신중하게 기억한 것, 그래서 하나님의 선하심을 더욱 굳게 믿은 것, 육신의 유대가 아니라 믿음으로 자신의 아들에게 항상 연합되어 있던 것 등이다.

제2권 13장 3절에 이르면 칼뱅은 "남성 우위"에 관해 말한다. 그럼에도 "칼뱅의 여성관은 사실상 긍정적인 면이 두드러진다"고 헤르만 셀더하우스는 말한다(*John Calvin*, 173).「기독교 강요」, 주석, 설교를 살펴보면 제2권 13장 3절에 나오는 칼뱅의 진술을 어느 정도 바로잡는 글이 여기저기 흩어져 있다. 칼뱅은 같은 대목에서 그리스도의 족보에 관해 이렇게 말한다. 성경이 남자들의 이름만 거론한다면, "여자들은 아무것도 아니라고 말해야 할까? 아니, 아이들조차 여성(women)이 '남성'(men)이라는 용어 아래에 포함된다는 것을 알지 않는가."

그리스도는 죄가 없으시다

그리스도께 죄가 없는 것은 "남자와 동침하지 않고 어머니에게서 태어났기 때문이 아니라 그분이 성령으로 성화되어 그 세대를 아담이 타락하기 전 상태와 같이 순결하고 흠 없게 하려 하셨기 때문이다"(II.13.4). 달리 말해, 그리스도께 죄가 없는 것은 지상의 아버지가 없기 때문이 아니라 성령의 사역 때문이다. 그리스도의 동정녀 탄생, 아니 동정녀 잉태는 죄 없는 인간을 창조하는 것이 아니라 그런 상태를 증명한다. 칼뱅의 글을 인용해 보자.

> 그분이 우리 죄와 죽음을 속량하시고, 우리 몸으로 사탄을 이기시고, 참된 중보자가 되려면 진정한 사람이어야 했듯이, 다른 이들을 깨끗케 하시려면 그 자신이 어떤 불결함이나 흠도 없는 상태여야 했다. 그래서 그리스도가 비록 아브라함의 씨에서 나셨지만 그 얼룩진 본성에 감염되지 않은 것은 처음부터 하나님의 영이 그분을 순결하게 지키셨기 때문이고, 이는 그 자신이 거룩함으로 충만해야 했기 때문일 뿐 아니라 남들도 거룩하게 만들어야 했기 때문이다. 그분이 잉태된 방식 자체는 우리의 중보자가 되기 위해 그분이 죄인들과 구

별되었다는 사실을 증언한다(주석_ 눅 1:35).

그리스도는 육신과 연합하셨으나 육신에 국한되지 않으셨다

그리스도는 사람(참되지만 죄는 없는 인간)인 동시에 "육신과 연합하셨으나 육신에 국한되지 않으신" 영원한 하나님이다. 삼위일체의 제2 위격은 예수로 성육했으나 육신 너머에는 아무런 존재도 없는 방식으로 성육하신 것이 아니다.

> 헤아릴 수 없는 본질을 지닌 그 말씀(the Word)이 인간의 본성과 연합하여 한 사람이 되셨으나, 우리는 그분이 그 안에 갇히셨다고 생각하지 않는다. 여기에 놀라운 점이 있다. 하나님의 아들이 하늘에서 내려왔으나, 하늘을 떠나지 않은 채 기꺼이 동정녀의 모태에서 태어나 이 땅을 두루 다니시다가 십자가에 달리신 방식으로 오셨다는 점이다. 그러나 그분은 처음에 행하시던 대로 지금도 계속 세계를 가득 채우고 계신다(II.13.4).

칼뱅은 나중에 성만찬을 논할 때 같은 생각을 되풀이한다.

> 내가 언급해도 부끄럽지 않은 학파들의 공통된 특징이 있다. 온전한 그리스도는 어디에나 계시지만 그분 안에 있는 모든 것이 어디에나 있는 것은 아니라는 것이다. …… 그러므로 온전한 그리스도는 어디에나 계시므로 우리의 중보자는 늘 그분의 백성과 함께하시고, 만찬에서는 자신을 특별하게 드러내신다. 온전한 그리스도는 함께하시지만 그분의 모든 것으로 함께하지는 않으시는 것이다(IV.17.30).

하나님의 제2 위격은 어디에나 계시지만 육신을 입으신 예수는 어디에나 계신 것이 아니다. 성육한 하나님의 아들은 그분의 몸이 있는 장소에 제한되지 않으신다. 하나님이신 그분은 만물을 계속 채우고 계신다. 그리스도의 성육신은 "빼기가 아니라 더하기다"라고 데릭 토마스는 말한다(*A Theological Guide to Calvin's Institute*, 214).

하이델베르크 교리문답은 문46, 47, 48에서 칼뱅의 가르침을 표현한다.

문46 당신은 "그가 하늘에 오르셨다"는 말을 어떻게 이해하는가?
답 그리스도는 제자들 눈앞에서 땅에서 하늘로 올라가셨고, 산 자와 죽은 자를 심판하러 다시 오실 때까지 우리를 위해 그곳에 머물러 계신다.

문47 그러면 그리스도는 우리에게 약속하신 대로 세상 끝 날까지 우리와 함께 계시지 않는 것인가?
답 그리스도는 참 사람이며 참 하나님이다. 사람으로서는 더 이상 이 땅에 계시지 않지만, 신성, 위엄, 은혜, 영(Spirit)의 존재로는 결코 우리를 떠나지 않으신다.

문48 신성이 있는 모든 곳에 인성이 있는 것이 아니라면, 그리스도 안에 있는 두 본성은 분리되는 것 아닌가?
답 전혀 그렇지 않다. 신성은 불가해하고 어디에나 있기 때문에 스스로 취하신 인성의 테두리를 초월하시고, 그럼에도 늘 인성 속에 있으며 개인적으로 인성에 연합된 채로 있기 때문이다.

루터파는 칼뱅의 이런 가르침이 생소하다고 주장했으나 실은 교회 역사 내내 지지받은 가르침이다. 아타나시우스는 이렇게 말했다. "말씀(the Word)은 그의 몸에 속박되어 있지 않고, 몸 안에 있는 그의 존재 또한 그가 다른 곳에 임재하는 것을 방해하지 않는다. 그가 그의 몸을 움직였다고 해서 그의 정신과 능력으로 우주를 다스리는 일을 그친 것이 아니다. 놀라운 진리는, 말씀인 그가 스스로 어떤 것에 담겨 있기는커녕 사실은 모든 것을 담고 있었다는 것이다"(*On the Incarnation of the Word* 3:17).

> 크고 위대한 경이,
> 완전하고 거룩한 치유,
> 처녀가 아기를 배고
> 처녀의 명예 지키네.
>
> 말씀이 육신 되었으나
> 여전히 높은 곳에 계시네,
> 그룹들이 찬송을 부르네
> 하늘에서 목자들에게.
>
> 성 게르마누스(St. Germanus)

하나님의 영원한 아들이 "우리 육신 중의 육신"이 되셔서 사람으로 한 장소에 제한되어 계셨다. 이 땅에 사는 동안에는 이스라엘에서 그러셨고, 승천 이후 하늘에서는 아버지의 오른편에 계신다. 그와 동시에 그분은 계속 무소부재하신 하나님이다. 하나님의 아들은 하나님으로서 자신의 고유한 것을 하나도 양도하지 않으셨고, 오히려 "그분의 신성이 '육신의 베일'에 감춰지는 것을 허용하셨다"(II.13.2). 브루스 맥코믹(Bruce McCormack)은 이렇게 말한다. "칼 바르트는 케노시스(*kenosis*, '비움'을 뜻하는 헬라어. 빌립보서 2장 7절에서 사용된 단어다_ 편집자)란, '인지 가능성'을 제쳐 놓고 일종의 '정체불명 상태'로 들어간 것이라고 해석하는데, 이는 칼뱅의 견해를 아주 적절하게 설명한 것이다. '육신으로 나타난' 하나님, 이것이 칼뱅 사상의 정수다"(*For Us And Our Salvation*, 7).

그리스도는 두 본성을 지닌 한 인격이다

"하나님의 아들이신 그리스도는 본체의 혼동이 아니라 인격의 통일성으로 사람의 아들이 되셨다"(II.14.1). 그리스도 안에서 신성과 인성은 "각각 그 특성이 손상되지 않은 채 그대로 유지된다"(II.14.1). 영원한 하나님이 인간의 본성을 취하셨으나 인성과 신성은 분리된 채 남아 있었다. 그분은 한 인격으로서 하나님인 동시에 사람이다. 그분은 하나님도 아니고 사람도 아닌, 제3의 성격을 지니신 "신-인"(神-人)이 아니다. 그분은 완전한 하나님이자 완전한 인간이다. 하지만 한 인격이시다.

루터파는 그리스도 안에서 신적 속성과 인간적 속성이 교환된다고 주장한다. 특히 인간적 본성이 (무소부재한 속성을 포함한) 신적 본성의 속성을 공유한다고 한다(살펴보겠지만, 이것은 루터파가 말하는 성만찬 교리에서 중요한 부분이다). 칼뱅이 보기에, "속성의 교통"은 그리스도에 관한 성경의 가르침을 해석하기 위한 해석학적 고안이다.

- 성경은 때때로 오직 그분의 인성만 가리키는 속성을 그리스도의 것으로 돌린다. 예컨대, 그분은 "지혜와 키가 자라갔다"(눅 2:52). 그런 인간적 속성이 그리스도께 옳게 적용된 것은 그분이 진정한

사람이기 때문이다.

- 성경은 때때로 오직 그분의 신성만 가리키는 속성을 그리스도의 것으로 돌린다. 예컨대, "아브라함이 나기 전부터 내가 있느니라"(요 8:58)라는 진술이다. 신적 속성이 그리스도에게 옳게 적용된 것은 그분이 진정한 하나님이기 때문이다.

- 때때로 성경은 두 본성을 모두 포함하되 어느 하나에만 맞지는 않는 것을 묘사한다. 예컨대, 그리스도는 세상의 빛이라는 사실과 그분이 죄를 용서한다는 사실처럼 "중보자 직분에 적용되는 것들"이다. 이런 구절들이야말로 "그분의 진정한 실체를 가장 명료하게 보여 준다"고 칼뱅은 말한다(II.14.3). 신적 특성과 인간적 특성을 그리스도의 것으로 돌리는 이유는 그분이 하나님이면서 사람이시기 때문이다.

- 성경에는 때때로 그리스도의 인성에 더 많이 속하는 것을 그분의 신성으로 돌리거나, 이와 반대인 경우도 있다. 예컨대, "하나님이 자기 피로 사신 교회"(행 20:28)라는 표현이다. 이른바 이러한 "특성들의 교통"에 의해 "[그리스도가] 그분의 인성으로 수행한 일이, 이유가 없진 않지만 부적절하게 그분의 신성으로 전이된다"(II.14.2). 한 본성에 속한 것("피")이 그분의 다른 본성("하나님")으로 일컬어지는 사람(예수 그리스도라는 사람)의 것으로 단언되고 있다. 칼뱅은 이것을 존재론적 속성의 전이가 아니라 언어 문제로 본다. 그리스도의 인격 안에서 신적 속성이 바뀌어 인간의 속성이 되는

것이 아니며, 그와 반대되는 현상도 일어나지 않는다. 한마디로 "본체의 혼동"은 없다는 뜻이다.

하나님의 아들은 "인격의 통일성으로" 사람의 아들이 되셨다(II.14.1). 이 두 본성은 별개로 존재하지만 두 인격을 구성하지는 않는다. "두 본성은 한 분 그리스도를 구성한다"(II.14.1). 칼뱅은 여러 예증을 제시하는데, 이는 삼위일체 교리에 대해서는 다루지 않던 일이다. 인간은 몸과 영혼을 소유하고 있다. 각각은 고유한 특성을 보유하고 있으나 오직 한 사람이 있을 뿐이다(II.14.1). 칼뱅은 그리스도의 두 본성을 한 사람의 두 눈에 비유한다. "두 눈의 시력은 분리되어 있다. 그러나 우리가 어떤 것을 볼 때는 …… 그 자체로 분리된 우리의 시력이 그 앞에 놓인 사물에 온통 몰두하기 위해 서로 합류하고 연합한다"(주석_ 딤전 3:16).

하나님과 우리 자신을 알기

"날 구속하신 주께 엎드려"(새찬송가 548장_ 편집자)라는 찬송가는 오랫동안 장 칼뱅과 관련된 곡이다. 이 찬송가는 1545년 스트라스부르 시편 찬송에, 그리고 1551년 제네바 시편 찬송에 실려 있었다. 칼뱅이 이 찬송가를 작사했는지는 확실하지 않지만, 그의 신학과 정신이 아름답게 표현되어 있다. 「기독교 강요」 제2권 12-14장에 비추어 이 찬송을 읽고 묵상해 보라.

날 구속하신 주께 엎드려
그 크신 은혜 찬송합니다.
내 연약함을 긍휼히 보사
근심과 걱정 맡아 주소서.

자비와 은혜 충만하신 주
진리로 우리 다스리시네.
우리의 마음 방황할 때에
갈 길을 비쳐 인도하소서.

주님은 우리 생명이시며
진리와 길이 되시나이다.
믿음과 소망 항상 주시사
섬기며 봉사하게 하소서.

주님의 사랑 한량없으니
나 같은 죄인 주 안에 살고
내 안에 주님 항상 계시니
죄악이 나를 주장 못하네.

우리가 구원 얻을 때까지
믿음에 굳게 세워 주시고
은혜와 진리 넘치게 하사
주님 뜻 이뤄지게 하소서.

1545년 스트라스부르 시편 찬송
tr. by Elizabeth Lee Smith, altd.

11장

그리스도의 사역
"선지자, 왕, 제사장"

"믿음이 그리스도 안에서 구원의 견고한 기반을 찾고 그분 안에 있게 하려면, 이 원칙을 세워야 한다. 아버지께서 그리스도에게 주신 직분이 세 부분이라는 것이다. 그분은 **선지자, 왕, 제사장**의 직분을 받으셨다"(II.15.1).

> "우리가 한 입으로 그리스도를 언급하지 않고는 속죄나 하나님의 법, 의, 선택, 하나님의 자비, 성령의 부으심을 이야기할 수 없다. 이 모든 것은 그분의 삼중직 안에서, 그리고 그 직분을 통해 실행되고 나타나며 이해되기 때문이다."
>
> (Edmondson, *Calvin's Christology*, 174)

읽기 ǀ 「기독교 강요」 II.15-17. [*1541* ch.4, pp.233-257.]

성경 본문 ǀ "다른 이로써는 구원을 받을 수 없나니 천하 사람 중에 구원을 받을 만한 다른 이름을 우리에게 주신 일이 없음이라"(행 4:12).

주목할 인용문 | "그런즉 약속, 성례, 그리고 우리가 가진 모든 것이 어떻게 예수 그리스도께 재가를 받아야 하는지 알게 된다. 요컨대, (인간에 비유하여 소박하게 말한다면) 그분은 우리 구원에 속한 모든 것에 맛을 내는 참된 양념이시다"(에베소서 2장 11-13절 설교).

기도 | 주님, 당신은 우리의 창조주시고 우리는 당신의 손으로 만드신 작품입니다. 당신은 우리 목자이시고 우리는 당신의 양 떼입니다. 당신은 우리 구속주시고 우리는 당신이 다시 사들인 자입니다. 당신은 우리 하나님, 우리는 당신의 기업입니다.

그러므로 진노 가운데 우리를 바로잡으려고 우리에게 분노를 품지 마소서. 우리의 죄악을 기억해서 벌하지 마시고, 당신의 친절로 우리를 온유하게 질책하소서. 당신의 이름이 우리 가운데 불리는 것과 우리가 당신의 표지를 지니고 있다는 것을 유념하소서.

당신의 은혜로 이미 우리 안에 시작하신 일을 맡으셔서 당신이 우리 하나님이요 우리 구원자이심을 온 땅이 알게 하소서. 아멘.

(Piety of John Calvin, 126.)

돌아보며 내다보며

장 칼뱅은 제2권 12-17장에서 그리스도의 인격(그분이 누구신지)을 다룬 뒤 그리스도의 사역(그분이 무슨 일을 하셨는지)으로 넘어간다. 요한복음 1장 49절 주석에서는 이렇게 말한다. "그리고 믿음은 (말하자면) 그리스도의 본질에만 초점을 맞추어서는 안 되고 그분의 능력과 직분에도 주목해야 한다. 이유인즉 이 둘째 사항이 더해지지 않는다면, 그리스도가 누구신지, 그분이 우리에게 무엇이 되길 원하시는지, 아버지께서 어떤 목적을 위해 그분을 보내셨는지를 아는 것이 별로 유익하지 않을 것이기 때문이다." 칼뱅은 이제 그리스도의 사역을 선지자, 왕, 제사장 등 그분의 삼중직에 따라 다룬다. 구약 성경에서는 선지자와 왕과 제사장을 임명할 때 거룩한 기름을 부었다. 그리고 이는 기름 부음을 받은 자인 메시아 그리스도를 예표하는 것이었다.

선지자

그리스도는 선지자로 성령의 기름 부음을 받아 "아버지의 은혜를 전하는 사자요 증인"이 되셨다(II.15.2). 그분은 하나님의 "대사이자 해석자"셨다(주석_ 요 3:32). 그분은 구약 율법을 설명하는 "신실한 해석자"여서 "우리로 율법의 본질, 율법의 목적, 율법의 범위를 알게" 하셨다(주석_ 마 5:21). "[그리스도가] 가져오신 완전한 교리는 모든 예언에 종말을 고했다"(II.15.2). 그리스도 이후에는 더 이상 계시가 필요 없다.

그리스도는 자신의 종들을 통해 계속 가르치고 계신다. 그분이 선지자로서 기름 부음 받은 것은 "그분 자신이 가르치는 직분을 수행할 뿐만 아니라 그분의 온몸도 성령의 능력으로 복음을 전파하게 만들기 위해서였다"(II.15.2). 칼뱅은 마태복음 28장 20절 주석에서 "그리스도의 사역자들은 자신의 생각이 무엇이든 그것을 내세울 수 없고, 스스로 오직 한 선생의 입에만 의존해야 한다"고 설명한다.

왕

그리스도께서 기름 부음 받은 왕이 되신 것은 "그분의 교회를 지키는 영원한 보호자이자 변호인"이 되기 위해서다(II.15.3). 그리스도는 지금도 신자들을 보호하고 악한 자를 심판하는 왕으로 다스리고 계신다. 그분의 심판은 역사의 무대에서 늘 뚜렷이 보이지는 않지만, 장차 그분이 통치하신다는 "완전한 증거"가 나타날, 더 완전한 심판을 가리킨다(II.15.5). 하나님의 심판은 이 세상에서 그분이 심판하고 계심을 알 수 있을 만큼 자주 행해지지만, 장차 최후의 심판이 있을 것임을 알기에는 충분하지 않다.

신자들을 보호하는 그리스도의 손길이 부족한 것 같고 때로는 전혀 없는 듯 보여도, 우리는 "그리스도 안에서 우리에게 약속된 행복은 겉으로 보이는 혜택에 있지 않다"는 사실을 기억해야 한다고 칼뱅은 말한다(II.15.4). 우리가 잘될 때 못지않게 고난당할 때에도 그리스도는 왕이시다. "그런즉 불행, 굶주림, 추위, 멸시, 책망 등 온갖 고난으로 점철된 인생을 인내하며 통과하되, 우리는 한 가지에 만족해야 한다. 즉 우리의 왕이 결코 우리를 곤궁에 내버려 두지 않으시고, 승리가 확실한 이 싸움이 끝날 때까지 우리에게 필요를 공급해 주시리라는 것이다"(II.15.4). 십자가에서 죽어 가던 도적은 믿음으로 그 캄캄한 시간과 중앙 십자가에 달린 남자의 연약함 너머를 볼 수 있었다. "도적이 그리스도를 보았을 때 그리스도를 장식한 표식이 무엇이었길래 그의 마음이 그분을 왕으로 높이게 되었을까? 진실로 그것은 깊고 깊은 지옥에서 드높은 하늘로 올라가는 큰 발걸음이었다"(주석_ 눅 23:42).

제사장

칼뱅이 그리스도의 제사장 직분을 제2권 15장 끝에 배치한 것은 제2권 16장에서 다루는 우리의 구속주 그리스도에 직결하기 위해서다. 그리스도가 유일무이한 제사장인 이유는 제물을 바치던 구약 제사장과 달리 그분 자신이 "제사장인 동시에 제물"이어서다(II.15.6). 오직 그리스도만이 "제물을 바치시고, 또 화목케 할 제물이 되실" 자격이 있기 때문이다(Partee, *The Theology of John Calvin*, 165). 우리의 제사장으로서 그분은 자신의 희생으로 우리 죄를 지우고, 우리를 하나님과 화해시키시며, 우리는 그분의 중보로 하나님 앞에서 은총을 얻는다(II.15.6). 칼뱅은 마태복음 27장 12절 주석에서 "빌라도 앞에서 그리스도는 침묵을 지켜 지금 우리 대변인이 되셨고, 그분의 간청으로 우리를 죄에서 자유롭게 하셨다"고 한다.

그리스도가 제사장이 되신 것은 아버지로 우리에게 은총을 베풀게 하고 "우리를 그분의 위대한 직분에 동참하는 동반자로 영접하기" 위해서다(II.15.6). 그리스도인인 우리는 우리를 위해 행하신 그리스도의 사역에 관한 복음을 나누고, 그리스도께서 우리를 위해 간구하시듯 다른 사람을 위해 기도하는 제사장이다.

> 존 맥케이는 스코틀랜드 자유 교회의 존경받는 목사였다. 언젠가 그는 자기 마음을 들여다보니 어둠과 죄와 자만밖에 볼 수 없었다고 말한 적이 있다. "그러나 그때 나는 그리스도께서 내 어둠을 몰아낼 수 있는 선지자요, 내 죄를 제거할 수 있는 제사장이요, 내 자만을 낮출 수 있는 왕이라는 사실을 기억했다. 그리고 그리스도와 내가 만난 것은 좋은 일이었다고 말했다."
> (William Childs Robinson, *The Southern Presbyterian Journal*, March 1944, 9)

구속주

칼뱅이 제2권에서 이제까지 쓴 모든 내용인 "그리스도 안에 계신 구속주 하나님"(신구약에 나타난 그분의 현존[II.6-11], 그분의 인격[II.12-14], 그분의 사역[II.15])은 구속주이신 그리스도로 이어진다. "우리가 그리스도에 관해 이제까지 말한 내용은 이 한 가지 목적을 가리킨다. 즉 정죄당하고 죽고 길을 잃은 우리는 그분 안에 있는 의와 해방과 생명과 구원을 구해야 한다는 것이다"(II.16.1).

제2권 16장에서 칼뱅은 사도신경의 두 번째 항목을 다룬다.

"그 외아들 우리 주 예수 그리스도를 믿사오니, 이는 성령으로 잉태하사 동정녀 마리아에게 나시고"

칼뱅은 이에 대해 이미 제2권 13장 3-4절에서 논했다.

"본디오 빌라도에게 고난을 받으사 십자가에 못 박혀 죽으시고 장사한 지……"

칼뱅은 사도신경이 그리스도의 탄생에서 그분의 고난과 죽음으로 곧바로 옮겨 간다는 점에 주목한다. 그리스도의 삶은 언급되지 않았으나 매우 중요하다. "그분은 종의 형태를 취하신 때부터 우리를 구속하기 위해 해방의 값을 치르기 시작하셨다"(II.16.5).

예수는 재판을 받으실 때 한 번이 아닌 두 차례의 판결을 받았다. 하나는 "유죄" 판결이다. 그리스도께서 "죽을 사람 앞에서 스스로 정죄받으신" 것은 죄인으로서 우리가 받을 형벌에서 우리를 구원하시기 원했기 때문이다. "그분은 죄 많은 사람과 행악자의 역할을 맡으셨다"(II.16.5). 다른 하나는 "무죄" 판결이다. "그분의 빛나는 무죄를 보면" 그리스도께서 "그분 자신의 죄가 아닌 다른 사람의 죄를 짊어진 것"이 분명했다(II.16.5). 그리스도께서 십자가에 못 박히셨을 때, 그분은 스스로 십자가의 "부끄러움"을 당하셨고 동시에 그것을 "승리의 전차"로 바꿔 놓으셨다(II.16.6).

"지옥에 내려가셨다가"

사도신경에 나중에 추가된 것이지만, 칼뱅에 따르면 이 구문은 "구속을 이루는 데 결코 사소하지 않은 사안"을 진술한다(II.16.8). 칼뱅은 이 구문에 대한 전통적 해석(죽음과 부활 사이에 그리스도께서 문자 그대로 죽은 자의 세계에 내려가셔서 회개를 전파하고 죄인들을 구출하여 사탄을 정복했다는 해석)을 받아들이지 않았다. 오히려 그리스도께서 십자가 위에서 겪은 구속의 고뇌를 언급하는 것으로 이 구문을 해석한다. 그것은 "그분이 하나님 앞에서 겪은, 보이지 않고 이해할 수 없는 심판"(II.16.10), "보통의 죽음보다 더 혹독하고 어려운 몸부림"(II.16.12)을 묘사한다. 전통적 견해는 예수의 죽음과 지옥 하강을 순차적으로 연결한다. 그리스도께서 십자가 위에서 승리하신 후, 지하 세계를 두루 다니는 승리의 여행을 하신 것이다. 칼뱅은 "지옥 하강"을 그리스도께서 십자가에서 얻으신, 죄를 이긴 영적 승리로 본다. 그의 견해는 제네바 교리문답에 간명하게 진술되어 있다.

문   직후에 나오는 내용, 그분이 지옥에 내려가셨다는 말은 무슨 뜻인가?

답   그분은 일반적인 죽음, 즉 영혼과 몸의 분리뿐 아니라 베드로가 말한 사망의 고통까지 견디셨다(행 2:24). 이는 그분의 영혼이 시달린 두려운 고뇌라고 나는 이해한다.

문   왜 그렇게 되셨으며, 어떻게 그러셨는가?

답   그분은 죄인들 대신 죄를 갚으시려고 스스로 하나님의 법정 앞에서 심문받으셨기 때문이다. 그분의 영혼은 마치 그분이 하나님에게 버림받은 것처럼, 마치 하나님이 그분을 적대시한 것처럼 그러한 고뇌에 시달려야 했다.

> 많은 손이 그에게 상처를 주려고 올라갔다.
> 그를 구하려고 개입하는 손은 하나도 없었다.
> 그러나 그를 찌른 가장 깊숙한 일격은
> 공의가 내놓은 일격이었다.
>
>   토머스 켈리(Thomas Kelly)

"아버지는 사랑하는 아들을 향한 사랑을 멈추신 적이 없다. 그러나 우리 자리에 죄인이자 정죄당한 사람으로 서신 잠시 동안에는 그분을 버리셨다"(Peterson, *A Theological Guide to Calvin's Institutes*, 235).

"사흘 만에 죽은 자 가운데서 다시 살아나시며"

그리스도의 구속 사역은 그분의 십자가 죽음에서 끝나지 않았다. 우리가 생명을 회복하는 일은 그분의 부활로 완성되었다. 그리스도는 자신의 부활로 "그분의 신성을 비추는 밝은 거울인 동시에 우리 믿음의 확고한 버팀목인 그분의 하늘 능력을 보여 주셨다." 우리는 "그분의 능력을 통해 의로운 상태로 거듭났고" "우리 자신의 부활을 확신하게" 되었다(II.16.13).

"하늘에 오르사 전능하신 하나님 우편에 앉아 계시다가 저리로서 산 자와 죽은 자를 심판하러 오시리라"

"그리스도는 개인 자격으로 하늘에 오르신 것이 아니다"(주석_ 요 14:2). 그분은 "하늘에 들어가셨고 그곳에서 우리를 품고 계시다"(사도행전 1장 6-8절 설교). 신자는 그리스도와 연합하여 하늘의 기쁨을 미리 경험한다. 그리스도는 승천하셔서 우리를 버리신 것이 아니라 "그분의 현존이 우리에게 더 유용하도록 우리를 떠나신 것이다"(II.16.14). 성육신이 그리스도를 하늘에서 내보낸 것이 아니듯 승천은 그분을 땅에서 내보내지 않았다. 그분은 "여기에 계시지 않지만 …… 여기에 계신다"(II.16.14).

그리스도는 아버지 오른편에서 "하늘과 땅을 다스리는 주권을 부여받으셨다"(II.16.15). 언젠가 그분은 "이루 말할 수 없이 장엄한 그분의 나라와 함께 모두에게 나타나실 것이다"(II.16.17). 그리고 이후 왕으로서 모든 사람을 심판하실 것이다. 그리스도인은 이 심판을 두려워하지 않는다. 그들의 심판자가 곧 그들의 구속주임을 알기 때문이다.

제2권 17장에서 칼뱅은 다음 질문을 다룬다. "우리는 어떻게 공로를, 심지어 그리스도의 공로를 그분의 은혜와 동시에 말할 수 있는가? 하나가 다른 하나를 상쇄하지 않는가?" 이 질문에 칼뱅은 간단하게 대답한다. "그리스도의 공로를 하나님의 자비와 대비하는 일은 터무니없다. 하위에 있는 것은 상위에 있는 것과 갈등을 일으키지 않는 것이 일반 원리이기 때문이다"(II.17.1). 아들이 "자진해서 …… 우리의 본성을 취하셨지만"(II.12.2) 그리스도께서 행하실 수 있었던 것은 아버지의 자비 때문이었다(II.16.2-4). 아들이 기쁘게 왔으므로 아버지가 기꺼이 보낸 셈이다. 성육신은 아버지와 아들 모두의 자비와 사랑을 반영한다. 하나님이 잃어버린 인류를 향한 위대한 사랑을 가장 놀랍고 강력하게 표현하신 방법은 바로 아들의 성육신과 우리를 위한 대속 죽음이었다.

구원은 오직 하나님의 자비로 이뤄졌지만, "그리스도의 순종으로 …… 그분은 우리를 위해 아버지에게서 은혜를 얻어 낼 수 있었다"(II.17.3). 하나님은 그리스도의 공로에 근거하여 은혜에 의해 우리를 구원하기로 작정하셨다. 그 동인은 은혜였고, 그 수단은 공로, 단 우리의 공로가 아닌 그리스도의 공로였다. 그리스도께서 우리의 구원을 얻어 내셨는데, 이는 하나님이 그것을 원하셨기 때문이다. "예수 그리스도는 하나님이 기뻐하시지 않으면 어떤 것도 얻어 내실 수 없다"(II.17.1). 그리스도의 죽음의 공로는 하나님이 그것에 부여하기로 하신 가치에 달려 있었다. 하나님의 은혜가 없다면 구속주도 없었을 것이다. 구속주의 공로가 없다면 구속도 없었을 것이다. 구원은 오직 그리스도의 공로를 통해 오직 은혜로, 그리고 오직 믿음으로 주어진다. 하나님의 은혜와 자비는 속죄의 실질적인 근거이지, 속죄의 결과가 아니다. "진실로 '우리를 먼저 사랑하셨기 때문에' 그분은 나중에 우리를 그분 자신과 화해시키신다"(II.16.3). 칼뱅에게 "성육신은 그분의 아버지 사랑이 처음 나타난 것이 아니라 그 사랑의 보증이다"라고 B. A. 게리쉬는 말했다(*Grace and Gratitude*, 60). 그리스도가 우리를 위해 죽으셨기 때문에 하나님이 우리를 사랑하시는 것이 아니다. 하나님이 우리를 사랑하시기 때문에 그리스도가 우리를 위해 죽으신 것이다. 우리는 그리스도를 우리 눈앞에 두고, "그 안에서 사랑으로 퍼부은 하나님의 마음을 목격한다"(주석_ 요 3:16).

죄인에 대한 하나님의 진노라는 문제는 제2권 서두에서 잠깐 다룬다. "자신의 가장 작은 작품에 기뻐하시는 하나님이 어떻게 모든 피조물 가운데 가장 고상한 존재에 적대적이실 수 있었는가? 하나님은 자신의 작품 자체가 아니라 그 작품의 타락에 적대적이시다"(II.1.11). 칼뱅은 제2권 15장과 16장에서 이 문제로 되돌아간다. 우리가 하나님에게서 멀어져 저주 아래 놓인 바람에 "심판자이신 하나님이 우리에게 분을 품고 계신다"(II.15.6). 그러나 우리는 죄인일지라도 "여전히 [하나님의] 피조물이며" 그분은 우리를 "생명에 이르도록" 창조하셨다 (II.16.3). 칼뱅은 아우구스티누스의 글을 인용한다. "하나님은 우리를 미워하신 때에도 우리를 사랑하셨다. 자신이 만들지 않은 우리 모습으로 인해 우리를 미워하셨다. 그러나 우리의 사악함이 그분의 작품을 완전히 소멸하지는 않았기 때문에, 그분은 우리가 만든 우리 각자의 모습을 미워하는 동시에 그분이 만드신 것을 사랑하는 법을 알고 계셨다"(II.16.4).

성경에 표현된 하나님의 진노는 "우리 수준에 맞춰져서 우리가 그리스도를 떠나면 우리 상태가 얼마나 비참한지를 더 잘 이해시킨다"고 칼뱅은 말한다(II.16.2). 성경이 하나님의 진노를 말하는 것은 "우리에게 죄의 절망적인 실재와 그리스도의 놀라운 은혜를 모두 알리기 위해서다"(Stroup, *Calvin*, 40).

칼뱅에 따르면 바울은 우리가 하나님께 사랑받은 두 가지 방식을 이야기한다.

첫째는 아버지께서 창세전에 [그리스도] 안에서 우리를 택하신 것이고(엡 1:4), 둘째는 그리스도 안에서 하나님이 우리를 그분 자신과 화해시키고 우리에게 은혜로우심을 보여 주신 것이다(롬 5:10). 그래서 우리는 속죄받아 하나님의 은총을 받는 자리로 회복될 때까지 하나님의 원수인 동시에 친구다. 그러나 우리가 믿음으로 의롭게 될 때에는 아버지의 아들로서 하나님께 사랑받기 시작한다(주석_ 요 17:23).

칼뱅은 "형벌 대속적" 속죄관을 제시하는데, 이는 그리스도께서 우리 죄에 대한 형벌을 치르기 위해 죽으셨다는 것이다. "정죄당하고 멸망한 사람의 고통을 그리스도의 영혼이 짊어지셨다"(II.16.10). "그분의 죽음에서 생각할 중요한 점은 그분의 속죄, 곧 하나님의 진노와 저주를 누그러뜨린 그 속죄다. 그러나 그분은 우리 죄를 그분 자신에게 전가하지 않고는 그 일을 하실 수 없었다"(주석_ 요 12:23). 에드먼드슨(Edmondson)은 이렇게 말한다. "그리스도께서 우리의 형벌을 가져가실 때, 우리는 그분이 스스로 짊어지신 것과 그분이 우리에게서 취한 것 때문에 감동받는다. 바로 하나님의 진노와 우리의 두려움이다. 그리고 그로 인해 우리는 우리 삶을 그분께 위탁하게 된다. …… 그러면 우리는 우리를 위한 그리스도의 대속에 이중으로 영향을 받으며, 짐을 벗어 버리고 그분의 사랑에 감동받으며, 은혜를 깨달아 믿음을 갖게 된다. …… 그리스도의 속죄 죽음이 지닌 객관적인 효능에서 주관적인 능력이 나와 신자들을 일어나게 만든다"(Calvin's Christology, 105, 107).

> 웬 말인가 날 위하여
> 주 돌아가셨나.
> 이 벌레 같은 날 위해
> 큰 해 받으셨나.
>
> 내 지은 죄 다 지시고
> 못 박히셨으니
> 웬 일인가 웬 은혠가
> 그 사랑 크셔라.
>
> 아이삭 왓츠(Isaac Watts, 새찬송가 143장)

로버트 피터슨은 칼뱅에게서 여섯 가지 속죄의 그림을 발견한다. 순종적인 둘째 아담, 승리자, 우리의 법적 대리인, 우리의 제물, 우리의 공로, 우리의 본보기다(A Theological Guide to Calvin's Institutes, 245). 죄인인 우리에게 필요한 모든 것을 구속주의 죽으심이 공급했다. "그리스도의 죽으심이 우리의 구속이라면, 우리는 포로였다. 그것이 변제라면, 우리는 빚진 자였다. 그것이 속죄라면, 우리는 죄인이었다. 그것이 정화라면, 우리는 불결했다"(주석_ 갈 2:21). "그분의 임무는 죽음을 삼키는 것이었다. 생명이 아니면 누가 이 일을 할 수 있는가? 그분의 임무는 죄를 정복하는 것이었다. 의로움 자체가 아니면 누가 이 일을 할 수 있는가? 그분의 임무는 세상과 공중의 권세를 내쫓는 것이었다. 세상과 공중보다 높은 권세가 아니면 누가 이 일을 할 수 있는가?"(II.12.2) "찬란한 극장처럼, 비할 데 없는 하나님의 선하심이 그리스도의 십자가에서 온 세상 앞에 내보였다. 하나님의 영광은 실로 높고 낮은 모든 피조물에게 비춰지만 십자가에서만큼 밝게 비췬 적은 없다. 그곳에서 모든 사람이 밝히 정죄당하고, 죄가 지워졌으며, 사람들이 구원을 회복하는 등 놀라운 변화가 일어났기 때문이다. 요컨대, 온 세계가 새로워지고 만물이 질서를 회복했다"(주석_ 요 13:31).

하나님과 우리 자신을 알기

"그리스도가 속죄 제물로 죽으셔서 아버지께 바쳐진 것은 그분의 희생으로 모든 보상을 지불했을 때 우리로 더는 하나님의 진노를 두려워하지 않게 하기 위해서였다." 우리 죄가 그리스도에게 전가되는 것은 우리에게 무죄 선고가 되며, 그 용서의 영향으로 우리 삶은 영원히 변화된다. "마치 (하나님의 아들이 스스로 받아들이신) 하나님의 의로운 복수가 여전히 우리에게 드리워져 있는 것처럼 평생 동안 벌벌 떨며 불안해하지 않으려면, 우리는 무엇보다 이 대속을 기억해야 한다"(II.16.5). 심판의 날, 특히 그날을 포함하여 날마다 우리는 예수께서 그 빚을 모두 지불했음을 확신하며 안심할 수 있다. 사무엘 루더포드(Samuel Rutherford)는 한 친구에게 "장차 우리의 심판자 앞에 설 때 너와 나는 저 높은 무지개에서 기쁘게 만나리라"고 썼다. 우리가 하늘에서 우리의 심판자 앞에 설 때, 하나님의 자비와 은혜를 상징하는 무지개가 그분 보좌를 둘러싸고 있을 것이다(계 4:3).

12장

성령

"유대"

"믿음이 그리스도 안에서 구원의 견고한 기반을 찾고 그분 안에 있게 하려면, 이 원칙을 세워야 한다. 아버지께서 그리스도에게 주신 직분이 세 부분이라는 것이다. 그분은 **선지자, 왕, 제사장**의 직분을 받으셨다" (II.15.1).

> "성령의 사역에 관한 교리는 장 칼뱅이 그리스도의 교회에 준 선물이다. 물론 그가 그 교리를 창안한 것은 아니다. …… 그러나 이처럼 체계적인, 또는 적절한 표현을 맨 처음 제공한 인물은 칼뱅이다."
> (Warfield, *Selected Shorter Writings* I:212-13)

읽기 | 「기독교 강요」 III.1. [*1541* ch.4, pp.257-258.]

성경 본문 | "무릇 하나님의 영으로 인도함을 받는 사람은 곧 하나님의 아들이라"(롬 8:14).

주목할 인용문 | "우리로 복음과, 그 안에 담긴 모든 유익을 소유하게 하시고, 그 유익 안에서 우리를 끝까지 지지해 주시는 분은 하나님의 성령이다"
(에베소서 1장 13-14절 설교).

기도 | 모든 선과 자비의 아버지, 하늘의 아버지를 부르며 간구합니다. 그분의 자비의 눈길을 가련한 종인 우리에게 돌리셔서 그분을 진노케 한 우리의 많은 잘못과 범죄를 우리 탓으로 돌리지 마시고, [그 대신] 그분의 아들, 예수 그리스도 우리 주, 하나님과 우리 사이에 중보자로 세우신 그분의 얼굴 안에서 우리를 보시길 간구합니다.

모든 풍성한 지혜와 빛이 그분 안에 있으니 그분께서 성령으로 우리를 지도하사 그분의 거룩한 가르침을 옳게 깨닫게 하시고, 우리 안에 모든 의의 열매를 맺게 하셔서 그분의 이름을 영화롭게 하고 그분의 교회에 가르침과 덕을 세우도록 다 함께 기도합시다.

(*John Calvin: Writings on Pastoral Piety*, 112.)

돌아보며 내다보며

- 제1권 창조주 하나님과 피조물인 우리 자신을 아는 지식

- 제2권 타락한 우리 자신과 구속주 그리스도를 아는 지식

- 제3권 성령과 구속받은 우리 자신을 아는 지식

제1권과 제2권에서 하나님은 **우리에게** 창조주와 구속주이신 분이다. 제2권은 구속주이신 그리스도의 인격과 사역을 다루는데, 칼뱅은 제3권이 없으면 제2권은 "쓸모가 없다"고 말한다. "그리스도께서 우리 밖에 계시고 우리가 그분과 분리되어 있는 한, 그분이 인류의 구원을 위해 고난 당하고 행하신 모든 것은 우리에게 쓸데없고 가치도 없을 뿐이다"(III.1.1). 제3권 제목에 언급되지 않지만 바로 성령이 우리가 "그리스도의 은혜"를 받는 "길"이다.

제3권에는 성령, 믿음, 성화, 칭의, 기도, 선택, 종말론을 다루는 장들이 있다. T. H. L. 파커(Parker)는 이렇게 말한다. "성급하게 읽는다면 우리는 이 주제들이 어딘가로 가야 하기 때문에 여기에 내던져진 잡동사니라고 결론 내릴지 모른다. 그러나 '지문'(地文)에 잘 주목하면 그 순서에 타당한 이유가 있음을 알게 될 것이다. 어쩌면 「기독교 강요」가 여기서 절정에 이른다고까지 말할 수 있을지 모른다"(*Calvin: An Introduction to His Thought*, 107). 엘시 맥키는 제3권이야말로 칼뱅 사상의 "경건 중심지"라고 주장한다(*John Calvin: Writings on Pastoral Piety*, 23).

성령에 대한 설명

성령의 인격과 신성은 이미 제1권 13장에서 다뤄진 바 있다. 제3권 1장 3절에서 칼뱅은 힐데가르트 폰 빙엔(Hildegard of Bingen, 1098-1179)을 비롯한 중세 신비주의자들처럼 성경의 은유와 상징을 좋아하여 성경에서 성령의 호칭과 기능을 끌어모은다.

> 성령,
> 모든 생명체에 생명을 주고,
> 모든 피조물을 움직이는,
> 만물의 뿌리,
> 그들을 깨끗이 씻기고,
> 그들의 실수를 지워 주고,
> 그들의 상처를 치유하는,
> 우리의 참 생명,
> 빛나고, 경이롭고,
> 오랜 잠에서 마음을 깨워 주는 분.
>
> 힐데가르트 폰 빙엔

성령이 **양자의 영**이라고 불리는 것은 "자신의 사랑하는 외아들 안에서 우리를 포용하셔서 우리 아버지 되신 성부 하나님의 값없는 은총을 우리에게 증언하는 분이기 때문이다."

성령은 우리의 유산을 **보증하는 분이자 인 치신 분**이다. 칼뱅은 에베소서 4장 29-30절을 설교하면서 이렇게 말했다. "하나님의 약속들은 그분이 우리 마음에 새기시기 전에는 언제나 아무 소용이 없다. 그분은 이 일을 성령으로 행하신다. 편지는 인 침 받을 때 진정해지듯, 하나님도 우리 마음에 주신 구원의 약속을 성령으로 서명하고 인 치셔서 그 진정성을 확인하신다. 그렇기 때문에 하나님의 영이 우리 마음속에 구원의 유산을 인 친다는 말을 그토록 자주 하는 것이다."

성령은 로마서 8장 10절에서 **살아 있는 것**(생명)이라고 불린다. "바울이 중생의 영을 생명이라 부르는 것은 그분이 우리 안에 살며 왕성하시기 때문만이 아니라 그분의 능력으로 우리를 소생시키시기 때문이다."

성령이 **물**로 불리는 것은 "그분의 내밀한 관개가 …… 우리로 싹을 틔워 의의 열매를 맺게 하기 때문이다." "선지자 이사야는 하나님의 영을 물과 젖과 포도주에 비유하며, 우리가 하나님께 와서 음식을 먹도록 초대받았다고 말하고 있음을 알 수 있다"(에베소서 5장 18-21절 설교).

성령이 **기름**과 **기름 부음**으로 불리는 것(요일 2:20, 27)은 "그분이 사람들에게 은혜의 물결을 퍼부어 그들을 회복시키고 보양하여 생명력을 갖게 하기 때문이다."

성령이 **불**로 불리는 것은 "그분이 우리 마음을 하나님을 향한 사랑과 열정적인 헌신으로 불타오르게 하기 때문이다." 누가복음 3장 16절에서 세례 요한은 그리스도께서 "성령과 불로 너희에게 세례를 베푸실 것"이라고 예언한다. "불이라는 단어가 별칭으로 추가된 것은 성령과 어울리기 때문이다. 오직 성령만이 불로 금을 정련하듯이 우리의 오물을 제거하실 수 있다."

성령이 **샘**으로 불리는 것은 그분에게서 "하늘의 모든 부요함이 흘러나오기 때문이다." 칼뱅은 요한복음 4장 14절 주석에서 "성령은 끊임없이 솟아나는 샘이고 …… 우리를 결코 실망시키지 않는 영구적인 원천이다"라고 말한다.

성령이 **주의 손**으로 불리는 것은 "그분을 통해 하나님의 힘을 행사하시기 때문이다." 사도행전 11장 21절("주의 손이 그들과 함께하시매 수많은 사람들이 믿고 주께 돌아오더라")을 주석하면서 칼뱅은 이렇게 말했다. "하나님은 자신의 사역자들을 통해 일하셨고, 자신의 손, 즉 은밀한 성령의 영감으로 그 가르침을 효과 있게 하셨다."

성령의 사역

칼뱅은 로마서 8장 14절 주석에서 성령의 사역을 세 가지로 설명한다.

성령은 다양하게 활동하신다. 성령의 보편적인 활동은 모든 피조물을 지탱하고 움직이는 것이다. 인간에게만 해당되는 성령의 활동도 있는데, 이 역시 성격이 다양하다. 그런데 바울이 로마서 8장 14절에서 말하는 "영"은 성화를 뜻한다. 이는 주님이 선택받은 자들을 아들로 구별해서 오직 그들에게 베푸시는 은총이다.

칼뱅은 제3권 1장에서 성령의 일차적 사역, 곧 믿음으로 신자를 그리스도와 연합하게 하는 사역을 다룬다.

> "생명은 하나님(God)이 아니라 신-인(God-Man)에게서 오는 것이다. 하나님의 아들은 생명의 영원한 원천이다. 그러나 문제는 그 생명이 어떻게 타락한 사람들에게 도달하느냐다. 물론 법적인 문제는 칭의가 제거한다. 그렇지만 여전히 생명력 있는 결속이 문제로 남지 않는가? 구속주와 그분의 백성 사이에 자연스런 생명의 연줄이 있어야 하지 않는가? …… 이 일이 일어나는 방법은 그분이 우리 본성을 취하시고 우리에게 그분의 본성을 주셔서 그분과 우리가 진정으로 하나 되는 것이다." (John B. Adger, *The Southern Presbyterian Review*, October 1885, 787)

그리스도와 연합하는 것이야말로 "복음의 전체"라고 칼뱅은 말한다(III.3.1). 토드 빌링스(J. Todd Billings)는 "그리스도와 연합하는 것은 복음 자체의 신학적 약칭(略稱), 즉 성경적 증언에 담긴 많은 주제를 모두 끌어모은 핵심 이미지다"라고 말한다(*Union with Christ*, I).

칼뱅은 그리스도가 "사적인 인물"이 아니라고 말한다. 하나님인 동시에 사람인 그리스도의 인격과, 선지자와 왕과 제사장으로 행하신 사역은 모두 그분의 백성을 위한 것이었다. "하나님인 그분은 우리가 도달할 목적지이고, 사람이신 그분은 우리가 걸어갈 길이다. 이 둘은 오직 그리스도 안에서만 찾을 수 있다"(III.2.1). 예수의 삶에 일어난 모든 사건(죽음, 부활, 승천)은 남녀 모두의 주의를 끌어 그들을 새롭게 하기 위한 것이었다. 그리스도는 "우리의 것이 되어 우리 안에 거하셔야 했다"(III.1.1). "그리스도의 형상을 우리 안에 이루는 것은 우리 형상을 그리스도 안에 이루는 것과 같다"(주석_ 갈 4:19). "머리와 지체의 연합, 그리스도가 우리 마음에 거하시는 것(요컨대, 그 신비로운 연합)은 우리가 가장 중요하게 여기는 것이며, 우리 것이 된 그리스도는 그분이 받은 선물을 우리와 공유하신다"(III.11.9).

그리스도는 어떻게 우리 것이 되는가? "우리가 그리스도의 은혜를 영접하는 길"은 우리 안에 믿음을 불러일으키시고(III.2) 그로써 우리를 우리의 구속주 그리스도, 실은 삼위일체와 연합시키는 성령을 통해서다(III.1). "아버지와 성령은 그리스도 안에 계시고 그리스도 안에 신성이 충만하므로 그분 안에서 우리가 신성의 모든 것을 소유한다"(III.11.5). 그리스도와 신자의 연합은 "신비로운 연합"(III.11.10)이어서 우리의 이해를 초월한다(IV.17.1). 에베소서 3장 14-19절 설교에서는 이렇게 설명한다. "그리스도는 우리의 머리이시고, 나무가 뿌리에서 수

액을 끌어내듯이 우리도 그분의 실체로 살아간다. …… 사람의 머리가 그 힘을 몸 전체에 공급하듯이 우리도 내밀하게 연합되어 있고, 이런 연합은 경이로워서 자연 질서를 초월한다. 이것은 예수 그리스도가 하늘에 계시면서도 우리 안에 계속 거하시기 때문이다."

하나님과 우리 자신을 알기

에베소서 5장 32절 주석에서 칼뱅은 이렇게 고백한다. "나는 이 신비의 깊이에 압도당했고, 바울처럼 경이감에 사로잡혀 내 무지를 고백하는 것이 부끄럽지 않다. 그러므로 우리는 그 연합의 성격을 알아내기보다 우리 안에 살아 계신 그리스도를 느끼기 위해 더 노력하자." 그리스도와 연합하는 것은 그리스도인에게 매우 귀중한 소유물이다. 그것을 우리 생각으로 계속 경험하고(느끼고), 우리의 말과 행동으로 표현하려고 애쓰자.

> 성령 하나님의 선물,
> 우리 삶을 새롭게 하는 능력,
> 생명의 서약과 영광의 소망,
> 구원자로 인해 우리는 당신을 경배합니다.
> 부활이라는 최고의 선물
> 당신의 높은 보좌에서 보내신 것,
> 하나님의 충만함,
> 당신의 생명을 우리의 것이 되게 하시네.
> 　　　　　　　　마가렛 클락슨(Margaret Clarkson)

13장

믿음
"종려나무"

"믿음은 경건한 자의 마음을 유지해 주며, 그 효과는 **종려나무**를 닮았다. 종려나무는 모든 부담에 맞서 싸우며 자신을 높이 쳐들기 때문이다"(III.2.17).

> "칼뱅의 「기독교 강요」 제3권 첫 세 장은 [구원받는] 기본 수단을 제시한다. 성령, 믿음, 확신, 회개다. 이것들은 모두 말씀에 의해, 그리고 말씀을 통해 일한다. 이 수단들이 신자의 삶에서 어떻게 작용하는지에 대한 칼뱅의 설명은 성경적이면서 경험적인 인상을 주며 명쾌하고 심오할 뿐 아니라 …… 그리스도 중심적이고 하나님을 영화롭게 한다. 오늘날 그리스도인들이 이 세 장을 주의 깊게 읽고 공부하고 기도한다면, 교회가 많은 오류에서 벗어날 것이다."
>
> (Beeke, *A Theological Guide to Calvin's Institutes*, 300)

읽기 | 「기독교 강요」 III.2. [*1541* ch.4, pp.183-208.]

성경 본문 | "그러므로 우리가 믿음으로 의롭다 하심을 받았으니 우리 주

예수 그리스도로 말미암아 하나님과 화평을 누리자"(롬 5:1).

주목할 인용문 | "믿음은 하나님의 특별한 선물이다. 사람의 지성이 정화되어 하나님의 진리를 맛볼 수 있고, 그의 마음이 그 안에서 세워지기 때문이다. 성령은 믿음을 일으키실 뿐 아니라 점차 키우셔서 믿음으로 우리를 하나님 나라로 인도하시는 분이다"(III.2.33).

기도 | 전능하신 하나님, 우리가 행복해지는 원리는 이 세상을 살아가는 순례 길에서 믿음으로 당신께 가까이 나아가는 길이 활짝 열려 있는 것이오니, 우리가 순결한 마음으로 당신의 존전에 나아갈 수 있게 하소서. 우리 입술이 더러워졌을 때는 당신의 영으로 우리를 깨끗케 하셔서 우리가 입으로 당신께 기도할 뿐만 아니라 어떤 위선도 없이 진실하게 기도하게 하시고, 당신의 이름을 영화롭게 하는 데 우리 삶 전체를 진지하게 사용하게 하소서. 마침내 우리 모두 하늘에 있는 당신의 나라에 모일 때까지, 당신의 외아들의 피로 가능해진 일, 곧 진실로 당신과 하나 되는 일이 있게 하시고 그 영광에 참여하는 자들이 되게 하소서. 아멘.

(John Calvin: Writings on Pastoral Piety, 244.)

돌아보며 내다보며

장 칼뱅은 제3권을 성령에 관한 짧지만 중요한 장으로 시작하는데, 이는 1559년판에 추가된 것이다. 제3권은 첫 장뿐 아니라 전체가 성령의 사역을 다룬다. 칼뱅은 성취된 구원(제2권)과 적용된 구원(제3권) 모두를 하나님의 사역으로 보았다. 칼뱅은 우리를 그리스도와 연합시키는 믿음이 "성령의 주요 사역"이라고 주장한다(III.1.4).

믿음의 정의

믿음이란 "우리를 향한 하나님의 자비를 아는 확고하고 확실한 지식이며, 이 지식은 그리스도 안에서 값없이 주어진 약속에 기초하고, 성령을 통해 우리 지성에 계시되고 우리 마음에 인 침 받은 것"이라고 말한다(III.2.7). 칼뱅의 정의에 아버지와 아들과 성령이 모두 포함되어 있음을 주목하라. 칼뱅은 믿음을 네 가지로 설명한다.

1. 믿음은 "지식"이다

믿음은 "무지"나 "교회에 대한 경외심"에 기초하지 않는다. 말하자면, 스콜라 신학자들이 "맹신"이라 부른 것, 즉 교회의 판단에 경건하게 복종하는 것이 아니라는 뜻이다. 칼뱅에 따르면 믿음은 지식, "하나님과 그리스도를 아는 지식"을 포함한다. 칼뱅은 "지금은 우리에게 많은 것이 맹목적이라는 사실"을 인정하면서도 이 지식은 "하나님의 선하심을 명백하게 인식하는 것"이라고 한다(III.2.2). "이런 사안들에 대해서는 우리가 판단을 중지하고 교회와 계속 연합하는 것보다 나은 선택이 없다"(III.2.3). 그러나 구원에 이르는 지식은 "확고하고 확실"하며, 총체적인 지식도 아니고 공통되거나 포괄적인 지식도 아니지만 참된 지식이다. "우리가 믿음을 '지식'이라 부른다고 해서 감각적인 인식 범위에 속하는 것들과 관련된 이해력을 가리키는 것은 아니다. …… 지성은 어느 곳에 도달했을지라도 느끼는 것을 이해하지는 못한다"(III.2.14). T. F. 토랜스(Torrance)는 칼뱅의 논점을 이렇게 설명한다. "인식 행위에는 손가락으로 무언가를 에워싸고 손으로 붙잡을 수 있는 종류가 있다. 그러나 우리가 붙잡기에는 너무 커서 손가락으로 에워쌀 수 없는 인식 행위도 있다. 그것을 파악하거나 생각할 때, 그것이 우리를 초월하기 때문에 참되게 이해하더라도 완전하게 이해할 수는 없는 경우다"(*Theological Science*, 15).

2. 믿음은 "우리를 향한 하나님의 자비"를 아는 지식이다

칼뱅은 믿음이 아는 바를 설명하는 대목에서 "일반적인 것에서 구체적인 것으로 점차" 움직인다(III.2.6). 먼저 하나님의 말씀으로 시작한다. "말씀을 제거하라. 그러면 어떤 믿음도 남지 않을 것이다"라고 말한다(III.2.6). 신자들은 하나님 말씀을 총체적으로 받아들인다. "믿음은 하나님이 모든 일에서 옳다고 확신한다"(III.2.29). 그러나 믿음은 그 말씀 안에서 한 말씀을 찾으려고 한다. "사람의 마음은 하나님의 말씀을 들을 때마다 믿음이 생기는 것은 아니기" 때문이다(III.2.7). 우리는 "우리를 향한 하나님의 자비"를 아는 지식에서 바로 그 말씀을 찾는다(III.2.29). "믿음이 지향하는 올바른 목표"는 "자비에 대한 약속"이다(III.2.29). "믿음의 한결같은 목표는 하나님의 자비이며, 이는 믿음이 두 눈으로 바라봐야 하는 것이다"(III.2.43). 믿음은 하나님 말씀의 다양한 부분을 경청하는(그리고 그 모두를 믿는) 가운데 하나님의 자비에 대한 약속에 기초한다.

3. 믿음은 "우리를 향한 하나님의 자비를 아는 확고하고 확실한 지식"이다

"우리가 평온한 마음으로 감히 하나님 눈앞에 설 때 말고는 올바른 믿음이 없다"(III.2.15). 칼뱅은 믿음의 마땅한 상태를 묘사하고 있으나, 그리스도인의 믿음이 온전하고 확고한 믿음에 한참 이르지 못할 때가 많다는 사실을 알고 있었다. 그는 자신의 경험과 성경(특히 "슬픔, 비애, 두려움, 의심, 희망, 염려, 불안"이 등장하는 시편)에 근거하여 "신자들은 자신의 불신과 계속 싸우며 …… 우리는 의심할 여지가 없는 확실성이나, 불안에 시달리지 않는 확신을 상상할 수 없다"는 것을 안다(III.2.17). "경건한 마음이 그 자체로 분열되었다고 느끼는 것은 일부는 하나님의 선하심을 인식해서 달콤함에 고취되어 있고, 다른 일부는 자신의 파탄을 인식해서 쓴 감정으로 슬퍼하기 때문이다. 일부는 복음의 약속에 기초를 두고, 다른 일부는 자기 죄악의 증거에 떨고 있기 때문이다. 일부는 생명을 기대하며 기뻐하고, 다른 일부는 죽음에 전율하기 때문이다"(III.2.18).

그리스도인은 믿음과 불신 사이에서 몸부림치지만, 그 결과는 의심할 필요가 없다. 칼뱅은 "경건한 마음이 아무리 이상한 방식으로 괴로움을 당해도 끝내는 그 모든 어려움을 극복하며, 하나님의 자비에 대한 확신을 결코 빼앗기지 않는다"고 설명한다. 그리고 이런 예화를 든다. "그러므로 믿음이 흔들리는 것은 마치 강한 군사가 강력한 창에 공격받아 뒷걸음질로 약간 물러서는 것과 같다. 믿음이 상처 받는 것은 마치 군사의 방패가 창의 일격으로 한 쪽이 부서졌으나 찔리지는 않은 상태와 같다"(III.2.21). 한 설교에서 칼뱅은 "[사도 바울은] 어떻게 수많은 유혹과 공격에도 승리할 수 있었을까?" 하고 물었다. 그러고는 이렇게 대답했다. "하나님이 그의 영혼을 지키는 분임을 알았기 때문이다. …… 하나님이 그 안에서 일하시기 때문에 그가 (사람들이 말하듯) 그분 발 위에만 쓰러질 것을 알았던 것이다"(에베소서 3장 20절-4장 2절 설교). 칼뱅이 알았던 믿음, 우리의 경험 속에 존재하는 그 믿음은 그리스도 안에서 우리를 향한 하나님의 사랑을 아는 확실한 지식, 늘 의심과 두려움에 공격받으나 결국은 승리로 끝나는 지식이다.

그러면 믿음은 확신도 포함하는가? 그렇다. 참된 믿음은 "우리를 향한 하나님의 자비를 아는 확고하고 확실한 지식"이다. 이 확신은 현재에 적용되지만 "장래의 불멸성"에도 적용된다(III.2.40). 우리는 하나님이 현재 우리를 사랑하시며, 또 언제나 우리를 사랑하실 것을 알고 있다. 이 확신의 근거는 무엇인가? 그것은 "도덕적 추론"(III.2.38), 즉 우리의 선행에 근거하지 않는다. 선행은 확신과 관련하여 일종의 부차적인 역할만 할 뿐이다. 선행은 "하나의 부수적이거나 열등한 도우미"(III.14.9)이자 "2등급 버팀목"(III.14.16)이다. 확신의 토대는 우리 행위가 아니라 그리스도 안에서 우리를 향한 하나님의 사랑이다. 우리의 행위는 이차적인 역할을 한다. 확신은 구원과 마찬가지로 행위가 아닌 은혜에 기반을 두기 때문이다. 칼뱅은 우리가 우리 행위를 얼핏 보는 것은 허용하지만 응시하는 것을 허용하지는 않을 것이다. 그는 곧바로 우리 시선을 그리스도께 돌리게 한다. 칼뱅에 따르면, 우리가 해야 할 자기성찰은 "내가 그리스도를 **신뢰하고** 있는가?"라고 묻기보다 "내가 **그리스도**를 신뢰하고 있는가?"라고 묻는 것이다.

> "존 녹스의 사위인 존 웰치(John Welch)가 가르쳤듯이, 우리를 구원하는 것은 믿음의 분량이 아닌 믿음이 붙드는 그리스도의 피다. 믿음의 손아귀 자체가 그리스도의 막강한 손아귀에 잡혀 있다. '온통 낮아지심과 사랑'으로 점철된 은혜의 언약, 세례를 통해 인 치고 우리에게 베풀어진 언약에 나타난 것처럼, '우리를 구원하는 것은 믿음의 분량이 아니라 그리스도께서 우리를 붙잡고 있는 힘이다.' 여기서 웰치는 믿음을 어린아이의 연약한 손가락, 아버지가 내미는 황금 지갑을 '움켜잡고 헤아릴 수' 없는 아이의 손가락에 비유한다. 우리를 꼭 붙드시고 우리 믿음이 연약할 때도 우리를 구원하시는 믿음의 대상은 바로 그리스도다. 우리가 믿는 그리스도는 우리의 작은 믿음을 훨씬 능가하시므로 신자는 자신의 안전을 그리스도를 붙잡는 연약한 믿음의 손이 아니라, 자신의 붙잡는 힘과 기대를 능가하는 은혜의 선물에서 찾는다." (Torrance, *Scottish Theology*, 58)

그러면 "일시적 믿음"에 관한 성경 구절들은 우리의 확신을 약화시키는가? 진정한 믿음에 가깝지만 지속되지 않는 믿음을 가질 수 있다면, 자기 믿음이 진짜라는 것을 어떻게 알 수 있는가? 칼뱅은 자기를 기만하는 "믿음", 선택받은 자의 믿음과 비슷하지만 같지는 않은 그런 믿음이 있다고 말한다. 칼뱅은 시몬의 일시적 믿음이 "믿음과 단순한 가장(假裝) 사이의 중간 지점"에 있다고 묘사한다. "단순한 가장"은 믿는다고 고백하지만 실제로는 그렇지 않아서 "속으로 비웃는", 실로 "고약한 위선"이다(주석_ 행 8:13). 칼뱅에 따르면, 사람들은 자기기만 과정을 거쳐 이런 지점에 도달한다. 자기기만은 얼마든지 있을 수 있기 때문에 자기성찰이 반드시 필요하다. "신자는 믿음의 확신 대신 육신적 안전이 자리 잡지 않도록 염려하는 자세로 겸손하게 자신을 성찰하는 법을 배워야 한다"(III.2.7). 칼뱅의 주장인즉, 일시적 믿음에 대한 성경의 묘사는 하나의 경고로, 하나님이 선택받은 자의 견인에 사용하시는 수단이다.

구원에 이르는 믿음이 일시적 믿음과 다른 점은 두 가지다. 하나는 힘이고("오직 선택받은 자 안에서만 믿음이 꽃을 피우고 …… 그들은 큰 소리로 아바, 아버지라고 선포한다"), 다른 하나는 존속 기간이다("그들 마음에 심긴 생명의 씨앗은 결코 죽지 않는다")(III.2.11). 칼뱅은 멋진 예화를 소개한다. 믿음은 강한 공격을 받는 가운데서도 "경건한 자의 마음을 유지해 주며, 그 효과는 종려나무를 닮았다. 종려나무는 모든 부담에 맞서 싸우며 자신을 높이 쳐들기 때문이다"(III.2.17).

> 「기독교 강요」 제3권 2장은 "믿음과 확신의 관계를 다룬 가장 위대한 장(章)들 중 하나이고, 어쩌면 구원론 분야에서도 가장 위대한 글일 것이다."
> (Beeke, *A Theological Guide to Calvin's Institutes*, 300)

4. 믿음은 "우리를 향한 하나님의 자비를 아는 확고하고 확실한 지식이며, 성령을 통해 우리 지성에 계시되고 우리 마음에 인 침 받은 것"이다

믿음은 무슨 일이 생기든지 하나님이 우리를 사랑하심을 아는 것이다. 그러나 이 지식은 "머리보다 마음과 관련된다. 그것은 이해력보다 성향과 관련된다"(III.2.8). "확신"(III.2.8)이나 "인식"(III.2.14), "신념"(III.2.14)이 이것을 가장 잘 설명한다. 여기서 우리는 칼뱅이 믿음을 정의(定義)한 정점에 이른다. 믿음은 "성령의 주요 사역"이다(III.1.4). 그것은 "하나님의 특별한 선물이다"(III.2.33). 믿음은 "구원의 도구적 원인"이라고 말할 수 있지만 공로의 성격을 지닌 구원의 조건은 아니다(III.11.7). 구원은 믿음 **때문에** 얻는 것이 아니라 믿음에 **의해** 얻는 것이다. 믿음은 하나님의 선물에 대한 우리의 반응이다. 칼뱅은 아우구스티누스의 말을 인용한다. "우리 구원자는 믿음이 공로로 오는 것이 아니라 선물로 온다는 것을 가르치기 위해 '아버지께서 이끌지 아니하시면 아무도 내게 올 수 없으니'라고 말씀하신다"(III.2.35). 그러면 믿음은 행하는 것이 아니라 받는 것이다. 그것은 우리의 반응이기 전에 하나님이 하신 일이다.

> "칼뱅은 믿음의 반대편 기반과 내용을 다른 종교개혁자들보다 강하게 강조한다. 믿음은 우리에게서 비롯되지 않으며, 심지어 그 필요에 대한 우리의 인식도 마찬가지다. 우리가 믿을 때에도, 그리고 바로 우리가 믿을 때, 우리 안에는 선한 것이 하나도 없다. 우리의 보물은 하늘에 계신 그리스도 안에 있다. 귀를 뚫고, 눈을 감고, 약속을 기다리고, 인간의 가치나 공로에 관한 모든 생각을 외면하는 것이 믿음의 본질이다."
> (Barth, *The Theology of John Calvin*, 168)

하나님과 우리 자신을 알기

칼뱅은 이렇게 말한다. 요한복음 10장 28절("내가 그들에게 영생을 주노니 영원히 멸망하지 아니할 것이요 또 그들을 내 손에서 빼앗을 자가 없느니라")은 놀라운 구절이며, "선택받은 모든 자의 구원은 하나님의 권세가 난공불락인 것만큼 확실하다는 것을 우리에게 가르친다."

> 예수로 나의 구주 삼고 성령과 피로써 거듭나니
> 이 세상에서 내 영혼이 하늘의 영광 누리도다.
> 패니 크로스비(Fanny S. Crosby, 새찬송가 288장)

믿음으로 하나님의 아들이 우리 것이 되어 우리 안에 거하신다니,

믿음의 훌륭함에 대해 이 얼마나 큰 찬사인가! 믿음으로 우리는 그리스도께서 우리를 위해 고난당하시고 죽음에서 살아나셨다는 것을 인정할 뿐 아니라, 그분 자신을 우리에게 내어 주실 때 영접하고 그분을 소유하고 누리게 된다. 이 점을 주의 깊게 살펴야 한다. 많은 사람이 그리스도를 먹고 마시는 것과 그리스도를 믿는 것을 같은 것으로 여긴다. 그러나 우리가 그리스도를 먹고 마시는 것은 믿음의 결과다. 요컨대, 그리스도는 믿음으로 멀리서 바라볼 분이 아니라 우리 영혼이 포옹으로 영접하여 우리 안에 거하시게 할 분이다(주석_ 엡 3:17).

당신은 그리스도를 "멀리서" 바라보고 있지 않은가? 더 가까이 와서 당신의 것을 누리라.

14장

회개
"경주"

"누구든지 하나님을 더욱 닮아갈수록 하나님의 형상이 그 사람 속에서 더 환히 빛난다. 신자들이 이 목표에 도달할 수 있도록 하나님은 그들에게 회개의 경주를 시키셨다. 이것은 그들이 평생 동안 달릴 **경주다**" (III.3.9).

> 루터처럼 칼뱅도 "회개를 죄인이 이따금 취하는 비상 대책일 뿐 아니라 모든 그리스도인 삶의 기본 형태라고 가르쳤다. 루터의 95개 조항(1517년)의 첫째가 바로 이것이다. '우리 주님이자 주인이신 예수 그리스도께서 회개하라(마 4:17)고 말씀하신 것은 신자의 삶 전체가 회개로 점철되길 원하신 것이다.'"
>
> (Oberman, *Luther*, 164)

읽기 | 「기독교 강요」 III.3-5. [*1541* ch.5, pp.295-349.]

성경 본문 | "[하나님께서] 이스라엘에게 회개함과 죄 사함을 주시려고 그 [예수]를 오른손으로 높이사 임금과 구주로 삼으셨느니라"(행 5:31).

주목할 인용문 | "죄를 용서하고 잊어버리고 지워 주시는 분은 주님인즉 우리는 용서받기 위해 우리 죄를 그분께 고백하자. 그분은 의사이시므로 그분께 우리 상처를 보여 드리자. 그분이 상처받으셨으므로 우리가 그분에게 평안을 구하자. 그분은 마음을 감찰하시고 모든 생각을 알고 계신다. 따라서 우리는 서둘러 우리 마음을 그분 앞에 쏟아 놓자. 끝으로, 죄인을 부르시는 이도 그분이다. 그런즉 우리가 하나님께 나아가는 것을 지체하지 말자"(III.4.9).

기도 | 우리는 우리 잘못을 인정하여 선하고 장엄하신 하나님 앞에 몸을 굽히고, 그 잘못을 느끼고 그분께 진정으로 회개하여 오직 그분의 아들 우리 주 예수 그리스도를 섬기고 영화롭게 하는 일만 구하게 해달라고 기도합니다. 그분이 우리 죄를 완전히 씻으실 때까지 기꺼이 우리 연약함을 참으시고 아직도 남은 많은 죄악을 용서해 주시길 기도합니다. 마침내 그분이 친히 우리를 영접하시고 우리를 그 [천상의] 장소로 온전히 인도하실 때까지 이 은혜를 계속 베풀어 주시길 기도합니다. 아멘.

(*John Calvin*: *Writings on Pastoral Piety*, 126.)

돌아보며 내다보며

우리 안에 믿음을 창조하는 성령의 사역으로 우리는 그리스도와 연합한다. 우리는 이제 우리를 위해, 그리고 우리 안에서 행하시는 하나님의 사역 덕분에 우리가 소유한 여러 복을 접하게 된다. 칼뱅은 제3권 나머지 부분에서 이런 복들을 다룬다. 이것은 "하나의 목록이나 순서가 아니라 눈앞에 완전히 펼쳐진 풍경이다. 성령께서 예수 그리스도 안에서 행하신 변혁의 은혜가 어떤 모습인지를 묘사한 하나의 초상화다"(Stroup, *Calvin*, 44).

이중적 은혜

"복음은 회개와 죄 용서라는 두 가지 표제 아래 담겨 있다"(III.3.19). 또는 칼뱅이 나중에 설명하는 것처럼 "구원과 영원한 축복"(IV.1.1) 아래 있다고 할 수 있다. 칼뱅에 따르면, 죄 용서와 구원은 곧 칭의를 뜻한다. 회개와 영원한 축복은 곧 성화를 뜻한다. 마이클 호튼이 칼뱅의 가르침을 잘 요약했다. "믿음으로 그리스도와 연합한 우리는 그리스도의 의를 전가받아 칭의를 얻고, 그리스도의 의를 분여받아 성화를 이룬다"(*Calvin on the Christian Life*, 102).

칼뱅이 칭의(죄 용서)보다 성화(회개)를 먼저 다루는 것은 뜻밖이다. 그는 그 이유를 이렇게 설명한다. "회개와 죄 용서(즉 새로운 삶과 대가 없는 화해)는 그리스도께서 우리에게 주시는 것이고, 둘 다 믿음을 통해 얻는 것이다. 그 결과, 이성과 가르침 순서에 따라 나는 이 지점에서 둘 다 논하려 한다. 그러나 우리는 믿음에서 회개로 즉각 넘어갈 것이다"(III.3.1). 이것은 논리적이거나 신학적인 순서가 아니라 "가르치는" 순서인 셈이다. 이런 식으로 칼뱅은 가톨릭에 맞서, 오직 믿음에 의한 구원이 거룩한 삶을 부인하지 않는다고 강조한다. 아울러 다른 프로테스탄트들에게는 믿음에 의한 칭의를 받아들일 때 그와 동시에 같은 열정으로 선행의 필요성도 수용해야 한다고 경고한다. 제3권 11장에서 칭의를 다룰 때에는 제3권 3-10장에서 칭의를 "더 가볍게 다룬" 이유를 이렇게 설명한다. "우리가 오직 믿음으로 하나님의 자비에 의해 값없는 의를 얻지만, 선행이 없는 믿음이 얼마나 작은지, 그리고 성도의 선행이 지닌 본질이 무엇인지를 먼저 이해하는 것이 더 적절하기 때문이다"(III.11.1).

> "루터와 달리 칼뱅은 성화의 신학자로 불려야 한다는 사실이 틀림없이 입증되었다고 여겨도 좋겠다. 때로는 루터교도들이 '칭의!'는 외치고 '성화!'를 속삭인다고들 이야기한다. 그렇다면 칼뱅은 하나님의 영광을 위해 거룩한 삶을 영위할 필요성을 교리적으로 강조한다는 점에서 루터와 다르다."
>
> (Partee, *The Theology of John Calvin*, 213)

회개의 정의

회개는 칼뱅이 좋아하는 단어로, 죄인이 하나님을 향해 돌이키고 점점 거룩해지는 과정 전체를 일컫는 말이다. 칼뱅은 회개를 그리스도인의 삶의 출발점으로 볼 뿐 아니라 그리스도인의 삶 자체로 본다. 성화는 우리 안에서, 우리에 의해 평생에 걸쳐 점차 이뤄지는 작업이지만 결정적인 측면도 있다. 죄에 죽고 생명으로 부활하는 영속적인 삶은 단한 번에 이뤄지는, 그리스도와 우리의 연합에서 나온다. 믿음과 회개는 "분리될 수 없으나 구별되어야 한다"고 칼뱅은 말한다(III.3.5). 회개는 믿음에 따라온다. 회개는 "믿음에서 태어나고"(III.3.1) "믿음을 떠나서는" 설 수 없다(III.3.5).

칼뱅에 따르면, "회개는 참으로 우리 삶의 방향을 하나님께로 돌리는 것, 즉 그분에 대한 순수하고 진지한 두려움에서 생기는 방향 전환이며, 이는 우리 육신과 옛 사람을 죽이는 일과, 성령의 생명 주심으로 이루어진다"(III.3.5).

1. 회개는 참된 방향 전환이다

회개는 "하나님에 대한 순수하고 진지한 두려움에서 생긴다." 하나님의 심판에 대한 두려움에서 나오는 "율법의 회개"가 있지만, 이것은 "참된 방향 전환"이 아니다. 그러한 회개는 가인과 사울과 유다의 "회개"를 묘사하며, 이는 "지옥에 들어가는 입구에 지나지 않는다." "복음의 회개"(히스기야, 니느웨 백성, 다윗, 베드로, 오순절에 일어난 사람들의 회개)가 "참된 방향 전환이다"(III.3.4). 물론 이 회개도 우리로 회개하도록 일깨우는 심판에 대한 두려움을 포함한다. "[하나님이] 잠자는 자들을 부드럽게 부추기는 일은 아무 소용이 없다"(III.3.7). 그러나 그것은 심판에 대한 두려움 이상을 포함한다. "죄가 하나님을 불쾌하게 한다는 것을 알기 때문에 형벌을 싫어할 뿐 아니라 죄 자체를 미워하고 증오할 때" 참된 회개, 또는 "하나님의 뜻대로 하는 근심"(고후 7:10)이 일어난다(III.3.7).

회개는 "외적 행위뿐 아니라 영혼 안에서도 일어나는" 방향 전환이다(III.3.6). 우리는 "마음속에서 하나님께 제단을 세우기 위해 은밀한 더러움을 깨끗이 씻어야 한다"(III.3.16). 회개는 강도가 크고, 깊이가 깊고, 폭이 넓고, 확장성이 있다. 이사야는 "겉으로는 의례를 통해 회개하려고 애쓰면서도 가난한 자들을 속박하는 불의한 짐을 벗으려는 노력은 하지 않은" 사람들을 거론한다고 칼뱅은 말한다(III.3.6).

회개는 밖으로는 자신의 행동으로 확장되고 안으로는 자신의 속 깊은 영혼에 이르며, 한 사람의 평생 동안 계속 이어진다. 하나님은 "신자들에게 회개의 경주를 시키셨다. 이것은 그들이 평생 동안 달릴 경주다"(III.3.9). 칼뱅이 재세례파와 예수회를 비판한 것은 그들이 "그리스도인이면 …… 마땅히 평생 계속해야 할 회개를 불과 며칠로" 제한했기 때문이다(III.3.2). 칼뱅은 에베소서 1장 13-14절을 설교하면서 "우리가 끈기로 인내해야 하는 것은 하나님이 우리를 단 한 번의 도약으로 그분 나라에 이르게 하지 않으시고, 가시덤불을 가로질러 이 세상을 헤쳐 나가도록 하실 것이기 때문이다."

> "존 번연이 나중에 「천로역정」에서 묘사했듯이, 그리스도인의 삶은 쓰러졌다가 일어나고, 궤도에서 벗어났다가 다시 돌아오는 일련의 에피소드다."
>
> (Charry, *By the Renewing of Your Minds*, 218)

2. 회개는 두 부분("우리 육신을 죽이는 일"과 "성령의 생명 주심")으로 이뤄진다

비록 우리 역량에 맞추어 "단순하고 투박하게" 기술되긴 했지만, 성경의 언어는 "죽이는 일"(mortification)을 명백하게 표현했다. "행악을 그치라"(III.3.8). 그리스도의 죽으심으로 우리 "옛 사람"은 십자가에 못 박혔다. 우리가 죄와 자아에 대해 죽는 일은 우리 스스로 행하는 것이 아니다. 그것은 우리 안에 계신 하나님의 일이며, 그 일을 통해 그분은 우리 존재에 관한 중요한 진리가 효과를 발휘하게 하신다. 바로 갈보리 십자가에 달리신 그리스도와 함께 우리가 죽음에 처해졌다는 진리 말이다.

그러므로 우리는 "우리 자신의 본성을 거부해야" 한다(III.3.8). 이는 우리의 참된 인간성이 아닌 죄 많은 부패성을 거부하는 것이다. 칼뱅은 이중적 죽임을 말한다. "하나는 우리 주변의 것들과 관련되고 …… 다른 하나는 내면적인 것이다"(주석_ 골 3:5). 내면적으로 우리는 성령의 직접적인 사역을 통해 자아에 대해 죽는다. 외적으로는 환난과 고난 등 여러 섭리적인 압력에 의해 그리스도를 본받는다.

성경은 우리에게 "행악을 그치라"고 말하고 "선행을 하라"고 일러준다. 우리는 죄에 대해 죽을 뿐만 아니라 "거룩하고 헌신적인 방식으로 살아간다"(III.3.3). 그리스도의 부활로 우리는 새로운 삶으로 승격되었고, 따라서 "새로운 사람"을 입었다(III.3.9).

회개가 아닌 것

칼뱅은 회개 또는 성화가 무엇인지 기술하고 나서, 이제는 회개가 아닌 것을 설명한다.

1. 회개는 완벽주의가 아니다

칼뱅에 따르면, "어떤 재세례파 신자들"은 신자의 내면에서 "죄의 지배력이 없어졌다"고 주장했다(III.3.11). 칼뱅의 답변인즉, 우리가 그리스도인이 되면 죄는 더 이상 우리를 통치하지 않지만 우리 안에 머물러 있다. 중생한 사람 속에는 "연기 나는 악의 숯" 또는 "악의 샘"이 있어서 "우리가 죄를 짓도록 부추기고 자극하는 욕망을 계속 만들어 낸다"(III.3.10). 칼뱅이 가리키는 것은 "하나님이 처음 창조하실 때 사람의 성품에 새겨 놓은 성향"이 아니라 구속받은 사람들 안에서 "하나님의 통제와 싸우는 대담하고 고삐 풀린 충동"이다(III.3.12). 칼뱅은 이런 충동들을 죄라고 불렀다. "하나님의 법을 거스르는 욕망을 즐기는 것은 죄다." 칼뱅에 따르면, 사실 죄는 "우리 안에 이런 욕망을 낳는 부패성이다"(III.3.10). 이런 죄의 "자취"가 우리 안에 남아 있는 것은 "우리 자신의 연약함을 의식하게 해서" 우리를 낮추기 위해서다(III.3.11).

비록 "신자들이 죽을 몸을 벗을 때까지" 죄가 그들 속에 남아 있지만(III.3.10) 의로움이 점차 성장하기도 한다. "이 회복은 한순간이나 하루, 또는 일 년에 일어나지 않는다. 그러나 지속적인 진보, 때로는 느린 진보를 통해 하나님이 선택받은 자 안에서 육신의 부패를 지워 가신다"(III.3.9). 성화가 진행되는 것은 사실이지만 이생에 완수되지는 않는다. "각 신자는 패배한 적의 잔당인 반란자들과 안팎으로 싸운다"고 마이클 호튼은 말한다(*Calvin on the Christian Life*, 106). 우리 편에 연약함과 실패가 상당하긴 하지만 "오늘이 어제를 능가한다면, 그 노력은 헛되지 않다"(III.6.5).

2. 회개는 성례주의가 아니다

칼뱅은 이 주제를 "최대한 짧게" 다루려고 하지만 "스콜라주의 소피스트들"(중세 가톨릭 신학자들)의 가르침을 날카롭게 반박하는 데 무려 두 장(章)과 여러 쪽을 할애한다. 성례 제도에 대한 칼뱅의 반론은 "죄를 용서받으려면 많은 것이 필요하다"는 가톨릭의 주장을 겨냥한다. "죄 용서가 그들이 덧붙인 이런 조건들에 달려 있다면, 우리에게 그보다 더 비참하거나 통탄할 일은 없다"(III.4.2).

칼뱅은 로마 가톨릭의 요구 조건, 즉 사제에게 고해한 후 금식, 기도, 구제와 같은 고행을 해야 한다는 조건에 반대했다. 칼뱅이 보기에 그것은 "몸의 징계"를 강조하는 외적 회개일 뿐이었고, "그보다 훨씬 중요하게 여겨야 할 것"을 가리고 말았다(III.3.16). 칼뱅은 또한 가톨릭의 참회 행습이 "교회의 온유함이 요청하는 것보다" 엄격한 처벌을 부과한다고 비판한다(III.3.16). 참회가 양심을 괴롭히는 이유는 참회자가 언제 성공적으로 참회가 이뤄졌는지를 결코 알 수 없어서다. 더 나아가, 그런 행습이 헛된 것은 오직 그리스도만 죄 용서를 베풀기 때문이다. "불쾌해진 하나님을 화해시키거나 진정시킬 수 있는 다른 보상은 없다"(III.4.26).

칼뱅은 참회에 부족한 것을 공급한다는, 로마 가톨릭의 면죄부 행습을 거부하고, 죽을 때 남아 있는 죄를 깨끗케 한다는 연옥에 대한 가르침도 배격한다. 그는 "그리스도의 피야말로 신자들의 죄에 대한 유일한 보상이자 유일한 속죄이며 유일한 정죄(淨罪)"라고 주장한다(III.5.6). "우리는 믿음으로 용서받고, 사랑으로 감사드리며, 주님의 인자하심을 증언한다"(III.4.37).

칼뱅은 로마 가톨릭의 성례 제도를 길게 논박한다. 그 논박에는 다음과 같은 참되고 유익한 진술이 포함되어 있다.

- "지식이 불신과 결합할 때" 용서받을 수 없는 죄가 생긴다(III.3.22).

- 성경적으로 참된 고백을 할 때 우리는 서로 약점을 나누게 된다. 이는 "우리가 서로 권고하고, 서로 연민하며, 서로 위로받기 위해서다"(III.4.6).

- 고백은 하나님 앞에, 그 다음에는 사람들 사이에 하되 "하나님의 영광이든 우리의 수치든 고백을 요구하는 만큼 자주" 해야 한다 (III.4.10).

- 사적인 고백은 필요할 때마다 "가장 적절해 보이는" 교인에게, 특히 목회자에게 하는 것이 좋다(III.4.12).

- 목회자는 주일마다 "자신의 이름과 사람들의 이름으로 고백 형식"을 만들고, "주님의 용서"를 구해야 한다(III.4.11).

- 목회자는 "그리스도 안에 있는 모든 사람에게 죄 용서를 약속하고, 그리스도를 영접하지 않는 사람들에게는 파멸을 선포할 수 있다"(III.4.21). 이것이 바로 그리스도께서 말씀하신 열쇠의 능력이다(마 16:19). 그것은 "복음 전파와 분리된 능력"이 아니다 (III.4.14). "말씀 사역자"는 모든 것을 알 수 없으므로 "조건부로" 용서할 뿐이다(III.4.18).

하나님과 우리 자신을 알기

그리스도께서 우리의 죄를 완전하게 보상하셨다. 그러므로 "그리스도의 명예는 실추되지 않고 온전히 보존되고" "죄 용서를 확신하는 양심은 하나님과 평화를 누릴 수 있다"(III.4.27). 하나님은 용서하고 회복시키고 복 주길 기뻐하시는 자비로운 분임을 우리는 알고 있다. 우리 자신은 구속받았으나 연약한 그리스도인이라서 믿고 회개하고 새로운 삶의 길을 걷는 법을 더 배워야 한다는 것도 알고 있다. 마이클 호튼에 따르면, "우리는 결코 복음에서 다른 데로 넘어가는 것이 아니라 복음의 풍요로운 토양 속에서 더 크게 성장하여 사랑과 선행의 열매를 맺는다"(*Calvin on the Christian Life*, 94).

> 그치지 않는 은혜의 원천이여
> 성도들의 다함없는 주제일세,
> 불멸의 찬송 받으실 위대한 분
> 태초부터 으뜸 되신 분
> 영광스런 열매로 당신을 송축하니
> 성육신이 주신 선물일세.
> 은혜가 전해 주는 당신의 의로움,
> 오직 믿음만 받을 수 있네.
> ― 아우구스투스 토플레이디(Augustus M. Toplady)

15장

그리스도인의 삶

"본보기와 모범"

"하나님의 은총을 받는 자리로 우리를 돌아가게 하시는 그리스도는 우리 앞에 **본보기**로 서 계시고, 우리는 그분의 **모범**을 삶으로 표현해야 마땅하다"(III.6.3).

> "이 장들(III.6-10)은 성경적 권고를 담은 일종의 소논문으로, 인생의 고통에 솔직하되 경건한 사람이 하나님의 좋은 선물을 어떻게 인식할 수 있는지를 감동적으로 증언하며, 특히 이생의 장막을 통해 보고 부활의 소망을 기뻐하며 견디는 법을 가르쳐 준다."　　　　　(McKee, *John Calvin: Writings on Pastoral Piety*, 249)

읽기 | 「기독교 강요」 III.6-10. [*1541* ch.17, pp.785-822.]

성경 본문 | "이에 예수께서 제자들에게 이르시되 누구든지 나를 따라오려거든 자기를 부인하고 자기 십자가를 지고 나를 따를 것이니라"(마 16:24).

주목할 인용문 | "그리스도를 아는 지식은 …… 혀의 교리가 아니라 삶의 교리다. 그 지식은 지성과 기억만으로 파악할 수 없다. …… 그것이 온 영혼을 사로잡고, 마음속 깊은 곳에 쉴 자리와 안식처를 발견할 때에야 얻을 수 있다"(III.6.4).

기도 | 하늘에 계신 아버지, 가련한 죄인인 우리에게 그토록 큰 은혜를 주시고, 우리를 당신의 아들, 우리 주 예수 그리스도와 교제하도록 인도하심에 영원한 찬송과 감사를 드립니다. 예수 그리스도는 당신이 우리를 위해 죽음에 넘겨주신 분이요, 당신이 우리에게 영생의 고기와 음료로 주신 분입니다. 이제 우리에게 다른 은혜도 주시옵소서. 우리로 이런 것들을 결코 잊지 않게 하시고 우리 마음에 새기셔서 날마다 우리 믿음이 자라 온갖 선행의 열매를 맺게 하소서. 그리하여 우리가 삶의 모든 영역에서 당신의 영광을 드높이고 우리 이웃에게 덕을 세우게 하소서. 아멘.

(John Calvin: Writings on Pastoral Piety, 134.)

돌아보며 내다보며

제3권 3-5장에서 칼뱅은 성화 교리를 설명한다. 제3권 6-10장에서는 그 교리를 실제적이고 목회적인 방식으로 더 발전시킨다. 이 장들은 경건 문헌의 고전이며, 별도 소책자로 자주 출판되기도 했다. 때로는 "그리스도인 삶의 황금 소책자"(*The Golden Booklet of the Christian Life*)라는 제목이 붙기도 했다.

칼뱅은 먼저 그리스도인의 삶을 짧게 서술한 다음(III.6) 네 장에 걸쳐 그런 삶을 어떻게 살 수 있는지를 다룬다. 자기부인(III.7), 십자가를 짊어짐(III.8), 장래의 삶을 묵상함(III.9), 이생을 올바로 사용함(III.10)을 다룬다. 존 맥닐에 따르면, 칼뱅의 논법은 "균형 있고, 예리하며, 실제적"이다(*Institutes*, I:lx).

그리스도인의 삶

제3권 6장은 다음 문장으로 시작한다. "중생의 목적은 …… 신자들의 삶에서 하나님의 의와 신자의 순종이 이루는 조화와 합의를 나타내는 것이고, 그에 따라 그들이 아들로 입양된 것을 확증하는 것이다"(III.6.1). 하나님은 입양된 자녀이지만 서로 닮은 가족을 갖길 원하신다. 우리는 입양이 보장된 상태에서 이미 우리 것이 된 신분을 드러내 보이려 애쓴다. 우리는 하나님의 아들과 딸인 만큼 하나님의 자녀처럼 행동해야 한다.

성경은 우리가 "의롭게 되려는 열정을 품은 채" 방황하지 않도록

"처세(處世)의 모범"을 제공한다(III.6.1). 그 "모범"은 (제2권에서 본 것처럼) 율법에 나와 있으나, 여기서 칼뱅은 우리 앞에 율법을 완벽하게 지키신 예수의 본보기를 내세운다. 우리는 한 가지 조건과 함께 하나님의 자녀로 입양되었다. "우리 입양의 보증이신 그리스도를 우리 삶으로 나타내는 것이다." 칼뱅은 먼저 우리와 그리스도가 연합하고, 또 이것이 그리스도를 따르게 해준다는 점을 분명히 한다. 마이클 호튼은 "유추해서 말하자면, 손아래 형제나 자매는 확실히 손위 형제나 자매를 우러러보고 닮기까지 하지만, 더 깊은 실재는 가족의 유대 관계에 있다"고 설명한다(Calvin on the Christian Life, 104). 그리스도야말로 그리스도인 삶의 원천이고, 우리가 따를 모범이며, 우리가 열심히 도달하고자 하는 목표다.

장 칼뱅은 이렇게 설명한다. 그리스도인의 삶은 "혀의 교리가 아니라 삶의 교리다. 그것이 온 영혼을 사로잡고, 마음속 깊은 곳에 쉴 자리와 안식처를 발견할 때에야 얻을 수 있다"(III.6.4). 달리 말해, 우리가 그리스도인의 삶을 배우는 것은 그분에 관해 읽고 연구할 뿐 아니라 날마다 그렇게 살고자 애쓰는 노력을 통해서다. 우리의 구원은 교리와 함께 시작한다. 그러나 이 교리는 "우리 마음에 들어갔다가 일상생활로 이어져야 하고, 우리를 그 교리대로 변화시켜 열매를 맺지 못하는 일이 없게 해야 한다"(III.6.4).

그리스도인 삶의 요약_ 자기부인

그리스도인의 삶을 자기부인으로 요약하는 것이 부정적이고 비관적으로 보일지도 모른다. 그러나 조엘 비키는 "자기부인은 우리가 참된 행복을 찾도록 도와준다. 우리가 창조된 목적에 걸맞게 행하도록 돕기 때문이다. 우리는 무엇보다 하나님을 사랑하고 우리 이웃을 우리 자신처럼 사랑하도록 창조되었다"고 설명한다(*The Cambridge Companion to John Calvin*, 142).

칼뱅은 다른 사람들과 맺은 관계에서 자기부인을 실천하는 것이 매우 어렵다는 점을 인정한다. "자기 이웃의 유익을 구하려고 할 때 자기 본분을 다하는 것이 얼마나 어려운지 모른다! 당신이 자신에 관한 모든 생각을 포기하지 않는다면, 즉 당신 자신에게서 빠져나오지 않는다면, 당신은 자기부인에서 아무것도 성취하지 못할 것이다"(III.7.5). 이제 칼뱅은 자기부인을 실천하도록 돕는 두 가지 진리를 설명한다.

1. 우리는 하나님이 주신 선물의 소유주가 아니라 청지기임을 기억해야 한다

그러므로 "주님께 얻은 유익이 무엇이든, 그것은 교회의 공동선을 위해 사용한다는 조건으로 우리에게 위탁되었다"(III.7.5). 신명기 15장 설교에서 칼뱅은 이렇게 말한다. "하나님이 우리에게 유익을 내려 주시는 만큼, 우리는 이웃에게 선을 행하여 그것이 그분 덕분임을 인정하도록 주의하자. …… 그리하여 우리는 이웃의 부족함을 외면하지 말고, 그들을 우리의 풍요에서 배제하지 말며, 그들을 나눌 수 없는 끈으로 다 함께 묶어 우리와 함께하는 자로 온유하게 여기자." 제네바의 피난민 신세였던 칼뱅은 이사야 16장 4절 주석에서 "특히 피난민을 대접하는 일만큼 하나님을 기쁘게 하거나 하나님이 받으실 만한 의무는 없다"고 말한다.

> "구제 의무에 관해, 심지어 구제의 미묘한 타락상에 관해 칼뱅보다 나은 글을 쓴 사람은 드물다. 구제의 한계는 곧 구제하는 우리 능력의 한계다. 우리에게 도움을 구하는 이들을 그럴 자격이 없다는 이유로 우리가 마음대로 거절할 수 있다고 생각해서는 안 된다. 성경이 다음과 같은 훌륭한 이유를 제시하며 우리를 돕기 때문이다. 우리는 사람들이 가진 자격을 존경하는 것이 아니라 오직 그들이 지닌 하나님의 형상을 바라보는 것이다. 우리는 종종 선물을 오염시키는 미묘한 오만함을 경계해야 한다. 즐거운 표정을 짓고 공손한 말을 하며 구제하는 것으로는 충분치 않다. 그리스도인은 마치 그 도움으로 형제를 자신에게 묶어 놓을 것처럼 구제해서는 안 된다. 내가 내 몸의 한 부위를 치료하려고 내 손을 사용할 때는 그 몸이 손에게 빚을 지는 것이 아니다. 이처럼 우리는 서로에게 지체가 되기 때문에 가난한 이들을 구제할 때에도 그들에게 빚을 지우는 것이 아니다." (C. S. Lewis, *English Literature in the Sixteenth Century*, 35-36)

2. 인간은 하나님의 형상으로 창조되었다

우리는 이웃 안에서 우리 자신을 본다. 아니, 더 나아가 하나님의 형상을 본다. 한 사람을 볼 때마다 "나는 거울에 비친 나 자신을 반드시 봐야 한다"고 칼뱅은 말한다(주석_ 마 5:43). 타인을 제대로 이해하려면 그 사람 안에 있는 하나님의 형상을 봐야 한다. 칼뱅은 제3권 7장 6절에서 이 관념을 감동적으로 역설하면서 이렇게 마무리한다. "우리는 사람들의 악한 의도를 생각하지 말고 그들 속에 있는 하나님의 형상을 바라봐야 함을 기억한다. 이 형상은 그들의 범죄를 상쇄시키고 그 아름다움과 존엄성으로 인해 우리가 그들을 사랑하고 포용하게 해준다." 칼뱅은 창세기 9장 5-6절 주석에서 "누구도 하나님에게 상처를 주지 않으면서 자기 형제를 해롭게 할 수는 없다"고 말한다. 다른 사람을 해롭게 하는 것은 곧 하나님께 상처를 준다는 뜻이다. 그분께 고통을 안기는 짓이다.

갈라디아서 6장 9-11절 설교에서는 이렇게 말했다. "우리는 가난하고 멸시받는 이들 안에서 우리 자신의 얼굴을 보지 않을 수 없다. …… 그들이 우리에게 전혀 낯선 사람일 때도 그렇다. 아프리카의 무어인이나 야만인을 대할 때에도, 그가 사람이라는 사실에서 그 사람은 자신이 우리의 형제와 이웃임을 보여 주는 거울을 들고 다니는 셈이다." 우리는 사회적 지위나 문화, 인종, 종교와 상관없이 모든 사람을 우리의 형제, 자매, 이웃으로 봐야 한다. R. C. 월리스(Wallace)는 이렇게 말한다. "이 두 가지 기본 사실(사람은 하나님의 형상으로 창조되었다는 것과, 모든 사람이 인간 본성을 공유한다는 것)이 인간관계에 대해 칼뱅이 가르치는 모든 내용의 기초다"(*Calvin's Doctrine of the Christian Life*, 150).

> 보턴 목사는 "「기독교 강요」에 나오는 대목, 곧 누군가가 지닌 주님의 형상이야말로 그를 사랑할 이유로 차고 넘치며, 주님이 우리 원수의 죄를 스스로 짊어지기 위해 기다리신다고 말하는 대목을 생각하기 시작했다." 그러므로 우리 원수에게 잘못을 돌리는 것은 은혜를 부인하는 짓이다. (Robinson, *Gilead*, 189)

자기부인은 하나님이 우리에게 데려오시는 사람들에게 영향을 끼치지만 주로 하나님과 관계가 있다. "[그리스도인이] 생애 내내 다뤄야 할 대상은 하나님이다"라고 칼뱅은 말한다(III.7.2). 그는 「기독교 강요」의 가장 유명한 대목에서 이 부분을 언급한다.

우리는 우리의 것이 아니다. 따라서 우리의 이성이나 의지가 우리의 계획과 행실을 좌우하지 못하게 하자. 우리는 우리의 것이 아니다. 따라서 육신에 따라 우리의 편의를 구하는 것을 우리 목표로 삼지 말자. 우리는 우리의 것이 아니다. 따라서 되도록 우리 자신과 우리의 모든 소유를 잊어버리자.

거꾸로, 우리는 하나님의 것이다. 따라서 그분을 위해 살고 그분을 위해 죽자. 우리는 하나님의 것이다. 따라서 그분의 지혜와 뜻이 우리의 모든 행동을 지배하게 하자. 우리는 하나님의 것이다. 따라서 우리 삶의 모든 부분에서 그분을 우리의 유일하고 합법적인 목표로 삼고 그분을 향해 진력하자(III.7.1).

1539년판 「기독교 강요」에 처음 실린 이 글은 칼뱅이 직접 실천한 것이다. 당시 그는 스트라스부르에 행복하게 정착했다가, 박해가 심하던 제네바로 돌아오라는 요청을 받고 씨름하고 있었다. 그는 친구 기욤 파렐(William Farel)에게 이렇게 썼다.

내 진로에 대해서는 현재 이런 느낌이오. 내게 마음대로 선택할 권한이 있다면, 당신의 충고를 따르는 것[제네바로 돌아가는 것]만큼 달갑잖은 것은 없을 것이오. 그러나 나는 내 것이 아니라는 점을 기억하면서 내 마음을 주님께 드리는 제사로 바치는 바이오. …… 나는 매우 영리하진 않지만 교묘하게 빠져나갈 핑계를 만들어, 사람들이 보기에 나 자신을 쉽게 변명하고 그것이 내 잘못이 아님을 보여 줄 수 있을 것이오. 하지만 내가 관계 맺을 대상이 하나님임을 잘 알고 있고, 그분의 눈에서 그런 교묘한 책략을 숨길 수 없다는 것을 알고 있소. 그러므로 내 의지와 사랑을 꼭 붙들어 하나님께 순종하게 한다오. 그리고 내가 어떻게 생각해야 할지 모를 때마다 바라건대 주님이 내게 말씀하실 때 사용할 사람들에게 순종하는 바이오(*Letters of John Calvin*).

십자가를 지는 일은 자기부인의 일부다

그리스도인인 우리는 내적으로 자기부인을 실천할 뿐 아니라 외적으로는 환난과 고생을 겪으며 그리스도를 닮아 가고 있다. "하나님은 맏아들인 그리스도에서 시작하여 자신의 모든 자녀도 이 계획을 따르게 하신다"(III.8.1). "그렇다면 그 자체를 판단할 때 이생이 온갖 고생과 소동과 불행으로 가득하다는 것을 배울 때에만 우리는 십자가의 훈련으로 올바로 전진할 수 있다"(III.9.1). 제자의 길은 결코 기쁨이 없지 않지만 언제나 십자가의 그늘 아래 걷는 힘겨운 순례 길이다.

> "칼뱅이 매우 자주 강조하는 그리스도와의 교통은 십자가에 못 박힌 그리스도와의 교통을 뜻한다. 따라서 십자가는 칭의뿐 아니라 성화에서도 일정 역할을 담당하는 셈이다. 그리스도인의 삶은 [죄를] 죽이는 삶, 즉 하나님이 우리의 믿음과 인내를 훈련하기 위해 때로는 십자가를 짐 지우는 삶이다. 하나님의 손이 우리를 쳐서 넘어뜨리는 것은 그분의 손만이 우리를 일으키고 다시 세울 수 있음을 가르치기 위해서다." (Selderhuis, *Calvin's Theology of the Psalms*, 39)

모든 사람이 인생의 환난을 겪지만 오직 그리스도인만 "십자가를 짊어진다"고 말할 수 있다. "하나님이 양자[비신자와 신자] 모두에게 십자가를 지우시지만 오직 거리낌 없이 자기 어깨 위에 십자가를 두는 자들만 그것을 짊어진다고 말할 수 있다. …… 그러므로 신자들의 인내는 기꺼이 그들 위에 놓인 십자가를 짊어지는 데 있다"(주석_ 마 16:24). 우리가 신뢰와 인내와 순종의 자세로 기꺼이 받아들이고 운반할 때, 짐은 십자가가 된다. 그러나 시련이 닥치면 늘 그렇게 되지는 않는다. 우리는 자연스럽게 마음이 굳어지고 신랄해지며 심지어 하나님을 비난하는 반응을 보인다. 그래서 하나님의 권능이 우리에게 시련을 버틸 힘을 주기보다 오히려 시련을 없애 주길 기대한다. 그러나 우리가 하나님의 섭리를 받아들인다면, 복을 받는다. 외적으로 괴로움을 당할 때 내적으로는 더욱 강건해진다.

하나님이 지우신 십자가를 기꺼이 감사하는 자세로 짊어질 때, 우리는 복을 경험하며 중요한 가르침을 배우게 된다.

- 하나님에 대한 신뢰_ "우리는 하나님의 능력을 간청하는 법을 배운다. 그 능력은 환난의 무게 아래 굳게 버틸 수 있게 해준다"(III.8.2).

- 인내와 순종_ "주님이 자신의 백성을 괴롭히시는 데는 또 다른 목적이 있다. 그들의 인내를 시험하고 그들에게 순종을 가르치기 위해서다"(III.8.4).

- 감사하는 마음과 평온한 심령_ "그런데 우리의 환난이 분명 우리의 유익을 위한 것이라면, 어째서 우리는 감사하는 마음과 평온한 심령으로 환난을 당하지 않는가?"(III.8.11)

"2007년 4월 6일 성 금요일, 의사에게 전화를 받고 최근 조직 검사 결과 암이 3년간 소강상태였다가 재발했다는 사실을 알았을 때 나는 칼뱅의 「팔복 설교」 (Sermons on the Beatitudes)를 읽고 있었다. 그때 막 칼뱅의 다음 글을 읽은 터였고, 이후 며칠 동안 나는 이 글을 읽고 또 읽었다. '신자들은 오늘은 평안히 살다가도 내일은 하나님이 보내실 어떤 환난이든 기꺼이 당할 준비가 되어 있을 것이다. 어쩌면 그분은 그들에게 주신 물건을 도로 앗아갈지 모른다. 그들이 그런 물건을 내놓을 준비가 되어 있는 것은 한 가지 조건 아래 그것을 받았음을 알기 때문이다. 하나님이 정하신 때에 언제나 그것을 돌려드리겠다는 조건이다. 신자는 "오늘은 부유하게, 내일은 가난하게"라는 식으로 추론한다. 하나님이 내 환경을 바꾸셔서 안락이 고생으로, 웃음이 눈물로 변한다면, 내가 여전히 그분의 자녀임을 아는 것으로 충분하다. 그분은 언제나 나를 그분의 것으로 인정하겠다고 약속하셨고, 이 약속에 나는 자족한다.'"

(Sermon on the Beatitudes, 78), David B. Calhoun

장래의 삶을 묵상하다

그리스도인은 이미 하늘의 삶을 소유하고 있되 "소망 가운데" 소유한다. 이것은 그 숨겨진 상태를 설명해 준다(주석_ 시 118:17). 십자가를 짊어진 신자는 종말론적 관점을 갖게 된다. 우리 안에 하늘에 대한 갈망이 창조되기 때문이다.

> 장래의 삶을 묵상하는 것은 "영적 훈련일 뿐 아니라 적절한 마음 자세 또는 사고방식을 세워 줘서 그리스도인이 세상과 자신의 삶에 일어나는 모든 사건을 '보고' 해석하게 해준다."
> (Oberman, 'Initia Calvini', 126)

"하늘이 우리의 모국이라면 땅은 망명 장소가 아니고 무엇이겠는가?"(III.9.4) 칼뱅은 에베소서 3장 13-16절 설교에서 이렇게 말했다. "이 땅에서 겉모습이 번지르르한 모든 것에 눈을 감고 믿음으로 하늘의 유산을 바라보는 하나님의 자녀들은 (시력을 포함해) 그들 자신이 쇠약해지는 모습과 하나님이 그들을 조금씩 시들게 하는 현상을 목격해도 크게 괴로워하지 않는다."

> "우리의 집은 다른 곳에 있고 이생은 '집을 찾기 위한 방황'이라는 생각이 진심이라면, 왜 우리는 집에 도착할 것을 고대하지 않는 것일까?"
>
> (C. S. Lewis, *Letters to an American Lady*)

칼뱅은 과연 "내세 지향적"인가? 폴 헬름은 이렇게 대답한다.

아마 그럴 것이다. 칼뱅이 이해하는 기독교는 예수 그리스도 안에 있는 하나님의 구원 은혜에 대한 그의 이해에 토대를 두고 있기 때문이다. 다른 것은 모두 부차적이다. …… 영혼을 무시한 채 더 큰 창고를 짓는 계획의 위험성을 경고하고, 우리에게 더 값진 진주를 찾도록 촉구하는 그리스도가 "내세 지향적인" 그리스도라면, 칼뱅도 내세 지향적인 신학자라고 할 수 있다(*Calvin at the Centre*, 339).

칼뱅 사상이 어느 정도 "이생을 경멸"하고 있다는 생각은, 이생을 미워해서는 안 되고 그 때문에 하나님께 배은망덕해서도 안 된다는 그의 경고에 의해 상쇄된다(III.9.3). "이 원칙을 붙잡아야 한다. 인생은 그 자체로 매우 고귀하고 고상한 하나님의 선물이라서 소중히 여길 가치가 있음을 아는 것이다"(욥기 설교 11).

이생을 올바르게 사용하다

칼뱅은 9장에서 하늘에 초점을 맞춘 후, 10장에서는 이 세상으로 되돌아간다. 칼뱅이 이생을 다루기 전에 장래의 삶을 논한 것은 "장래의 삶에 대한 소망이 이생에 제공하는 신학적 진리"를 강조하기 위해서다 (Partee, *The Theology of John Calvin*, 220).

> "사도들이 …… 이 땅에 흔적을 남긴 것은 바로 그들 마음이 하늘에 사로잡혀 있었기 때문이다. 그리스도인들이 이 세상에서 그토록 무력한 존재인 것은 대체로 더 이상 다른 세상을 생각하지 않기 때문이다. 하늘을 목표로 삼으면 당신은 땅을 '덤으로' 얻을 것이고, 땅을 목표로 삼으면 어느 것도 얻지 못할 것이다."
> (C. S. Lewis, *Mere Christianity*)

이 세상은 "망명 장소"일 뿐만 아니라 "주님이 우리를 배치시킨 초소로, 그분이 우리를 다시 부를 때까지 우리는 그곳을 지켜야 한다" (III.9.4). 이 세상의 삶과 관련하여 칼뱅은 이중 위험을 경고한다. "이 주제는 양편 모두에서 오류에 빠질 수 있어 다루기 힘든 주제다" (III.10.1). "선량하고 거룩한 일부 사람들은" 몹시 엄격해서 "사람에게서 모든 분별력"을 빼앗아 버린다. 그리고 "많은" 사람은 매우 느슨해서 정반대 극단인 "육신의 정욕"에 빠지고 만다(III.10.3). 칼뱅은 이 세상 것을 쓰지 않는 것과 오용하는 것 모두 배격하고, 올바로 쓰는 것을 옹호한다.

칼뱅은 길 중앙을 지키고 양편에 있는 위험을 피하도록 돕기 위해 다섯 가지 원리를 제시한다.

1. 하나님의 선물을 그분이 창조하신 목적, 즉 필요와 즐거움에 따라 사용하라

우리가 이 세상에 투입된 것은 "이 아름다운 극장에서 구경꾼이 될 뿐만 아니라 우리에게 펼쳐진 굉장히 풍부하고 다양한 좋은 것들을 누리기 위해서다"(주석_ 시 104:31). 창조 세계의 "모든 부분"은 인류에게 행복의 근원과 자원이 된다(주석_ 시 8:7). 칼뱅은 하나님이 만물을 필요한 용도 이상으로 매력 있고 멋지게 만드셨다고 믿었는데, 이 말을 들으면 어떤 사람들은 무척 의아하게 생각한다. 음식은 몸의 보양에 필요할 뿐 아니라 "즐거움과 기운"도 북돋워 준다(III.10.2). 포도주는 "하나님이 주시는 유익 중 하나다"(III.10.2).

그리스도께서 "최고급 포도주"를 풍성하게 만드신 가나의 혼인잔치에 관한 주석에서는 "포도주 사용은 필요해서는 물론이고 우리의 즐거움을 위해서도 허용될 수 있다"(주석_ 요 2:8)고 칼뱅은 말했다. 그러나 "포도주에 압도당하지 않도록 절제해야 한다"고 경고한다(에베소서 6장 18-21절 설교). 옷은 우리 몸을 보호하면서 "매력과 품위"도 제공한다(III.10.2). 성관계는 출산을 위한 것이면서도 "남편과 아내가 서로 즐거움을 주고받게 한다"(주석_ 신 24:5). 라헬을 향한 야곱의 사랑에 관해서는 "그러므로 우아한 모습 때문에 아내를 선택하는 남자가 반드시 죄를 짓는 것은 아니다"(주석_ 창 29:18)라고 말했다.

2. 하나님이 만물의 창시자임을 인정하고 "우리를 향한 그분의 인자하심에 감사하라"

칼뱅은 우리가 하나님께 얼마나 많은 빚을 졌는지 인정하면서 감사하는 태도를 중요시한다. "그것이 바로 우리가 마땅히 전념해야 할 일이다"라고 교인들에게 말했다. "그것은 우리 인생의 주된 공부가 되어야 한다"(에베소서 5장 15-18절 설교). 찰스 시므온(Charles Simeon)은 이렇게 썼다. "그리스도인이 배울 교훈은 두 가지다. 하나는 모든 것에서 하나님을 즐거워하는 것이고, 다른 하나는 하나님 안에서 모든 것을 즐기는 것이다"(Hopkins, *Charles Simeon*, 203). 그리고 셋째 교훈은 감사하는 것이라고 칼뱅은 덧붙인다.

3. "결핍 가운데 인내하며 사는 법"을 알라

"자랑삼아 경건을 추구하지 않는 모든 사람이 …… 풍족함과 배고픔에 처하는 법, 풍부함을 즐기고 부족함에 시달리는 법을 배우게 하라"(III.10.5).

4. 언젠가는 "인자하신 하나님이 우리에게 주신" 모든 것을 "보고해야" 한다는 것을 기억하라

우리는 "'네 청지기직에 대해 보고하라'는 말씀이 계속 우리 귀에 울려 퍼지도록" 살아가야 한다(III.10.5).

우리는 하나님께 받은 모든 것의 소유주가 아니라 청지기다. 「기독교 강요」와 창세기 주석에서 칼뱅은 하나님이 인간을 위해 세상을 창조하셨고, 우리는 세상을 사용하고 즐겨야지 낭비하고 파괴해서는 안 된다고 주장한다.

우리는 하나님이 만물을 돌보시는 방식대로 이 세상과 모든 피조물을 돌볼 책임이 있다.

> 동산의 관리 책임을 아담에게 맡기셨는데, 이는 하나님이 우리 손에 맡긴 것을 우리가 소유하고 있다는 것과, 그 조건으로 그것들을 검소하고 적당하게 사용하는 데 만족하고 남은 것을 돌보는 책임을 져야 하는 것을 보여 주기 위해서다. 들판을 소유한 사람은 그곳에서 나오는 열매를 먹되 부주의로 땅이 손상되지 않게 하라. 그 땅을 받은 대

로 후손에게 물려주려고 노력하도록, 심지어는 더 잘 개발하도록 하라. 그곳에서 나는 열매를 먹되 사치해서 그 땅을 낭비하거나 방치해서 그 땅이 손상되거나 황폐해지지 않게 하라. 더 나아가 이러한 경제와 부지런함이, 하나님이 우리에게 누리라고 주신 그 좋은 것들과 관련하여 우리 가운데서 번성하게 하라. 각 사람이 스스로 자신의 모든 소유물을 관리하는 하나님의 청지기로 간주하게 하라. 그리하면 그는 방종하지도 않을 터이고 하나님이 보존하라고 명하신 것들을 남용하지도 않을 것이다(주석_ 창 2:15).

칼뱅은 신명기 20장 16-20절 설교에서도 사람들에게 선한 청지기가 되라고 권면했다.

사악함이나 악한 생각에 이끌려 나무와 집 같은 것들을 파괴하는 지경에 이를 때에는 우리 자신을 절제하고 반성해야 한다. 우리는 누구를 상대로 전쟁을 벌이고 있는가? 피조물이 아니다. 그 선하심이 여기에 반영되어 있는 분이다. 단 한 사람이 아니라 우리 자신을 포함한 모든 사람에게 대항하는 것이다. …… 하나님이 인간의 생명을 유지하려고 주신 땅을 내가 파괴하려 한다면, 나는 최선을 다해 하나님의 선하심을 없애려고 하는 셈이다.

칼뱅은 특히 "나무를 파괴하지 말라"고 사람들에게 경고했다. "우리 주님이 우리를 양육하는 어머니로 땅을 지정했기 때문이다." 땅이 우리 생명을 유지시키는 만큼, 그것은 "마치 하나님이 자신의 손길을 우리에게 뻗쳐서 그 선하심의 증거를 건네주시는 것과 같다"는 것을 우리는 기억해야 한다.

신명기 22장 6절 주석에서 칼뱅은 우리에게 둥지에 있는 어미 새를 죽일 생각을 결코 해서는 안 된다고 말한다.

우리에게 조금만 연민이 있어도 불행한 작은 새를 죽일 생각이 결코 떠오르지 않을 것이다. 그 새는 새끼를 향한 갈망이나 어린 것을 향한 사랑으로 달아올라서, 목숨은 아랑곳없이 자신의 알이나 새끼의 파멸보다 자기 목숨이 위태로운 편을 택하기 때문이다.

> 나의 하나님, 나의 왕이여
> 만물에서 당신을 보도록 나를 가르치소서.
> 그리고 내가 무슨 일을 하든지
> 당신에게 하듯 그 일을 하게 하소서.
>
> 이 조항을 가진 종은
> 단조로운 일을 신성하게 만드나니
> 당신의 법을 행하듯 방을 청소하고
> 그 행동을 멋지게 만드는도다.
>
> 조지 허버트(George Herbert)

5. 각 사람은 "자신의 소명을 생각해야 한다"

당신이 어떤 합법적인 일을 하든지 "당신의 소명에 순종한다면, 그 어떤 일도 그리 더럽고 천하지 않을 것이며, 밝게 빛나서 하나님이 보시기에 매우 귀하게 여겨지지 않는 일이 없을 것이다"(III.10.6).

칼뱅은 신자들에게 부지런히 일하라고 권면하되 일 자체를 목적으로 보지 않았고, 이기적인 경제적 개인주의를 부추기지도 않았다. 사람들이 "공통된 소명이 허용하거나 요구하는 것보다 바빠지면 얼마든지 헛되게 고생하고 약해질 수 있다"(주석_ 마 6:25-30). 칼뱅에게는 과도한 업무가 가장 큰 유혹이었을 것이다. 칼뱅이 어느 설교에서 한 말은 자신을 염두에 둔 것일지도 모른다. "쉴 새 없이 지나치게 많이 일해서 스스로를 처형하는 자가 굉장히 많다"(고린도전서 설교 2).

칼뱅은 하나님이 "나름의 특정한 생활 방식을 영위하도록 각 사람에게 의무를 지정하셨다"고 말한다(III.10.6). 중세에는 누구나 자기 운명을 수용해야 한다는 견해가 지배적이었다. 남자는 아버지가 하던 일을 하거나, 사제나 수도사가 되었다. 여자는 아내와 어머니가 되었다. 칼뱅은 불안과 성급한 변화를 경고하지만, 자기 신분을 개선하기 위한 사려 깊은 결정은 금하지 않는다. 고린도전서 7장 20절("각 사람은 부르심을 받은 그 부르심 그대로 지내라")을 주석하면서 이렇게 말했다.

> 재봉사에게 다른 기술을 배울 자유가 없거나, 상인에게 농사를 지을 자유가 없다면, 무척 어려울 것이다. 사도가 말하려는 것은 그것이 아니다. 일부 사람이 적당한 이유도 없이 무모하게 자기 직업을 바꾸는 것을 억제하려는 것이다. …… [바울은] 누구든지 일단 취한 생활 방식을 계속 영위하라고 요구하는 것이 아니라, 한 사람이 평화로운 마음으로 한 소명에 머물러 있게 하지 못하는 불안함을 정죄하는 것이다.

칼뱅은 인간의 소명에 보수적이면서도 진보적인 태도를 취했다. 우리의 "초소"에 머무르며 목표 없이 불필요하게 방황하지 말라고 주장하는 면에서는 보수적이다. 반면에 어느 일이든 선하고 하나님이 용납하신다는 면에서, 그리고 누구나 자기 신분을 개선하려 해도 좋다고 주장하는 면에서는 진보적이다.

하나님과 우리 자신을 알기

"하나님이 우리에게 자신을 아버지로 나타내신 이래로 …… 그리스도께서 우리를 깨끗케 씻으신 이래로 …… 그분이 우리를 그분 몸에 접붙이신 이래로 …… 우리 머리이신 그리스도께서 하늘로 올라가신 이래로 …… 성령께서 우리를 성전으로 하나님께 드리신 이래로 …… 우리의 영혼과 몸이 부패하지 않는 하늘로 가고 퇴색되지 않는 면류관을 받을 운명에 처한 이래로 …… 이런 것들은 한 사람의 인생을 세우기에 가장 다행스러운 토대들이다"(III.6.3). 당신의 토대를 점검해 보라. 당신은 무엇을 토대 삼아 인생을 세우고 있는가?

16장

칭의
"중심점"

"그러므로 우리는 이제 [칭의 교리를] 철저히 논해야 한다. 그리고 이것이 종교가 돌아가는 **중심점**임을 염두에 두고 논해서 이 교리에 더 큰 관심과 주의를 기울여야 한다"(III.11.1).

> 칼뱅의 칭의 논의를 살펴보면 "「기독교 강요」 내용이 줄곧 이 주제를 향해 발전되어 왔고, 로마서 1-3장의 논증이 저변에 깔린 주제였다는 것을 알게 된다."
> (Parker, *Calvin: An Introduction to his Thought*)

읽기 | 「기독교 강요」 III.11-19. [*1541* ch.6, pp.351-428; ch.14, pp.707-719.]

성경 본문 | 칼뱅은 누가복음 18장 13절에 나오는 세리의 기도("하나님, 이 죄인에게 자비를 베풀어 주십시오"[새번역])를 이렇게 번역한다. "당신의 자비의 심연이 내 죄의 심연을 삼키게 하소서"(1536년판 「기독교 강요」, 141).

주목할 인용문 | 믿음에 의한 칭의를 아는 지식이 "사라진다면 그리스도의 영광은 소멸되고, 기독교는 폐지되며, 교회는 파괴되고, 구원의 소망은 완전히 전복될 것이다"(*Calvin: Theological Treatise*, 234).

기도 | 전능하신 하나님, 우리는 우리 자신 안에서 길을 잃었사오니 우리를 위해 생명이 준비된 곳에서, 당신이 생명을 나타내시는 곳에서 생명을 얻으려는 마음을 품게 하소서. 그곳은 곧 당신의 아들입니다. 그리고 아들의 죽으심이라는 희생을 통해 우리에게 나타난 그 은혜를 받아들여 우리가 그분의 영으로 거듭나게 해주소서.

그리고 우리가 다시 태어난 후 우리 자신을 당신에게 온전히 바쳐서 이 세상에서 당신의 이름을 영화롭게 하고, 마침내 그 영광, 곧 당신의 외아들이 우리를 위해 얻어 내신 그 영광에 참여하는 자가 되게 하소서. 아멘.

(*Lifting Up Our Hearts*, 71.)

돌아보며 내다보며

J. I. 패커(Packer)는 제3권 11-18장의 관점에서 한참 뒤를 돌아보고 또 한참 앞을 내다본다.

"종교를 떠받치는 대들보"인 이신칭의(믿음에 의한 칭의)는 제3권 11-18장에서 논의되는데, 위치로나 신학적으로나 「기독교 강요」의 중심을 차지한다. 앞 내용은 우리가 그 교리를 이해하기 전에 반드시 알아야 할 것들이다. 하나님은 삼위일체로, 거룩하고 공의로우시되 선하고 은혜로운 분이며 역사의 주인이자 만물의 섭리자라는 것(I.10-18), 경건이란 하나님을 향한 겸허한 사랑, 감사, 경외, 순종, 의존을 말한다는 것(I.2), 우리 인간은 선천적으로 죄인이어서 죄 가운데 눈이 멀고 무력하다는 것(II.1-5), 신구약 모두 우리를 위해 죽음으로 구원을 획득하신, 신이자 인간인 중보자 예수를 증언한다는 것(II.6-17), 율법이 요구하는 것(II.8), 믿음의 정의(III.2), 하나님이 믿음을 주시는 방법(III.1), 믿음이 회개를 낳는 방법(III.3-5), 그리스도인의 삶(III.6-10) 등이다.

칭의 이후에 나오는 내용은 사실상 의롭게 된 죄인인 우리의 영적 건강을 도모하는 것들이다. 율법에서 자유로워져야 율법에 순종할 수 있음을 알아야 한다는 것(III.19), 기도 없이는 우리가 전진할 수 없다는 것(III.20), 우리는 영광스러운 부활에 대한 확실한 소망이 있다는 것(III.25), 우리 영혼이 성장하려면 교회에서 말씀과 성찬 사역에 참여해야 한다는 것(III.1-19), 우리는 좋은 시민이 되어야 한다는 것(IV.20)이다(*A Theological Guide to Calvin's Institutes*, xii).

칭의와 성화

제3권 서두에서 칼뱅은 동일하게 관심이 가는 두 가지 주제에 직면했다. 칭의와 성화다. 그는 둘 중 성화를 먼저 다루기로 결정했다. "우리는 믿음에서 회개로 넘어가는 것을 다룰 것이다. 이 주제를 올바로 이해하면 사람이 오직 믿음으로만 의롭게 된다는 것이 더 분명하게 드러날 것이다"(III.3.1). 우리가 제3권 2-10장에서 다룬 그리스도인의 삶의 원천은 무엇인가? 칼뱅은 이렇게 답변한다. 오직 하나님만 이 일을 하실 수 있으며, 그분은 오직 믿음으로 죄인을 의롭게 하시는 것에서 출발하신다는 것이다. "실질적인 성결한 삶은 값없는 의(義)의 전가에서 분리되지 않는다"(III.3.1).

칼뱅은 "칭의를 별개로 존재하는 단 하나의 신적 선물로 보지 않고 쌍둥이 선물 중 하나로 간주한다. 이는 그가 「기독교 강요」에서 거듭 강조하며 그의 구원론에서 축이 되는 사항이다"(Helm, *Calvin at the Centre*, 197). 다른 선물은 바로 성화다. 둘은 영원 전부터 "그리스도 안에서" 선택받은 백성에게 주시는 그리스도의 선물이다. 칼뱅은 에베소서 1장 4-5절 주석에서 이렇게 썼다.

> 이 구절은 우리의 소명과 우리가 하나님에게 받는 모든 혜택의 토대이자 첫째 원인이 그분의 영원한 선택이라고 선언한다. …… 그것은 우리에게 어떤 자격이 있어서가 아니라 우리 하늘 아버지께서 입양이라는 특권을 통해 우리를 그리스도의 몸으로 영접하셨기 때문이다.

성화와 칭의는 모두 우리와 그리스도의 연합에서 나온다. 둘 다 우리가 믿음으로 받는다. "주님은 오직 그분의 희생으로 우리에게 이런 유익을 주시기 때문에 …… 둘을 동시에 선사하신다. 따라서 하나가 없으면 다른 하나도 있을 수 없다"(III.16.1). 칭의와 성화가 분리될 수 없는 것은 그리스도께서 "여러 조각으로 나뉘실 수 없기" 때문이다(III.16.1). 둘은 분리될 수 없을 뿐더러 동시에 발생한다. 그러나 칭의와 성화를 혼동해서는 안 된다. "태양의 찬란한 빛이 그 열에서 분리될 수 없다고 해서 땅이 그 빛으로 데워진다고, 또는 그 열로 밝아진다고 말할 수 있을까?"(III.11.6) 태양은 빛과 열 모두의 원천이고, 그 빛과 열은 분리될 수 없다. 그러나 동시에 오직 빛이 밝혀 주고, 오직 열이 데워 준다. 둘은 항상 함께 있지만 어느 하나가 다른 하나가 되지는 않는다.

칼뱅은 구원의 결과(성화)가 구원의 근거(칭의)로 여겨지는 것을 허용하지 않는다. 칭의는 그리스도께서 우리를 **위해** 행하신 일에 기반을 둔다. 이에 비해 성화는 그리스도께서 우리 **안에서** 행하시는 일에 기반을 둔다. 칭의는 그리스도께서 십자가에서 하신 일로 단번에 성취되었다. 성화는 우리 안에서 성령이 하시는 일을 통해 날마다 성취되고 있다. 칭의는 구원을 얻기 위해 율법에 순종해야 하는 의무에서 우리를 해방시킨다. 성화는 거룩해지기 위해 우리가 율법에 순종할 수 있게 해준다. "칭의는 전가된 순결을 제공하고, 성화는 실질적인 순결을 제공한다"(Beeke, *The Cambridge Companion to John Calvin*).

칭의는 (시간적으로가 아니라) 논리적으로 성화에 앞선다. 칭의는 성화를 가능케 하고, 또한 성화가 필요하게(그리고 어쩌면 불가피하게) 만들지만, 칭의가 성화의 원인은 아니다. 칭의에 믿음이 반드시 필요하듯이 성화에도 마찬가지다. 참된 성화는 칭의가 없으면 알아볼 수 없다

(III.16.1). "성화에 의한 칭의는 사람이 하늘로 가는 길이고 …… 칭의에 의한 성화는 하나님의 길이며, 그분은 영혼을 자신의 선(善)으로 가득 채우신다"(Thomas Adam, *Private Thoughts on Religion*, 242).

오직 믿음으로 의롭게 되다

칼뱅은 먼저 칭의가 무엇인지(III.11.1-2) 말한 뒤에 성경적 근거를 제공한다(III.11.3-4). 이어서 오시안더의 견해(III.11.5-12)와 로마 가톨릭 교리(III.11.13-20)를 논박한다. 제3권 11장 21-23절에서는 자신이 내린 정의로 되돌아가 자신이 한 말을 회고한다. 칭의 교리에 아홉 장을 할애한 칼뱅은 이렇게 말한다. "마치 그 교리가 의심스럽거나 모호하기라도 한 듯이 내가 그 교리를 주장하는 데 그토록 많은 신경을 쓰다 보니, 하나님의 자비에 공정하지 못할 위험이 있다는 생각이 거듭 내 머릿속에 떠오르기도 한다"(III.14.6).

칼뱅은 칭의에 대한 몇 가지 정의(定義)를 내놓았다.

- "하나님이 우리를 의로운 자로 용납하여 그분의 은총 속으로 영접하는 것 …… 그것은 죄 용서와 그리스도의 의의 전가에 있다"(III.11.2).

- "의롭게 한다는 것은 고소당한 사람을, 마치 무죄가 확증된 것처럼 유죄에서 풀어 주는 것이다"(III.11.3).

■ "우리는 칭의를 다음과 같이 정의한다. 그리스도와의 교제로 영접된 죄인이 하나님의 은혜로 그분과 화해하고, 다른 한편으로는 그리스도의 피로 깨끗해져서 죄를 용서받고, 마치 자기 것인 양 그리스도의 의(義)로 옷 입고, 하늘의 심판석 앞에 담대하게 서는 것이다"(III.17.8).

하나님이 한 사람을 의로운 자로 선포하셔서 그를 의롭다고 하시는 것은 그리스도의 의가 그에게 전가되었기 때문이다. 형의 옷을 입은 야곱처럼, 우리는 "우리 맏형인 그리스도의 고귀한 순결 아래 숨어 하나님 눈에 의인으로 입증된다"(III.11.23). 전가(轉嫁)는 추상 개념이 아니라 본질적이고 실제적인 교리다. 전가를 떠나서는 용서를 도무지 이해할 수 없기 때문이다. 전가란, 값이 완전히 지불되었다는 뜻이다. 다음 찬송가에 그 의미가 잘 표현되어 있다.

주의 은혜로 대속받아서
피와 같이 붉은 죄
눈같이 희겠네(새찬송가 263장).

하나님은 한 사람을 오직 "믿음으로" 의롭게 하신다. 이는 오직 하나님만 의롭게 하신다는 뜻이다. 우리는 어떤 것도 더할 수 없다. 그저 칭의를 받을 뿐이다. 성경에는 믿음에 의한 칭의와 관련하여 "오직"(alone)이라는 단어가 나오지 않는다는 이유로 종교개혁자들은 그 단어를 덧붙였다는 비난을 받았다. 칼뱅은 이렇게 답변한다. "칭의가 율법이나 우리 자신 중 어느 것에도 달려 있지 않다면, 오직 자비 덕분으로 돌려서는 안 되는 이유가 있는가? 그리고 그것이 오직 자비로 말미암는다면, 그것은 오직 믿음에 의한 것이다"(주석_롬 3:21).

우리는 성령으로 그리스도와 연합하는 순간 의롭게 되지만, 칭의는 단순히 하나님이 우리 과거에 행하신 일이 아니다. 제3권 14장 제목은 "칭의의 시작과 지속적인 진보"다. 로마서 8장 30절 주석에서 칼뱅은 "칭의란 하나님이 신자를 부르신 때부터 그가 죽는 순간까지 하나님의 은총이 지속되는 과정을 포함하는 것으로 얼마든지 확장될 수 있다"고 말한다. 이어서 "하나님과 화해하여 더 이상 우리의 불행이 그분의 저주를 뜻하거나 멸망으로 이끌지 않는 것보다 바람직한 일이 있는가?"라고 덧붙인다.

오시안더에게 답하다

칼뱅은 그리스도의 의가 죄인에게 전가된다는 사상을 배척한 루터파 신학자 오시안더의 가르침을 다룬다. 칼뱅에 따르면 오시안더는 그 자리에 이른바 "본질적 의(essential righteousness)라는 이상한 괴물"을 놓았다. 오시안더의 주장인즉, 하나님은 실제로나 개인적으로 의롭지 않은 사람들을 의롭게 간주하실 수 없다는 것이다. 우리가 의롭게 되는 것은 전가에 의해서가 아니라 그리스도의 본질이 실제로 주입되어 이뤄진다고 가르쳤다. 그러므로 칭의로 우리 것이 된 그 의는 신적 존재인 그리스도께 속해 있다가 실제로 우리에게 주어진 의이지 법정적으로 전가된 의가 아닌 것이다. 하나님이 우리를 의로운 자로 보시는 것은 우리가 정말로 의롭기 때문이다.

칼뱅이 오시안더의 신학을 비판하는 것은 그리스도의 인성 안에서 성취된 "그리스도의 순종과 희생적 죽음"을 부인하고, 칭의가 내면에 일어난 어떤 것 또는 그리스도의 신성이 그리스도인에게 주입된 것에 근거한다고 보기 때문이다. 칭의의 기반을 신자 안에 있는 의에 두는 것은 또 다른 형태의 로마 가톨릭 교리일 뿐이다. 오시안더는 가톨릭처럼 칭의와 성화를 혼동했고, 오직 믿음에 의한 칭의보다는 성화에 의한 칭의를 가르쳤다. 이에 반해 칼뱅은 신자에게는 "그들 밖에 있는 의"가 주어졌으며(III.11.11), 그로 인해 "본질적으로 의롭지 않은 우리가 그리스도 안에서 의로운 자로 간주된다"고 주장한다(III.11.3). 이렇게 간주되는 것은 공식적인 선언일 뿐 아니라 변화를 수반하는 그리스도와의 연합이기도 하다. "[그리스도를] 우리 밖의 동떨어진 존재로 보면서 그분의 의가 기계적으로 우리에게 전가된다고 간주하는 것이 아니라, 우리가 그분을 옷 입고 그분 몸의 지체가 되는 것이다"(III.11.10).

로마 가톨릭에 답하다

로마 가톨릭 신학은 "하나님의 은혜를 값없는 의의 전가로 보지 않고 성령이 거룩함을 추구하도록 돕는 것으로 보고"(III.11.15) 은혜에 행위를 더했다. 간단하게 말하면, 로마 가톨릭은 "의로움이 믿음과 행위로 구성된다"(III.11.13)고 믿었다. 또는 은혜의 도움을 받은 행위를 공로로 간주했다고 할 수 있다. 에베소서 1장 17-18절 설교에서 칼뱅은 이렇게 말했다. "가톨릭은 하나님의 은혜 없이는 우리가 마땅히 행할 바대로 행할 수 없다는 점을 쉽게 인정할 것이다. 그런데 동시에 그들은 우리 자신의 자유의지로 하나님의 은혜를 촉진시킬 수 있다고 말한다. 이것은 두 가지를 섞어 버리는 것이다."

로마 가톨릭이 말하는 구원관은 다음과 같이 개관할 수 있다.

- 사람은 "자기 안에 있는 것"을 행한다(로마 가톨릭은 이 첫 번째 노력이 순전히 선천적인 것인지, 하나님의 도움을 받은 것인지를 놓고 논쟁했다).

- 하나님은 매우 관대하게 이 노력을 제한적 의미("절반 공로" 또는 "재량 공로")에서 "공로"로 보시고 그것을 은혜로 채우신다.

- 하나님의 은혜는 참으로 훌륭한 행실("완전 공로" 또는 "적정 공로")을 가능케 하신다.

- 훌륭한 행실은 더 많은 은혜와 더 많은 공로로 이어진다.

- 훌륭한 행실은 하나님의 은혜에 도움 받아 마침내 (연옥 이후) 하늘의 영원한 삶으로 이어지며, 이는 선물인 동시에 보상이다.

칼뱅의 "칭의 순서" 또는 "믿음에 의한 의"는 가톨릭의 "행위에 의한 의"와 뚜렷하게 대조된다. "믿음에 의한 의는 행위에 의한 의와 매우 달라서 전자가 확립되면 후자는 폐지되어야 한다"(III.11.13). "행위를 더한 믿음"의 자리에 칼뱅은 오직 믿음만 두며, 그 믿음은 하나님이 주시는 선물이다. 하나님은 죄인을 의롭게 하시는데, 이는 순전한 자비다. 더 필요한 것은 없다. 다른 어떤 것도 가능하지 않다. 칼뱅은 가톨릭의 표현("사람은 자기 안에 있는 것을 행한다")을 사용하면서, 타락한 사람 안에는 "오직 비참한 상태"와 "결핍과 허무라는 수치스러운 상태" 밖에 없다고 말한다(III.11.16). 사람은 죽은 상태인데, "죽은 자가 생명을 얻기 위해 무엇을 할 수 있느냐?"고 칼뱅은 묻는다(III.14.5).

> "스펄전은 이렇게 말한다. 로마 가톨릭은 성(聖) 데니스에 관한 굉장한 기적을 보유하고 있다. 가톨릭에서는 데니스가 잘린 자기 머리를 손에 들고 3,200킬로미터를 걸어갔다는 거짓 전설을 들려준다는 것이다. 이에 대해 한 현인은 3,200킬로미터라는 거리는 전혀 문제되지 않는다고 말한다. 다만 문제가 되는 것은, 첫 발자국이라는 것이다. 우리는 이런 식으로 구원을 믿는다. 죽은 죄인이 생명을 주는 하나님의 능력을 먼저 느끼지 않고도 첫 발자국을 디딜 수만 있다면, …… 그의 구원에 내포된 다른 모든 발자국을 내딛지 못할 이유가 없다."
>
> (Reed, *The Gospel as Taught by Calvin*, 73-74)

칼뱅이 말하는 구원의 길은 이렇게 개관할 수 있다.

- 하나님은 "그분 자신 안에서 사람에게 은혜를 베풀 이유를 찾으신다"(III.11.16).

- "그리고 하나님은 죄인을 만지신다. …… 이것이 믿음의 경험이다"(III.11.16).

믿음은 행위가 아니다. 수용하는 것이지 기여하는 것이 아니다. 믿음은 받아들이기만 할 뿐 더하지 않는다. "우리는 믿음을 그릇에 비유한다. 우리가 텅 빈 채로 나오지 않으면, 그리스도의 은혜를 찾기 위해 우리 영혼의 입을 열지 않으면, 우리는 그리스도를 받아들일 수 없다"(III.11.7). "하나님의 은혜에 인간이 보이는 반응은 구원의 원인이 아니라 결과다"(Partee, *The Theology of John Calvin*, 90).

- 선행은 칭의에 반드시 따라오지만 칭의에 기여하지는 않는다. "우리는 행위 없이 의롭게 되는 것이 아니지만 행위를 통해 의롭게 되는 것도 아니다"(III.16.1).

- 영생과 하늘의 보상은 오직 하나님의 은혜가 초래하는 결과다.

하나님의 거룩하심

제3권 12장에서 칼뱅은 "하나님의 값없는 칭의를 확신하려면 그분의 심판석을 바라봐야 한다"고 말한다. 칼뱅은 독자들에게 죄인의 능력으로는 행위로 의롭게 될 수 없음을 다시금 상기시킨다. 우리는 "하나님의 심판에 충분히 대처할 수 없다." 하나님의 거룩함에 비춰 보면 우리는 자신감을 잃고 만다. "밤에는 그토록 밝게 보이는 별들이 해 앞에서 그 빛을 잃고 만다면, 가장 순수한 사람이라도 하나님의 순결과 비교하면 어떻게 되겠는가?"(III.12.4)

값없는 칭의

칼뱅은 제3권 13장에서 "값없는 칭의와 관련하여 두 가지를 주목해야 한다"며 두 가지 중요한 논점을 제시한다.

1. "값없는 칭의" 교리, 즉 오직 믿음에 의한 칭의로 말미암아 하나님의 영광은 드높아진다

"사람은 약간의 의로움도 신성모독 없이는 자기 것으로 주장할 수 없다. 하나님의 의가 지닌 영광을 그만큼 빼앗아 오는 것이기 때문이다"(III.13.2). "주님, 나를 도와주셔서 감사합니다"라는 말은 "주님, 나를 구원해 주셔서 감사합니다"라는 말과 다르다.

2. 값없는 칭의 교리 때문에 신자들은 평안한 양심을 갖게 된다

"의로움을 매우 확고하게 세워서 하나님이 심판하실 때 우리 영혼을 지지할 수 있는 것"은 바로 오직 믿음에 의한 칭의, 즉 "하나님의 선물"로 주어지는 구원이라고 칼뱅은 주장한다. 구원이 행위로 얻는 것이라면, 심지어 부분적으로라도 그렇다면, 우리는 구원을 얻을 만한 행위를 했는지 여부를 결코 알 수 없을 것이다. 칼뱅은 독자들에게 이렇게 도전한다. "그냥 가서 하나님 앞에 당신의 선행을 내놓고 그중에 무엇이 남을지 보라!"(3.12.2)

> 예수님, 당신의 보혈과 의는
> 나의 아름다움, 나의 영광스런 옷
> 이렇게 정렬된, 불타는 세상 한가운데서

> 기쁨으로 내 머리를 들겠네.
>
> 예수님, 당신에게 끝없는 찬양이 이어지길
> 나를 향한 당신의 자비 한이 없으니
> 나를 위해 완전한 속죄 이루셨고
> 영원한 구속의 대가 지불하셨네.
>   니콜라우스 루트비히 폰 친첸도르프(Nikolaus Ludwig von Zinzendorf)

칭의에 관한 추가 사항

14장("칭의의 시작과 지속적인 진보")에서 칼뱅은 구원 과정 전체가 하나님의 사역이라는 것을 다시 설명한다. "바울은 에베소 교인들에게 은혜에서 구원이 시작되었다고 말하지 않고 은혜를 통해 구원받았다고 말하면서, '행위에서 난 것이 아니니 이는 누구든지 자랑하지 못하게 함이라'고 분명히 밝힌다"(III.14.11). "성경에 서로 상반된 것으로 묘사된 이 둘(믿음으로 의롭게 되는 것과 행위로 의롭게 되는 것) 사이에는 중간자가 없다"(주석_ 시 143:2).

회개와 죄 용서(성화와 칭의)는 모두 하나님의 선물이다. 성화는 그리스도인의 삶을 통틀어 계속될 뿐 아니라 칭의도 마찬가지다. 그리스도인은 평생 동안 지속적인 칭의 사역이 필요하다. 우리는 늘 완전함에 이르지 못하지만 하나님의 자비가 우리의 실패에 대응하여 "지속적인 죄 용서로 우리를 거듭 무죄로 만들어 주기" 때문이다(III.14.10). 칼뱅은 제3권 15장 7절에서 믿음에 의한 칭의를 "모든 경건의 요약판"이라고 설명한다. 하나님이 의롭다고 하신 모든 사람은 "거듭났고"

"죄의 영역에서 의의 영역으로" 들어갔으며 하나님의 지속적인 은혜로 선을 행한다.

칼뱅은 아리스토텔레스의 네 가지 "원인"을 칭의에 적용하고, 그 가운데 어느 것도 행위와는 관련이 없다고 주장한다. 구원의 작용인은 하나님의 자비고, 질료인은 그리스도며, 형상인 또는 도구인은 믿음이고, 목적인은 하나님의 영광이다(III.14.17, 21). 칼뱅에 따르면 에베소서 1장에서 바울은 이렇게 가르쳤다. "우리는 하나님의 순전한 자비로 은혜의 영역에 들어간다. 이는 그리스도의 중보로 발생하고, 믿음으로 깨닫게 되며, 만물은 하나님의 찬란한 선하심을 온전히 빛내기 위해 존재한다"(III.14.17).

칭의와 선행

제3권 15-17장에서 칼뱅은 스스로 의롭다는 인간의 주장이 하나님의 영광을 손상시키고 우리 양심의 평안을 깨뜨린다는 점에서 얼마나 파괴적인지를 다시 강조한다. 행위가 우리 구원에 아무것도 기여할 수 없는 것은 우리의 선행조차 모자라서 용서가 필요하기 때문이다. 우리의 선행, 심지어 최고의 선행조차 하나님이 정화하셔야 한다. 칼뱅은 우리가 "이중 칭의"를 경험한다고 말한다. 하나님이 그리스도 안에서 우리를 받아들이실 뿐 아니라, 그리스도 안에서 우리 행위도 수용하신다는 것이다. 하나님은 "아버지다운 관대함과 인자하심으로, 그 가치를 생각하지도 않은 채" 우리의 행위를 "영예로운 자리"로 올리시고, "그 행위들에 가치를" 부여하신다고 칼뱅은 말한다(III.17.3).

칼뱅은 그리스도인의 삶을 실제적으로 묘사하면서 성화에 관한 신학적 논의를 끝낸 것처럼(III.6-10), 칭의에 관한 신학적 논의(III.16-19)도 그리스도인의 선행을 묘사하면서 마무리한다(III.17-19). 윌리엄 에드거(William Edgar)의 글을 인용하자면, "칼뱅은 경건, 거룩한 삶, 하나님을 아는 지식, 참된 성화에 매우 관심이 많아서 여기서 칭의를 목적 못지않게 하나의 수단으로 본다"(*A Theological Guide to Calvin's Institutes*, 321-22). 앞서 살펴보았듯이, 칼뱅은 칭의를 논하기 전에 성화와 선행을 다룬다. 그리고 칭의에 관한 논의를 끝낸 후 다시 선행으로 돌아간다. 오직 믿음으로 의롭게 되는 칭의를 선행으로 둘러싼 셈이다. "칭의를 행위에서 떼어 놓는 것은 아무 선행도 하지 말라거나 행한 것이 선하지 않다고 부인하기 위해서가 아니라, 우리가 선행에 의지하고 선행을 자랑하거나 구원을 선행 덕분으로 돌리지 않게 하려는 것이다"(III.17.1).

"믿음에 의한 칭의로 말미암아 선행이 파괴되고 만다"고 주장하는 이들에게 칼뱅이 대답한 바에 따르면, 성경은 "선행이 결여된 믿음"은 물론 "선행 없이 서 있는 칭의"도 가르치지 않는다. "우리는 행위 없이 의롭게 되는 것이 아니지만 행위를 통해 의롭게 되는 것도 아니다"(III.16.1). 우리의 구원이 부분적으로 행위에 기인한다고 말하는 이들을 우리는 계속 격퇴해야 한다(III.17.1).

칼뱅은 제3권 17장 4절에서 "이중 용납" 교리를 제시한다. 우리가 일단 하나님의 순전한 자비로 용납받으면, 성령이 우리 안에서 선행을 낳고 이것 역시 하나님께 용납받는 것이다. 그래서 어느 의미에서는 우리의 선행으로 우리가 용납받는데, 칼뱅은 그것이 "하나님이 그 선행의 근원이시기 때문"이라고 덧붙인다(III.17.5).

칼뱅은 행위가 아닌 오직 믿음으로만 의롭게 된다는 프로테스탄트 견해와 상충하는 듯한 성경 구절을 다룬다. 이런 구절들은 "내실 없는 믿음은 의롭게 할 수 없으며, 신자는 그런 모양새에 만족하지 않고 선행으로 자신의 의를 말한다"(III.17.12)고 가르친다고 칼뱅은 주장한다. 특히 시편에 많이 나오는 언급, 즉 신자가 하나님 앞에서 자신이 의롭다는 증거로 그들의 행위를 호소하는 대목들은 행위에 의한 칭의를 가르치는 것이 아니라 행위를 하나님의 칭의 표시로 제시하는 것이라고 주장한다. 더 나아가, 칼뱅은 신자가 "하나님의 완전함과 관련해서가 아니라 악과 사악한 인간들과 비교해서 의롭다고 주장하는 것이다"(III.17.14)라고 말한다.

제3권 18장에서는 보상이라는 주제를 다룬다. 우리의 행위가 비록 불완전하지만, 하나님은 그에 대해 보상을 주신다. 그러므로 우리가 받는 보상은 하나님의 선물이다. 다름 아닌 하나님이 우리에게 선행의 능력을 주시고 자비로 그 행위들을 정화하셔서 받으시는 분이기 때문이다. 성경이 말하는 보상은 고용된 종이 아니라 자녀에게 주어진다. "종의 품삯이 아니라 자녀의 유산이다"(III.18.2). "하나님의 영이 우리 안에서 수행하시는 일을 우리도 수행한다고 말하지 않을 이유가 없다. 우리 자신의 의지는 하나님의 은혜와 상관없이 독자적으로는 어떤 것도 기여할 수 없지만 말이다"(II.5.15). 칼뱅은 에베소서 2장 10절("우리는 그가 만드신 바라 그리스도 예수 안에서 선한 일을 위하여 지으심을 받은 자니")을 설교하면서 하나님의 행위를 친절하고 관대한 주인의 행위에 비유한다.

주인에게 돌봄 받아 온 한 남자가 돈이 필요해서 그 주인에게 돈을 빌렸는데 (그 돈을 갚기 위해) 주인에게 다시 돈을 받았다면, 과연 그

남자는 나중에 그 돈을 갚았다고 자랑할 수 있을까? 어떤 주인은 자비로울 뿐 아니라 관대함이 흘러넘쳐서 남자에게 숙식을 제공하고 "여기서 내 돈을 갚을 만한 것을 취하라"고 말하기도 한다. "내 자비로운 태도로 네가 비열해 보이지 않도록 내가 네 손에서 되갚음을 받을 것이나 그 돈은 내 지갑에서 나올 것이다."

성경에 나오는 "보물을 하늘에 쌓아 두라"는 표현은 우리 행위의 가치를 언급하는 것이 아니라 우리 인생의 올바른 투자를 가리킨다고 칼뱅은 주장한다. "하늘이 우리 본향이라고 믿는다면, 우리의 소유를 여기서 붙들고 있다가 갑작스럽게 이주할 때 모두 잃어버리는 것보다 그 소유를 저쪽으로 양도하는 편이 낫다"(III.18.6).

그리스도인의 자유

> "칼뱅이 이해한 것처럼 그리스도인의 자유는 분명히 천명된, 그리스도인 삶의 한 차원이다. …… 그것은 믿음을 통해 은혜로 의롭게 된다는 칭의 교리를 일상적이고 실제적으로 구현하는 것이다." (Leith, *John Calvin: The Christian Life*, xii)
>
> "칼뱅의 이름을 자유의 개념과 연관시킨 사람은 별로 없다. 그들에게 이 위대한 장(章)을 공부하게 하라." (Breen, *John Calvin: A Study in French Humanism*, 163)

칼뱅은 제3권 19장에서 "그리스도인의 자유"를 다루는데, 이 자유를 "칭의의 부속물"이라고 부른다(III.19.1). 우리가 그리스도인의 자유를 올바로 이해하면 의심과 율법주의에서 벗어나 자유로이 즐겁게 하나님을 위해 살 수 있다. "이 자유를 이해하지 못하면 그리스도와 복음의 진리, 영혼의 내적 평안 등을 제대로 알 수 없다." 마이클 호튼은 "우리는 현재의 완전한 칭의에 근거해 자유와 확신 가운데 살고 있는 것이지, 칭의를 목표로 삼고 살아가는 것이 아니다"라고 말한다(*Calvin on the Christian Life*, 96).

성화와 칭의는 모두 우리의 생활 방식에 영향을 끼친다. 칼뱅은 회개를 다룬 후 구체적으로 삶에 어떻게 적용되는지를 논한다. 칭의를 다룬 뒤에는 그리스도인의 자유를 실제적으로 논한다. 칭의는 우리의 일상생활에 어떤 변화를 일으키는가? 칼뱅은 그리스도인이 누리는 세 가지 "자유"를 논한다.

1. 행위에 의한 구원에서 자유롭게 되었다는 의미에서 우리는 율법으로부터 자유를 얻었다. 그러므로 우리는 "죄 사함 받은 것을 흔들리지 않는다"(III.19.2)

우리는 우리의 구원에 대해 율법을 잊어버리고 하나님의 은혜만 바라볼 수 있다. 그렇다고 율법이 더 이상 "제3의 용도"로 기능하지 않는다는 뜻은 물론 아니다. 율법이 "비록 하나님의 심판석 앞에서는 신자들의 양심 속에 있을 자리가 없지만, [신자들에게] 선을 행하도록 가르치고 권면하며 촉구하는 역할은 멈추지 않는다"(III.19.2). 그리스도인은 그리스도의 의(義)로 율법에서 자유로워졌으나, 우리는 이제 율법에 대해 자유롭고, 기쁘게 율법을 수용하며, 자유로이 율법에 따라 살게 되었다.

> 그리스도께서 성취한 율법을 보고
> 용서하시는 그분의 음성을 듣는다.
> 그러면 노예는 자녀로,
> 의무는 선택으로 바뀐다.
>
> 윌리엄 쿠퍼

2. 우리는 하나님의 자녀로 자유로이 하나님께 순종하며, 우리의 양자 됨이 우리의 순종에 기초하는 것이 아니라 그 순종이 우리의 양자 됨에서 흘러나온다는 것을 안다

우리의 "작고 투박하고 불완전한" 행위는 (마치 엄격한 아버지가 늘 자녀의 행실을 트집 잡듯이) 율법의 엄격한 요구에 따라 평가되는 것이 아니라 하나님의 사랑으로 그리스도를 위해 용납된다는 것을 우리는 확신한다(III.19.5).

> 주님, 저를 포로로 만들어 주십시오.
> 그러면 제가 자유로워질 것입니다.
> 제 칼을 내려놓도록 강요해 주십시오.
> 그러면 제가 정복자가 될 것입니다.
> 저는 인생의 불안에 침몰합니다.
> 저 홀로 서 있을 때는
> 저를 당신의 팔로 가두십시오.
> 그러면 제 손이 강해질 것입니다.
>
> 조지 매더슨(George Matheson)

3. 우리는 "좋지도 나쁘지도 않은" 것에서 자유롭다

이것은 우리가 "그리스도인의 자유"라는 소리를 들으면 흔히 생각하는 바다. 율법이 구체적으로 다루지 않는 많은 것에서 그리스도인은 자유로우며, 중용과 연민이라는 두 원칙에 인도된다.

중용은 우리를 두 극단에서 지켜 준다. 금욕이라는 극단은 양심을 "헤어날 수 없는 긴 미궁"에 가둬 놓아서 "도무지 빠져나가기가 어렵다"(III.19.7). 금욕은 "하나님이 우리에게 주신 목적에 따라" 그 좋은 선물들을 사용해야 한다는 사실을 인정하지 못한다(III.19.8). 반대 극단은 방종이다. 우리는 "사치스럽게" 살면 안 된다고 칼뱅은 말한다(III.19.9).

자유를 사용할 때 우리가 좇을 둘째 원리는 연민이다. 우리는 그리스도인의 자유를 오용해서는 안 되며, 오직 "이웃에게 덕을 세우는 데" 사용해야 한다(III.19.10). 나는 어떤 일을 할 때와 마찬가지로 그 일을 하지 않을 때에도 그리스도인의 자유를 행사하는 것이다.

여기서 칼뱅은 두 가지 사항을 경고한다. 첫째, 우리는 "우리의 연약한 형제의 무지"와 "바리새인의 엄격함"을 구별해야 한다(III.19.11). 바울은 디모데의 할례에 동의하지만 디도의 할례에는 동의하지 않았다. 디모데에게는 "그러는 것이 유익했기" 때문에 그의 자유를 제한했다. 반면 바울이 "거짓 사도들의 부당한 요구"에 대항해 디도의 자유를 주장한 것은 그러는 것이 옳았기 때문이다. 둘째, 우리는 이웃의 마음을 거스르지 않으려고 "하나님을 거슬러서는" 안 된다. 어떤 이들은 사람들이 계속 가톨릭 미사에 참석하는 것을 허용해야 한다고 말했다. 고기를 먹기 전에 우유를 마셔야 한다는 논리였다. 칼뱅은 동의하지 않고, "우유는 독이 아니다"라고 말했다(III.19.13).

우리는 "좋지도 나쁘지도 않은" 것은 하나도 없다는 점을 기억해야 한다. 우리가 행하는 모든 것은 하나님의 얼굴 앞에서 행하는 것이기 때문이다(III.19.8).

하나님과 우리 자신을 알기

"[그리스도] 안에 참여할 때 우리는 이러한 경험을 한다. 우리는 여전히 어리석지만 그분이 하나님 앞에서 우리의 지혜가 되신다는 것, 우리는 죄인이지만 그분이 우리의 의(義)가 되신다는 것, 우리는 불결하지만 그분이 우리의 순결이 되신다는 것, 우리는 연약하지만 …… 그러나 하늘에서 그분에게 주어진 능력이 우리 것이 된다는 것이다"(III.15.5).

"그러므로 우리는 그 어떤 공로도 자랑하지 말고 [오직] 하나님의 순전한 자비만 자랑하는 것을 배우자. 동시에 그분을 섬기라는 격려를 더 많이 받고, 그분이 우리를 그토록 온유한 인자하심으로 제어하여 이런 식으로 그분 자신께 끌어당기길 원하신다는 것을 알자"(*John Calvin's Sermons on the Ten Commandments*, 298).

17장

기도
"믿음의 주된 훈련"

"기도는 **믿음의 주된 훈련**이며, 우리가 날마다 하나님의 은혜를 받는 수단이다"(제3권 20장 제목).

> "칼뱅이 논한 기도와 비슷한 것은 없다. 극소수의 조직신학만이 칼뱅을 좇아 기도를 다루는 중요한 장(章)을 포함시켰다. 칼뱅은 신학적이면서도 실제적이고, 늘 그렇듯 매우 포괄적이다. 이것은 참으로 보기 드문 경우다. 영적으로 고상한 어조와 맛을 겸비하여 독자로 하여금 기도하고 싶게 만드는 심오한 신학이다."
> (Keller, *Prayer: Experiencing Awe and Intimacy with God*, 268)

읽기 | 「기독교 강요」 III. 20. [*1541* ch.9, pp.517-559.]

성경 본문 | "주의 눈은 의인을 향하시고 그의 귀는 의인의 간구에 기울이시되"(벧전 3:12).

주목할 인용문 | "주님, 우리는 우리의 의로운 행위가 아니라 당신의 자비에, 실로 당신의 크고 무한한 선하심에 [기초하여] 당신 앞에 우리의 기도를 올립니다"(시편 115편 1-3절 설교).

기도 | 전능하신 하나님, 당신의 아들이 흘리신 고귀한 피로 우리를 당신 자신과 화해시키셨사오니, 우리가 우리 자신이 아니라 당신께 완전한 순종으로 헌신하도록, 우리 자신을 전적으로 당신께 성별하도록 허락하소서. 우리 몸과 영혼을 제물로 바치도록, 우리가 참되고 진실한 예배에 등 돌리기보다는 백 번 죽는 편을 택하도록 준비시키소서. 특히 우리 스스로 기도를 훈련하도록, 당신께 매 순간 날아가서 우리 자신을 아버지다운 당신의 배려에 맡기도록, 당신의 영이 끝까지 우리를 다스리도록 허락하소서. 당신의 외아들이 그분의 피로 우리를 위해 마련한 그 하늘 왕국에 우리가 다 함께 들어갈 때까지 우리를 지키시고 지탱해 주소서. 아멘.

(*Lifting Up Our Hearts*, 255.)

돌아보며 내다보며

칼뱅은 제3권 20장을 시작하면서 「기독교 강요」에서 그동안 다룬 것을 복습한다.

- "이제까지 논한 사안들에서 우리는 사람이 모든 좋은 것을 얼마나 결여하고 있는지, 그리고 구원에 이르는 데 필요한 모든 도움거리가 얼마나 결핍되어 있는지를 명백히 살펴보았다"(제1권, 특히 제2권 1-6장).

- "그러므로 누군가가 자신을 구원해 줄 자원을 찾는다면, 그는 자신 밖에 있는 다른 곳에서 그것을 얻어야 한다. 그리고 뒤에는 주님이 그분 자신을 그리스도 안에서 기꺼이 자유로이 나타내신다고 우리에게 설명한다"(제2권 7-17장).

- "그러나 우리에게 필요한 것과 우리에게 부족한 것이 무엇이든 모두 하나님과 주 예수 그리스도 안에 있다는 것, 즉 그리스도 안에 아버지의 충만함이 거하게 하셔서 그로부터 흘러넘치는 샘물을 길을 수 있게 하신 것을 우리가 믿음으로 배운 뒤에……"(제3권 1-19장).

- "…… 우리가 그분 안에 있다고 배운 것들을 여전히 그분 안에서 찾고, 기도로 그분에게 구해야 한다"(제3권 20장).

기도의 중요성

제3권 20장은 1559년판 「기독교 강요」에서 가장 긴 장(章)이다(영어 번역판으로는 70쪽). 맥닐-배틀즈판은 "경건한 온기가 담긴 어조로 사려 깊고 풍부하게 논하는 이 장은 역사적으로 유명한, 기도에 관한 논의들 가운데 중요한 자리를 차지한다"고 평가한다(2:850, 주1). 제목도 인상적이다. "기도는 믿음의 주된 훈련이며, 우리가 날마다 하나님의 은혜를 받는 수단이다." 제3권은 믿음("우리가 그리스도의 은혜를 받는 방법")을 다루는데, "우리가 하나님의 은혜를 받는 수단"이자 믿음의 주된 훈련이 바로 기도다. "하나님이 이 질서를 정하셨다. 믿음이 복음에서 태어나듯이, 믿음을 통해 우리 마음은 하나님의 이름을 부르도록 훈련받는다"(III.20.1).

"우리에게 필요한 것과 우리에게 부족한 것이 무엇이든 모두 하나님 안에 있다"고 인식하면서 우리는 "흘러넘치는 샘"에서 길어 오듯 그분에게서 끌어낸다(III.20.1). 칼뱅은 또 다른 이미지를 사용해서 "우리를 위해 하늘 아버지께 쌓여 있는 그 부요한 것에 이르게 하는 것이 바로 기도의 유익이다"(III.20.2)라고 말한다. 칼뱅이 좋아하는 기도의 그림은 하나님이 입양한 자녀들이 그분을 하늘 아버지라고 부르는 모습이다(III.20.2). 기도는 "하나님 앞에 쏟아 놓고 드러내는 속마음의 감정"이다(III.20.29). 기도로 우리는 우리의 "욕망, 한숨, 염려, 두려움, 희망, 기쁨을 하나님의 무릎 앞에 내던진다"(주석_ 마 26:39).

기도를 통해 부요함과 복을 얻을 수 있다는 사실을 감안하면, 그리스도인이 기도하지 않는 것은 마치 "땅에 묻혀 감춰진 보물이 있는 곳을 알고도 그 보물을 무시하는 사람처럼" 어리석은 짓이다(III.20.1). 기도하지 않는 것은 어리석을 뿐만 아니라 우상 숭배이기도 하다. 기도하지 않는 것은 "마치 새로운 신과 우상들을 만들듯이 하나님에게서 그분의 합당한 영광을 빼앗는 셈이다. 이런 식으로 하나님이 모든 좋은 것의 창시자임을 부인하기 때문이다"(III.20.14).

기도에 관한 질문

"칼뱅은 기도를 문제가 아니라 정해진 것으로 여긴다"(Beeke, *The Cambridge Companion to John Calvin*, 140). 물론 그렇지만, 기도에 관한 몇 가지 질문을 다루기도 한다.

"굳이 알려 드리지 않아도 우리가 어느 면에서 어려움을 당하는지, 무엇이 우리에게 유익한지" 하나님은 이미 알고 계시는데, 우리는 왜 굳이 기도해야 하는가?(III.20.3) 칼뱅은 하나님이 기도를 정하신 것은 "그분 자신을 위해서라기보다 우리를 위해서"라고 대답한다. 기도는 신자의 생각과 마음의 방향을 바꾸고 집중시킨다. 기도는 무언가를 바꾸는데, 기도하는 사람을 바꾸는 경우가 많다. 하나님께 간구할 때 중요한 것은 우리 믿음이 훈련되고 우리 마음의 소원을 하나님의 소원과 일치시키는 것이다. 칼뱅은 간구 기도를 드려야 하는 네 가지 이유를 제시한다.

1. 우리 마음이 "언제나 그분을 찾고 사랑하고 섬기려는 열정과 뜨거운 열망으로 불타오르고", 어려울 때 그분께 달려가게 하려고.

2. 우리의 모든 욕구를 하나님 앞에 내어놓는 것을 배우게 하려고.

3. 우리가 "진정 감사하는 마음으로" 그분이 주시는 혜택을 누리고, 모든 좋은 것이 "그분의 손에서 오는 것임"을 알게 하려고.

4. 하나님은 "언제나 손을 뻗어 자신의 백성을 도우신다는 것"을 알게 하려고.

우리의 기도가 어떤 식으로든 하나님께 영향을 끼쳐 그분 마음을 바꾸시게 하는 것인가, 아니면 하나님이 스스로 계획하신 것을 그냥 실행하시는 것인가? 칼뱅은 하나님의 완전한 뜻은 문자 그대로 완전해서 변하지 않는다는 견해를 견지하면서도, 기도가 하나님을 바꾼다는 것을 보여 주는 성경 구절들에 충분한 힘을 실어 주려고 애쓴다.

칼뱅은 시편 89편 47절 주석에서 우리가 하나님께 "서두르시도록" 촉구하는 것을 하나님이 허용하신다고 하며, 「기독교 강요」에서는 하나님이 "우리의 기도에 의해 분발하신다"고 말한다(III.20.3). 하나님은 "우리가 이해할 수 없는 계획에 따라 사건의 결과를 조절하시므로 성도의 기도는 …… 수포로 돌아가지 않는다"(III.20.15).

신명기 9장 13-14절 설교에서는 모세의 기도가 그 백성을 멸망시키려는 하나님의 자유를 한정하는 듯이 보인다고 말한다. 그러나 하나님은 그분의 선하심으로 "스스로를 우리의 기도와 간구에 묶어 놓으셔서 그러한 기도와 간구가 그분의 진노를 억제하는 것을 허용하신다. 그리하여 다른 경우라면 그분이 모든 사람을 멸망시키셨겠지만, 우리가 그분 앞에 나아가 우리 자신을 낮추면, 그분이, 말하자면, 변하시는 것이다."

태양을 멈추게 한 여호수아의 기도에 관한 주석에서 칼뱅은 그 기도의 효과를 완전히 인정하면서도, 여호수아 10장 14절("여호와께서 사람의 목소리를 들으신 이 같은 날은 전에도 없었고 후에도 없었나니 이는 여호와께서 이스라엘을 위하여 싸우셨음이니라")을 "하나님께 종속적인 직분을 부여하는" 식으로 해석해서는 안 된다고 경고했다. 그 구절은 오히려 "자신의 백성을 향한 하나님의 부성적인 총애와, 여호수아의 기도를 들으신 하나님의 친절과 낮아지심을 찬양하고 있다."

야고보서 5장 17절에 나오는 엘리야의 기도에 관해서는 이렇게 말한다. "하나님이 어느 의미에서 엘리야의 기도로 하늘이 통제되게 하시고 그의 요청에 순종케 하신 것은 주목할 만한 사건이다. 엘리야는 자신의 기도로 하늘을 2년 반 동안 닫아 놓았다. 이후에 그는 하늘을 열어서 갑자기 큰 비를 쏟아 놓았다. 이로부터 우리는 기도의 기적적인 능력을 볼 수 있다."

반역한 이스라엘 백성을 멸망시키려는 하나님을 만류한 모세의 기도, 태양을 멈추게 한 여호수아의 기도, 그리고 가뭄이 들고 비가 내리게 한 엘리야의 기도는 모두 하나님의 응답을 받았다. 이런 경우들은 하나님의 모든 자녀에게 열려 있는 기도의 특권을 보여 주는 생생한 실례라고 칼뱅은 주장한다. 시편 145편 19절("그는 자기를 경외하는 자들의 소원을 이루시며") 주석에서는 이렇게 말한다.

> 성령께서는, 다윗의 입을 통해 하나님은 그분을 경외하는 모든 이의 소원에 순응하실 것이라고 말씀하신다. 이 표현이 실로 우리 마음에 얼마나 큰 감명을 주는지 설명하기 어려울 정도다. 사실은 우리 인

간이 하나님의 위대함을 우러러보며 그분 권위에 겸손하게 순복해야 하는데, 하나님이 사람의 뜻에 순응하신다니 도대체 사람이 무엇이란 말인가? 그럼에도 그분은 우리 소원을 들어주시기 위해 자발적으로 낮아지신다.

칼뱅은 불변하시는 하나님이 어떻게 우리의 기도로 변하실 수 있는지를 이성적으로 설명하는 데는 관심이 없다. 하나님은 전지하고 선하신 주권자이고, 자신의 완전한 뜻에 따라 모든 것을 운행하시는 분이라는 성경의 가르침을 믿는 것이 중요하다. 그리고 성경은 하나님이 우리 기도를 들으시고 응답하신다는 것을 거듭 확신시킨다는 것을 아는 것이 중요하다.

겟세마네에서 드린 예수의 기도를 본보기로 삼으면 좋을 것이다. "내 아버지여 만일 할 만하시거든 이 잔을 내게서 지나가게 하옵소서. 그러나 나의 원대로 마시옵고 아버지의 원대로 하옵소서"(마 26:39). 그리스도는 "하나님의 계획으로 자신의 눈길을 돌리지 않으시고 자신의 마음속에서 불타는 소원을 아버지의 무릎 위에 내려놓았다." 그래서 우리는 "[우리] 기도를 쏟아 놓을 때 하나님의 은밀한 계획을 늘 추측하려 애쓰지는 않는다." "마치 음악에서 서로 다른 다양한 음(音)들이 불협화음을 만들지 않고 아름답고 멋진 화음을 이루는 것처럼, 그리스도 안에서는 하나님의 뜻과 사람의 뜻이 놀라운 균형을 이룬다. 둘은 서로 다르지만 갈등이나 모순이 없다." 칼뱅의 말이다. 그러나 인간의 뜻과 하나님의 뜻 사이에는 긴장이 있기 때문에 기도할 여지는 있다고 주장하면서, 칼뱅은 그것을 "일종의 간접적인 이견(異見)"이라고 말한다. 예컨대, 때로 하나님의 뜻은 그렇지 않을지라도, 우리가 교회의 번성과 평화를 위해 기도하는 것은 옳다고 할 수 있다. "하나님이 우리의 소원과 다르게 결정하시도록 허용하는 것은 믿음의 합당한 한계다."

이 모든 것 가운데 우리는 두 가지 진리를 기억해야 한다. 하나님은 신적인 지혜로 우리의 기도를 예상하신다는 것과, 신적인 사랑으로 그 기도에 응답하신다는 것이다. 에베소서 3장 20절-4장 2절 설교에서 칼뱅은 이렇게 말했다. "우리에게 필요한 것과 우리의 유익을 위해 그 필요를 충족시킬 적합한 수단을 아신다는 점에서 하나님이 우리보다 훨씬 명민하시다."

기도해야 할 여섯 가지 이유

칼뱅은 기도해야 하는 여섯 가지 이유를 제시한다(III.20.3). 그 여섯 가지는 서로 겹치면서 서로를 강화시킨다. 우리에게 "신성한 닻으로 가듯이" 하나님께 달려가라고 권면하고, 그분께 우리의 사랑과 염려를 가져가며, 그분의 친절에 감사하고, 그분의 선하심을 기뻐하며, 그분의 신실하심을 믿고, 하나님이 "그 손을 뻗어 자신의 백성을 도우실 것"을 아는 것이다. 그러고는 베드로전서 3장 12절을 인용하면서 기도할 이유에 관한 짧은 논의를 마무리한다. "주의 눈은 의인을 향하시고 그의 귀는 의인의 간구에 기울이신다"(III.20.3).

올바른 기도의 네 가지 규칙

이어서 칼뱅은 올바른 기도의 네 가지 규칙을 길게 논한다(III.20.4-14).

첫째 규칙_ 경외심

우리는 "하나님의 위엄에 감동받아" 신중한 생각과 깊은 신앙심을 품고 기도한다(III.20.5). "영혼의 열성적인 진지함", "마음의 성실함", "순수한 소박함"이야말로 우리가 하나님께 드릴 수 있는 "최상의 수사(修辭)"라고 칼뱅은 시편 17편 1절 주석에서 설명한다. 에베소서 6장 18-19절 설교에서는 우리의 기도가 "호의적이고 진지한 정신에서 비롯되어야" 하고 우리 입술뿐 아니라 "우리 마음의 밑바닥"에서도 나와야 한다고 말했다. 티모시 켈러는 칼뱅의 첫째 규칙을 이렇게 요약했다. "칼뱅은 한마디로 우리에게 모든 가면을 벗어 버리고 모든 가식에서 도망치라고 말하고 있다"(*Prayer: Experiencing Awe and Intimacy with God*, 100).

둘째 규칙_ 회개와 필요의 자각

"합법적인 기도는 …… 우리의 회개를 요구한다"(III.20.7). 칼뱅은 시편 주석 서문에서 "진정하고 진지한 기도는 먼저 우리의 필요를 자각하는 데서 나온다"고 말했다. 기도는 인간의 힘만으로는 대처할 수 없는 환경에서 도움을 구하는 마음속 진지한 부르짖음이다.

셋째 규칙_ 겸손

"요약하자면, 올바른 기도의 시작과 준비 작업은 겸손하고 진실하게 죄를 고백하고, 용서를 간구하는 것이다"(III.20.9).

넷째 규칙_ 담대한 소망

우리는 "우리의 기도가 응답받으리라는 확실한 희망을 품고 기도하라"고 격려받는다(III.20.11). 칼뱅은 이 규칙의 의미를 길게 설명한다. "기도의 열매를 맺고 싶다면 우리가 간구하는 것을 얻으리라는 확신을 두 손으로 꼭 붙잡아야 한다. …… 그런 기도, 즉 그와 같은 주제넘은 믿음에서 생겨나 소망의 굳건한 확신에 기초한 기도만이 하나님께 용납받을 수 있기 때문이다"(III.20.12).

칼뱅의 네 가지 규칙을 요약하자면, 우리는 필요를 깊이 자각하면서 겸손하게, 담대한 소망을 품고 경외하는 자세로 기도해야 한다.

우리의 연약함

칼뱅은 기도의 기준을 높게 설정하지만 우리의 연약함과 실패도 충분히 이해한다. 하나님은 "완전한 믿음과 회개, 따스한 열정과 올바른 간구가 없는 기도도 결코 배척하지" 않으신다(III.20.16). 예컨대, 다윗의 기도를 보면 "우리가 설정한 첫째 규칙과 상당히 어울리지 않게 격렬한(때로는 펄펄 끓는) 감정에서 나오는" 경우가 있다(III.20.16). 하나님은 "우리의 더듬거리는 기도를 참으시고 우리의 무지를 용서하신다"(III.20.16). 그분은 우리가 "수다스럽게" 간구하는 것과 "버릇없이" 대하는 것(주석_ 시 89:38)도 허용하신다. "하나님이 우리에게 내려오실 때는 어느 의미에서 그분 자신을 낮추셔서 우리와 함께 말을 더듬으시듯이, 그분은 우리도 그분께 말을 더듬는 것을 허용하신다"(주석_ 창

35:7). "우리가 어린아이처럼 그분 앞에 불평을 쏟아 놓는 것은 그분의 위엄을 제대로 경외하지 않는 자세로 반응하는 것이다. 그분이 우리에게 그런 자유를 기꺼이 허용하지 않으셨다면 말이다"(주석_ 시 102:2).

칼뱅은 하나님이 요담과 삼손 등 여러 사람의 간구를 들어주셨다고 말한다. 비록 그들의 기도가 "말씀의 규칙에 맞춰진 것이 아니었음"에도 말이다. "하나님이 들어주시는 기도가 늘 그분을 기쁘게 하는 것은 아니다"라고 칼뱅은 설명한다. 시편 107편은 "믿음으로 하늘에 도달되지 않는 기도도 효과가 없지 않다는 것"을 명백히 가르쳐 준다. 하나님은 그런 기도에 응답하셔서 "자격이 없는 자에게 자비를" 베푸시지만 그들의 기도가 "본받을 만한 타당한 본보기"는 아니다(III.20.15).

이 모든 것은 칼뱅의 다섯째 규칙, 즉 **은혜의 규칙**으로 요약될 수 있다고 티모시 켈러는 말한다. "규칙들을 지킬 수 없어서 하나님의 자비가 필요함을 알 때에만 우리는 규칙을 지키기 시작하는 사람이 될 수 있다"(*Prayer: Experiencing Awe and Intimacy with God*, 104).

기도에 관해 더 많이 논하다

이 지점까지 기도에 관한 내용을 진전시킨 칼뱅은 나중에 반복하게 될 몇 가지 논점을 다룬다. 우리는 하나님의 초대로, 믿음의 자극을 받고, 말씀의 지도를 받아, 성령의 인도로, 그리스도의 능력을 얻어 기도하게 된다.

1. 우리는 하나님의 초대로 기도한다

성경에 나오는 하나님의 많은 초대는 "우리에게 담대함을 불어넣기 위해 우리 눈앞에 세워 놓은 많은 깃발과 같다." 그분은 "자신의 말씀을 통해 우리를 위한 길을 열어 놓으시고" 우리를 초대하셔서 "그분이 지휘하는 아름다운 멜로디를 두려워하지 말라"고 말씀하신다. 그분은 우리가 "쉽게 간청하고 쉽게 다가갈 수 있는 분이다"(III.20.13). "하나님이 우리를 얼마나 부드럽게 자신에게 이끄시는지 모른다"(III.20.14).

2. 우리는 믿음의 자극을 받아 기도한다

기도는 우리 마음속에 믿음이 존재한다는 확실한 결과다. "요약하자면, 기도 응답이 무엇이든 그것을 얻는 것은 바로 믿음이다"(III.20.11). "우리는 기도로, 주님의 복음이 가리키고 우리의 믿음이 응시한 보물을 캐낸다"(III.20.2). "믿음은 …… 기도 속으로 뛰어들어, 말씀에 계시된 하나님의 풍성한 은혜에 도달한다"(주석_ 마 21:21).

3. 우리는 말씀의 지도를 받아 기도하며, 말씀은 다름 아닌 하나님의 약속을 요약해서 보여 준다

사무엘하 7장 25-29절 설교에서 칼뱅은 하나님이 자신의 말씀을 듣도록 우리 귀를 열어 주실 때 우리의 입도 여신다고 말했다. "우리는 하나님 말씀을 들으면 그분께 반응하게 된다. 따라서 그분이 우리를 그분 자신께 인도하는 수단인 그분의 약속과, 우리가 그분께 가는 통로인 이 기도는 조화를 이루고 일치하게 된다." 그러면 우리의 기도를 형성하고 좌우하는 것은 하나님의 말씀인 셈이다. 시편을 읽어 보면, 하나님 성품의 다양한 측면을 묵상하다가 "기도의 끈"이 자주 끊기는 것을 볼 수 있다고 한다(III.20.13). 다윗은 "자신의 영혼이 위로받도록 거룩한 묵상과 자신의 기도를 얽어 놓는다"(주석_ 시 57:3). "불을 보존하기 위해 자주 연료를 공급해야 하듯이, 기도 훈련도 그런 도움이 필요하다"(주석_ 시 25:8).

4. 우리는 성령의 도움을 받아 기도한다

"하나님께 말씀드리는 것이 합당하다고 자극하여 우리 마음속에서 기도하게 하시는" 분은 하나님의 영이다(주석_ 롬 8:26). "하나님은 자신의 말씀으로 우리가 무엇을 간구하기 원하는지를 가르치시고, 또한 그분의 영을 우리의 지도자이자 지배자로 우리 위에 두셔서 우리의 애정을 억제하게 하심으로 그것이 합당한 한계를 넘지 않도록 우리를 도우신다"(주석_ 요일 5:14). "우리에게는 하나님의 말씀에 규정된 [기도의] 규칙이 있으나, 그럼에도 우리의 애정은 성령의 빛으로 인도받을 때까지는 어둠에 억눌려 있다." 성령은 우리의 기도 내용을 지도하실 뿐 아니라 "우리 마음에 영향을 끼쳐서 이 기도들이 그 뜨거움으로 하늘에 침투하게 하신다"(주석_ 롬 8:26). 그러나 우리는 성령이 우리를 감동시킬 때까지 기다리지 말고 "하나님께 달려가 그분의 영의 불화살로 불타올라 기도하기에 적합해지도록 간구해야 한다"(*Calvin: Theological Treatises*, 121).

5. 우리는 그리스도의 능력으로 기도한다

그리스도께서는 우리에게 기도하라고 가르치실 뿐 아니라 죄 많은 피조물인 우리가 기도로 거룩하고 의로운 하나님께 나아갈 수 있는 능력을 주신다. 그분은 하나님의 "두려운 영광의 보좌를 은혜의 보좌"로 바꾸시는 우리의 "변호인"이자 "중보자", "중개자", "조정자"다(III.20.17).

그리스도인이 "그리스도의 이름으로" 기도하는 것은 그리스도가 우리의 "중보자"이자 "입"이시기 때문이다(III.20.17, 21). 그리스도는 "우리의 유일한 중보자로서 그분의 중보 덕분에 우리는 은혜로운 아버지께 나아가 쉽게 간청할 수 있다"(III.20.19). 그분은 우리가 두려움 없이 하나님께 나아갈 수 있게 할 뿐 아니라 제사장 사역을 통해 우리 기도를 "뿌려진 피"로 깨끗케 하신다(III.20.18). "우리 기도를 우리 주 예수 그리스도의 피로 씻는 법을 배우자." 칼뱅이 창세기 26장 23-25절 설교에서 청중에게 한 말이다. 그리스도는 "하늘의 성소에 들어가신 만큼 오직 그분만이 저 멀리 바깥마당에 있는 백성의 간구를 하나님께 가져가실 수 있다"(III.20.20). "예수 그리스도는 우리를 위해 중보하시는 우리의 안내자이자 변호인이므로 우리는 그분의 입으로만 말할 수 있는 셈이다"(에베소서 3장 14-19절 설교). 파커는 칼뱅의 사상을 이렇게 요약한다. "그렇다면 우리의 기도가 우리를 위한 그분의 중보와 연합되어 있는 만큼 우리는 단순히 그리스도를 통해 기도하는 것일 뿐 아니라 그리스도와 함께 기도하는 것이다." 이에 덧붙여 특히 스코틀랜드 장로교도에게 호소력 있을 예를 들어 "그래서 그리스도는 그분 백성의 기도를 인도하는 선창자가 되는 셈이다"라고 말한다(*Calvin*, 110).

그리스도의 중보를 다룬 뒤, 칼뱅은 성인(聖人)에게 기도하는 행습을 거부한다(III.20.21-27). 매우 논쟁적인 대목에서 칼뱅은 로마 가톨릭 교회가 "그리스도께 속하는 …… 유일한 중보 직분"을 성인들에게 넘겼다고 비난한다(III.20.21). 성인은 기도의 본보기가 되지만 우리가 그들에게나 그들을 통해 기도하지는 않는다고 칼뱅은 주장한다.

기도 유형

이어서 칼뱅은 사적인 기도, 공적인 기도, 구두 기도, 노래 기도, 침묵 기도 등 다양한 종류의 기도를 설명한다(III.20.28-33).

사적인 기도를 논할 때는 앞서 펼친 여러 논점으로 되돌아간다. 기도는 간구와 감사와 찬양을 포함한다. 하나님의 영광이 널리 퍼지기를 추구하는 것과 우리의 필요를 간구하는 것을 모두 내포한다.

칼뱅은 공적인 예배에 세 가지 중요한 요소가 있다고 본다. 설교, 기도, 성례 집행이다. 공적인 예배의 "주된 부분"은 "기도의 직무에 있다"고 말한다(III.20.29). 칼뱅은 기도서에 「기도 형태」(*The Form of Prayers*)라는 제목을 붙였다. 공적인 기도는 편리한 시기에 드려야 하지만 "중요한 필요" 때문에 특별한 시기에도 드려야 한다(III.20.29). 교회 건물 안에서 하나님께 공적인 기도를 드리지만, "하나님의 진정한 성전은 우리 자신이다"(III.20.30). 사람들의 평범한 언어로 기도를 드려야 하고, 과시하는 모습과 인위적인 유창함을 피해야 한다. 기도의 특징은 인내와 항구성이어야지 "헛된 반복"이어서는 안 된다. 비록 때로 같은 요청을 반복하는 기도가 헛되지 않은 것은 "이로써 성도가 조금씩 그들의 염려를 하나님의 품에 내려놓고, 그 끈질긴 요구가 그분 앞에서 향기로운 제사가 되기 때문"이긴 하지만 말이다(주석_ 시 86:7). "보통 기도할 때 취하는 자세, 즉 무릎을 꿇고 머리를 가리는 것과 같은 몸짓은 우리가 하나님께 더 큰 경외심을 표현하는 모습이라고 할 수 있다"(III.20.33). 바울이 에베소 장로들과 함께 기도할 때 "무릎을 꿇은" 것에 대해서는 이렇게 썼다.

기도에서는 내면의 태도가 분명 첫째 자리를 차지하지만, 외적인 표시, 무릎을 꿇는 것, 머리를 가리는 것, 손을 드는 것 등도 두 가지 용도를 가지고 있다. 첫째는 우리의 모든 지체를 하나님의 영광과 경배를 위해 사용할 수 있다는 것이고, 둘째는 우리가 (말하자면) 그 순간 게으름에서 벗어난다는 것이다. 이와 더불어 엄숙한 공적 기도에서는 세 번째 용도도 있다. 이런 식으로 하나님의 아들들이 자신의 경건을 고백하고, 그들이 서로 하나님을 경외하도록 자극하는 것이다. 손을 드는 것이 담대함과 갈망의 상징이듯 우리는 무릎을 꿇어 우리의 겸손을 보여 드린다(주석_ 행 20:36).

노래

노래는 공적 기도의 한 형태로, "신성한 행동에 존엄성과 품위를 부여하고 우리 마음을 진정한 열정으로 타오르게 한다는 점에서 매우 가치가 크다"(III.20.32). 칼뱅은 창세기 4장 20절 주석에서 타락을 견뎌 낸 "반짝이고 영광스런 잔유물"로 음악을 묘사했다. 그래서 "하나님의 은혜를 실제로 맛본" 사람들에게 "매우 열정적으로 …… 큰 소리로 하나님을 찬양하라"고 촉구한다(주석_ 사 42:12). 노래를 통해 우리는 "한목소리로, 말하자면 같은 입으로 …… 다 함께 하나님을 영화롭게 한다"(III.20.31). 우리의 노래는 "마음속 깊은 감정에서 솟아나야" 하고, 가사에 주목하면서 "교회의 장엄함"에 어울리는 음악과 함께 불러야 한다(III.20.31, 32). 우리는 노래로 하나님을 찬양하고 감사를 표현할 뿐 아니라 서로를 돕기도 한다. 히브리서 2장 12절("내가 주를 교회 중에서 찬송하리라")을 칼뱅은 이렇게 주석했다.

> 그리스도인이 저마다 자신이 받은 은총을 개인적으로 하나님께 감사하는 것으로는 충분하지 않다. 우리의 감사를 공개적으로 증언하고, 같은 것을 서로에게 독려해야 한다. 그리스도께서 우리의 찬양에 귀 기울이시고 우리 찬송의 지휘자라는 말을 들을 때, 이 가르침은 더 뜨겁게 하나님을 찬양하라는 큰 격려가 된다.

성경 곳곳에는 우리가 본받을 기도의 본보기와 형식이 널려 있다. 칼뱅은 시편 주석 머리말에 "이 [기도] 훈련에서 우리를 인도할 만한 틀림없는 규칙이 시편만큼 잘 나타난 곳은 없다"고 썼다. 엘시 맥키는 칼뱅이 "손에 펜을 든 채" 기도하는 소리를 듣고 싶은 사람은 그의 시편 주석과 설교를 읽으라고 제안한다. 칼뱅에게 시편은 "하나님의 온 백성의 예배와 경건 생활의 핵심이며, 한 공동체로 모이거나 소명에 따라 살아가는 일상을 묘사한 책이다"(*John Calvin: Writings on Pastoral Piety*, 22, 85). 시편 서문에서는 이렇게 말한다. "성령께서 다윗을 통해 지으시고 말씀하신 다윗의 시보다 …… 더 나은 노래나 더 적절한 노래는 찾을 수 없을 것이다. 더 나아가, 우리가 시편을 노래할 때는 마치 하나님이 자신의 영광을 높이려고 우리 안에서 노래하시는 것처럼 그분이 우리 입에 노랫말을 넣어 주신다고 확신한다."

주님의 기도

성경의 약속들을 묵상하면 우리의 기도에 필요한 말과 표현이 떠오른다. 주님의 기도 역시 우리가 본받아야 할 기도의 모범으로, 제3권 20장 34-49절에서 칼뱅은 그 기도의 뜻과 용도를 길게 논한다. 우리가 시편의 기도와 주님의 기도 등 성경의 여러 기도를 읽고 그 형식에 따라 기도한다면, 그 기도들의 글귀에는 얽매이지 않아도 된다. 표현은 "완전히 달라도 무방하지만 그 뜻이 달라서는 안 된다"(III.20.49).

"하늘 아버지께서 사랑하는 아들을 통해 우리에게 가르쳐 주신" 기도에서 우리는 "그분께 중요한 것, 그분이 기뻐하시는 것, 우리에게 필요한 것"을 배운다(III.20.34, 48).

우리가 "우리 아버지"께 기도할 때는 "그 이름의 아름다움"에 감동받는다. "하나님은 자신의 이름을 우리의 아버지라고 지으시고, 우리가 그렇게 부르기를 원하신다. 그분은 그 매력적인 이름으로 우리의 모든 불신을 날려 버리신다"(III.20.36). 하나님을 우리의 아버지로 부르며 기도하는 것은 우리의 태도와 행실에 영향을 끼친다. 하나님이 우리 아버지라면, "마땅히 우리 사이를 분열하는 것이 있어서는 안 되며, 전심으로 기쁘게 서로 공유할 준비가 되지 않은 것이 있어서는 안 되기 때문이다"(III.20.38). "싸움은 기도의 문을 닫는다"고 바울이 경고했듯이, 그리스도인들은 "한마음으로 간구하기 위해" 힘써야 한다(III.20.39).

"우리는 성령의 자극을 받아 교회의 안녕을 위해 기도하는 의무를 떠맡아야 한다. 저마다 자기 개인의 유익에는 충분히 신경을 쓰지만, 교회의 재난에 충격을 받는 사람은 백 명 가운데 한 사람도 찾기 어려운 실정이다"(주석_ 시 102:1). 우리는 저마다 "개인의 불행과 시련"에 시달리면서도 "우리의 소원과 기도를 온 교회에까지 확장해야" 한다(주석_ 시 25:22). 또한 우리의 기도는 교회를 넘어 모든 곳의 모든 사람에게 이르러야 한다. "그렇다면 그리스도인들이 자신의 기도를 이 원칙에 맞추고, 모두 하나 되어 그리스도 안에 있는 형제들을 포용하고, 현재 눈에 보이는 이들뿐 아니라 땅에 거주하는 모든 사람도 끌어안게 하라. 하나님이 그들에게 정하신 것을 우리가 모르기 때문이다. 단, 그들이 가장 잘 되기를 바라는 일은 인간적인 것 못지않게 경건한 것이다"(III.20.38). 우리가 하늘에 계신 우리 아버지께 기도할 때는 하늘과 땅이 그분의 섭리와 능력에 지배받고 있음을 안다. 따라서 하나님을 "우리의 작은 척도"로 재서는 안 된다는 것을 기억하며, 그분이 우리의 기도에 응답하셔서 그분께 나오는 자들에게 필요한 것을 공급하신다고 확신하게 된다(III.20.40).

주님의 기도는 여섯 가지 간구로 이뤄져 있고, 두 부분으로 나뉘며, 각 부분은 세 가지 사항을 담고 있다. 첫째 부분은 하나님의 영광과, 둘째 부분은 인간의 필요와 관계가 있다. 하지만 두 부분 모두 궁극적으로 하나님의 영광과 우리의 유익과 관련된다고 칼뱅은 말한다. 처음 세 가지 간구는 비슷하다(우리가 냉담하기 때문에 그런 반복이 필요하다). 하나님의 이름을 거룩하게 하는 것에는 항상 그분의 통치가 수반되고, 그 특징은 그분의 뜻을 행하는 일로 나타난다.

"이름이 거룩히 여김을 받으시오며"

"이름이 거룩히 여김을 받으시오며"라고 기도할 때, 우리는 하나님이 우리 삶과 모든 사람 가운데서 "그분께 마땅한 영광"을 받으셔서 "하나님의 장엄함이 갈수록 더 많이 빛나기를" 바란다(III.20.41).

"나라가 임하시오며"

"나라가 임하시오며"라는 기도는 하나님이 모든 대적을 무너뜨리시고 "온 세상"을 낮추시며, "우리 생각이 그분의 통치에 순종하게 해달라"는 간구다. 하나님이 "이 땅 모든 곳에 있는 교회들을 그분 자신께" 불러 모으시고 그리스도인들이 십자가를 질 때 비로소 하나님 나라가 임한다. "이런 식으로 그분의 나라를 확장하는 것이 하나님의 뜻이기 때문이다"(III.20.42). 칼뱅은 마태복음 6장 10절 주석에서 이렇게 말한다. "그래서 하나님이 말씀과 성령으로 그분의 능력을 보이셔서 온 세상이 기꺼이 그분께 나아오도록 우리가 기도하고", 그분이 "자신의 영을 불어넣으셔서 우리 마음이 그분의 의(義)에 순종하며, 온 땅 위에 황폐해진 모든 것이 그분 뜻대로 질서를 회복하도록 기도하는 것이다." 칼뱅은 사도행전 4장 25절에 나오는 초기 그리스도인들이 "자신의 개인적인 안전보다 그리스도의 나라가 진보하는 것을 위해" 기도하는 모습에서 돋보이는 그들의 "경건함과 성실함"에 큰 감명을 받았다.

"뜻이 …… 이루어지이다"

"뜻이 …… 이루어지이다"라고 기도할 때, 우리는 하나님 뜻을 거스르는 것은 이뤄지지 않기를 간구할 뿐 아니라 "그분을 기쁘게 하는 것을 사랑하고, 불쾌하게 하는 것은 미워하는 법을 배우게" 해달라고 간구하는 것이다(III.20.43). 칼뱅은 신자들에게 하나님께 어떤 조건도 부과하지 말라고, "그분이 하실 일을 그분에게 좋은 방법으로, 좋은 때에, 좋은 장소에서 행하시도록 그분께 결정을 맡기라"고 경고한다. 고린도후서 12장 8절 주석에서는, 하나님이 우리 기도에 응답하실 정확한 방법과 시기, 사용하실 수단을 우리가 지나치게 구체화하지 않도록 조심해야 한다고 썼다. 우리는 하나님이 약속하신 일들을 "확신을 품고 거리낌 없이" 요청하지만, "우리가 그 수단을 규정해서는 안 되며, 그것을 구체적으로 명시한다면 우리 기도는 항상 그 속에 무언의 조건을 포함시키게 된다"고 한다.

주님의 기도에 나오는 처음 세 가지 기원을 드릴 때, 우리는 "오직 하나님의 영광만을 우리 눈앞에 두고 있다." 그러나 후반부의 세 가지 간구로 넘어가 "우리 자신의 사안"으로 내려간다 해도 "하나님의 영광에 작별을 고하는" 것은 아니다(III.20.43, 44).

"오늘 우리에게 일용할 양식을 주시옵고"

"오늘 우리에게 일용할 양식을 주시옵고"라는 기도는 물리적인 빵을 요청하는 것이라고 칼뱅은 이해한다. 가장 사소한 것을 포함하여 모든 것을 하나님께 기도하는 것은 궁극적인 믿음의 시험이다. "이런 기도로 우리 자신을 그분의 돌보심에 맡기고, 그분의 섭리에 위탁하는 것이기 때문이다"(III.20.44). 우리에게 먹을 양식이 충분하다고 생각할 때에도 우리는 일용할 양식을 달라고 하나님께 간구한다. 그 이유를 칼뱅은 마태복음 6장 11절 주석에서 이렇게 말한다. "하나님이 우리를 먹이시지 않는다면 아무리 많은 자본도 전혀 의미가 없다. 비록 곡식과 포도주 등 모든 양식이 흘러넘친다 해도 이슬 같은 하나님의 보이지 않는 축복을 받지 못한다면, 그 모든 것이 즉시 사라지거나 그 향유를 빼앗기거나 그런 양식을 통해 얻을 힘을 잃어버려서 우리는 엄청난 풍요 속에서도 굶주리게 된다."

"우리 죄를 사하여 주시옵고"

"우리에게 죄 지은 자를 사하여 준 것같이 우리 죄를 사하여 주시옵고"라고 기도할 때, 우리는 우리 편에서 용서하는 것은 오직 성령의 능력으로만 가능하며, 그 성령이 우리 마음속에 계시는 것은 우리가 입양된 증거라는 것을 알고 있다. 하나님의 자녀는 용서하는 사람이다. 용서하지 않는다면 우리는 하나님의 자녀가 아님을 보여 주는 셈이다. 이 기도는 우리에게 남을 용서하라고 요구할 뿐 아니라 "우리 믿음의 연약함"을 위로하기도 한다. 하나님은 "우리가 남을 용서해 준 것을 의식하는 만큼 확실하게 우리 죄도 용서하셨음"을 확신시키기 때문이다(III.20.45).

"우리를 시험에 들게 하지 마시옵고"

"우리를 시험에 들게 하지 마시옵고"라는 기도는 "튼튼한 갑옷으로 무장하고 그런 보호 장구에 힘입어 승리할 수 있게 해달라"는 간구다(III.20.46). 앞선 간구와 함께, 그리스도는 "우리 영혼의 영원한 구원과 영적인 삶의 목적을 표현하셨다. …… 그분은 우리 죄를 우리에게 돌리지 않고 값없는 화해를 우리에게 베푸시고, 성령을 약속하셔서 우리 마음에 율법의 의(義)를 새겨 놓으셨다"(주석_ 마 6:12).

결론부

칼뱅은 이렇게 말한다. 주님의 기도 결론부("매우 잘 어울리는")는 초창기 신약 사본들에 나오지 않지만 "그것이 덧붙여진 것은 하나님의 영광을 위해 달려가도록 우리 마음을 따스하게 하고 우리가 간구하는 것들의 목표가 무엇이어야 하는지를 경고할 뿐 아니라, 우리의 모든 기도가 …… 오직 하나님 말고는 그 어떤 토대도 없다는 것을 말해 주기 위해서다"(주석_ 마 6:13).

우리의 기도를 "아멘"이라는 말로 마무리함으로, 하나님이 우리 기도를 듣고 응답하시리라는 희망은 더욱 "강화되고", 그 확신도 "오직 하나님의 본성에" 근거하게 된다(III.20.47).

기도에 필요한 인내

데살로니가전서 5장 17절을 해석하면서 칼뱅은 "쉬지 말고" "한결같이" 기도해야 한다면서도 기도를 위해 "특정한 시간을 떼어 놓아야" 한다고 주장한다(III.20.50). 이스라엘이 제사드릴 시기를 확정했듯이 우리도 구체적인 기도 시간을 정해야 한다. 다니엘이 하루 세 번 기도한 것을 언급하면서 "하루에 기도할 시간을 정해 놓지 않는다면 기도를 쉽게 잊어버린다"고 충고한다. 그는 하루 내내 기도 시간을 특별히 정하도록 권유하며, 그럴 때 사용할 수 있도록 예시 기도문을 수록했다. 아침에 일어나서 드리는 기도, 학업이나 일을 시작하기 전에 드리는 기도, 식사 전에 드리는 기도, 식후에 드리는 감사 기도, 밤에 잠자기 전에 드리는 기도 등이다.

칼뱅은 기도를 다룬 긴 장(章)을 "인내하며 기도하고 …… 주님을 끈기 있게 기다리는 법을 배우라"는 격려로 마무리한다(III.20.51-52). 우리가 구하는 유익을 얻지 못하더라도 절망에 빠지거나 하나님께 분을 품어서는 안 된다.

우리의 믿음은 감각이 인식할 수 없는 것, 즉 우리가 적절한 것을 얻었다는 사실을 확신시킬 것이다. 일단 주님 품에 우리의 환난을 내려놓으면, 그런 환난 중에도 주님이 매우 자주, 매우 확실히 우리를 돌봐 주겠다고 약속하시기 때문이다. 그리하여 그분은 우리가 가난 중에도 풍요로움을, 역경 중에도 위로를 얻게 하신다. 모든 것이 우리를 실망시킬지라도 하나님은 우리를 결코 버리시지 않을 것인즉, 그분은 자기 백성의 기대와 인내를 좌절시키실 수 없기 때문이다 (III.20.52).

하나님이 우리의 바람을 승낙하시지 않을 때에도 "여전히 친절하게 우리 기도에 귀를 기울이신다"(III.20.52). "우리가 하나님을 신뢰한다는 유일하고 합법적인 증거는 자신의 소원대로 이뤄지지 않아도 낙심하지 않는 모습이다"라고 칼뱅은 말한다(주석_ 눅 18:1-6). 우리는 다니엘을 보며 "하나님의 은총과 자비가 우리에게 가려져 있는 동안에도 우리의 기도가 이미 상달되었을 수 있다"는 사실을 배운다. 그리스도의 겟세마네 경험에서는 "매우 불분명할 때에도 하나님이 우리 기도를 들으신다"는 사실을 배운다(주석_ 히 5:7). 고린도후서 12장 8절에 나온 바울의 기도에서 배우는 바는 이것이다. "하나님이 우리의 부탁을 들어주지 않으실 때에도, 마치 기도가 허사인 것처럼 낙담해서는 안 된다. 하나님의 은혜가 우리에게 충분하기 때문이다. 즉, 그분이 우리를 버리시지 않은 것으로 충분하다. 이 때문에 그분이 때때로 진노하셔서 불경건한 자에게는 허락하신 것을 그분의 자비로 경건한 자에게 허락하시지 않는 것이다. 우리 생각보다 그분이 우리에게 좋은 것을 더 잘 내다보실 수 있기 때문이다." 비록 우리의 기대가 좌절되었을지라도 우리의 기도에 대한 당혹감을 하나님께 알릴 수 있다. 심지어 그 짐을 그분께 내려놓아도 괜찮다(주석_ 시 22:2).

「기독교 강요」와 많은 주석과 설교에서 칼뱅은 마치 창세기 17장에서 아론과 훌이 모세의 손을 들었던 것처럼 기도로 하나님의 백성을 떠받치려고 노력하며, 계속해서 그들에게 낙심하지 말고 "금방 도달할 수 없는 목표를 향해" 진력하도록 권면한다(III.20.16).

하나님과 우리 자신을 알기

"그래서 기도의 목적은 하나님께 정보를 알려 드리는 것이 아니라 제자들을 교화하는 것이라고 말할 수 있다. 즉, 그들을 일깨우고, 그들의 유익과 그들의 은인을 의식하게 하며, 그들의 마음을 진정시키고, 그들의 감각을 또렷하게 하며, 그들의 믿음을 강건케 하고, 그들 마음에 불을 붙이는 등 그들을 소생시키고 회복시키는 것이다"(Boulton, *Life in God*, 179).

18장

선택

"생명의 책"

"성경은 하나님의 선택을 **생명의 책**이라고 부른다. …… 예수 그리스도가 등록자로 섬기신다. 하나님이 우리를 그분의 자녀로 기록하고 인정하는 것은 그리스도 안에서다. 그런즉 하나님이 예수 그리스도의 인격 안에서 우리를 주시하신 만큼 우리 안에는 그분이 우리를 선택하게 할 만한 것을 전혀 찾아볼 수 없다. 요컨대, 우리는 이 점을 항상 기억해야 한다"(에베소서 1장 3-4절 설교).

> "칼뱅이 이해한 예정 교리는 (하나님, 죄, 은혜, 칭의, 그리스도, 교회와 같이) 다른 중요한 교리들과 관련하여 성경에서 끌어내어 개발하고 개진한 것이다. 그는 이 교리가 하나님이 그리스도 안에서 영원 전부터 일정한 수를 구원받을 자로 택하시고 나머지는 타락했다고, 또는 죄 상태에 머물도록 선고하셨다고, 그리고 이 선고는 궁극적으로 의심할 수 없고 헤아릴 수 없는 하나님의 뜻으로 거슬러 올라가야 한다고 가르치는 것으로 이해한다. 그는 이 교리를 성경적인 것으로, 또한 신학적으로 필연적인 것으로 이해했으며, 목회적인 교리로서 신자들에게 위로와 확신을 주는 근원으로 이해했다."
>
> (Clark, *A Theological Guide to Calvin's Institutes*, 122)

읽기 | 「기독교 강요」 III. 21-24. [*1541* ch.8, pp.463-498.]

성경 본문 | "주께서 택하시고 가까이 오게 하사 주의 뜰에 살게 하신 사람은 복이 있나이다"(시 65:4).

주목할 인용문 | "하나님의 영원한 선택을 알기 전에는 우리의 구원이 하나님의 값없는 자비의 샘에서 흘러나온다는 사실을 우리는 결코 분명하게 납득할 수 없을 것이다"(III.21.1).

기도 | 전능하신 하나님, 당신이 우리를 단번에 당신의 백성으로 기쁘게 입양하신 것은 우리가 당신 아들의 몸에 접붙임 받아 우리의 머리를 본받게 하시기 위함인즉, 우리 생애 내내 마음속에 우리가 선택받았다는 믿음을 인 치게 하소서.

우리가 더 자극받아 진정으로 당신을 순종하게 하시고, 우리를 통해 당신의 영광이 널리 알려지고, 당신이 우리와 함께 택하신 다른 이들도 우리와 한마음으로 당신을 우리 구원의 창시자로 찬양하게 하소서.

그리하여 우리가 우리 자신의 미덕에 대한 모든 신뢰는 버리고 단념하여 당신의 선하심으로 인해 당신께 영광을 돌리게 하시고, 당신의 택하심의 원천이신 그리스도, 그분 안에서 당신의 복음을 통해 우리 구원의 확실함을 우리에게 내놓으신 그리스도께 우리를 인도하소서. 그분이 자신의 피로 우리를 위해 확보하신 영원한 영광 속으로 우리가 마침내 그분과 함께 모일 때까지 그렇게 하소서. 아멘. (*Devotions and Prayers of John Calvin*, 113.)

돌아보며 내다보며

장 칼뱅은 살아 있는 동안에도 선택 교리로 널리 알려졌다. 그런데 어떤 이들의 생각과 달리 그 교리를 창안한 것은 칼뱅이 아니다. "'선택 받은 자'와 '선택'을 흔히 칼뱅이 창안한 개념으로 생각해서 그를 비난하지만, 실은 신약 성경에서 23번, 예수께서 7번 사용한 만큼 모든 고전 신학에서 매우 중요한 용어다"라고 마릴린 로빈슨은 말한다(*John Calvin: Steward of God's Covenant*, xxvi).

칼뱅이 1559년판 「기독교 강요」에서 선택을 논한 것을 보면 그 위치가 매우 놀랍다. 칼뱅은 제1권에서 선택을 다루지 않았다. 이따금 독자들에게 선택 교리를, 예컨대 섭리 교리의 일환으로 탐구할 수 있다고 말하면서도 그렇게 하지 않는다. 제2권에서도 다루지 않지만, 칼뱅의 생각에서 멀어 보이지는 않다. 드디어 제3권에서 그는 네 장에 걸쳐 충분하게 선택 교리를 다룬다. 「기독교 강요」 이전 판(版)들에서는 예정을 하나님 교리의 일부로서 섭리와 나란히 다룬다. 그러나 최종판을 보면 섭리는 제1권에 남아 있으나, 예정은 구원 교리를 진술하는 제3권으로 옮겨져 있다. 선택을 상세하게 논하기 위해 새로운 위치로 옮긴 것은 "심오한 신학적 이유가 아니라 교육적이고 전략적인 이유"라고 폴 헬름은 말한다(*Calvin at the Centre*, 132). "예정으로 시작한다면, 사실상 칼뱅이 말하는 다른 모든 것을 들을 수 없다"고 게리쉬는 말한다(*Grace and Gratitude*, 170). 그래서 칼뱅은 자신의 신학을 예정이나 선택으로 시작하지 않는다. 마침내 그 교리를 다룰 때쯤이면, 우리는 칼뱅이 하는 말을 들을 준비를 갖춘 상태가 된다.

선택을 다루는 장들은 기도를 논한 뒤에 나온다. 참된 기도는 우리 자신의 영광과 가치에 대한 모든 생각을 버리고, 겸손하게 오직 하나님께만 영광을 돌리는 것이다. 선택 교리(하나님의 큰 은혜와, 그분 앞에서 우리를 완전히 비우는 일)도 그 주제를 계속 이어 간다. "이 [선택] 교리의 실천 역시 기도에서 꽃을 피워야 한다"고 칼뱅은 말한다. 우리는 이미 우리를 사랑하는 자녀로 구출하고 구속하기로 선택하신 하나님께 기도한다. 따라서 마치 자신의 구원이 의심스러운 듯 "주님, 제가 택함받았다면 제 말을 들으소서"라고 기도하는 것은 참으로 "터무니없는 기도다"(III.24.5).

선택

"오직 하나님의 순전한 관대함으로 우리가 구원받는다는 것을 분명히 하기 위해 우리는 선택 [교리]로 되돌아가야 하며", 이 교리는 마땅히 "영광스럽게 큰 소리로 선포되어야 한다"(III.21.1).

> "영웅 유형의 훌륭한 칼뱅주의자인 연로한 목사가 하나님의 주권과 선택을 이야기할 때, 그의 얼굴은 빛이 나고 그의 목소리는 널리 울려 퍼졌다."
>
> (Ralph Connor, *Black Rock: A Tale of the Selkirks*, 285)

칼뱅의 선택 교리는 기본적으로 루터를 비롯한 다른 종교개혁자들의 교리와 같았고, 아우구스티누스의 저술에 큰 영향을 받았다. "내가 아우구스티누스에게서 책 한 권을 엮어 내려 한다면, 그의 언어 말고 다른 언어는 필요 없다는 것을 독자들에게 쉽게 보여 줄 수 있다." 칼뱅의 글이다. 그러나 "이 교부들이 침묵을 지킨다고 상상하고 문제 자체에 주목해 보자"고 덧붙인다(III.22.8).

"문제 자체에 주목한다"는 것은 성경을 검토한다는 뜻이다. 칼뱅은 실제로 그렇게 한다. 우리는 선택 교리를 믿고 가르쳐야 하지만, 성경이 말하는 것을 넘어서지 않도록 조심해야 한다. "예정에 관해 하나님 말씀이 설명하는 바와 다른 지식을 얻고 싶어 하는 것은 길이 없는 곳에서 걷는 것이나 어둠 속에서 빛을 찾는 것과 다름없다[또는 그만큼 불합리하다]"(III.21.2). "주님이 그분의 거룩한 입술을 닫으시면 자신도 당장 탐구의 길을 닫는 절제력을 발휘한다는 제한만 있다면, 자신을 향한 모든 하나님 말씀에 그리스도인이 마음과 귀를 여는 것을 허용하자"(III.21.3). "그러므로 누군가가 하나님이 왜 그렇게 행하셨느냐고 묻는다면, 우리는 그분이 원하셨기 때문이라고 대답해야 한다. 그런데 당신이 더 나아가 왜 그분이 그것을 원하셨느냐고 묻는다면, 당신은 하나님 뜻보다 더 크고 높은 무언가를 찾고 있는 셈이다. 그러나 그런 것은 본래 찾을 수 없는 법이다"(III.23.2).

칼뱅은 선택 교리를 철학적으로나 사변적으로 다루지 않고 실제적인 실문들을 동원한다. 워필드는 이렇게 말한다. "칼뱅의 사상은 보편적인 예정이 아니라 오히려 구원론적인 예정으로 향한다. 하나님의 값없는 은혜로 구원받아야 할 무력한 죄인으로서 그는 후자에 의존할 수밖에 없다"(*Calvin and Augustine*, 483).

어째서 어떤 사람들은 전파된 복음을 듣고, 또 어떤 이들은 듣지 않는가? 들은 이들 가운데 어떤 사람들은 반응하고 어떤 사람들은 반응하지 않는 이유는 무엇인가? 칼뱅은 이렇게 대답한다. "사실상 생명의 언약은 모든 사람에게 똑같이 전파되지 않으며, 그 언약을 들은 사람들 사이에 일관되거나 같은 정도로 받아들여지지도 않는다. 이 다양한 반응을 통해 놀랍도록 심오한 하나님의 판단이 나타나는 것이다"(III.21.1). "많은 사람이 마음속으로 거듭 이렇게 생각할 것이다. '하나님이 당신을 구원하기로 택하신 것이 아니라면, 그 구원은 어디에서 오는 것인가?'"(III.24.4)

선택 교리는 칼뱅 신학에서 매우 구체적으로 작동한다. 한 저자가 표현했듯이, 예정은 "칼뱅주의의 중심에서 멀리 떨어져 있다. 그것은 오히려 경험의 수수께끼 앞에서 그리스도의 은혜를 믿는 믿음이 낳은 최후의 결과다"(Wendel, *Calvin*, 265). 선택 교리는 구원이 전적으로 하나님께 속해 있음을 매우 분명히 밝힌다. "하나님의 영원한 선택을 알기 전에는 우리의 구원이 하나님의 값없는 자비의 샘에서 흘러나온다는 사실을 우리는 결코 분명하게 납득할 수 없을 것이다"(III.21.1). 워필드도 의견을 같이한다. "당신이 값없는 은혜, 완전히 값없는 은혜를 가르치고, 진심으로 그 의미를 뜻한다면, 당신은 예정론자다"(*Selected Shorter Works* 1:402).

> "어느 날 밤 하나님의 집에 앉아 있을 때 …… '너는 어떻게 그리스도인이 되었지?'라는 생각이 문득 떠올랐다. '나는 주님을 추구했지.' '그런데 너는 어떻게 주님을 추구하게 되었지?' 그 순간 진리의 빛이 번쩍 내 마음을 가로질렀다. 그분을 추구하게 만든 힘이 앞서서 내 마음에 작동하지 않았다면 나는 그분을 추구하지 않았을 것이다. '내가 기도했지'라는 생각이 났다. 그런데 '내가 어떻게 기도하게 되었지?'라고 자문해 보았다. '성경을 읽다가 기도하고 싶은 마음이 생겼지.' '나는 어떻게 성경을 읽게 되었지?' …… 그때 …… 나는 그 모든 것 맨 아래에 하나님이 계셨다는 것을 알았다. 그분이 내 믿음의 창시자였다. 그렇게 은혜 교리가 나에게 활짝 열렸던 것이다."
>
> ('A Defence of Calvinism', *The Early Years: The Autobiography of C. H. Spurgeon*)

인간이 행하는 순서는 믿음이 먼저이고 그 다음에 선택이 따라온다. 그러나 칼뱅에 따르면 "신적인 순서"는 선택이 먼저이고 그 다음에 믿음이 따라온다. 신적인 순서로 보면 선택이 믿음에 선행하지만, 선택은 믿음으로 알게 된다. 믿음이야말로 선택 교리에 들어가는 유일한 길이다. "믿음을 제거하면 선택은 불구가 된다"고 칼뱅은 말했다(주석_ 요 6:40). 이와 동시에 "선택은 믿음의 어머니다"라고 말한다(III.22.10). 선택 교리는 "내 믿음이 어디서 왔는가?"라는 질문에 대답한다. 이 교리는, 우리 죄의 어둠과 죽음 한복판을 하나님의 은혜가 어떻게 뚫고 들어와서 우리를 구원했는지를 **사후에** 성찰하는 것이다. "누구나 선택에 이를 때는 사방에 오직 자비만 나타난다"(III.24.1). R. C. 리드(Reed)는 이렇게 썼다. "끝없는 장래를 살아가는 동안 구속받은 죄인들은 세상의 기초가 놓이기 전에 하나님의 품속에서 빛나던 사랑 말고는 그들이 누리는 축복을 설명할 다른 말을 찾지 못할 것이다"(*The Gospel as Taught by Calvin*).

> 내 영혼아, 잠시 멈추고 경배하고 놀라워하라!
> 아, 어째서 내게 그런 사랑이 왔는지 물어보라.
> 은혜로 내가 구원자의 가족이 되었으니
> 할렐루야!
> 당신께 감사를, 영원한 감사를 드립니다!
>
> 제임스 조지 덱(James George Deck)
> 'A Defence of Calvinism',
> The Early Years: The Autobiography of C. H. Spurgeon에서 재인용

칼뱅에 따르면, 성경은 예정이 주권적이고 개별적으로 이뤄지며 선택받은 자와 버림받은 자를 모두 포함한다고 가르친다. 성경이 명백히 선언하는 바를 "경험이 가르쳐 준다." 하나님은 "모든 사람에게 차별 없이 구원의 희망을 주시지 않으며, 어떤 이들에게 허락하시지 않은 것을 어떤 이들에게는 허락하신다"(III.21.1).

주권적 예정

경외하는 자세로 "하나님 심판의 놀라운 깊이"를 들여다보면서 칼뱅은 무엇보다 하나님의 예정이 오직 그분 뜻에 달려 있다는 점을 발견한다.

- "하나님은 어떤 이들에게 생명의 소망을 주시고, 또 어떤 이들에게는 영원한 죽음을 선고하신다"(III.21.5).

- 선택은 "하나님의 영원한 작정이며, 이로써 하나님은 각 사람이 어떻게 되길 원하시는지 그분 자신과 계약하셨다"(III.21.5).

- 하나님은 "구원을 베푸실 뿐 아니라 구원을 부여하시되 그 확실한 결과를 의심하지 않게 하신다"(III.21.7).

- 하나님은 "우리 구원의 방관자가 아니라 창시자시다"(III.22.6).

개별적 예정

하나님의 선택은 이중적이라고 칼뱅은 말한다. 첫째, 이스라엘의 민족적 선택이 있다. 이로써 온 이스라엘이 자신을 단절할 때까지 하나님은 그들을 "열등한" 구성원으로 그분 가족에 합류시키신다. 이것은 "거절당한 인류와 선택받은 경건한 소수 사이에 있는 일종의 중간 상태다"(III.21.7). 그리고 "하나님이 각자를 택하신, 좀 더 제한적인 이차적 선택이 있다"(III.21.6).

하나님이 인간 예수를 택하신 것은 그분의 개별적 선택의 실례라고 칼뱅은 주장한다. "그들은 이렇게 말할 것이다. 도대체 무슨 미덕 때문에 [그리스도가] 모태에서 천사들의 우두머리로, 하나님의 외아들로, 아버지의 형상과 영광으로, 세상의 빛과 의로움과 구원으로 임명될 자격을 얻었는가? …… 그러나 그들이 일부러 하나님에게서 택하거나 버릴 권한을 빼앗으려 한다면, 동시에 그리스도께 주어진 권한까지 빼앗게 하라"(III.22.1).

이중 예정

칼뱅은 "이중 예정"이라는 표현을 사용하지 않았다. 그러나 이 용어는 예정이 구원과 유기(遺棄)를 모두 포함한다는 그의 가르침을 설명하기에 적절하다.

■ "하나님은 어떤 이들에게 생명의 소망을 주시고, 또 어떤 이들에

게는 영원한 죽음을 선고하신다"(III.21.5).

- "영원하고 변함없는 계획에 따라 하나님은 오래전에 구원에 이르게 할 이들과 멸망에 처하게 할 이들을 확정하셨다"(III.21.7).

선택과 유기의 궁극적 원인은 하나님 뜻이다. 그러나 유기에는 직접적 원인(정죄 이유에 해당하는 죄)이 있으나, 선택에는 직접적 원인이 없다. "하나님이 그분 뜻에 따라 완악하게 하시거나 긍휼을 베푸신다고 말할 때는 그분의 뜻을 벗어난 다른 원인을 찾지 말라고 사람들에게 경고하시는 것이다"(III.22.11). 선택받은 자의 선택 배후에 있는 유일한 원인은 바로 하나님이다. "선택받은 자의 선택 배후에 있는 실제적이면서 먼 원인은 역시 하나님이지만, 유기의 실제적이고 직접적인 원인은 자기 자신이다"라고 찰스 파티는 말한다(*The Theology of John Calvin*, 241). 사람들은 하나님이 왜 일부를 선택하고 나머지는 간과하시는지 알고 싶어 한다. 장 칼뱅은 자신에게 묻지 말라고 한다. 아무에게도 묻지 말고 하나님께 여쭤보라고 한다. 그리고 신명기 29장 29절에 하나님의 대답이 있다. "감추어진 일은 우리 하나님 여호와께 속하였거니와 나타난 일은 영원히 우리와 우리 자손에게 속하였나니." 하나님이 어떤 이들을 거룩함과 양자로 택하신 것은 그렇게 하는 것이 기쁘셨기 때문이다. 왜 그것이 기쁘셨을까? 그 이유를 밝히는 것은 기뻐하지 않으셨다.

어떤 이들은 칼뱅의 유기 교리가 성경보다는 논리에 기반을 둔다고 주장했다. 이 교리를 다룰 때 칼뱅이 논리를 사용하는 곳이 몇 군데 있다. 특히 제3권 23장 1절이 그 경우다. "선택 자체는 유기와 대치하지 않으면 견지될 수 없다." "하나님은 구원에 이르게 할 사람들을 자신이 구별하셨다고 한다. 그런데 오직 선택이 소수에게 부여하는 것을 다른 이들이 우연히 또는 그들의 노력으로 획득한다고 말하는 것은 매우 터무니없다." "멸망하기로 준비된 것을 하나님의 은밀한 계획이 아닌 다른 것으로 돌리는 일은 전혀 일관성이 없다." 칼뱅이 자신의 주장에 도움이 될 때는 실제로 이따금 논리에 호소하지만, 그가 말하는 선택과 유기의 교리를 뒷받침하는 토대는 논리가 아니라 성경이다. 에드워드 다위는 칼뱅의 유기 교리를 이렇게 말한다. "이 문제를 다룰 때 칼뱅이 단 하나의 철학적 실험을 위해 자신이 사용하던 방법 전체를 갑자기 포기했을 가능성은 거의 없다. 특히 그가 그럴 가능성을 계속 부인했기 때문이다. …… 여기에는 성경의 가르침에서 하나님의 값없는 자비를 끌어내는 무모한 일관성이 있다"(*The Knowledge of God in Calvin's Theology*, 218-19). 오히려 여기서는 "성경의 가르침에서 하나님의 값없는 자비"를 설명하는 끈질긴 일관성이 있다고 말해도 좋다.

이 교리를 다루는 칼뱅의 논의는 성경에 푹 젖어 있고, 특히 제3권 21장 5-7절에서 그렇다. 그는 제3권 21장을 선택 교리에 대한 간단한 개요로 끝낸다. 이 단락을 "그러면 성경이 명백히 보여 주는 대로……"(III.21.7)라는 글로 시작하고, "성경 증거에 기초한 선택 교리의 확증"이라는 제목의 장(章)을 뒤에 추가한다. 칼뱅은 예정 교리의 기반을 성경에 두면서도 그 교리가 관찰이나 경험과도 조화를 이룬다고 선언한다.

실천적이고 목회적인 차원에서 칼뱅은 선택을 강조하고 유기는 강조하지 않는다. 하나님 은혜의 충만함과 값없음을 설명하기 위해 우리는 선택을 설교할 수 있고 또 그래야 하지만, 유기를 설교할 수는 없다. "[선택과 유기의] 구별이 [칼뱅에게는] 중요하다. 그는 선택의 값없는 성격을 돋보이려고 설교에서도 자주 그 교리로 돌아가기 때문이다"(Wendel, *Calvin*, 272). 그러나 우리는 유기 교리를 설교하여 믿지 않는 이들을 정죄해서는 안 된다. 칼뱅에 따르면 그런 행위는 "가르치는 것이 아니라 저주하는 것"이다(III.23.14). 칼뱅은 설교를 끝낼 때 종종 그리스도인들에게 그들이 받은 복에 대해 하나님을 찬양하라고 권면하고, 또 하나님께 "이 은혜를 우리뿐 아니라 모든 사람에게 허락해 달라고" 간구하는 기도로 마무리했다(에베소서 1장 1-3절 설교를 보라). 칼뱅은 그리스도인의 삶을 논하는 대목에서 그리스도인과 비그리스도인은 다르다고 말하면서 "이제 당신은 어느 부류에 포함되기를 선호하는지 선택해야 한다"고 덧붙인다(III.8.6).

선택과 유기의 원인과 근거

일부를 구원에 이르도록 선택하신 하나님의 작정이 그들의 선행에 근거하지 않는 것은 그 작정이 창세전에, 즉 그들 각자가 존재하기 전에 이뤄졌기 때문이다. "아직 존재하지도 않은 사람들을 그렇게 구별하는 토대가 무엇인가?"라고 칼뱅은 묻는다(III.22.2). 그 작정은 각자가 행할 것으로 예견되는 선행에 기반을 두지 않는다. 예견할 수 있는 선행이 하나도 없기 때문이다. "하나님의 은혜는 선택하기에 적합한 사람들을 찾는 것이 아니라 그런 자들을 만든다"(III.22.8). 일부를 구원에 이르도록 선택하신 하나님의 작정은 순전히 그분의 기쁜 뜻에 달려 있다. "이 작정의 내재적 원인은 그분 안에 있다"고 칼뱅은 주장한다. 칼뱅이 선택의 창시자로 아버지 하나님과 더불어 그리스도를 포함하고 있음을 주목하라. 그리스도는 아버지와 함께 자신에게도 "선택 권한"이 있다고 주장하신다(III.22.7). "그러나 예전에는 우리 바깥에서 방황하는 양이었지만 마침내 그리스도의 몸에 영입된 이들을 그리스도께서는 모두 하나님의 양이라고 친히 증언하신다(요 10:16). 그들은 비록 몰랐겠지만 아우구스티누스가 말하듯이, 그동안 목자는 창세 전에 자기 것으로 선택한 그 영원한 예정에 따라 그들을 알고 계셨다"(*Concerning the Eternal Predestination of God*, 150).

> "내가 선택 교리를 믿는 것은, 하나님이 나를 선택하시지 않았다면 나는 결코 그분을 선택하지 않았을 것이라고 확신하기 때문이다. 나는 내가 태어나기 전에 그분이 나를 선택했다고 확신한다. 그러지 않으셨다면 나중에 그분이 나를 선택하는 일은 결코 없었을 것이다. 그리고 그분은 내가 모르는 이유로 나를 택하셨음이 틀림없다. 나로서는 그분이 특별한 사랑으로 나를 바라보실 이유를 도무지 찾을 수 없기 때문이다."
>
> ('A Defence of Calvinism', *The Early Years: The Autobiography of C. H. Spurgeon*)

하나님의 유기 작정은 죄악 된 행위나, 예견된 죄악 행위에 기반을 두고 있지 않다. 칼뱅은 로마서 9장 13절("기록된 바 내가 야곱은 사랑하고 에서는 미워하였다 하심과 같으니라")을 가리키며 이렇게 말한다. "바울은 하나님이 에서의 행위에 따라 그에게 보응하셨다는 말로 하나님의 의를 변호하지 않는다. 그보다 하나님의 영광을 드러내기 위해 버림받은 자가 일으켜졌다고 주장한다"(III.22.11).

칼뱅은 성경이 하나님을 유기의 창시자로 가르친다고 두려운 태도로 끈질기게 주장한다. "[하나님은] 공정하면서도 불가해한 심판으로 자신이 정죄에 넘긴 자들에게 생명의 문을 봉쇄하셨다"(III.21.7). 칼뱅은 자신이 말하는 내용이 정말로 심각하다는 점을 인정하며 유기 작정은 "실로 두려운 것"이라고 시인한다. 물론 사악하다는 뜻이 아니라 경이롭거나 신비롭다는 뜻에서 그렇다는 것이다(III.23.7).

유기는 하나님의 심판에 근거하며, 그 심판은 "도무지 이해할 수 없는" 것이다. 일관되지 않다는 뜻이 아니라 "그 깊이를 헤아릴 수 없다"는 뜻이다(Helm, *Calvin at the Centre*, 148-49). 마릴린 로빈슨에 따르면, 칼뱅은 "영원한 유기를 믿지만 …… 그것을 상상하는 것은 자신에게 결코 허락하지 않는 듯하다"(*The Death of Adam*, 222).

하나님의 기쁜 뜻이 유기의 궁극적 원인이지만, 보통 말하는 그런 유기가 아닌 정죄의 직접적 또는 명백한 원인도 존재한다. 명백한 원인은 인간의 죄다. 한 사람을 파멸에 이르게 하는 모든 책임과 죄책은 죄 안에 있다. "사람은 하나님의 섭리가 정한 바에 따라 넘어지지만 그 자신의 잘못으로 넘어진다." "따라서 우리는 하나님의 예정에 감춰진 불가해한 원인을 찾기보다는 (우리에게 더 가까운) 타락한 인간 본성에 있는 정죄의 명백한 원인을 생각해야 한다"(III.23.8). 자신의 구원을 생각할 때 그리스도인은 자신 속에 있는 무언가가 아니라 하나님의 선택만 바라본다. 반면 멸망당하는 자의 정죄를 생각할 때는 우리를 초월하는 하나님의 작정보다는 우리에게 더 가까운 인간의 죄를 바라본다. 하나님은 선택받은 사람과 직접적인 관계에 놓이시지만, 버림받은 사람과는 직접적인 관계와 간접적인(또는 우발적인) 관계 모두에 놓이시는 셈이다. "그리스도께서 …… 심판하러 왔다고 말할 때, 그분이 걸림돌이라고 불릴 때, 그분이 다수의 넘어짐을 위해 세워졌다고 말할 때, 그것은 우발적인 것으로나 생경한 것으로 간주될 수 있다. 그분을 통해 주어진 은혜를 배척하는 이들은 마땅히 그분을 심판자와 복수자로

맞아야 하기 때문이다"(주석_요 3:17).

선택의 궁극적 목표는 하나님의 영광이고, 직접적인 목표는 신자의 성화다. "바울은 우리가 거룩하고 흠 없는 삶을 영위하게 하려고 선택되었다고 가르친다"(III.23.12). 유기의 궁극적 목표는 하나님의 영광이다. 하나님은 그분의 공의와 의로움을 드러내실 때 영광 받으신다. "하나님의 영광을 언급할 때는 그분의 의로움도 생각하자"고 칼뱅은 말한다(III.23.8).

선택 교리의 용도

"칼뱅은 예정에 관한 논의를 …… 겸손, 소망, 감사, 담대함, 송영의 관점에서 구성한다"(Boulton, *Life in God*, 147). 칼뱅은 선택 교리의 세 가지 용도를 논하면서 그것을 "아주 달콤한 열매"라고 부른다(III.21.1).

1. 선택 교리는 하나님께 영광을 돌리고 우리를 낮춘다

예정에 관한 지식은 순종하는 자들이 자신의 믿음을 "그들 자신의 것"인 양 여겨 교만해지지 않도록 막아 주고, 그들로 "주님을 자랑하도록" 이끌어 준다(III.23.13). 칼뱅은 에베소서 1장 7-10절을 설교하면서 이렇게 말했다. "우리가 주제넘게 하나님 앞에 무엇이든 가져가는 순간, 그것은 하나님의 은혜를 가리고 우리 자신을 내세우게 된다. 따라서 은혜가 마땅히 지녀야 할 아름다움과 탁월함을 더는 지니지 못하게 만든다."

시편 65편 4절("주께서 택하시고 가까이 오게 하사 주의 뜰에 살게 하신 사람은 복이 있나이다") 주석에서는 이렇게 썼다. "우리는 그분 가까이 있다.

우리가 그분의 은혜를 예상하고 스스로 그분께 나아왔기 때문이 아니라 [하나님이] 우리에게 이르시기 위해 스스로 낮아지셔서 지옥까지 그분의 손길을 뻗치셨기 때문이다."

> 존 리스_ "예정은 행위의 의(義)에 대한 확신을 꺾어 버리고 인간 구원의 근원을 적나라하게 드러낸다. 그것은 모든 공로를 부인하고 구원을 오로지 하나님의 자비 안에 둔다. 이는 구원이 구출이지 업적이 아니라는 뜻이다."
> (John Calvin's Doctrine of the Christian Life, 122)

2. 선택 교리는 확신을 품도록 격려한다

예정은 신자에게 자신의 궁극적 운명에 대해 두려움과 불확실성을 심어 주기보다 확신을 품도록 격려한다. "예정을 올바로 이해하면 믿음이 흔들리지 않고 오히려 확신을 품을 수 있다"(III.24.9). 우리는 "선택받았다는 확신을 우리 자신에게서 찾지 않는다." 즉, 우리의 선행에서 찾지 않는다는 말이다(III.24.5). 선행은 우리의 구원을, 따라서 우리의 택함 받음을 가리키는 면에서 결코 무가치하지 않다. 칼뱅은 "정결한 삶을 선택의 예증과 증거로 간주하는 것은 옳다"고 말했다(주석_ 벧후 1:10). 하지만 우리의 선행은 매우 작고 불안정해서 우리의 확신이 온전히 선행에만 의존할 수 없다. "행위에 주목할 때, 믿음은 비틀거리게 된다"(III.11.11). 셀더하위스는 "누구든지 자신의 구원에 조약돌 하나라도 기여해야만 한다면, 그는 자신의 조약돌이 충분히 크지 않을까 봐 평생 두려워하며 살아갈 것이다"라고 말한다(*John Calvin: A Pilgrim's Life*, 190). 하나님의 성도는 궁극적 확신을 자신의 선행에 두지 않는다. 그들은 "선행을 하나님의 선하심을 알게 해주는 하나님의 선물로 여기고, 자신이 택함 받았음을 인식시키는 부르심의 징표로 여긴다"(III.14.20). 칼뱅은 에베소서 1장 3-4절을 설교하면서 "우리 주님이 우리에게 구원을 확신시키고 싶으실 때는 우리를 …… 영원한 선택으로 돌아가게 하신다"고 말했다.

더군다나 "하나님 아버지를 그분의 아들과 분리된 분으로 생각한다면", 우리가 선택받은 것에 대한 확신을 하나님 아버지에게서 찾을 수 없다(III.24.5). 하나님이 선택을 작정하신 것을 직접 알 수 있는 길은 없다. "그리스도는 그분 안에서 자기기만 없이 우리 자신의 선택받음을 성찰해야 할 거울이다"라고 칼뱅은 말한다. 칼뱅은 신자들에게 "복음의 말씀에서" 그들이 선택받은 "확실한 증거"를 찾으라고 말한다(III.24.7). 에베소서 1장 4-6절 설교에서 칼뱅은 거울의 예를 이중으로 사용한다. 하나님은 거울을 들여다보시고 그리스도를 보신다. 아울러 신자도 거울을 들여다보고 그리스도를 보게 된다. "우리를 용납할 만한 존재로 보고 싶을 때 하나님은 예수 그리스도라는 거울로 우리를 보신다. 마찬가지로 우리 편에서도, 그리스도는 우리가 선택받음을 알고 싶을 때 눈길을 주며 봐야 할 거울이다."

"피기우스(Pighius, 칼뱅의 견해를 반박한 네덜란드의 가톨릭 신학자)가 내게 선택받은 것을 어떻게 아느냐고 묻는다면, 나는 그리스도야말로 내게 천 개의 증언보다 더 많은 것을 증언하신다고 대답하겠다"고 칼뱅은 말한다. "하나님이 우리를 선택하는 것이 좋다고 생각하실 때는 그분 자신에서 시작하신다. 그러나 그분이 우리로 하여금 그리스도와 함께 시작하게 하시는 이유는 우리가 그분의 특별한 백성에 포함된다는 것을 알려 주시기 위해서다"(*Eternal Predestination of God*, 127, 130). 자신이 생명을 얻도록 예정되었는지 여부를 아는 것은 "선험적 추론이나 직접 하나님의 뜻을 간파하는 것으로는 불가능하며, 단지 자신과 그리스도의 관계를 통해 경험으로만 알 수 있다"(Helm, *Calvin at the Centre*, 59). 선택 교리에 들어가는 유일한 길은 믿음이다. 선택 교리 안에서 믿음이 보는 것은 오직 그리스도 안에 있는 하나님의 자비뿐이다.

칼뱅은 한 설교에서 이 진리를 빼어난 방식으로 표현하였다. "그렇다면 믿는 사람은 누구나 하나님이 자신 안에 역사하셨다고 확신할 수 있다. 그리고 믿음은, 말하자면 하나님이 우리에게 주시는, 우리의 입양이라는 원판의 복사판이라고 할 수 있다. 하나님은 영원한 계획을 가지고 계시며, 언제나 스스로 원판을 보유하시고 우리에게는 믿음으로 복사판을 주신다"(에베소서 1장 4-6절 설교). 우리가 하나님의 선택을 알 수 있게 해주는 본문으로 칼뱅은 요한복음 3장 16절을 언급한다. 이는 선택 교리를 부인하는 데 종종 인용되는 구절이다! 이 구절은 "우리의 구원으로 인한 영광을 온전히 [하나님의] 사랑 덕분으로 돌린다."

칼뱅은 우리에게 그리스도를 벗어나 예정을 이해하려 하지 말라고 경고한다.

> 사탄이 선택에 대한 의심으로 흔들어 놓을 때만큼 신자들을 낙심시키기 위해 심하고 위험한 유혹을 내놓는 때는 없다. 동시에 사탄은 그 도(道)를 벗어나 그것[선택]을 찾으려는 악한 욕망을 품도록 그들을 부추긴다. 한낱 인간이 하나님의 심판대에서 자신에 관해 어떤 결정이 내려졌는지를 알기 위해 하나님 지혜의 깊숙한 곳으로 뚫고 들어가 가장 높은 하늘로 침투하려 애쓰는 것을 나는 "그 도를 벗어나 찾는 것"이라 부른다(III.24.4).

> 하얗고 깨끗한 페이지 위,
> 그 위에 내 이름이 쓰여 있는가?
> 당신의 나라에 있는 그 책,
> 그 책에 내 이름이 쓰여 있는가?
>
> 주님, 내가 지은 죄 아주 많아
> 바다의 모래와 같습니다.
> 그러나 나의 구원자여, 당신의 보혈이
> 나에게는 충분하고도 족합니다.
> 당신의 약속이 빛나는 밝은 글자로
> 쓰여 있기 때문입니다.
> "네 죄가 주홍빛 같을지라도
> 내가 눈과 같이 희게 하리라."
>
> W. E. 비더울프(Biederwolf)

3. 선택 교리는 경외하고 경배하는 길로 우리를 인도한다

칼뱅은 하나님의 선택에 관한 아우구스티누스의 글을 기쁘게 인용한다. "당신은 그 이유를 찾는가? 나는 그 심오함에 떨고 있다. 당신은 따지고 있는가? 나는 놀라움을 금치 못한다. 당신은 논쟁하는가? 나는 그냥 믿겠다. 나는 그 깊은 곳을 보지만 밑바닥에 닿지는 못한다. 바울은 경이로움을 발견했기 때문에 안식할 수 있었다"(III.23.5).

예정에 대한 반론에 답하다

반론1_ 예정은 하나님을 전제군주로 만든다

"하나님의 뜻은 어떤 결함도 없을 뿐 아니라 완전함을 가늠하는 최고 척도다"라고 칼뱅은 말한다(III.23.2). 그는 로마서 9장 20-21절과 같은 성경 구절을 가리킨다. "토기장이가 진흙 한 덩이로 하나는 귀히 쓸 그릇을, 하나는 천히 쓸 그릇을 만들 권한이 없느냐." 하나님이 인류를 이런 식으로 다루려는 뜻을 품으신 것이 옳다면, 그분이 왜 이런 뜻을 품으셨는지 "묻는 일은 우리의 본분이 아니다. 우리는 그 이유를 알 수 없기 때문이다"(III.23.5).

반론2_ 예정은 인간에게서 자신의 죄와 책임을 제거해 버린다

이에 칼뱅은 "사람은 하나님의 섭리가 정한 바에 따라 넘어지지만 그 자신의 잘못으로 넘어진다"(III.23.8)고 대답한다.

> "하나님이 예정하시되 사람에게 책임이 있다는 두 가지 사실을 뚜렷이 깨닫는 사람은 드물다. 두 명제는 일관되지 않고 서로 모순된다고들 생각한다. 그러나 내가 성경 한 곳에서 모든 것이 예정되어 있다고 배운다면, 그것은 옳다. 그리고 성경 다른 곳에서 사람이 자신의 모든 행동에 책임이 있다고 배운다면, 그것도 옳다. 그런데 이 두 진리가 늘 서로 모순될 수 있다고 생각한다면, 그것은 나의 어리석음일 뿐이다. 나는 이 둘이 이 땅의 어떤 모루 위에서도 하나로 결합될 수 있다고 믿지 않지만, 영원한 세계 안에서는 확실히 하나가 될 수 있을 것이다. 이 둘은 거의 평행하는 두 선(線)이고, 인간의 마음이 아무리 멀리까지 추적해도 수렴하는 것을 볼 수 없을 것이다. 그러나 이 둘은 분명히 수렴하며, 모든 진리의 원천인 하나님의 보좌에 가까운 곳, 그 영원한 세계 어딘가에서는 만날 것이다."
>
> ('A Defence of Calvinism', *The Early Years: The Autobiography of C. H. Spurgeon*)

반론3_ 예정은 하나님이 사람들을 편애한다는 견해를 갖게 한다

하나님은 인종이나 재산 등에 따라 사람을 차별하는 분이 아니시다. 하나님은 자신의 기쁜 뜻에 따라 사람들을 선택하시지, 사람의 특징이나 자질에 따라 선택하지 않으신다. 선택은 하나님의 자비에 따른 것이지 편애에 기인하지 않는다. 사도행전 10장 34절과 갈라디아서 2장 6절은 "하나님은 사람을 외모로 취하시지 않는다"고 말한다. 갈라디아서 3장 28절은 유대인이나 헬라인이나 종이나 자유인이나 남자나 여자나 "다 그리스도 예수 안에서 하나다"라고 주장한다. 고린도전서 1장 26절은 하나님이 지혜로운 자와 권력 있는 자와 가문이 훌륭한 자를 많이 부르시지 않는다고 선언한다. 예정은 선택받은 자가 어떤 인물인지가 아니라 선택의 주체이신 하나님께 달려 있다.

반론4_ 예정은 거룩하게 되고픈 열정을 식혀 버린다

칼뱅은 다음 두 가지가 크게 다르다고 말한다. "선택만 받으면 구원받기 때문에 선행을 그만두는 것"과 "선택에 따른 목표로 선을 추구하는 데 몰두하는 것"이다(III.23.12). 에베소서 1장 4-6절 설교에서 이렇게 말했다. "그러면 그분이 우리를 선택하셔서 거룩하고 정결한 삶을 살게 하셨으므로, 우리의 선택은 마땅히 선한 열매를 맺는 뿌리의 역할을 해야 한다."

반론5_ 예정은 훈계를 무의미하게 만든다

"값없는 선택을 거리낌 없이 설파한" 바울에게는 그렇지 않았다. "나를 보내신 아버지께서 이끌지 아니하시면 아무도 내게 올 수 없다"고 말씀하신 그리스도도 마찬가지셨다. "그런즉 설교가 자연스럽게 흘러가서 사람들을 믿음에 이르게 하고, 그들에게 계속 유익을 끼쳐 그들이 인내하며 믿음을 굳게 지키도록 하라"(III.23.13)고 말한 아우구스티누스도 그렇지 않았다. 칼뱅도 마찬가지였다. 그는 살아 있는 동안 목격한 현상, 즉 하나님에 대한 신실함과 도덕성이 내리막길을 걷는 현상을 슬퍼했으나 하나님이 계속 자비를 퍼붓는 증거를 보며 기뻐했다. "하나님의 은혜가 전파되고 죄 용서가 선포되고 있다. 하나님은 잃어버린 자들을 십만 번이나 부르고 계신다"(에베소서 3장 1-6절 설교).

하나님과 우리 자신을 알기

우리가 받은 구원으로 하나님께만 영광을 돌리고 우리 자신은 낮추도록 하자. 우리의 구원이 하나님의 손 안에 있고 창세전부터 예정된 것임을 확신하며 기뻐하자. 우리도 사도 바울처럼 하나님이 이루신 일에 "경이감"을 품자.

19장

최후의 부활

"약속된 영광"

"성경은 곳곳에서 우리에게 그리스도의 도래를 기대하며 기다리라고 명하고, 그때까지 영광의 면류관이 연기된다고 말한다. 그런즉 하나님이 우리를 위해 정하신 한계에 만족해야 한다. 말하자면, 경건한 자들의 영혼이 고된 싸움을 끝낸 후 복된 안식에 들어가고, 그곳에서 즐거운 기대감을 품은 채 **약속된 영광**을 즐길 것을 기다려야 하는 것이다" (III.25.6).

> "칼뱅에게 그리스도 안에 있는 신자의 영원한 영광을 풍성히게 숙고히는 것은 하나님의 은혜에 관한 정연한 신학적 논의가 도달하는 논리적 결론이자 면류관이었다."　(Andrew Davis, *A New Assessment of John Calvin's Eschatology*, 265)

읽기 | 「기독교 강요」 III.25. [1541 ch.4, pp.287-293.]

성경 본문 | "만일 땅에 있는 우리의 장막 집이 무너지면 하나님께서 지으

신 집 곧 손으로 지은 것이 아니요 하늘에 있는 영원한 집이 우리에게 있는 줄 아느니라"(고후 5:1).

주목할 인용문 ㅣ "우리는 우리 주 예수 그리스도로 구속받지만 …… 아직 구속의 결과와 완전한 열매는 갖고 있지 않다. 그렇다면 이중 구속이 있는 셈이다. 하나는 우리 주 예수 그리스도 안에서 성취된 구속이고, 다른 하나는 우리가 기다리는 것, 곧 그분이 다시 오실 때 우리에게 보이실 구속이다"(에베소서 1장 13-14절 설교).

기도 ㅣ 전능하신 하나님, 우리는 이미 소망 중에 우리의 영원한 유산을 얻을 문턱에 들어섰고, 우리의 머리이자 우리 구원의 첫 열매이신 그리스도께서 하늘에 있는 저택으로 들어가셨으므로 우리를 위한 저택도 있는 줄 압니다. 마침내 우리가 목표에 도달할 때까지, 우리 주 그리스도에 의해 이 세상에서 맛보도록 당신이 허락하신 그 영원한 영광을 장차 누릴 때까지 우리가 더욱 당신의 거룩한 부르심을 따라 나아가도록 허락하소서. 아멘. (에스겔 20장 44절로 끝나는 칼뱅의 에스겔 주석에 실린 마지막 기도문으로, 이 글을 쓰고 며칠 뒤에 칼뱅은 눈을 감았다.)

> "1564년, 이 세상을 떠날 때 칼뱅은 친구들에게 표식 없는 무덤에 묻히게 해달라고 부탁했다. …… 그가 원한 기념물은 이미 그에게 있었다. 칼뱅이 영향을 끼친 남자와 여자들의 살아 있는 유산, 설교, 주석, 논문, 교리문답 문헌, 편지, 신앙고백, 그리고 그가 교회에 남긴 여러 판의 「기독교 강요」 등이다."
>
> (Steinmetz, *The Cambridge Companion to Reformation Theology*, 129)

돌아보며 내다보며

"최후의 부활"을 다룬 장(章)은 제3권 "최고의 막(幕)"이다(Wendel, *Calvin*, 284). 제3권 25장 첫 대목을 보면 칼뱅은 「기독교 강요」 이전 장들에서 여러 생각을 끌어온다. 마치 프린스턴 대학 예배당 서편 큰 창문에 있는 그리스도의 재림 모습과, 그 예배당 다른 창문들에 그려진 많은 형상들, 구약과 신약과 교회사의 그림들을 진열하는 것 같다. 칼뱅에게 종말론은 모든 것의 마지막이 아니라 모든 것을 축약한 장엄한 담론이다. 코넬리스 비네마(Cornelis P. Venema)는 이렇게 말한다. "종말론, 또는 삼위일체 하나님의 사역 목표 내지는 목적에 관한 숙고는 칼뱅의 「기독교 강요」 전체와 다른 저술들을 관통하여 엮는 실이다"(*A Theological Guide to Calvin's Institutes*, 442).

제3권에서 장 칼뱅은 중보자이신 그리스도의 사역과, 신자들을 창조하시고 그리스도께 연합시키시는 성령의 사역을 길게 논했다. 이로써 신자는 칭의와 성화라는 이중적 유익을 누린다. 이는 하나님께 용납되고, 하나님의 형상을 좇아 새롭게 되는 것을 말한다. "신자는 그리스도와 하나 되어 의롭게 되고 성화되며, 궁극적으로는 영화된다. 「기독교 강요」에서 (제3권 끝에 있는) 25장의 위치를 생각하면, '그리스도와 하나 된 신자의 영화'라는 제목을 붙여도 좋을 것이다"(Venema, *A Theological Guide to Calvin's Institutes*, 445). 칼뱅은 마태복음 28장 1-10절 설교에서 "지금과 다른 방식으로 영광 중에 계신 그리스도와 하나 될 때까지" 우리는 날마다 그리스도께 양식을 공급받는다고 말했다(*John Calvin: Writings on Pastoral Piety*, 123).

"여러 세기에 걸친 교회사를 보면, 장 칼뱅의 종말론과 같은 것을 강력하게 적용한 행습이 가장 건강한 신학적 논의로 자리 잡아 왔다. 세대마다 태어나고 살아가고 죽을 때, 이런 적용들은 하나님이 택하신 백성이 영원한 세계를 준비하도록 도와주었다. 종말론적 적용은 다가오는 진노를 피하라고, 우리가 받은 부르심에 걸맞게 거룩하고 경건한 삶을 영위하라고, 때를 얻든지 못 얻든지 복음전도자의 사명을 수행할 준비를 갖추라고 권면해 왔다. 그리고 끔찍하게 박해받던 시기에는 끝까지 굳게 서 있으라고, 사랑하는 사람이 죽었을 때는 지나친 슬픔을 피하라고, 우리의 원수를 사랑하라고, 오직 하나님만 주실 수 있는 보상의 기쁨을 위해 살라고 격려해 왔다."

(Andrew Davis, *A New Assessment of John Calvin's Eschatology*, 330)

칼뱅은 자기가 「기독교 강요」에서 다룰 "최후의 부활"에 관한 논의가 무척 짧을 것임을 의식하면서 그 주제에 걸맞게 공정하게 다룰 능력이 없다고 고백한다. "나는 더 충분히 다뤄질 수 있고 더 훌륭하게 정리되어야 마땅한 내용을 잠깐 건드리기만 할 뿐이다"(III.25.3). 제3권에서 두 장이 종말론을 집중적으로 다룬다. "장래의 삶에 관한 묵상"(9장)과 "최후의 부활"(25장)이다. 칼뱅이 설교를 전하고 마지막에 드리는 기도는 거의 늘 다가올 삶에 관한 말로 끝났다. 칼뱅의 편지들을 읽어 보면 종종 하늘에 관한 내용이 나오는데, 이는 고난과 환난을 당하는 신자들을 격려하고 강건케 하려는 것이었다. 예컨대, 제3권 25장 마지막 문장은 이런 내용을 담고 있다. "[하나님은] 눈만 깜빡거려도 모든 사람을 흩뜨리고 무(無)로 돌아가게 하실 수 있지만 그분께 속한 예배자들을 격려하시고, 겁이 많은 그들이 이 세상에서 십자가를 지고 그분이 '만유의 주'가 되실 때까지 앞으로 나아가도록 고무시키신다."

칼뱅은 요한계시록 주석을 쓰지 않았다. 토마스 필퍼트(Thomas Philpot)는 칼뱅이 "계시록만 제외하고 성경의 모든 책을 해설했다"고 말하면서 "그 사실 자체가 훌륭한 주석이다"라고 평가했다. 반면 다른 이들은 칼뱅이 계시록을 무시한 처사에 유감을 표명했다. 앤드류 데이비스(Andrew Davis)는 이렇게 썼다. "종말론을 다룬 많은 저자는 칼뱅이 그토록 중시한 제한선을 짓밟아 버렸지만, 칼뱅 자신은 하나님이 우리에게 주신 한계까지 바짝 다가가지 못했다. 따라서 성경의 일부 영역을 개간하지 않아 열매 없이 그냥 내버려 두고 말았다"(*A New Assessment of John Calvin's Eschatology*, 2). 칼뱅은 계시록과 비슷한 점이 있는 에스겔서 첫 스무 장과 다니엘서를 주석했고, 계시록 주석을 쓸 생각이 있었는지 모르지만 그 과업을 이루기 전에 세상을 뜨고 말았다.

칼뱅은 제3권 25장에서 호기심과 억측을 거듭 경고한다. "나는 개인적으로 쓸데없는 문제에 대한 불필요한 조사 연구를 삼갈 뿐 아니라, 다른 이들에게 답변하여 그들을 경솔해지게 만들지 않도록 경계해야 마땅하다고 생각한다"(III.25.11). 칼뱅은 종말론을 다룰 때 조심스럽게 자제하며 실제적인 태도를 취한다. 그는 그리스도인들에게 명백히 계시된 것에 만족하라고 권고한다. "그렇다면 우리가 얼굴을 맞대고 그분을 볼 때까지 '거울'과 그 '희미함'에 만족하는 것을 우리의 출구로 삼자"(III.25.11).

칼뱅은 제3권 25장을 시작하는 첫 대목에서 "우리는 하늘을 섬기면서" "우리 눈을 계속 그리스도께 고정시켜야" 한다고 상기시킨다(III.25.1). 선택을 다룬 앞부분에서는 우리 눈을 우리의 선택받음을 비추는 거울이신 그리스도께 고정시켜야지, 하나님의 작정 자체나 우리의 선행에 고정시켜서는 안 된다고 주장했다. 여기서는 우리 눈을 그리스도께 고정시켜야지, 하늘 자체에 고정시키면 안 된다고 가르친다. 과거(우리를 택하심)를 염려하는 우리에게 칼뱅이 주는 대답은 그리스도이고, 미래(우리의 죽음)를 염려하는 우리에게 칼뱅이 주는 대답 역시 그리스도다.

이제 칼뱅이 논한 종말론의 주안점 몇 가지를 살펴보려고 한다. 그는 이 주제들에 관한 논의를 제3권 25장에서 모두 다루고 있지는 않다. 따라서 나는 「기독교 강요」의 다른 부분들과 그의 주석들을 언급하면서 그 내용을 보충할 생각이다.

마지막 날들

신약 성경에 따르면 "그리스도께서 복음을 전파하며 우리에게 나타나신 시점부터 심판의 날에 이르는 기간을 '마지막 때', '이 말세', '말세'라고 부른다." 그러므로 우리는 "그리스도의 완전한 가르침에 만족해야지, 다른 것을 더해서는 안 된다"고 칼뱅은 설명한다(IV.8.7). 교회는 그리스도의 초림과 재림 사이에 살면서 그리스도의 "마지막 말씀"에 만족하며 그분의 재림을 늘 고대하는 가운데 살아간다(주석_ 히 1:1). 그리스도인들은 이 기간에 "힘겨운 군복무를 하면서 가혹한 훈련을 받고" 있다는 것을 아는 만큼 소망을 "굳게 붙잡아야 한다"(III.25.1). 칼뱅은 이 견해를 사도행전 3장 21절 주석에서 더욱 발전시킨다.

> 그리스도께서는 그 성취 능력과 원인과 관련하여, 그분의 죽음으로 이미 만물을 회복시키셨다. 그러나 그 결과가 아직 완전해 보이지 않는 것은 그 회복이 여전히 완성되는 과정에 있고, 우리가 아직도 예속의 짐 아래서 신음하고 있는 한 우리의 구속 역시 그 과정을 밟

고 있기 때문이다. 그리스도의 나라가 이미 시작되었으나 그 완성은 마지막 날까지 지연되고 있듯이, 그 나라에서 누릴 유익들도 지금은 부분만 보일 뿐이다. 그러므로 오늘날 우리가 세상에서 많은 혼동을 목격한다면, 믿음이 우리를 격려하고 소생시키도록 허용하라. 바로 그리스도께서 언젠가 오셔서 만물을 이전 상태로 회복시키실 것임을 믿는 믿음이다.

복음이 온 세상에 널리 전파되는 것이 "마지막 날"의 징표가 될 것이며, 그때에는 선택된 자들이 다함께 모이고 그들 안에서 하나님의 형상이 점차 회복될 것이다. 「기독교 강요」에는 복음 전도와 선교를 다루는 장이 따로 없지만, 칼뱅의 저술을 살펴보면 복음을 전하여 그리스도의 나라를 전 세계로 확산하는 것을 언급하는 진술이 많이 나온다.

- 아버지께서 그리스도를 임명하셔서 "바다에서 바다까지, 그리고 강들에서 땅 끝까지 다스리게" 하셨다(서문, 「기독교 강요」 I:12).

- 주님은 "한구석에서 참된 종교가 무엇인지를 보이실 뿐 아니라 …… 땅의 최극단까지 그분의 목소리를 보내실 것이다"(주석_ 미 4:3).

- 예수께서 오신 것은 몇몇 사람만 하나님과 화해시키기 위해서가 아니라 "그분의 은혜를 온 세상에 베풀기 위해서다"(베드로전서 2장 5절 설교).

- 성령은 "세상의 모든 끝과 최극단까지 이르기 위해" 내려오셨다 (사도행전 2장 1-4절 설교).

- "하나님의 은혜가 곳곳에 널리 전파되어 모든 나라와 민족에 속한 사람들이 하나님을 부를 수 있게 해야 한다"(에베소서 3장 13-16절 설교).

하나님 나라를 온 세상에 확장하는 작업은 하나님의 몫이지만, 그분은 우리를 "동역자"로 사용하신다(IV.1.6).

- "우리는 이러한 조건으로 주님께 부름 받았다. 누구나 이제부터 다른 이들을 진리로 인도하고, 방황하는 사람을 올바른 길로 회복시키고, 넘어진 사람에게 돕는 손길을 내밀고, 바깥에 있는 사람들을 설득하기 위해 노력해야 한다는 조건이다"(주석_ 히 10:24).

- 우리가 하나님과 화해하게 된 것은 "각 사람이 그의 형제들도 같은 유익에 참여하게 만들려고 노력하게 하려는 것이다"(주석_ 시 32:8).

- 먼저 하나님 나라를 구하기 위해 "우리는 먼저 하나님이 영광 받으시도록, 그리고 온 세상이 그분께 모이도록 최대한 노력해야 한다"(신명기 33장 18-19절 설교).

- "복음 전파는 그리스도의 명령뿐 아니라 그분의 촉구와 인도로

이뤄진다는 점을 우리는 기억해야 한다"(주석_ 마 13:24-30).

- "하나님의 선하심을 모든 나라에 선포하는 일은 우리의 책임이다"(주석_ 사 12:5).

칼뱅의 목회 기도문을 보면 칼뱅이 일요일마다 복음이 범세계적으로 전파되길 기도한 것을 알 수 있다.

가장 은혜로우신 하나님, 자비로우신 아버지여, 우리는 모든 곳의 모든 사람을 위해 당신께 기도합니다. 당신의 아들, 예수 그리스도가 이루신 구속을 통해 당신이 온 세상의 구원자로 인정받는 것이 당신의 뜻이오니, 아직도 그분을 아는 지식에서 멀어져 있는 자들, 오류와 무지의 어둠과 포로 상태에 빠진 자들이 성령의 조명과 복음 전파로 인해 구원의 바른 길로 나아오게 하소서. 구원은 곧 유일하고 참되신 하나님인 당신과 당신이 보내신 예수 그리스도를 아는 것입니다(*John Calvin: Writings on Pastoral Piety*, 128).

적그리스도

그리스도의 초림과 재림 사이에는 늘 복음 전파를 반대하는 목소리가 있을 것이다. 이 반대 세력을 성경은 "적그리스도"의 영이라고 부른다. "적그리스도라는 이름은 한 개인을 지칭하는 것이 아니라 많은 세대에 걸친 한 왕국을 지칭한다"고 칼뱅은 말했다(주석_ 살후 2:7). 요한일서 2장 18절("아이들아 지금은 마지막 때라 적그리스도가 오리라는 말을 너희가 들은 것과 같이 지금도 많은 적그리스도가 일어났으니 그러므로 우리가 마지막 때인 줄 아노라")은 교회에 이단들이 도래할 것을 예측한다. 이들은 하나님의 뜻이 아니라 마귀의 명령을 따르는 자들을 말한다. 칼뱅에 따르면, 이 영의 한 형태는 복음을 왜곡하던 로마 가톨릭의 모습이었고, 특히 참된 기독교가 타락하여 생긴 교황의 역할이었다. 하나님은 악을 억제하고 물리치기 위해 일하시는데, "그분이 그 입의 영(Spirit)으로 적그리스도를 죽이시고 그 찬란한 빛으로 오셔서 불경한 자를 모두 파멸시킬 때까지 그렇게 일하실 것이다"(III.20.42).

천년왕국

제3권 25장 5절에서 칼뱅은 "천년왕국 신봉자들"을 강하게 반대하는 견해를 취하는데, 어떤 면에서는 지나치게 강경해 보인다. 그리스도가 이 땅에서 문자 그대로 천 년을 다스린다는 견해를 취하는 이들은 "매우 유치해서 반박할 필요도, 그럴 가치도 없는" 허구를 믿는다고 주장한다(III.25.5). 그리고 요한계시록 20장 4절은 "천년왕국 신봉자들"을 지지하지 않는다고 주장한다. "'천'이라는 숫자는 교회에 임할 영원한 축복에 적용되는 것이 아니라 교회가 이 땅에서 수고하는 동안 그들에게 닥칠 다양한 방해거리에 적용되기 때문이다. 이와 반대로 모든 성경은 선택받은 자들의 복된 상태나 사악한 자들의 형벌은 끝이 없다고 선포한다"(III.25.5).

죽음

누구나 당연하게도 죽음을 두려워한다. 칼뱅은 욥기 27장을 설교하면서 이렇게 말한다. "우리는 그것[죽음]에서 되도록 멀리 도망한다. 왜 그럴까? 하나님이 우리 속에 그러한 의식, 즉 죽음은 저주이자 자연의 타락이며, 타락 이전 하나님의 질서가 변질된 것이라는 의식을 심어 놓았기 때문이다." 그러나 신자들은 하늘을 향해 담대하고 확실한 소망을 품은 채 "죽음을 기쁜 용기와 함께 직면할 수" 있다(욥기 42장 설교). 고린도전서 15장 26절 주석에는 이렇게 썼다. "파멸을 맞은 최후의 적은 죽음이다. 죽음은 더 이상 신자들에게 치명적일 수 없도록 파멸되었지만, 그들에게 아무런 곤경을 야기하지 못하도록 파멸된 것은 아니다. 죽음의 칼이 과거에는 가슴 깊숙이 찌를 수 있었으나 지금은 무뎌져 버렸다. 물론 아직도 상처를 입힐 수 있으나 더는 위험하지 않다. 우리는 죽지만 죽음을 통해 생명으로 들어가기 때문이다."

> "경건한 사람에게 죽음은 하늘나라로 데려가는 한 줄기 강풍과 같다. 반면에 사악한 사람에게는 죽음이 혼란과 놀라움 가운데 멸망으로 치닫게 하는 동풍, 폭풍과 같다."
>
> (Matthew Henry)

중간 상태

몸이 죽은 뒤에 그리스도인의 영혼은 기쁨과 평안을 의식하는 상태에서 몸의 부활을 기다린다. 칼뱅은 그리스도인의 경험을 세 단계로 정리한다. 그리스도 안에서 구원을 얻는 단계, 죽음 이후 더 큰 축복을 고대하면서 안식하는 단계, 몸이 부활하고 만물이 회복하는 단계다. 칼뱅에 따르면 성경은 중간 상태에 관해 "그리스도께서 [신자들과] 함께 계시고 그들을 낙원으로 영접하시며" 그들이 "복된 안식"을 누리는 곳이라고 가르칠 뿐이다(III.25.6). 이 복된 안식은 "영혼의 잠"이 아니라 "약속된 영광의 향유"를 기다리는 동안 의식적으로 하나님의 임재와 축복을 공유하는 것이다. 마이클 호튼은 "우리가 죽을 때 하나님의 임재를 맛본다는 약속을 기뻐하면서도 그리스도인은 궁극적으로 '몸의 부활과 영원한 삶'을 확신한다"고 말한다(*Calvin on the Christian Life*, 247).

칼뱅이 쓴 첫 신학 작품은 "영혼의 불침번"이라는 뜻을 지닌 헬라어 제목인 「사이코파니키아」(*Psychopannychia*)다. 이 책에서 칼뱅은 몸의 죽음과 최후의 부활 사이에 영혼이 잠을 잔다고 주장한 특정 "재세례파"를 논박했다. 그는 성경에 근거하여 신자의 영혼은 몸이 죽은 후 부활의 몸과 연합되기를 기다리는 동안 의식적인 복된 상태로 존재한다고 주장했다. "성도의 영혼은 몸을 벗어 버린 후 여전히 주님의 뜻에 서서 안식을 허락받으나 영광에는 아직 이르지 않는다. 그 영혼들은 우리 없이는, 그리고 그 몸이 없이는 가장 복된 거처로 들어가지 않을 것이다." 다른 한편, 유기된 자들의 영혼은 "마땅히 받을 고통을 당한다." 그들은 "그들에게 지정된 완전한 형벌"에 넘겨질 때까지 "사슬에 묶여" 있다(III.25.6).

연옥

로마 가톨릭은 신자들이 죽은 뒤에 한시적인, 어쩌면 긴 고통의 기간을 지내며 그들의 죄에서 "깨끗케 할" 것이라는 연옥 개념을 주창했다. 이 개념에 대한 칼뱅의 철저한 논박은 「기독교 강요」 제3권 5장 6-10절에 나온다. 칼뱅은 면죄부 교리가 성경적으로 근거가 없다는 점을 보여 준 후 연옥 역시 무너질 수밖에 없다고 말하면서 "이유인즉 이 도끼로 그것이 이미 깨지고 잘라지고 그 토대에서 뒤집어졌기 때문"이라고 한다. "그리스도의 피가 신자들의 죄에 대한 유일한 배상, 유일한 속죄, 유일한 정화인 만큼, 연옥은 그리스도에 반하는 무서운 신성모독이라는 말 말고는 무슨 말을 더 하겠는가?"(III.5.6)

그리스도의 재림

칼뱅은 문자적이고 육체적인 그리스도의 재림을 믿었으나 그 날짜를 예측하거나 그 성격을 상세히 설명하는 일에는 관심이 없었다(III.25.11). 그리스도의 재림이 그분의 영광을 장엄하게 보여 주며 비천하고 억압된 교회를 변호하리라는 말로 만족했다. 그리스도의 재림 교리는 그리스도인다운 생활과 섬김을 촉구하는 자극제가 되어야 마땅하다. 우리는 계속 그리스도의 재림을 고대하는 동시에 악에 대항하는 끝없는 전쟁에서 인내심과 부지런함을 발휘해야 한다.

칼뱅은 마태복음 24장 42절("그러므로 깨어 있으라 어느 날에 너희 주가 임할는지 너희가 알지 못함이니라") 주석에서 이렇게 말한다. "그리스도가 오실 때가 불확실하다는 사실은 …… 우리의 주의와 경각심을 촉구하는 자극제가 되어야 마땅하다. 하나님이 일부러 그 시기를 우리에게 감추길 원하신 것은 우리가 지나치게 태평해져서 끊임없는 경계를 소홀히 하는 일이 없게 하시기 위해서다." 칼뱅은 베드로후서 3장 12절 서두("하나님의 날이 임하기를 바라보고 간절히 사모하라")를 번역하면서 이렇게 설명한다. "우리는 조용하면서도 서둘러 기다려야 마땅하다. 모순처럼 보이는 이 말은 '천천히 서두르라'(*Festina lenta*)는 잠언처럼 그 속에 적지 않은 균형을 지니고 있다." 칼뱅은 우리에게 주님의 오심을 바라보는 가운데 조용하고 차분하게 사는 한편, "열심히 선행에 힘쓰고 우리 소명의 경주를 재빠르게 달리라"고 촉구한다.

보편적인 부활

장례 의식을 보면 비그리스도인들조차 몸의 부활을 증언한다고 칼뱅은 말한다(III.25.5). 그는 구약 족장들의 장례 의식을 "믿음을 돕는 드물고 귀중한 도우미"라고 묘사한다(III.25.8). 칼뱅은 부활 교리를 지지하는 근거로 하나님의 전능하심과 그리스도의 부활을 가리킨다. 그는 그리스도의 부활을 보여 주는 증거로 빈 무덤, 부활한 그리스도의 나타나심, 특히 복음의 능력 등을 간략하게 살펴본다. "바울을 길 위에 엎드러지게 한 것은 진실로 죽은 사람의 능력이 아니었다"(III.25.3).

칼뱅은 "그리스도께서 다시 살아나신 것은 다가올 삶에서 우리를 동반자로 두기 위해서였다"는 사실을 강조한다. "[그리스도의 부활이라는] 이 거울에서 살아 있는 부활 이미지가 우리에게 보이는 만큼 그것은 우리 마음을 지지해 주는 든든한 토대다"(III.25.3). 그리스도가 죽은 상태에서 부활하셨을 때 "많은 성도의 몸이 …… 무덤에서 나왔는데", 이는 "우리가 바라는 부활"의 "전주곡"이자 "보증"이다(III.25.7). 칼뱅은 데살로니가전서 1장 9-10절에 관해 이렇게 쓴다. "그리스도께서 [우리의] 구속주로 두 번째 나타나셔서 그분 자신이 보이신 능력의 열매와 효과를 온 교회로 확장시키지 않는다면, [그리스도의] 부활은 아무 소용이 없을 것이라고 바울은 암시한다."

우리가 부활할 때는 "지금 지니고 다니는 그 육체"로 다시 일어날 것이다(주석_ 고전 15:43). 칼뱅은 고린도전서 15장 50-54절 주석에서 다가올 삶의 "영적인 몸"을 이생의 "자연적인 몸"과 대조한다. 그런데 그 대조는 다른 종류의 몸이라기보다 이 땅에서 존재하는 "힘겹고 비참한" 상태에서 구출되는 것과 관련된다. 그것은 하나님이 본래 창조한 그 몸이며, 현재의 몸을 그분이 재생하고 새롭게 하실 것이다. "하나님은 사람을 빚어낸 네 가지 원소에서 새로운 물질을 불러내시는 것이 아니라 죽은 사람을 무덤에서 불러내신다"(III.25.7).

칼뱅은 우리가 입을 부활의 몸이 같으면서도 다를 것이라고 단언한다. "마치 인간과 동물의 몸이 실체는 같으나 질적으로 다르듯이, 그리고 모든 별이 같은 재료로 이루어졌으나 그 밝기가 다르듯이 [바울은] [고린도전서 15장에서] 비록 우리가 우리 몸의 실체를 그대로 보유하겠지만 변화가 생겨 그 상태가 훨씬 훌륭해질 것이라고 가르친다"(III.25.8). 칼뱅은 이따금 몸을 모욕하는 듯이 보이지만(몸을 "육체의 감옥"(III.25.1]과 "오두막"[III.25.6]이라 부른다), "하나님이 스스로에게 [우리 몸을] 성전으로 헌정하셨다"고도 말한다(III.25.7). 그는 구약에서 "우리는 성령이 믿음의 신비 못지않게 장례 의식에 관심을 기울이시는 것을 본다"고 말한다(III.25.8). 신약에서도 그리스도는 몸을 존중하는 행습을 "비천하지 않은 일"이라고 칭찬하신다. 한 여성이 값비싼 향유를 담은 설화 석고 병을 가져와 예수의 머리에 부었을 때, 예수는 그 여성이 "내게 좋은 일"을 했다고 말씀하셨다(주석_ 마 26:10). "우리의 영혼과 몸은 모두 하늘에서 썩지 않는 상태와 퇴색하지 않는 면류관을 받기로 정해졌다"(III.6.3). 우리는 "모든 것을 썩히고 지워 버리는 무덤에서 눈을 돌려 갱신의 장면을 포착하라"고 격려받는다(III.25.8). 요한일서 3장 2절("그가 나타나시면 우리가 그와 같을 줄을 아는 것은……") 주석에서는 이렇게 설명한다. "이 구절은 우리가 [그리스도와] 같아진다는 뜻이 아니라 …… 그분이 우리의 천한 몸을 자신의 영광스러운 몸에 맞추실 것인즉 우리가 그분과 비슷해질 것이라는 뜻이다. …… 우리를 양자로 삼은 최종 목적은 순서상 그리스도 안에서 먼저 일어난 일이 마침내 우리 안에서 완성되게 하는 것이다." "몸이 육체적 성격에서 영적 성격으로 변화되기보다는 썩을 육체에서 썩지 않을 육체로 변하게 된다"(*Harvard Theological Review* 74:1, 36).

부활이 있을 때는 신자와 악인의 몸이 모두 일으켜질 테지만 성경이 강조하는 것은 그리스도인들의 부활이다. "정확히 말하자면 그리스도께서는 세상을 멸하기 위해서가 아니라 구원하기 위해 오셨기 때문이고", 그래서 이것이 "하나님 말씀에서 찾을 수 있는 주된 강조점인 것이다"(III.25.9). 세상을 구원한다는 것은 인간 몸의 부활을 넘어 만물이 회복되는 것을 뜻한다. 칼뱅은 요한복음 12장 31절("이제 이 세상에 대한 심판이 이르렀으니 이 세상의 임금이 쫓겨나리라") 주석에서 "심판"을 "정죄"로 해석하지 않고 "개혁", 즉 세상이 "올바른 질서로 회복되는 것"으로 해석한다. "그 히브리어는 …… 질서 정연한 구조를 뜻한다. 이제 그리스도를 벗어나서는 세상에 오직 혼란밖에 없다는 것을 우리는 안다. 그리고 그리스도께서 이미 하나님 나라를 세우기 시작하셨지만 그분의 죽음은 …… 세상이 완전히 회복되기 위한 진정한 출발점이었다." 로마서 8장 19-25절에 대해서는 이렇게 말한다. "말하자면, 현재 불행을 느끼는 세상의 구성 요소와 부분들은 모두 부활을 강렬하게 바란다." 그리고 하나님의 때가 되면 회복되어 어느 것도 "불구가 되거나 쇠퇴하지 않을" 것이다. 창조 세계는 파괴되는 것이 아니라 정화될 것이다. 하나님은 자신이 만드신 것을 버리지 않으시고 오히려 새롭게 하고 회복시키실 것이다. 심판의 불(벧후 3:10-13)은 피조물을 파괴하지 않고 깨끗케 할 것이다. 칼뱅은 장래의 세상을 말한 적이 드문데, 한 번은 "세상의 구성 요소"에 대해 이렇게 말했다. "그것들의 실체는 똑같이 남지만 새로운 속성을 받기 위해 완전히 태워질 것이다"(주석_ 벧후 3:10).

헤르만 셀더하위스는 "칼뱅 사상에는 …… 모든 실재가 회복되는 것에 대한 관심을 배제시킨 채 개인 구원에만 몰두하는 모습이 없다"고 말한다(*Calvin's Theology of the Psalms*, 173). 수잔 슈라이너(Susan Schreiner)는 이렇게 말한다. "칼뱅 신학은 구원 역사 신학이다. 기독교는 창조와 함께 시작하며 하나님이 이스라엘과 맺은 언약의 이야기로, 이 언약은 그리스도 안에서 새롭게 되는 것이며 모든 민족을 포괄한다. 이 역사를 통틀어 하나님은 우주와 인간 역사 모두에서 그분의 창조 세계를 다스리신다. 마찬가지로 칼뱅의 하나님도 선택받은 자들의 구원을 확보할 뿐 아니라 창조 세계의 모든 측면을 되찾으신다"(*The Theatre of His Glory*, 121).

에베소서 3장 9-12절 설교에서 칼뱅은 첫째 창조와 둘째 창조 모두 그리스도께서 이루셨다고 지적한다.

사도는 하나님이 예수 그리스도를 통해 만물을 창조하셨다고(엡 3:9) 말하면서 우리를 다시 세상의 창조로 돌아가게 한다. 이 대목에서 그는 하나님이 아담의 죄로 흩어지고 망가진 것들을 수리하실 때 갱신이 이뤄졌다고 말한다. …… 아담이 그의 타락으로 모든 질서를 왜곡하고 망치는 바람에 예수 그리스도께서 모든 것을 다시 고치실 때까지는 하늘과 땅에 오직 혼란만 있을 뿐이었다. 이제는 우리 주 예수 그리스도께서 모든 것을 복원하셨으니 이를 둘째 창조라고 불러도 좋겠다. 마치 그분이 오심으로 하나님이 예전에 고장 난 세상을 이전 상태로 되돌려 놓으신 것처럼 말이다.

> 온 창조 세계가 신음하며
> 그 목소리 듣기를 기다리네.
> 그 아름다운 모습을 회복시킬 그 목소리를
> 그 황무지를 기쁘게 할 그 목소리를.
> 주님, 오셔서 씻어 주소서.
> 그 저주, 그 죄, 그 얼룩을
> 그리고 이 황폐한 우리 세계를
> 당신의 멋진 세계로 다시 만드소서.
>
> 호라티우스 보나(Horatius Bonar)

최후의 심판

하나님이 내리시는 현세의 심판으로 최후의 심판을 예상할 수 있는데, 하나님은 사람들에게 회개할 시간을 주시려고 최후의 심판을 은혜롭게도 연기하신다. "하나님의 인내는 장차 최후 심판의 날이 확실히 있을 것임을 결정적으로 증명한다"(I.5.7). 그리스도 안에 있는 신자들의 경우, 그들의 죄로 인해 받아야 할 심판을 그리스도께서 이미 받으셨다. 그러나 악한 자들은 "현재 그들의 주인이자 선생으로 경청하길 거부하는 그 그리스도의 심판석 앞에 억지로 끌려 나갈 것이다"(III.25.9).

칼뱅은 그 심판을 "[그리스도] 통치의 마지막 행위"로, 그리스도께서 "중보 사역을 완전히 수행하신" 시점으로 생각해도 좋을 것이라고 말한다(II.15.5). 이에 관해서는 고린도전서 15장 24절("그 후에는 마지막이니 그가 모든 통치와 모든 권세와 능력을 멸하시고 나라를 아버지 하나님께 바칠 때라") 주석에서 더 충분히 설명한다.

그때 그리스도께서 자신이 받은 나라를 되돌려 주실 터인데, 이는 우리를 하나님께 완전히 결합하시기 위해서다. 이는 그분이 이런 식으로 그 나라에서 물러날 것이라는 뜻이 아니라, 그 나라를 이런저런 방식으로 그분의 인성에서 그분의 영광스러운 신성으로 변화시키실 것이라는 뜻이다. 그러면 지금은 우리의 연약함으로 인해 막혀 있는 그 접근 길이 우리에게 열릴 것이기 때문이다. 그러므로 이런 식으로 그리스도는 아버지께 복종하시게 될 터다. 베일이 걷히면 우리는 장엄한 모습으로 다스리는 하나님을 명백히 보게 되고, [지금은] 우리로 하여금 저 너머 계신 하나님을 보지 못하게 하는 그리스도의 인성이 더는 중보 역할을 하지 않을 것이다.

그리스도의 중보 사역이 어느 의미에서 끝날지라도, 그리스도는 여전히 "신자와 하나님 사이의 유대로서, 그리고 교회의 영원한 머리로서" 중보와 통치를 계속하실 것이라고 리처드 뮬러(Richard A. Muller)는 말한다. "그 역할이 가능한 것은 그분이 영원히 신이자 인간이기 때문이다"(*Harvard Theological Review* 74:1, 59).

하늘

칼뱅은 하늘의 정확한 성격과 세부 사항에 관한 "하찮고 해로운 질문들"을 하지 말라고 경고한다(III.25.10). 어떤 이들은 하늘에 관해 모든 것을 알아내려 하다가 "그들의 탐구에서 벗어난 하늘의 구석이 하나도 남지 않는다"(III.25.11). 칼뱅은 성경에 나오는 하늘에 관한 물리적 묘사를 비유적 표현으로 해석한다. "선지자들은 영적 지복 상태의 본질을 표현할 말을 찾을 수 없어서 그저 물리적 용어로 그려 냈을 뿐이다"(III.25.10). 칼뱅은 우리에게 하늘의 그림을 뛰어넘어 그것이 가리키는 실체, 즉 우리가 영원히 주님과, 또 서로와 함께 있는 그 실체로 이동하라고 격려한다. 칼뱅은 친구 필리프 멜란히톤에게 "우리는 다 함께 하늘에서 영원히 잔치를 즐길 것"이라고 썼다(*Melanchthon in Europe*, 22).

칼뱅의 가르침에 따르면, 이 땅에 서로 다른 은사들이 있듯이 하늘에도 영광의 정도가 서로 다를 것이다. 이런 식으로 하나님은 자신의 은사들을 영화롭게 하신다. "그리스도께서 이 세상에서 다양한 은사들로 그분의 몸[교회]의 영광을 보여 주기 시작하시고 점차 그 영광을 키우시는 만큼, 하늘에서 그것을 완성시키실 것이다"(III.25.10).

지옥

칼뱅은 사실적인 지옥을 믿었다. 마귀와 그를 따르는 천사들, 그리고 악한 자들이 하나님께 반역하고 인류에 반하는 죄를 지었기 때문에 영원히 고통을 받는 곳이라고 믿은 것이다. 성경에서 지옥을 묘사하는 표현(불, 어둠, 울음, 이를 갊, 벌레)은 비유적이지만 "두려움으로 우리의 모든 감각을 당혹시키는" 역할을 한다(III.25.12). 하늘이 하나님과 누리는 친교를 뜻한다면, 지옥은 정반대다. 지옥은 어떤 장소가 아니라 하나님에게서 멀어진 채 살아가는 상태다. 지옥을 생각할 때는 마땅히 "하나님과 누리는 모든 친교에서 끊어지는 것이 얼마나 비참할지를 명심해야" 한다(III.25.12).

> "한 숙녀인 베다 다이어(Veda Dyer)가 불길, 즉 지옥을 이야기하면서 흥분에 빠진 모습을 보고 나는 「기독교 강요」를 내려놓고 '하나님과 누리는 모든 친교에서 끊어지는 것이 얼마나 비참할지'를 표현하기 위해 유기된 자들의 운명을 다루는 대목, 그들의 고통을 꺼지지 않는 불 등 '물리적인 것을 사용해 우리에게 비유적으로 어떻게 표현했는지'를 보여 주는 대목을 읽어 줘야겠다는 책임을 느꼈다. 그 대목이 내 앞에 있다. 이는 깜짝 놀랄 만하지만 결코 웃기는 내용은 아니다. 나는 그들에게 말했다. '여러분이 지옥의 특성을 알고 싶다면, 여러분 손을 촛불에 대지 말고 여러분 영혼에서 가장 비열하고 가장 황폐한 장소를 숙고해 보십시오.'"
> (Robinson, *Gilead*, 208)

칼뱅은 「기독교 강요」에서 지옥을 깊이 다루지 않고 단지 긴 단락 하나만 할애할 뿐이다. 그는 사도신경을 따라 만든 제네바 교리문답에 지옥을 포함하지 않았는데, 사도신경에도 지옥이 빠져 있다.

목사_ 그러면 왜 영원한 삶만 언급할 뿐 지옥은 언급하지 않습니까?
자녀_ 믿음은 오로지 경건한 자의 영혼을 위로하는 것만 붙잡기 때문입니다. 그래서 여기서는 주님이 자신의 종들을 위해 준비하신 보상만 상기시킵니다. 그러므로 불경건한 자들, 즉 하나님 나라에서 쫓겨난 자들에게 어떤 운명이 기다리고 있는지는 덧붙이지 않았습니다(*Calvin: Theological Treatises*, 104).

하나님과 우리 자신을 알기

칼뱅은 신자들을 격려하는 말로 제3권 25장을 마무리한다.

시편 90편에는 기억할 만한 말씀이 있다. 하나님은 눈만 깜빡거려도 모든 사람을 흩뜨리고 무(無)로 돌아가게 하실 수 있지만 그분께 속한 예배자들은 격려하시고, 겁이 많은 그들이 이 세상에서 십자가를 지고 그분이 '만유의 주'가 되실 때까지 앞으로 나아가도록 고무시키신다는 것이다.

우리에게 무슨 일이 닥치든, 하나님이 행하신 일을 보고 행하실 일을 기대하며 용기를 얻자. 그리고 그리스도께서 우리를 위해 처소를 예비하러 가신 하늘로 하나님이 우리를 데려가실 때까지 열심히 그리스도인의 길을 걷자.

20장

교회

"어머니와 학교"

"[하나님을] 아버지로 모신 사람들에게 교회는 또한 **어머니**일 수 있다" (IV.1.1). "우리가 교회에서 평생 학생으로 지내는 동안 어머니의 **학교**를 떠나는 것을 우리의 연약함은 허용하지 않는다"(IV.1.4).

교회는 우리의 어머니다. "이 어머니가 우리를 모태에서 임신하여 우리를 낳고, 그 가슴으로 양육하고, 끝으로 우리가 육신을 벗고 천사처럼 될 때까지 우리를 돌보고 지도하지 않는다면, 우리가 삶 속으로 들어갈 다른 길이 없기 때문이다"(IV.1.4).

교회는 위대한 교과서인 성경을 배우고, 하나님 가족의 일원으로 살아가는 법을 배우는 우리의 학교다. 데이비드 스타인메츠(David Steinmetz)는 교회를 학교로 이해하는 칼뱅의 생각을 이렇게 설명한다.

하나님을 아는 지식이 단지 인지 문제가 아니라 신뢰와 순종과 사랑의 문제이기도 하듯, 교회가 학교로서 가르치는 교훈들 역시 모두 지적인 이해의 문제는 아니다. 교회는 교인들의 성품을 빚어내고, 그들의 무질서한 애정을 개조하며, 제멋대로인 의지를 징계하고, 희생하도록 권유하며, 심지어 그들에게 죽는 법을 가르치기도 한다(*The Cambridge Companion to Reformation Theology*, 123).

시편 135편 13절 주석에서 칼뱅은 교회를 오케스트라로 묘사한다. "온 세상은 하나님의 선하심, 지혜, 공의, 권능을 보여 주는 극장이며, 교회는 오케스트라, 즉 가장 눈에 띄는 부분이다." 칼뱅은 이 개념을 발전시키지 않고, 내가 아는 한, 다른 곳에서는 이러한 교회 이미지를 사용하지 않았다. 온 세상이 하나님과 그분의 속성을 나타내고, 오케스트라인 교회는 온 세상에 그분을 찬양하는 소리를 더욱 퍼뜨린다. "여호와여 주의 이름이 영원하시니이다 여호와여 주를 기념함이 대대에 이르리이다"(시 135:13).

> 높은 곳에 계신 하나님,
> 그분의 사랑 극진히 받은
> 그분께 바친 그 도시는
> 환희에 찬 목소리로
> 영원한 가락을 쏟아 내네.
> 삼위일체 하나님을 경배하네,
> 영원히 기쁜 찬송으로.
>
> 7세기 라틴 찬송

읽기 | 「기독교 강요」 IV.1-3. [*1541* ch.4, pp.259-287; ch.15, pp.727-732.]

성경 본문 | "그러므로 이제부터 너희는 외인도 아니요 나그네도 아니요

오직 성도들과 동일한 시민이요 하나님의 권속이라 너희는 사도들과 선지자들의 터 위에 세우심을 입은 자라 그리스도 예수께서 친히 모퉁잇돌이 되셨느니라"(엡 2:19-20).

주목할 인용문 | "교회의 토대가 선지자와 사도의 가르침, 즉 신자들에게 그들의 구원을 오직 그리스도께만 맡기라고 명하는 가르침이라면, 이제 그 가르침을 없애 보라. 그러면 그 건물이 어떻게 계속 서 있겠는가?"(III.2.1)

기도 | 전능하신 하나님, 당신이 우리를 당신의 교회로 모아 당신 말씀의 테두리 안에 두셨고, 그 말씀으로 우리가 당신의 장엄하심을 올바로 예배하게 하셨으니, 우리가 당신께 순종하여 계속 만족하게 허락하소서. 사탄이 여러 모양으로 우리를 여기저기로 끌어당기고 우리 또한 악을 좋아하는 성향이 있을지라도, 우리가 믿음을 굳게 지키고 그 신성한 끈으로 당신과 연합하여 늘 당신 말씀의 제약 아래 살도록 허락하소서. 마침내 그분이 우리 모두를 그분 나라로 영접하실 때까지 우리를 자신과 영원히 함께하게 하신 당신의 외아들 그리스도께 우리가 붙어 있어서 어떻게든 당신에게서 벗어나지 않고, 도리어 복음적인 신앙을 굳게 지키게 하소서. 아멘.

(*Devotions and Prayers of John Calvin*, 15.)

돌아보며 내다보며

「기독교 강요」를 이루는 네 권을 읽어 보면 칼뱅 사상이 큰 나선형을 그리고 있음을 알 수 있다. 앞에 나온 모든 내용은 그 뒤에 나오는 내용에 달려 있다. 제1권(창조주 하나님을 아는 지식)은 제2권(그리스도 안에 있는 우리의 구속주 하나님을 아는 지식) 없이는 아무런 유익이 없다고 칼뱅은 말했다. 그런데 그리스도를 아는 지식도 제3권 주제인 성령으로 우리가 그분에게 연합되지 않는다면 아무 의미가 없다. 그리고 (제4권 대부분의 주제인) 교회 사역으로 하나님은 그분의 자녀들을 낳고 양육하신다.

칼뱅은 제3권에서 우리 구원의 내적 도구를 설명했다. 그것은 곧 성령의 사역으로 우리 안에서 믿음을 낳고, 우리를 그리스도와 연합시키며, 우리 안에서 순종을 도모하고, 마침내 우리를 하늘에서 완전하게 만드는 일이다. 제4권은 성령이 "우리 안에서 믿음을 낳고 또 성장시키는" 수단으로 사용하는 "외적 도구"를 다룬다. 칼뱅은 제3권에서 우리와 그리스도의 연합을 통해 우리에게 임하는 큰 복을 설명했다. 제4권에서는 이렇게 말한다. "성령의 성화 작업을 통해 그리스도의 자비로 중재되는 하나님의 관대함으로 우리는 죄를 용서받았고 또 날마다 용서받고 있다. 이는 우리가 교회의 몸에 영입되고 접붙임 받았기 때문임을 굳게 믿어야 한다"(IV.1.21). 우리는 그리스도께 연합되었을 뿐 아니라 교회에도 연합되었다. 엘시 맥키는 "경건의 핵심, 즉 '하나님을 향한 경외와 사랑'이 분명 성령의 사역이라면, 교회는 그 경건을 쌓는 지상의 도구로 임명된 곳이다"라고 말한다(*John Calvin: Writings on Pastoral Piety*, 23).

칼뱅은 앞 내용을 돌아보는 것으로 제4권을 시작한다. "앞 책에 설명되어 있듯이, 복음에 대한 믿음으로 그리스도는 우리 것이 되시고 우리는 그분이 가져오신 구원과 영원한 복에 참여하게 된다." 그러고는 앞을 내다본다. "그러나 우리는 무지하고 게으르기 때문에 …… 우리 속에서 믿음을 낳고 성장시키는 외적 도움이 필요하기 때문에 하나님은 우리의 연약함을 돕는 이런 도우미들을 더해 주셨다"(IV.1.1). 칼뱅은 다음과 같은 글로 "말씀과 성례의 사역에 관한 교리의 개요"를 시작한다. "온전한 복음 사역의 목표는 모든 복의 원천이신 하나님이 죄로 분리되어 멸망당한 우리에게 그리스도를 전하셔서 우리가 그분에 근거해 영생을 누리는 것이다. 한마디로, 하늘의 모든 보물이 우리에게 적용되어 그리스도의 것 못지않게 우리 것이 되게 하는 것이다" (*Calvin: Theological Treatise*, 171).

제4권에서 칼뱅은 하나님이 우리를 그분께 데려가고 우리 믿음을 보존하는 데 사용하시는 "외적 수단"을 제시한다. 바로 "교회, 교회 정치와 직분과 권한, 성례, 마지막은 정치 조직이다"(IV.1.1).

칼뱅과 교회

> 칼뱅은 "교회의 사람이었고, 교회의 연합을 지극히 열망했다. 루터는 하나님에 의해 구원받는다는 것이 무슨 뜻인지를 뛰어나게 표현했다. 그 발견이 유럽을 바꿔 놓았다. 칼뱅의 재능은 교회를 발견하는 것이었으며, 우리가 변덕스러운 튜더 왕가 아래 포위된 도시에 살거나 박해와 추방에 직면한 피난민으로 산다면, 그 몸의 일부가 되는 것이 무엇인지 가르치는 것이었다."
>
> (Gordon, *Calvin*, viii)

칼뱅이 제4권에서 교회 교리를 길고도 철저히 다룬 것을 보면(1559년판 『기독교 강요』의 3분의 1) 그가 이 주제를 점점 중요하게 여겼음을 알 수 있다. 파커는 칼뱅이 갈수록 "보편 교회의 학자적 면모"를 지니게 되었다고 말한다. 여기서 보편 교회(Catholic Church)란, 로마 가톨릭이 아니라 보편적인 교회를 말한다(*Calvin*, vi). 초기에는 칼뱅이 교회에 개인적으로 직접 개입하기를 꺼렸다는 것은 널리 알려진 사실이다. 1536년에 기욤 파렐의 위협에 놀란 그 젊은이는 학자의 야망을 버리고 목회 사역으로 돌아섰다. 그는 제네바에서 파렐과 2년을 보냈고 스트라스부르에서는 마르틴 부처와 3년을 함께했다. 1541년에 이르러 그는 하나님이 그를 다시 제네바로 부르신다고 확신했다. 그래서 남은 생애 동안 제네바에서 교회 사역에 헌신했고, 저술과 편지로 유럽 전역 교회에 영향을 끼쳤다.

칼뱅의 모든 업적(『기독교 강요』와 주석, 편지와 상담, 설교와 가르침 등)은 그의 목회 소명에서 흘러나왔고, 또 그 사역을 지원했다. 존 리스는 이렇게 말한다. "칼뱅의 제네바 사역은 한 설교자의 사역이었다. 즉 기독교 신앙은 단지 책으로, 제도로만 구현되어서는 안 되며 일차적으로 기독교 공동체와 사회에 살고 있는 그리스도인들로 구현되어야 한다고 생각한 설교자의 사역이었다"(*John Calvin: The Christian Life*, x).

다니엘 9장 25절 주석에서 칼뱅은 자신이 살던 당시(그리고 우리 시대)의 교회가 직면한 도전들을 성찰한다.

무서운 어둠에서 그토록 많은 세월 동안 묻혀 있던 순수한 복음이 나왔을 때, 우리를 향한 하나님의 인자하심이 참으로 놀라웠지만 우리의 상황도 여전히 어렵다. 불경건한 자들은 지금도 칼과 지독한 혀로 불행한 교회를 끊임없이 격렬하게 대적하고 있다. 내부의 적은 우리의 조직을 뒤엎으려고 은밀한 술수를 이용하고, 악한 자들은 우리의 진보를 방해하려고 많은 걸림돌을 놓아둔다. 그러나 하나님은 오늘날 이 혼란 속에서도 여전히 그분의 영적 성전을 세우길 바라신다. 교회를 세우는 일은 많은 싸움과 결부되기 때문에 신자들은 여전히 한 손에는 삽을, 다른 손에는 칼을 들어야 한다.

교회의 외적 조건이 절망스러워 보일지라도, 아니, 특히 절망스러워 보일 때는 다윗을 본받으라고 칼뱅은 권면한다. 다윗은 "기도로 인내했을 뿐 아니라, 외적 조건이 절망스러워 보일 때도 …… 그 조건에서 희망을 품을 이유를 [찾았기]" 때문이다(주석_ 시 5:9). 고난당하는 교회의 절망스러운 조건 자체가 소망의 근원이라는 말이다.

외적 수단

하나님이 "우리를 그리스도의 공동체로 초대하고 그 안에서 우리를 붙드시는 것"은 외적인 수단을 통해서다. 우리에게 "외적 수단"이 필요한 것은 우리가 아직 "천사의 지위"에 도달하지 못했고 여전히 "우리 육신의 감옥"에 갇혀 있기 때문이다. 그러므로 하나님은 "그분의 놀라운 섭리 안에서" 우리에게 "외적인 도우미들"을 주셔서 그분 자신을 "우리 처지"에 맞추심으로 우리가 "그분께 가까이 나아갈 수" 있게 하셨다 (IV.1.1).

교회와 성례는 우리가 은혜를 얻는 수단이 아니라 하나님이 우리에게 은혜를 주시는 수단이다. 복음 전파는 하나님이 "우리를 그리스도의 공동체로 초대하시는" 일반적인 수단이다. 설교, 성례, 교회의 권징은 하나님이 "우리를 그 안에서 붙드시는" 수단이다. 하나님은 우리를 한순간에 완전한 상태로 끌어올리지 않으시고 우리가 "교회의 양육을 받으며 조금씩" 성장하게 하신다(IV.1.5). 우리가 그리스도인으로서 성장하는 곳은 각자 고립된 삶이 아니라 신자들의 회중 가운데, 즉 "하나님이 주시는 모든 복을 서로 나누는" 공동체 안에서다. 칼뱅은 에베소서 3장 21절에 나오는 "교회 안에서와 그리스도 예수 안에서 [하나님의] 영광이 대대로 영원무궁하기를 원하노라"는 바울의 말을 이렇게 해석했다. 이 말은 "우리 각자가 하나님이 주신 유익을 개인적으로 인정하는 것으로 충분치 않고, 우리 모두 다 함께 그 마음을 공유해야 한다는 것을 보여 준다. 몸이 편안하다면, 어떤 지체도 자신에게 빠진 나머지 다른 지체들을 존중하지 않는 일이 없을 것이기 때문이다"(에베소서 3장 20절-4장 2절 설교). 또 다른 설교에서는 이렇게 말했다. "서로 하나 되어서 우리가 참으로 우리 주 예수 그리스도의 몸임을 보여 줄 수 있어야 한다. 돌 더미처럼 다 함께 쌓이는 것으로는 충분하지 않고 따뜻한 애정으로 다함께 하나가 되어야 한다"(에베소서 4장 1-5절 설교).

칼뱅은 "하나님의 능력이 외적 수단에 묶여 있지는 않지만 그럼에도 그분은 우리를 이런 평범한 가르침의 방식에 묶어 놓으셨다"는 것을 분명히 한다(IV.1.5). 달리 말하면, 하나님은 교회가 없어도 지내실 수 있으나 우리는 그럴 수 없다. "교회의 자녀이기를 거부하는 사람은 누구나 하나님을 아버지로 모실 수 없다. 하나님이 자녀를 낳고 양육하시는 것은 오직 교회 사역으로만 가능하기 때문이다"(IV.1.4).

보이지 않는 교회와 보이는 교회

제4권 1장 2-3절에서 칼뱅은 사도신경으로 돌아가서 우리에게 "많은 위안"을 주는 신조, 즉 "나는 거룩한 공교회와 성도의 교제를 믿는다"는 고백을 논한다. 우리는 삼위일체 하나님을 믿는 것과 같은 방식으로 교회를 믿는 것이 아니다. 그러나 하나님에 대한 우리 믿음이 태어나 자라는 곳은 교회다. "그러므로 '나는 교회를 믿는다'고 말하지 않고 '교회에서 나는 믿는다'고 말하는 편이 적절하다"(Stroup, *Calvin*, 56).

교회가 무엇인지 아는 것은 물론 중요하다. 칼뱅은 교회를 보이는 교회와 보이지 않는 교회로 묘사한다. 이는 서로 다른 교회가 아니지만, 동일하지도 않다. 보이지 않는 교회는 "세상의 시초부터 선택된 모든 사람"이다(IV.1.7). 이것은 하나님이 보시는 교회다. 우리에게 있어서 보이지 않는 교회는 믿음의 문제다. 우리는 이 교회가 존재한다고 믿지만 볼 수는 없다. 보이는 교회는 "한 하나님과 그리스도를 경배한다고 고백하는, 온 땅에 흩어져 있는 수많은 사람"이다(IV.1.7). 이것이 우리가 아는 교회다. 때로, 그리고 어떤 곳에서는 보이는 교회를 목격하기가 어렵다는 것을 갈뱅도 인정한다. 그러나 "교회가 완전히 멸절되지 않게 하시려고 하나님은 언제나 감춰진 씨앗을 보존하고 계신다. 이 세상에는 항상 교회가 존재해야 하기 때문이다"(주석_ 겔 16:53).

칼뱅은 「스캔들에 관하여」(*Concerning Scandals*)라는 책에서 이렇게 말했다.

다음 사실을 기억하자. 교회의 겉모습이 매우 비열해서 그 아름다움은 속에서 빛나고 있을 수 있다는 것을. 교회가 땅 위에서는 몹시 흔들려서 그 영구적인 거처가 하늘에 있을 수 있다는 것을. 세상이 보기에는 크게 상처 받고 깨어진 모습이라서 하나님과 천사들 앞에서는 강건하고 온전한 모습으로 설 수 있다는 것을. 육신으로는 매우 비참해서 영적으로는 그 행복한 모습이 회복될 수 있다는 것을.

오직 하나님만 선택받은 자들을 알고 계신다. "그분의 것을 아는 일은 오로지 하나님께만 속하는 특권이기 때문이다"(IV.1.8). 그러므로 우리는 보이는 교회와 선택된 자들을 동일시할 수 없다. 보이는 교회 안에는 쭉정이와 알곡이 섞여 있다. 칼뱅은 "바깥에도 양이 많고 안에도 늑대가 많다"는 아우구스티누스의 말을 인용한다(IV.1.8). "교회는 …… 그 구성원들보다 완강한 적을 가진 적이 없다"(주석_ 요 13:18). "우리 자신의 승리에서 오는 위험이 우리 적의 승리에서 오는 위험보다 우리를 더 위협한다. …… 승리를 크게 축하하는 복음이라 부르는 것만큼 우리가 두려워해야 할 재앙은 없다"(*Concerning Scandals*).

보이는 교회의 구성원들 가운데 참된 그리스도인이 아닌 사람들이 있는 것처럼, 보이는 교회 바깥에도 선택된 자들이 있다. 칼뱅은 세례(또는 교인 자격)가 구원을 받는 데 필수라고 믿지 않았다. 어떤 상황에서는 참된 그리스도인이 세례를 받거나 교회와 동일시되는 일이 불가능하다고 인정했다. 예컨대, 반대와 박해 때문에 교회가 존재하지 않는 곳이 그렇다. 칼뱅은 그리스도인들에게 "믿음을 고백하고, 삶의 본을 보이며, 성례에 참여하여 우리와 같은 하나님과 그리스도를 고백하는 사람들을 교회 구성원으로 인정하라"고 촉구했다(IV.1.8).

교회의 표지

칼뱅은 니케아 신경에서 말하는 전통적인 교회론(한 거룩하고, 보편적이며, 사도적인 교회)을 받아들이면서도 새로운 표지들을 덧붙인다. 이는 "교회의 얼굴이 나타나 우리 눈에 보이게 하는" 역동적인 표지들이다(IV.1.9). 고린도 교인들이 지은 많은 죄에도 바울이 "그들 가운데 교회가 존재한다고 인정한 것은 거기에서 말씀과 성례의 사역이 거부되지 않은 채 남아 있기 때문"이라고 칼뱅은 말한다(IV.1.14).

교회의 첫째 표지는 "하나님 말씀을 순수하게 설파하고 듣는 것"이다(IV.1.10)
그 말씀이 순수하게 설파될 때는 "마치 [하나님이] 친히 말씀하시는 것"과 같다고 칼뱅은 말한다(IV.1.5). 교회에서는 말씀을 설파해야 할 뿐 아니라 듣기도 해야 한다. 실로 "경외하는 마음으로 들어야 한다"(IV.1.10).

> "성경을 아는 지식이 깊어서 성경의 언어가 그리스도인의 '토착어'가 되지 않는다면, 장로교회가 있을 수 없고, 프로테스탄트 교회도 있을 수 없다."
>
> (Leith, *Crisis in the Church*, 49)

교회의 둘째 표지는 "그리스도께서 제정하신 대로 성례를 집행하는 것"이다(IV.1.10)
칼뱅은 두 가지 성례가 있다고 말한다. 바로 세례와 성만찬이다. 말씀을 순수하게 설파해야 하듯, 성례도 순수하게 또는 올바르게 집행해야 한다. 이 말의 뜻은 칼뱅이 성례를 다루는 제4권 14-19장에서 살펴볼 것이다.

권징

권징은 교회의 셋째 표지는 아니지만 진정한 교회의 특성을 보존하려면 꼭 필요하다. 칼뱅은 인상적인 이미지를 사용하여 권징을 교회를 다 함께 지탱하는 "힘줄"로 묘사한다. "그리스도의 구원 교리가 교회의 영혼이듯, 권징은 몸의 지체들을 다 함께 지탱하는 힘줄 역할을 한다"(IV.12.1). "권징을 없애거나 그 회복을 방해하려는 사람은 모두 …… 분명히 교회를 궁극적으로 분열시키는 데 기여하는 것이다"(IV.12.1)라고 칼뱅은 경고한다. 말씀과 성례는 하나님의 선물이다. 우리의 순종은 매우 중요하고 심지어 필수지만, 교회의 조직에 속하는 것이지 교회의 토대에 속하지는 않는다. 토대는 말씀 선포와 성례 집행을 통해 주어지는 순전한 하나님의 은혜다.

"권징은 대체로 열쇠의 권세와 영적 관할권에 달려 있다"(IV.12.1). 이는 "그리스도께서 교회에 부여한, 묶거나 풀어 주는 권한은 반드시 말씀을 따라야 한다"(III.11.4)는 의미다. 교회는 권징을 할 때 말씀에 따라 성령의 지도로 열쇠의 권세("네가 땅에서 무엇이든지 매면 하늘에서도 매일 것이요 네가 땅에서 무엇이든지 풀면 하늘에서도 풀리라")를 행사할 수 있다. 신자들은 "사악한 자를 정죄할 말씀도 가지고 있고, 회개하는 자를 은혜로 영접할 말씀도 가지고 있다"(IV.11.2).

칼뱅은 교회 권징의 기능과 목적을 묘사하려고 여러 이미지를 사용한다. 권징은 제멋대로 구는 자를 제어하는 굴레와 같고, 부주의한 자를 자극하는 박차와 같으며, 빗나간 자를 "그리스도의 영의 온유함으로 부드럽게 질책하는 아버지의 매"와 같다(IV.12.1).

칼뱅은 (한 사람을 대상으로) 숨은 죄를 다룰 때는 사적으로 대화하라고 충고한다. (공적 추문을 일으킨) 공공연한 죄는 좀 더 공개적으로 다뤄져야 한다. 그는 가벼운 죄와 무거운 죄를 구별한다. 가벼운 죄는 말로만 교정해도 충분하다. "아비같이 부드럽게 교정해야 죄인이 완고해지거나 헷갈리지 않고 제정신을 차리며, 자신이 교정받은 것을 슬퍼하기보다 기뻐하게 된다"(IV.12.6). 무거운 죄는 마땅히 교회 권징 절차를 온전히 밟아 교정해야 한다.

칼뱅은 교회 권징의 목적을 세 가지로 제시한다. 첫째, 권징은 교회에서 이단과 추문을 바로잡아 하나님의 명예를 보존하고, 성만찬이 오용되지 않게 보호한다. 둘째, 우리는 나쁜 본보기를 보며 매우 쉽게 빗나가기 때문에 권징은 의인을 악인에게서 보호한다. 셋째, 권징은 범죄자를 회개하도록 이끈다. 칼뱅은 당시 로마 가톨릭교회뿐 아니라 고대 교회도 "지나치게 가혹하게" 권징의 권리를 행사했다고 말한다. 그는 "치료책"이 파멸이 아닌 회복을 가져올 수 있도록 중용의 중요성을 강조한다(IV.12.8). 갈라디아서 6장 1-2절 설교에서는 "타인의 잘못을 지나치게 날카롭게 책망한 나머지 기름과 식초를 섞거나 온유한 정신으로 행하는 것을 잊는 일이 없도록 하자"고 말한다. 데살로니가전서 2장 7절("도리어 너희 가운데서 유순한 자가 되어 유모가 자기 자녀를 기름과 같이 하였으니") 주석에서는 교회에서 권위를 행사할 때 허세를 부리지 말라고 경고하면서, "어린 자녀를 기르는 엄마는 권세를 전혀 부리지 않는다"고 한다. 목회자는 교인에게 인내심을 발휘해야 한다. "교정이 필요한 모든 것을 마음대로 정결케 할 수 없을지라도, [목회자는] 그 때문에 사역을 그만두거나 유별난 엄격함으로 온 교회를 불안하게 만들어서는 안 된다"(IV.12.11). 셀더하위스는 칼뱅이 교회 권징을 "군대 훈련이 아니라 사람들을 하나님과 서로에게 가까워지도록 돕는 수단으로 제정된 것"으로 본다고 말한다(*John Calvin: A Pilgrim's Life*, 249). 교회는 학교인 동시에 어머니다. 우리가 빚어지고 배우고 교정되는 곳이다. 아울러 우리가 용납되고 사랑받으며 양육받는 장소이기도 하다.

칼뱅은 교회의 권징을 세 단계로 정리한다. 개인적 경고, 공개적인 훈계, 성찬 배제다. 출교 문제는 칼뱅과 제네바 행정관들이 오랫동안 싸운 문제였다. 1555년에 이르러서야 교회 법원은 행정관이 승인하지 않아도 출교를 선고할 수 있는 권한을 획득했다. 제네바에서 시행된 출교는 대부분 비교적 짧은 기간이어서 당사자가 네 차례의 연례 성찬식 중 한두 번을 빠지는 정도였다. 칼뱅은 출교를 최후의 심판으로 생각하지 않았다. "교회에서 축출당한 자들을 선택받은 자의 수에서 지우거나, 마치 그들을 이미 멸망당한 듯 멸시하는 것은 우리가 할 일이 아니다"라고 칼뱅은 주장한다(IV.12.9).

참된 교회와 거짓 교회

칼뱅의 견해는 교회가 순수한 설교와 올바른 성례라는 두 가지 표지를 보유하는 한, "많은 결함이 있더라도" 교회를 배척해서는 안 된다는 것이다(IV.1.12). 심지어 가르침이나 교리에 "약간 잘못"이 있을 수 있다는 데까지 양보했다. 그러나 이런 잘못은 "비본질적인 문제"에 국한되어야지, "하나님은 유일한 분이다", "그리스도는 하나님이다", "우리의 구원은 하나님의 자비에 달려 있다" 등, "이러한 종류"의 교리에 관한 것이어서는 안 된다. 칼뱅은 본질적인 교리 목록을 완전하게 제공하지는 않지만, 교회가 참된 교회로 남기 위해서 거부하거나 약화시킬 수 없는 중요한 교리들을 지적한다. "비본질적인 문제"에 "약간 잘못"이 있는 교회에 몸담고 있다면, 교회를 떠나지 말고 "우리에게 거슬리는 것을 바로잡으려고 노력해야" 한다(IV.1.12).

더 나아가, 교회는 "생활이 완전하지 못하더라도" 여전히 참 교회다(IV.1.13). 재세례파를 비롯한 "허황된 영들이 원한" 것처럼 우리는 완벽한 사람들로만 구성된 이상적 교회를 만들 수 없다. "완벽한 순수성이 없는 곳에는 교회가 없다고 생각하고픈 것은 위험한 유혹이다." 고린도 교인들은 문제가 많았으나 "그들 가운데 교회가 있다"고 칼뱅은 지적한다(주석_ 고전 1:2). 갈라디아 교인들은 "어리석었으나" 바울은 그들 가운데 교회가 있다고 인정했다(IV.1.18). 예루살렘이나 구약의 교회도 완벽한 상태와는 거리가 멀었지만 "선지자들은 …… 스스로 새로운 교회를 세우지 않았다"(IV.1.18). 사도신경에는 "죄 용서"가 "거룩한 공교회" 다음에 나온다고 칼뱅은 이야기한다. 교인들은 완벽하지 않기 때문에 많은 죄를 용서받아야 하는 것이다.

그러므로 우리는 어느 교회의 잘못을 조사할 때 "과도한 가혹함"이 아니라 "친절함"을 베풀어야 마땅하다(IV.1.13). "주님은 교회의 친교를 매우 높이 평가하시기 때문에, 교회가 참된 말씀과 성례 사역을 수행한다면 그런 기독교 공동체를 오만하게 떠나는 사람은 누구든 기독교를 배신한 자로 여기신다"(IV.1.10).

제4권 1장 16절에서 칼뱅은 교회를 배척하지 말아야 할 다섯 가지 이유를 열거한다.

- "진실로 거룩하고 순결한" 사람이 많을 수 있다.

- "병든 것처럼 보이는" 이들 가운데 많은 사람이 참으로 애석해하고 "좀 더 올바른 삶을 살고 싶어 한다."

- "매우 거룩한 사람도 때로는 통탄할 죄를 범할 수 있으므로 한 가지 행동으로 사람을 판단해서는 안 된다."

- 말씀 사역과 성례 참여가 몇몇 악한 사람의 존재보다 중요하다.

- "참된 교회를 평가할 때는 하나님의 판단이 사람의 판단보다 중요하다."

제4권 1장에서 칼뱅은 그리스도인이 교회를 떠나야 하는 때는 결코 없다고 말하는 듯하다. 그런데 2장에서는 그리스도인이 어떤 상황에서는 교회를 떠나지 않을 수 없다는 점을 분명히 한다. 바로 "거짓이 종교의 요새에 침투하여 필수 교리 전체가 뒤집어지고 성례의 용도가 파괴되는 경우"다(IV.2.1). 아우구스티누스와 마찬가지로, 칼뱅도 교회의 "친교 유대를 깨는" 잘못을 저지르는 "종파 분리론자"와 "거짓 교리로 믿음의 순수성을 더럽히는" "이단"을 구별한다(IV.2.5).

칼뱅은 당시 가톨릭교회가 "합법적인 교회 형태"를 갖추지 못했다고 믿었다(IV.2.12). 참된 교회의 표지들이 눈에 띄지 않은 것이다. "거짓이 종교의 요새에 침투하여 필수 교리 전체가 뒤집어지고 성례의 용도가 파괴되는 순간 분명히 교회의 죽음이 따라온다. 목이 찔리거나 심장이 치명적 상처를 입을 때 그의 생명이 끝나는 것과 같다"(IV.2.1). 가톨릭교회는 갈보리의 제사를 미사로 대치했는데, 칼뱅에 따르면 이는 참된 성례가 아니라 일종의 우상 숭배일 뿐이다. 가톨릭교회에서 "그리스도는 감춰져 있고 반쯤 묻혀 있으며, 복음은 뒤집어졌고, 경건이 사라졌으며, 하나님을 예배하는 일은 거의 없어지고 말았다. 요컨대, 그곳에서는 모든 것이 몹시 혼란스러워서 우리는 하나님의 거룩한 성보다 바벨론의 얼굴을 보게 된다"(IV.2.12).

당시 상황이 매우 심각해서 로마 가톨릭교회는 더 이상 참된 교회로 간주될 수 없었고, 칼뱅은 "우리가 그리스도께 나아가려면 그들에게서 물러서야" 한다고 느꼈다(IV.2.6). 보편 교회의 통일성은 로마에 충성한다고 보존되는 것이 아니다. "주님의 말씀을 떠나서는 신자들이 하나 되지 못하고 악한 자들의 파당만 있을 뿐이기 때문이다"(IV.2.5). 프로테스탄트에게 종파 분리라는 죄를 지우지 않는 것은 그들이 떠난 교회가 더 이상 참된 교회가 아니기 때문이다. "온 세상을 버리고 오직 하나님의 진리만 받아들여야 하는 것은 확실히 옳다. 모든 인간 사회와 그들과의 연합을 포기하는 것이 우리 자신이 하나님에게서 떠나는 것보다 백배나 낫기 때문이다"(주석_ 슥 8:23).

그러나 칼뱅은 로마 가톨릭교회가 세례와 "다른 흔적들"을 유지하는 동안은 교회의 "흔적"이 여전히 존재한다고 믿었다(IV.2.11). "주님이 그들 가운데 그분 백성의 남은 자들을 놀랍게 보존하시는 한"은 그들 가운데 여전히 교회가 존재하지만 …… "모든 회중과 그들의 공동체 전체는 합법적인 교회 형태를 갖추지 못하고 있다"고 말했다

(IV.2.12). 비록 바울이 데살로니가후서 2장 3절에서 언급한 보편적인 배교가 교회를 사로잡을지라도, "흩어진 많은 교인"은 "진정한 믿음으로 하나 되어 참고 견딜 것이다"(IV.7.25). 시편 102편 14절("주님의 종들은 시온의 돌들만 보아도 즐겁습니다. 그 티끌에도 정을 느낍니다"[새번역]) 주석에서는 칼뱅이 예루살렘의 무너진 성전에 관한 글을 당시 가톨릭교회, 즉 하나님 말씀을 짓밟고 그분에 대한 예배를 더럽힌 그 교회에 적용하면서도 "그 어떤 황폐함도 우리가 교회의 돌과 티끌을 사랑하는 것을 막게 해서는 안 된다"고 덧붙인다. 교회가 비록 황폐해졌을지라도 우리는 여전히 그 폐허 더미를 사랑한다.

칼뱅은 프로테스탄트 교회를 하나 되게 하려고 열심히 노력했다. 고린도전서 1장 10절 주석에는 "기독교의 가장 중요한 원리는 우리 사이에서 일치를 이루는 것이다"라고 썼다. 1552년 4월 크랜머 대주교에게 보낸 편지에는 "바다 열 개를 건너는 것조차 꺼리지 않을" 정도로 자신이 프로테스탄트 교회의 연합에 매우 관심이 많다고 썼다.

브루스 고든(Bruce Gordon)은 이렇게 말한다. "칼뱅은 프로테스탄트들 사이의 분립을 직접 목격했기 때문에 연합의 기초에 독특한 관점을 제공한다. …… 일차적으로 하나님 말씀에 헌신하는 사람들 사이에서는 신학과 방법이 다를 수 있는 여지를 허용했다"(*Calvin*, 105). 칼뱅은 고린도전서 14장 36절("하나님의 말씀이 너희로부터 난 것이냐 또는 너희에게만 임한 것이냐") 주석에서 이렇게 말했다.

> 어느 교회도 다른 교회들을 무시한 채 오로지 자신에게만 몰두할 수 없다. 반대로 그들은 모두 …… 상호 교제를 소중히 여기고 서로에게 적응하는 방식으로 서로 오른손을 내밀어야 마땅하다. …… 교만

해서 다른 교회들을 경멸하는 일이 없도록 하라. 다른 한편으로는 덕을 세우고 싶은 마음이 생기게 하라. 그리고 중용하고 신중하라. 그러면 관례가 다양하더라도 책망할 만한 것이 없으리라.

하나님과 우리 자신을 알기

칼뱅은 시편 115편 1-3절 설교에서 "우리는 교회인가"라고 묻는다. 그의 대답은 이렇다.

> 우리는 모든 신자와 영적인 연줄을 맺어야 한다. 하나님도 한 분이시고, 구속자도 한 분이며, 진정한 가르침도 하나이고, 믿음도 하나이며, 세례도 하나이므로 우리도 마땅히 한 몸이어야 한다. 그래서 우리는 각각 다른 이들과 연합해야 한다. 한 지체가 고통당하면 우리 모두 연민을 품어야 한다. 이제 우리는 이것[상황]이 한 지체의 문제가 아님을 안다. 모든 교회는 흩어져 있다. 이곳에 조금, 저곳에 조금 존재한다. 우리는 모두 같은 복음을 갖고 있고 적들에게 둘러싸여 있다. 우리가 [서로에게서] 떨어져야 하는가? "그들[독일에 있는 사람들]은 우리에게서 멀리 있다"고 말해야 할까? 전혀 그렇지 않다. 그들은 교회에 속해 있고, 우리는 그 지체다. 우리는 같은 하늘 아버지를 모시고 있으니 다 함께 (형제 관계보다 더한) 형제애를 품도록 하자!(*John Calvin, Pastoral Piety*, 166-67)

우리가 정말로 교회에서 "형제 관계"보다 더한 "형제애"를 경험하길 기도하자!

21장

교회

"그리스도의 몸"

> "칼뱅에게 선택은 교회를 뒤엎은 것이 아니라 …… 오히려 교회의 중요성을 강조했다. …… 하나님은 교회 안에서, 또한 교회를 통해 선택하셨다. 교회는 그 작정에 포함되어 있었고 은혜의 수단(성경, 세례, 성찬, 설교, 교리문답)을 제공했으며, 이런 것 없이는 믿음을 가질 수 없었을 것이다."
>
> (Steinmetz, *Cambridge Companion to Reformed Theology*, 122)

읽기 | 「기독교 강요」 IV.3-4. [*1541* ch.13, pp.689-692, 701-703.]

성경 본문 | "그가 어떤 사람은 사도로, 어떤 사람은 선지자로, 어떤 사람은 복음 전하는 자로, 어떤 사람은 목사와 교사로 삼으셨으니 이는 성도를 온전하게 하여 봉사의 일을 하게 하며 그리스도의 몸을 세우려 하심이라"(엡 4:11-12).

주목할 인용문 | "누구든 더 분명하고 친숙한 비유를 원한다면, 나는 이렇게 말하겠다. 교회 규율과 목회 직무, 그리고 다른 모든 직분은 몸을 닮은 반면, 하나님께 합당한 예배를 규정하고 사람의 양심이 구원의 소망을 둬야 할 근거를 지적하는 교리는 몸에 생명을 불어넣고 활발하게 만드는 것, 요컨대 몸이 쓸모없는 죽은 시체가 되지 않게 하는 영혼에 해당한다"(*Tracts and Treatises* 1:126-27).

기도 | 아버지이자 구원자이신 분이여, 우리는 당신이 당신의 신실한 백성의 목사로 안수한 모든 사람, 당신이 영혼을 돌보는 일과 거룩한 복음 사역을 위탁한 사람들을 위해 기도합니다. 당신의 성령으로 그들을 인도하셔서 당신의 영광을 위해 신실하고 충성스러운 사역자가 되게 하시고 단 하나의 목표만 갖게 하소서. 즉, 헤매는 가련한 양들을 우두머리 목자이자 최고 주교이신 주 예수 그리스도께 모으고 회복시켜 그들이 날마다 모든 의로움과 거룩함을 향해 그분 안에서 자라고 강해지게 하소서. 아멘.

(*John Calvin: Writings on Pastoral Piety*, 127-28.)

돌아보며 내다보며

칼뱅은 교회라는 주제를 소개하는 첫 대목에서 그리스도인에게 교회의 필요성, 교회의 정의, 표지들, 교회의 불완전함에 대한 우리의 태도 등을 다룬다. 이어서 교회 조직과 사역자에 대해 상세히 검토한다.

형태와 자유

장 칼뱅은 성경이 "하나님의 순수한 말씀에서 우리에게 전수된", 영구적 타당성을 지닌 교회의 정치 질서를 계시한다고 주장한다(IV.4.1). 동시에 부차적인 문제들에서는 합리적인 자유가 있다고 주장한다. "하나님이 외적 규율과 의식에 대해 우리가 행할 바를 상세히 규정하지 않으신 이유는 그것이 시대 상황에 따라 다름을 예지하신 것이고, 따라서 한 형태가 모든 시대에 적합하다고 여기지 않으셨기 때문이다." 그러므로 교회의 행습과 의식들은 "각 나라와 시대의 관습에 다양하게 맞춰져야 한다"(IV.10.30). 교회의 행습과 의식은 변할 수 있지만, 하나님이 이런 문제들에서 우리의 자유를 제한하시되 "오직 그분 말씀에 근거하여 옳은 것에 마음을 작정할 수 있게 하신다"는 것을 기억해야 한다(주석_ 고전 14:10).

하나님이 교회 조직 모든 면에서 우리가 해야 할 일을 상세히 규정하지 않으신 만큼, 우리는 "그분이 주신 일반 규율을 따르고, 교회가 질서와 예법을 유지하는 데 필요한 것은 무엇이든 그 규율에 비춰 봐야 한다"(IV.10.30). 고린도전서 14장 40절("모든 것을 품위 있게 하고 질서 있게 하라")에서 바울은 그동안 교회의 "외적 조직"에 관해 설명한 모든 것을 "예절을 보존하고 무질서는 피해야 한다"는 진술로 요약한다(주석_ 고전 11:4). 「기독교 강요」에서는 "사랑을 우리의 지침으로 삼으면 모든 것이 안전하리라"고 말한다(IV.10.30).

어쩌면 칼뱅이 이런 문제들에 접근하는 방식을 "규정적"이라기보다 "방향 제시적"이라 부를 수 있을 것이다. 그는 변화 가능성을 수용했고, 때로는 변화가 바람직하고 필요하다고 보았으며, 성경 원리들을 응용해서 교회 조직과 예배를 다양하게 꾸려 나가는 것을 받아들였다. 그래서 마이클 호튼은 "[칼뱅은] 그리스도께서 명령하신 모든 것에 순종하기 원하면서도 모든 것이 똑같이 명백하거나 똑같이 중요하지는 않다는 것을 알았다"고 말한다(*Calvin on the Christian Life*, 199).

교회 직분

교회의 머리는 그리스도이시며, "그분 홀로 교회에서 왕 노릇을 해야 한다." 그리스도는 사람들의 사역을 통해 일하기를 바라신다. 이는 "직공이 자신의 작업을 하려고 도구를 사용하는 것과 같다"(IV.3.1). 칼뱅은 하나님이 자신의 종들과 관계를 맺으시지만 "그분 자신의 직분은 그들에게 결코 넘겨주시지 않는다"고 말한다(주석_ 말 4:6). "성령께서는 외적인 사역자를 도구로 사용하시는데 …… 말씀 전파와 성례 사용에서 그렇게 하신다." 외적인 사역자는 말씀을 전파하고 성례를 집행한다. "내적 사역자인 성령은 …… 그분이 원하시는 사람이면 누구든지 그 마음속에 그리스도와 연합하도록 일하신다"(*Calvin: Theological Treatise*, 173).

하나님은 왜 인간을 도구로 사용하실까? 칼뱅은 세 가지 이유를 말한다. 첫째, "우리를 존중하시기" 때문이다. 하나님이 "세상에서 어떤 이들을 그분의 대사로, 그분의 은밀한 뜻을 해석하는 자로 …… 그분의 인격을 대표하는 자로 선택하신다"는 것은 인간이 중요한 존재임을 보여 준다. 둘째, 우리에게 "겸손을 훈련하시기" 위해서다. "설교자가 우리보다 나은 점이 하나도 없을지라도" 우리는 설교자에게 하나님 말씀을 받는다. 셋째, "상호간 사랑을 증진시키기" 때문이다. 인간의 사역은 "죄인들을 다함께 한 몸으로 묶어 주는 대표적인 힘줄이다"(IV.3.1, 2). "우리에게 복음 사역자들이 있는 것은 [그리스도의] 선물이다. 그리고 그들이 각자 필요한 은사 면에서 탁월한 것도 그분의 선물이다. 그들에게 맡겨진 책임을 수행하는 것 역시 그분의 선물이다"(주석_ 엡 4:11).

칼뱅은 교회 직분을 두 가지 범주로 나눈다. 한시적이거나 특별한 것, 그리고 영구적이거나 일반적인 것이다. 첫째 범주에 속하는 이들은 사도, 직분 순서상 사도 다음이자 이들을 대신해서 활동하는 복음 전도자, 그리고 선지자다. 이 직분들은 "하나님이 그분 나라 초창기에 일으키셨고, 시대의 필요에 따라 …… 이따금 부활시키신다"(IV.3.4). 칼뱅에 따르면, "하나님이 훗날에 때로는 사도들을 일으키셨고, 아니 적어도 그들 대신 복음 전도자들을 일으키셨는데, 이는 우리 시대에 루터를 그리스도의 뛰어난 사도로 세우신 것에서 알 수 있다"(IV.3.4).

칼뱅은 "하나님을 거스르는 반역에서 참된 순종으로 세상을 되돌리고 복음 전파를 통해 모든 곳에서 하나님 나라를 세우도록" 하나님이 보내신 사람으로 사도와 복음 전도자를 묘사한다(IV.3.4). 그는 사도와 복음 전도자를 이런 식으로 정의하고 보통은 그 직분이 한시적이라고 보면서, 선교사를 위한 별도의 범주는 설정하지 않는다. 아마도 개척 선교사를 사도나 복음 전도자 직분을 수행하는 인물로 본 것 같다.

선지자는 "특별한 계시에 탁월한 자들"이다. "이 부류는 오늘날 존재하지 않거나 눈에 덜 띈다"고 칼뱅은 생각한다(IV.3.4). 고린도전서 12장 10절에 대해서는 이렇게 말한다. "나는 예언이라는 용어가 하나님의 은밀한 뜻을 밝히는 독특하고 뛰어난 은사를 뜻한다고, 그래서 선지자는 말하자면 사람들에게 보낸 하나님의 메신저라고 생각한다." "선지자는 뛰어난 성경 해석자고, 교회가 당면한 필요를 파악하여 그 필요를 채우기 위해 바른 말을 하는 비범한 지혜와 능력을 부여받은 사람이다. 그래서 말하자면 그들은 하나님이 원하시는 소식을 가져오는 메신저인 것이다"(주석_고전 12:28). 선지자의 사역에 대한 칼뱅의 견해는 우리가 때때로 "선지자적 설교"라고 부르는 것에 초점을 두는 듯하다. 이는 하나님 말씀을 특정 상황에 강력하게 또는 시기적절하게 적용하는 것을 말한다. 그렇다면 왜 칼뱅은 선지자가 오늘날에는 존재하지 않거나 "눈에 덜 띈다"고 말한 것일까? 어쩌면 에베소서 4장 11절 주석에서 칼뱅이 언급한 계시와 예언과 관계가 있기 때문일 것이다. 그 주석에서 그는 선지자를 "뛰어난 예언 해석자라서 독특한 계시의 은사를 활용하여 당면 주제에 예언을 적용하는 사람"이라고 말하면서 "그러나 나는 예언이 가르침과 연결되어 있는 한, 예언의 은사를 배제하지 않는다"고 덧붙인다.

영구적이거나 일반적인 범주에는 목사, 교사, 장로, 집사 등 네 가지 직분을 포함시킨다.

목사는 "주님이 보내신 그분의 메신저"라는 점에서 사도와 복음 전도자에 상당한다(IV.3.5). 칼뱅에 따르면, 신약의 사도와 복음 전도자는 정해진 제한이 없는 반면, 목사는 특정 교회로 부름 받는다. "사도가 온 세상을 위해 수행한 일을 각 목사는 자신에게 맡겨진 양 떼를 위해 수행해야 마땅하다"(IV.3.6). 이와 동시에 한 교회의 목사는 "다른 교회들을 도울 수 있다"(IV.3.7).

목사는 성례 집행, 교회 권징, 그리고 특히 설교에 책임이 있다(IV.3.6). 칼뱅은 아름다운 비유를 들어 설교자를 묘사한다. 설교자는 "마치 아버지가 빵을 작은 조각으로 나눠서 자녀들에게 먹이는 것처럼" 말씀을 썰어 나누는 사람이다(주석_ 딤후 2:15).

칼뱅은 목사나 장로의 직분과 주교가 완전히 동일하다고 믿었다. 누구도 그리스도의 "유일한 주교직"을 가로채지 못하게 하려고 칼뱅은 사역자들의 동등함을 강조했다(IV.2.6). 그는 고린도전서 5장 4절 주석에서 "전제 정치만큼 그리스도의 질서에 반하는 것은 없으며, 모든 권력이 한 사람에게 양도되면 전제 정치로 나가는 문이 활짝 열린다"고 썼다. 칼뱅은 초기 교회에 주교가 있었다고 인정하나 "고대 주교들은 하나님이 말씀에 정해 놓으신 것과 다른 형태의 교회 정치를 만들려고 하지 않았다"고 생각했다(IV.4.4). 칼뱅은 초기 교회의 주교를 본받는 주교, 심지어 대주교도 기꺼이 수용하려 했다.

칼뱅에 따르면, 교사는 목사와 다른 직분을 가질 수 있다. "가르침은 모든 목사가 맡은 의무다. 그러나 성경 해석 은사가 따로 있어서 건전한 교리가 잘 보존된다"(주석_ 엡 4:11). 앞서 언급한 대로, 교사는 어떤 면에서 선지자에 해당한다. 그의 사역은 성경을 해석하고 가르치는 것이다(IV.3.4). 칼뱅은 에베소서 설교에서 목사와 교사의 사역을 묘사했다. "가르치도록 안수받은 모든 사람은 [고린도전서 3장 10절에서] 하나님의 집을 짓는 벽돌공과 목수라고 불린다"(에베소서 2장 19-22절 설교).

칼뱅은 설교자와 교사에게 하나님께 의존하며 겸손하라고 권면한다. "하나님의 교회를 가르치는 직분으로 부름 받은 이들은 자신의 연약함을 이해하고 자신을 완전히 하나님 손에 맡겨서 그 일을 잘 수행할 수 있도록 하라. 그 직분이 위로부터 주어지지 않는다면, 그들은 결코 그 일을 이루지 못할 것임을, 아니 백분의 일도 이룰 수 없음을 알아야 한다"(에베소서 6장 19-24절 설교). "예수 그리스도께서 어떤 이들을 지도자와 안내자로 임명하셔서 다른 사람들에게 그 길을 보여 주게 하셨지만, 그렇다고 그들이 유별나게 지혜로워서 나머지 사람들처럼 배우는 자가 되지 않아도 된다는 것은 아니다. 말하는 사람은 자신이 그 말에 의해 가르침을 받아야 하며, 그 자신도 날마다 배우지 않는다면 하나님의 뜻을 다른 이들에게 선포할 자격이 결코 없다"(에베소서 4장 11-14절 설교).

칼뱅은 목사가 "성직자"(clergy)로 불리지 않기를 바랐다. "나는 그들에게 더 적절한 이름을 붙이는 편을 선호했다. 베드로가 온 교회를 '성직자'로, 즉 주님의 유산으로 부르는 만큼 그 호칭은 오류에서, 적어도 잘못된 태도에서 생긴 것이기 때문이다"(주석_ 벧전 5:3). 칼뱅은 이렇게 강조했다. 모든 그리스도인은 "늘 가슴에 그리스도의 가르침을 지니고 다니며 실천해야" 하고, "또한 잠자는 자들을 깨우는 트럼펫 주자 같아야 하고, 길을 빗나간 자들을 지도하고 길을 잃은 자들을 바른 길로 데려오는 안내자 같아야 한다"(에베소서 5장 11-14절 설교).

장로, 또는 우리가 가르치는 장로나 목사와 구별하여 "다스리는 장로"라고 부르는 이들은 "회중에서 선택된" 자들로, 목사와 더불어 회중의 영적 안녕과 권징을 책임진다(IV.3.8).

집사는 "매우 명예로운" 직분이라고 칼뱅은 말한다(주석_ 딤전 3:9).

로마 가톨릭교회에서는 이 직분이 의식에서 사제를 돕는, 일종의 도우미로 전락했었다. 제네바에서는 병든 자와 가난한 자를 돌보는 교회 사역을 감독하는 본래 기능으로 회복되었다. 엘시 맥키는 이를 "사랑의 직분"이라 부르며 "개혁주의 전통에서 집사직은 교회가 한 몸으로서 이웃을 열심히 사랑하는지 감독할 책임을 맡은 공식 직분이다"라고 말한다(*The Reformed Journal*, November 1989, 7).

당시 제네바에는 두 종류의 집사가 있었다. 교회의 자선 활동을 관리하는 재정 담당 직분자와, 가난한 자와 어려운 자를 돌보는 복지 담당 일꾼이다. 브루스 고든은 이렇게 말한다. "제네바 교회의 집사들은 무슨 일이든 도맡았다. 그들은 옷과 땔감을 구입했고, 의술을 베풀었으며, 분만하는 자리에 있는 경우도 적지 않았다. 병자의 자녀를 돌볼 보호자도 주선했다. 기본적으로 그들은 그 어떤 필요든 충족시키려 했다"(*Calvin*, 201). 또한 프랑스에서 사용할 교리문답서와 시편과 성경을 공급하고, 사역자와 그 가족, 그리고 프랑스에서 순교한 사람의 가족을 돕는 등 제네바에 뿌리를 둔 선교 사역을 지원하기도 했다.

칼뱅에 따르면, 집사의 둘째 직분은 여성이 맡을 수 있는 유일한 직책이다. 그 근거로 디모데전서 5장 9-10절에 나오는 과부의 사역에 관한 묘사와 뵈뵈의 본보기("교회에서 매우 명예롭고 거룩한 사역을 수행한 사람")를 들었다(주석_ 롬 16:1). 칼뱅은 종종 성경에 등장하는 신실한 여성들을 칭찬한다. "그리스도는 부활 현장에서 여인들과 함께 출발하셨고, 그들이 그분 자신을 목격하게 했을 뿐 아니라 사도들에게 전할 복음 메시지를 주셔서 그들을 사도들의 선생으로 만드셨고 …… 비록 그리스도께 기름을 바르려 한 행동은 책망을 면할 수 없지만(그들은 그분을 여전히 죽은 자로 여기고 있었다), 그분은 그들의 연약함을 용서하시고 특별한 명예를 주셔서 잠깐 동안 남자들에게서 사도 직분을 빼앗아 그들에게 위임하셨다"(주석_ 막 16:1). 칼뱅은 역사를 통틀어 지속된 그리스도인 여성들의 증언과 용기를 인정하고 칭송했다. 파리에서 순교에 직면한 그리스도인 여성들에게는 이런 글을 썼다.

> 예수 그리스도의 이름을 지지하고 그분의 통치를 선언하려고 피와 목숨을 아끼지 않은 여성이 얼마나 많았는가! 하나님이 그들의 순교를 통해 열매를 맺지 않으셨는가? …… 지금도 하나님이 날마다 그들의 증언으로 어떻게 일하시며 어떻게 적들을 좌절시키시는지 보여 주는 본보기가 우리 눈앞에 있지 않은가? 하나님은 그 여성들이 그리스도의 이름을 고백할 때 보여 준 그 강인함과 인내만큼 효력 있는 설교가 없음을 보이셔서 그 일을 행하신다(*Letters of John Calvin* 3:365-66).

칼뱅은 궁핍한 자를 돌보는 일이 모든 그리스도인의 책임이라고 역설한다. 집사는 모든 신자가 부름 받은 사랑의 사역을 감독해야 하는 교회의 직분자다. 이들은 가난한 자들을 돌보는 일과 더불어 그들을 찾아낼 책임도 있다. 칼뱅의 주석과 설교에는 고통당하는 자와 궁핍한 자에 대한 칼뱅의 관심이 "해석이라는 천을 관통하는 친절이라는 금실처럼 엮여 있다"(McKee, *John Calvin on the Diaconate and Liturgical Almsgiving*, 298).

초기 교회

제4권 4장에서 칼뱅은 교회가 약 500년 동안 가르침과 실천 모두 건강한 상태를 유지했다는 증거를 수집한다. 초기 교회는 교회 정치에서 주로 성경 원리를 따랐다. 칼뱅은 그 기간에 등장한 성경 밖의 혁신적인 제도를 기꺼이 관용한다. 그는 주교, 대주교, 총대주교 등과 같은 사역자가 그 형제들 위에 "군림하지" 않는 한, 그들을 수용한다. 부주교도 "새롭고 좀 더 정확한 종류의 행정직"으로 받아들인다. 심지어는 문지기, 복사, 차부제(개신교의 집사에 해당하며, 중세 교회에서 미사를 도왔다_편집자) 등 사역을 준비하는 직분도 수용한다. 그는 사역을 위해 젊은 이들을 훈련시키는 초기 교회의 관행을 인정한다. "그들이 교회를 위한 모판[신학교]를 남겨 두기"(IV.4.9) 위해서다. 초기 교회에서는 "여러 해 동안 실제로 사람들이 보는 앞에서 검토받지 않고는" 누구도 장로나 주교 직분으로 승진될 수 없었다(IV.4.10). 사람들은 자신의 주교나 목사를 선택할 수 있었다. "모든 사람에게 용납받지 못한 사람은 누구도 직분을 맡을 수 없었다"(IV.4.11).

칼뱅은 초기 교회에서 헌금과 돈을 사용하는 몇 가지 가르침을 끌어낸다. 주교는 "신세 진 사람들에게 마치 하나님 앞에서 하듯 불공평하지 않게 최대한 경외하는 자세로" 물자를 나눠 줘야 한다(IV.4.6). 교회를 위해 일하는 사람은 적절히 그러나 지나치지 않게 지원받아야 하며, 가정이든 다른 어디서든 가난한 자들이 소홀히 여겨져서는 안 된다. 교회 건물은 잘 유지하되 "지나치게 치장해서"는 안 된다(IV.4.8).

칼뱅은 사도 시대 이후에 생긴 성만찬 관습을 "승인해야 한다"고 말하며, "글로 쓰지 않은" 사도의 좋은 전통들도 있다고 인정한다

(IV.10.31). "고대 교회의 특징들 가운데 하나님이 제정하신 것으로 보이는 제도를 인정하는 것은" 유용하다(IV.4.1). 칼뱅은 초기 교회가 약 500년 동안은 기본적인 순수성을 유지했다고 믿었으나, 로마 가톨릭 교회나 교황 교회는 다른 문제였다. 그레고리가 비교적 순수한 기간에 존재한 "최후의 로마 주교"였다(IV.17.49).

하나님과 우리 자신을 알기

칼뱅은 트리엔트 공의회의 정경과 칙령을 다룬 책에서 당시 사람들뿐 아니라 오늘날 우리에게도 적절한 충고를 하고 있다.

> 우리는 교회의 몸 전체를 주님의 돌보심에 맡긴다! 그동안 우리가 게을러지거나 안일해져서는 안 된다. 우리 각자 최선을 다하자. 우리가 지닌 분별력과 지식과 능력을 모두 쏟아 무너진 교회를 바로 세우자(*Calvin's Tracts* 3:188).

22장

로마 가톨릭교회

"반쯤 부서진 건물"

"그리고 건물이 허물어져서 기초와 폐허가 남을 때 흔히 일어나듯이, [하나님은] 그분의 교회가 적그리스도에 의해 기초까지 파괴되거나 완전히 쓰러지는 것을 허락하지 않으셨다. 비록 그분의 말씀을 멸시한 사람들의 배은망덕함을 벌하기 위해 교회가 무섭게 흔들리고 부서지는 것은 허용하셨으나, 이런 파괴가 있은 후에도 **반쯤 부서진 건물**이 남아 있기를 원하셨다"(IV.2.11).

노트르담 대학 교수인 랜달 재크먼(Randall C. Zachman)은 〈익스포지터리 타임즈〉(The Expository Times, 2014)에 "황폐해진 교회를 재건하라는 소명을 받다: 장 칼뱅의 생애와 사역"이라는 제목의 기사를 썼다.

> "칼뱅은 가톨릭 추기경인 사돌레토에게 이런 글을 썼다. '당신 눈앞에 고대의 교회 형태를 두고 나서 이제 남은 폐허를 관찰해 보시오. 교회의 기초는 교리와 권징과 성례에 있고, 이런 것들에 비추어 교회는 늘 판단받아야 하오.' …… 사돌레토에 답신하는 일은 칼뱅의 평생 프로그램이었다."
>
> (Berkouwer, 'Calvin and Rome', in *John Calvin: Contemporary Prophet*, 185)

읽기 | 「기독교 강요」 IV.5-13, 19. [*1541* ch.13, pp.669-706.]

「기독교 강요」의 이 부분을 생략하더라도 칼뱅 사상의 신학적 흐름에는 문제가 없다. 이 부분은 주로 당시 로마 가톨릭교회를 역사적이고 논증적으로 공격하는 내용을 담고 있다. 그러나 로마 가톨릭의 행습을 비판하는 저변에는 귀중한 진리가 많이 깔려 있다.

성경 본문 | "너희는 옳은 길에서 떠나 많은 사람을 율법에 거스르게 하는도다 나 만군의 여호와가 이르노니 너희가 레위의 언약을 깨뜨렸느니라" (말 2:8).

주목할 인용문 | "사례가 많지만 몇 가지만 언급하기로 한 것은 일부는 독자들에게 교회가 얼마나 심하게 쇠퇴했는지를 보여 주기 위해서고, 일부는 이 재난으로 인해 모든 경건한 자가 큰 슬픔과 고뇌에 빠졌다는 것을 독자들이 인식하도록 돕기 위해서다"(IV.7.18).

기도 | 전능하신 하나님, 당신의 교회가 오늘 많은 악에 압도당하는 만큼, 우리가 우리의 눈과 손뿐 아니라 마음도 일으키는 법을 배우게 하시고, 우리의 주의를 당신께 집중하여 오직 당신에게서만 구원을 찾게 하소서. 그리고 이 땅에서 절망이 우리를 압도할지라도 당신의 선하심을 바라는 소망의 빛이 하늘에서 우리에게 늘 비치게 하시며, 당신의 교회를 불쌍히 여기사 당신의 손을 뻗쳐 우리로 기뻐하게 하시고 우리 주 예수 그리스도를 통하여 우리의 슬픔이 기쁨으로 바뀔 때 우리 기도가 헛되지 않았음을 경험할 때까지 당신이 우리에게 주신 중보자에 의지하여 당신께 계속 부르짖기를 주저하지 않게 하소서. 아멘.   (*Lifting Up Our Hearts*, 267.)

돌아보며 내다보며

장 칼뱅은 제4권 1-3장("하나님의 순수한 말씀에서 우리에게 전수된 교회 정치의 질서")에서 참된 교회의 요건을 다룬 후 제4권 4장에서는 교황 제도가 발생하기 전 초기 교회의 역사를 검토하고, 제4권 5-13장에서는 교황 제도가 성경의 가르침에서 이탈했기 때문에 후기 로마 가톨릭교회는 더 이상 그리스도의 참된 교회가 될 수 없다고 주장한다. 이어서 제4권 14-17장에서는 세례와 성만찬이라는 두 성례를 다루고, 제4권 18장에서는 교황의 미사가 "그리스도의 만찬을 더럽혔을 뿐 아니라 멸절시켰다"고 본다. 제4권 19장에서 칼뱅은 로마 가톨릭교회의 "다섯 가지 다른 성사"나 성례를 논한다. 이 장들을 읽어 보면 칼뱅에게 교회 역사 지식이 상당하다는 것을 알 수 있다. 그는 교리 문제에 관한 자신의 견해를 지지하기 위해, 그리고 당시 가톨릭교회의 가르침과 행습에 도전하기 위해 초기 교부들의 저술을 활용한다.

우리가 기억할 바는 여기서 칼뱅은 당시 로마 가톨릭교회에 관해 논하는 것이지 초기 교회나 현대 로마 가톨릭교회를 논하는 것이 아니라는 점이다. 그는 중세 교황 제도에 관한 견해를 이렇게 요약한다. "여기에는 설교도 없고, 권징에 관심도 없고, 교회를 향한 열정도 없고, 영적인 활동도 없다. 요컨대, 오직 세상뿐이다"(IV.7.22). 칼뱅이 중세 교황들의 악덕과 권력 남용을 비난한 것을 보면 새로운 점도, 극단적인 면도 없다. 단테, 위클리프, 후스, 사보나롤라, 에라스무스 등 많은 인물이 같은 비난을 퍼부었다. 현대 역사가 바바라 터크먼(Barbara W. Tuchman)은 "르네상스 6인: 식스투스 4세부터 클레멘스 7세까지 교황들(1471-1534)"에 관한 글에서 그들은 "기독교 세계를 위한 영적인 사명 의식이 없었고, 뜻깊은 종교적 지도를 제공하지 않았으며, 도덕적 사역도 수행하지 않았다"고 결론 내린다(*The March of Folly*, 126).

칼뱅은 로마 가톨릭교회가 그리스도의 진정한 교회가 아니라는 것을 보여 주기 위해 성경적, 역사적, 신학적, 도덕적 논증을 열거한다. 그렇게 하는 이유는 독자들이 "로마 가톨릭이 어떤 종류의 교회를 갖고 있는지" 판단하게 하려는 것인데, "우리가 그 교회에서 분리되었다고 해서 우리에게 분열의 죄를 씌우기 때문"이라고 그는 말한다(IV.6.1).

"고대의 정치 형태가 교황권의 폭정으로 완전히 뒤집어졌다"(IV.5)

칼뱅은 중세 교회에서 교황제 행습에 의해 고대의 교회 정치 형태가 어떻게 완전히 전복되었는지를 설명한다. 이를테면, 교인들에게 승낙받지도 않은 채 자격 없는 주교를 임명하는 일, 성직 매매와 다원주의, 장기 결근 등이다. "열 살밖에 안 된 소년들이 교황의 특별 허가로" 주교가 되었다(IV.5.1). 주교들을 선발할 때 교인의 목소리가 제거되었다. 안수는 "기껏해야 조롱거리"에 지나지 않았다(IV.5.3). 장로들이 가르침과 설교를 내버리고 "제사를 집행하기 위해 사제가" 되었다(IV.5.4). 집사들은 가난한 자를 저버리고 사제의 도우미가 되었다. "그러나 장로를 안수한 것은 교회를 다스리기 위해서고, 집사를 안수한 것은 구제금을 모으기 위해서다"(IV.5.5). "성직록"이라 불리는 사제의 생활비는 그것을 받는 자들의 유익을 위한 것이지, 그들이 섬기는 교회를 위한 것이 아니다. "자기 양 떼에 속한 양"을 본 적 없는 이들은 목자가 될 수 없다(IV.5.11).

"교황의 지상권"(IV.6)

제4권 6장에서 칼뱅은 "모든 구조의 갓돌(capstone)인 교황의 지상(至上權)"을 논한다(IV.6.1). 그는 마태복음 16장 18절과 요한복음 20장 23절 같은 성경 구절이 교황 제도를 지지한다는 주장에 반박한다. 베드로에게 "높은 지위의 영예"가 주어진 것은 인정하지만, 이것은 "권력과 크게 다른 것이다"(IV.6.5). "같은 복음 전파로 모든 사도는 묶고 풀 수 있는 공동 권한을 위탁받았다"(IV.6.4). 하나님 나라의 열쇠는 복음 전파를 가리키며, "사람들과 관련하여 그 열쇠의 권한은 권력이라기보다 섬김이다. 그리스도께서는 이 권한을 사람들이 아닌 그분 말씀에 두셨고, 사람들을 그 말씀의 사역자로 삼으셨기 때문이다"(IV.11.1).

교황이 아니라 그리스도가 "교회의 유일한 머리이신즉 그분 아래 우리 모두 서로 연합하는 것이다"(IV.6.9). 칼뱅은 베드로가 로마에서 죽은 것을 인정하지만, 그곳에서 "특히 오랫동안" 주교로 봉직했다는 주장은 납득할 수 없었다(IV.6.15). 훗날 칼뱅은 로마 주교들의 오만한 호칭을 목회 지도력에 대한 올바른 견해와 대비한다. 그는 로마 주교가 교회의 대표 주교들 중 하나임은 인정하지만, "그가 모든 교회를 지배하는 통치권을 가지고 있다"는 주장은 받아들이지 않았다(IV.7.8).

"교황제가 시작되고 발달한 경위_ 로마 교황의 지위가 지나치게 높아져 교회의 자유가 억압받고 모든 억제책이 뒤집어질 때까지"(IV.7)

칼뱅은 제4권 7장에서 계속 교황의 역사를 이야기하면서 그들의 행위는 "경건 의식뿐 아니라 인간성 면에서도 매우 혐오스럽다"고 말한다 (IV.7.21). 사례가 많지만 칼뱅이 몇 가지만 언급하기로 한 것은 일부는 독자들에게 "교회가 얼마나 심하게 쇠퇴했는지"를 보여 주기 위해서고, 일부는 "이 재난으로 인해 모든 경건한 자가 큰 슬픔과 고뇌에 빠졌다는 것을 독자들이 인식하도록 돕기 위해서다"(IV.7.18). 사도 바울은 "흩어진 많은 교인이 진정한 믿음으로 하나 되어 참을지라도" 교회를 사로잡은 "보편적인 배교"에 관해 썼다(IV.7.25). 칼뱅은 앞서 말한 내용을 이렇게 요약한다. "주교 직분의 첫째 과업은 하나님 말씀에 근거하여 사람들을 가르치는 일이다. 둘째 과업은 성례를 집행하는 일이다. 셋째는 훈계하고 권면하며, 죄 짓는 자들을 바로잡고 사람들을 거룩한 권징으로 지키는 것이다"(IV.7.23). 한때 로마는 "진정 모든 교회의 어머니였으나, 적그리스도의 관구가 되기 시작한 뒤로는 더 이상 그런 존재가 아니었다"(IV.7.24). "오늘날은 교회의 발에 달린 가장 작은 발가락으로 간주될 자격조차 없다"(IV.7.29).

"신조와 관련된 교회의 권력_ 제멋대로 하는 교황권으로 교회는 어떻게 순수한 교리를 더럽혔는가"(IV.8)

제4권 8장에서 칼뱅은 교황권 아래 교리가 오염된 것을 요약한다. 오직 그리스도만이 "교회의 교장"이시고, 오직 그분에 대해서 "그의 말을 들으라"고 기록되어 있다고 주장한다(주석_ 마 17:5). "교회의 권력은, 그런즉 무한하지 않고 주님 말씀에 종속되어 있으며, 말하자면 그 안에 담겨 있다"고 할 수 있다(IV.8.4). 칼뱅은 하나님 말씀이 교회에 권위와 타당성을 지닌다는 것을 간략하게 설명한다. 칼뱅은 성경의 축자 영감을 부인하지 않는다. 사도들은 "확실하고 진정한 성령의 서기관이었고, 따라서 그들의 저술은 하나님 말씀으로 여겨야 한다"(IV.8.9). 이곳에서든 다른 어디서든, 칼뱅이 성경의 말씀을 떠나 하나님의 음성을 들으려 했다고 믿을 만한 이유는 없다.

"공의회와 그 권위"(IV.9)

칼뱅은 고대 교회가 개최한 처음 네 차례의 공의회를 받아들인다. 그는 "나는 마음으로 그것들을 존중하며 모두가 그러길 바란다"고 말한다(IV.9.1). 그러나 성경이야말로 "그 기준에 속한 모든 것보다 더 높은 자리에" 우뚝 서 있다고 주장한다(IV.9.7). 훗날에 개최된 일부 공의회에 관해서는 "경건을 향한 진정한 열정과, 통찰과 교리와 신중함의 징표가 명확하게 빛나는 것을 우리가 목격하지만" 갈수록 사태가 나빠졌다고 지적한다. 교리를 확립하고 성경을 해석할 때 "가장 좋고 확실한 해결책"은 "참된 주교들의 회의가 개최되고", "그리스도의 영을 불러오며", 동의하고, "성경에 나온 정의(定義)를 제시하는 것"이라는 점에 칼뱅도 동의한다(IV.9.13). 훗날의 많은 공의회에 문제가 많았음에도, 칼뱅은 "한 공의회에 의해 억압당해도 교회 안에서 진리는 죽지 않으며, 주님이 놀랍게 보존하셔서 때가 되면 다시 일어나 승리한다"고 확신했다(IV.9.13).

"교황은 법을 만드는 권력을 행사하여 지지자들과 함께 수많은 영혼에게 가장 야만적인 폭정과 학살을 저질렀다"(IV.10)

칼뱅은 제4권 10장에서 교황의 법과 그 결과, 특히 "교회가 그 법으로 양심을 합법적으로 구속할 수 있는지 여부"를 다룬다. 그는 "거룩하고 유용한" 규율들이 "징계나 정직이나 평화를 보존하는" 역할을 한다고 말한다(IV.10.1). 이어서 교황의 규율들이 어떻게 "사람들을 가르치기보다 …… 멍청하게 만드는지", 그리고 어떻게 "권징을 보존하기보다 전복시키는지" 보여 준다(IV.10.12).

칼뱅은 "그 수단은 그리스도를 숨기는 것이 아니라 보여 주는 것이어야 한다"는 조건과 함께 어떤 규율과 의식은 유익하다는 점에 동의한다(IV.10.14). 아울러 사도들이나 공회의에서 만든 기독교 명절과 행습이 "교회에서 가장 건전하다"는 아우구스티누스의 주장을 지지한다. 여기에는 "주님의 고난과 부활, 승천, 성령의 도래, 그리고 그와 비슷한 사건 등을 온 교회가 해마다 기념하여 지키는 의식"이 포함된다고 아우구스티누스는 말한다(IV.10.19).

더 나아가, "모든 인간 사회에서 공동 평화를 증진하고 조화를 유지하려면 일정 형태의 조직이 필요하다." 이런 행습들은 "구원에 필요한 것으로" 간주되어서는 안 되고, "모든 것을 품위 있게 하고 질서 있게 해줄" 교회의 올바른 조직에 필요한 것이다(IV.10.27). 칼뱅은 예배에 적용하는 참된 예법 몇 가지를 예로 들지만(IV.10.29), 주님은 "외적인 권징 및 의식과 관련하여 우리가 마땅히 할 일을 자세하게 규정하길 원치 않으셨다"고 말한다(이것은 시대 상황에 따라 다름을 예지하신 것이고, 따라서 한 형태가 모든 시대에 적합하다고 여기지 않으셨기 때문이다). 행습은 "각 나라와 시대의 관습에 따라 다양하게 적응될" 수 있고 또 그래야 마땅하다. 그러므로 "전통적인 행습들을 바꾸고 폐지하며 새로운 행습들을 세우는 것"이 적절하다(IV.10.30).

칼뱅은 가톨릭 규율에 대한 비판을 요약하면서 교회의 계율과 행습은 적고 유용해야 하며 신실한 목사의 가르침이 수반되어야 한다고 주장했다. 그리스도인은 자유를 사랑에 양보해야 하고, 남을 판단할 때 지나치게 까다로워서는 안 되며, 모든 일을 "교회를 바로 세우기 위해" 행해야 한다(IV.10.32).

"교회의 사법권과, 교황 제도에서 볼 수 있는 남용"(IV.11)

제4권 11장에서 칼뱅은 마태복음 16장 19절을 논한다. "내가 천국 열쇠를 네게 주리니 네가 땅에서 무엇이든지 매면 하늘에서도 매일 것이요 네가 땅에서 무엇이든지 풀면 하늘에서도 풀리리라." 그는 이렇게 설명한다. "하나님 나라의 열쇠는 복음 전파를 가리키며, 사람들과 관련하여 그 열쇠의 권한은 권력이라기보다 섬김이다. 그리스도께서는 이 권한을 사람들이 아닌 그분 말씀에 두셨고, 사람들을 그 말씀의 사역자로 삼으셨기 때문이다"(IV.11.1).

교회 권력은 국가 권력과 완전히 분리되어야 하고, "한 사람의 결정이 아니라 합법적인 집회에서 행사되어야 한다"(IV.11.5). 그는 가톨릭 주교들이 "맹목적인 열정으로" 세속 권력을 장악한 것을 비판하면서 그 권력으로 "그들은 그들 자신과 후계자, 교회를 파괴했다"고 지적한다(IV.11.10). 그리고 "우리에게 주어진 것은 지배권이 아니라 사역이다. 선지자로 사역하려면 네게 홀(笏)이 아니라 괭이가 필요하다는 것을 배우라"는 베르나르두스의 말을 인용한다(IV.11.11).

"교회의 권징_ 주요 용도는 견책과 출교"(IV.12)

제4권 12장 1-13절에서 칼뱅은 교회의 권징을 논한다(이는 제4권 1장에서 교회의 표지를 다룰 때 이미 살펴본 것이다). 그리고 이어서 금식을 다룬다. 그는 필요하다면 목사들이 "사람들에게 공적인 금식과 특별한 기도를 촉구해야" 한다고 말한다(IV.12.14). "마음이 마땅히 해야 한다고 감동받으면 외적 의식으로 나타나지 않을 수 없다"(IV.12.15). 그러나 금식에 대한 오해와 오용을 경고한다. 이를테면, 내적인 의미 없는 보여 주기식 금식, 공로를 쌓기 위한 금식, 극단적인 금식 등이다.

"맹세_ 사람들이 성급하게 맹세했다가 자신을 옭아매는 불행을 자초하는 경우"(IV.13)

성직자의 금욕이라는 행습은 성경이 반박하는 해로운 제도라고 칼뱅은 주장한다. "하나님은 결혼 제정을 그분의 위엄과 맞지 않은 것으로 생각하지 않으셨고, 결혼을 모든 사람 사이에서 명예로운 것으로 선언하셨다. 우리 주님이신 그리스도께서는 첫 기적으로 결혼을 영예롭게 하셨고, 또 친히 혼인 잔치에 계셔서 결혼을 거룩하게 하셨다" (IV.13.2). 그런데도 가톨릭은 금욕의 우월성을 격찬하고 결혼을 격하한다. 금욕 서원을 "하나님을 섬기는 일로 잘못 생각하고, 절제 능력이 주어지지 않은 이들이 성급하게 서원한다." 칼뱅은 금욕이 때로는 필요하다는 것을 인정한다. 예컨대, 디모데전서 5장 10절에 나오는 과부들은 "자신의 주인이 되어 결혼의 굴레에서 자유롭지 않으면" 맡은 일을 수행할 수 없었기 때문이다(IV.13.18). 디모데전서 3장 4절 주석에서는 이렇게 말한다. "우리가 일상생활에서 동떨어진 철학적 삶과 금욕을 아무리 흠모한다 할지라도, 지혜롭고 사려 깊은 사람들이 자신의 경험에서 배우는 것이 있는데 그것은 일상생활을 알고 인간관계의 의무를 잘 수행하는 이들이 훨씬 잘 훈련받아 교회를 다스리기에 적합하다는 사실이다."

칼뱅은 "하나님의 명백한 말씀과 상관없이 맺어진 다른 맹세들"도 논한다(IV.13.1). 하나님께 행한 맹세나 약속은 올바른 목적과 의도를 품고 제정신으로 신중하게 해야 한다. "하나님께 승인받고, 우리의 소명과 어울리며, 하나님이 우리에게 주신 은혜에 국한된다면", 그 맹세는 합법적이라고 칼뱅은 말한다(IV.13.5).

칼뱅은 제4권 13장 8-21절에서 수도원주의를 비판한다. 그는 수도원의 역사를 간략하게 살펴보고 앞선 수도사들의 더 나은 행습에 비추어 당시 수도원주의를 판단한다. 칼뱅은 "수도원 대학"이나 "교단 신학교" 역할을 하던 초기 수도원들을 칭송한다. 그곳에서는 "경건한 남자들이 수도원 훈련으로 교회를 다스릴 준비를 갖추어 그토록 큰 직분을 떠맡는 훈련을 더 잘 받을 수 있었기" 때문이다. 이 수도원들은 "경건을 돕는" 공동체를 형성했고, "형제 사랑이라는 그들의 목표가 공동체의 규칙을 완화시켰다"(IV.13.8-9). 그러나 칼뱅은 성경이 수도원주의를 지지하지 않는다고 결론 내렸다. 수도원주의는 "신자들의 합법적인 사회에서 단절된 …… 분파주의자들의 비밀 집회소"를 만들어 많은 악을 낳았기 때문이다. 그는 좋은 수도사가 있다는 것을 부인하지 않으나 "이 소수는 악하고 타락한 허다한 무리 속에 감춰져 있고 흩어져 있다"고 한다(IV.13.15).

"성례로 잘못 불리는 다른 다섯 가지 의식_ 그 의식들은 이제까지 흔히 성례로 여겨져 왔지만 그렇지 않은 것으로 입증되었고, 그 진정한 속성이 드러났다"(IV.19)

칼뱅은 제4권 14-18장에서 세례와 성만찬에 대한 개혁주의 견해를 제시한다(다음 세 장에서 다룰 것이다). 제4권 19장에서는 다른 다섯 가지 가톨릭 성례를 비판한다. 중세 가톨릭교회는 결국 일곱 가지 성례(칠성사)로 정리했고, 그것을 "보이지 않는 은혜의 보이는 형태들", "의를 부여하는 도구들", "은혜를 얻는 방편들"로 규정했다(IV.19.1). 칼뱅은 이 다섯 가지 행습이 성경에서 명령하지도 않았고 성례로 만드는 데 필요한 약속도 없다고 믿었다. 칼뱅은 초기 교회가 일곱 성례를 지키지 않았다고 주장하면서, 자신의 견해를 지원하기 위해 아우구스티누스를 인용한다.

견진 성사

초기 교회는 "어린 시절 끝 무렵에" 세례 받은 이들을 점검한 후 주교가 안수하여 그들을 축복했다. 칼뱅은 이 행습을 인정했으나, 훗날 가톨릭이 실시한 "기름 바르는 행위" 같은 것들은 비판했다. 또한 가톨릭의 견진이 세례의 가치를 낮게 본다고 주장한다. 가톨릭에서 "성령은 세례 때에 무죄함을 위해 주어지고 견진 때에는 더 많은 은총을 위해 주어진다"고 가르치기 때문이다(IV.19.8). 가톨릭의 가르침에 따르면, 모든 신자가 "완전한 그리스도인"이 되려면 감독의 견진에 의해 기름 부음 받는 것이 필요했다(IV.19.9).

칼뱅은 진정한 견진, 곧 "어린이나 사춘기에 가까운 자"("열 살 된 아이")가 교회 앞에서 기독교 교리 지식을 점검받는 것은 인정했다(IV.19.13). 이것은 좋은 행습이지만 성례는 아니라고 믿었다.

고해 성사

칼뱅이 인정한 초기 교회의 관행이 또 있다. 회개하는 죄인이 안수를 받아 하나님의 용서를 확신하고, 교회가 그를 "친절하게" 받아 준다는 것을 확신시키는 관행이다. 이를 키프리아누스는 "평안을 주는 행위"라고 불렀다(IV.19.14). 그럼에도 칼뱅은 참회 안수는 "하나님이 아니라 사람들이 정한 의식이며, 그것은 중요치 않은 외적 훈련으로 분류해야 한다"고 판단한다. 이런 것들은 멸시되어서는 안 되지만, 주님의 말씀이 우리에게 권한 행습보다는 낮은 위치에 놓여야 한다(IV.19.14). 그러나 칼뱅은 고해를 성례로 보는 가톨릭의 견해는 거부한다. 가톨릭에 따르면, 고해는 "세례 다음에 오는 둘째 항목"이며, 세례 받았으나 죄를 지은 사람은 고해로 회복된다. 그는 오히려 세례를 "고해 성사"로 부르기를 선호하는데, 세례야말로 "은혜의 확증하는 보증으로" 주어지기 때문이다(IV.19.17).

칼뱅이 가톨릭의 고해 교리를 거부했다고 해서 고백과 회개의 필요를 배격한 것은 아니다. 헤르만 셀더하위스는 이렇게 말한다. "고해

하는 사람은 [칼뱅에 의해] 쫓겨난 것이 아니라 거실로 다시 배치되었다. 목자들은 양이 다가오길 기다리기보다는 이동하여 양을 찾아갔다"(*John Calvin: A Pilgrim's Life*, 88).

병자 성사

병든 자에게, 그리고 특히 죽어가는 자에게 기름을 바르는 행위는 성례가 아니라고 칼뱅은 말한다. 그는 가톨릭 관행이 어떤 식으로 야고보서 5장 14-15절의 가르침을 따르지 못했는지 보여 준다. 때로는 사도들에게 치유 은사가 주어졌지만, "주님은 실로 어느 시대에나 자신의 백성과 함께하시고, 옛적 못지않게 필요한 때마다 그들의 연약함을 치유하신다. 그러나 사도들의 손을 통해 펼치시던 능력이나 기적을 베풀지 않으신다"(IV.19.19).

신품 성사

가톨릭은 일곱 가지(일부는 아홉 가지) 교회 직분이 있다고 주장했다. 안수로 이런 직분을 주는 것은 성례에 해당했다. 칼뱅은 모든 그리스도인이 제사장직을 맡았다고 가르치고, 일부는 장로 직분에 부름 받았다고 말한다. 목사로 부름 받은 사람에게는 성경적인 안수식이 있는데, 디모데전서 4장 4절에 따르면 이는 "영적 은총의 신실한 표시"다. 칼뱅은 세례와 성만찬과 더불어 안수를 제3의 성례로 삼지 않는다. 안수는 "모든 신자에게 공통된 것이 아니라 특정 직분을 위한 특별 의례이기 때문이다"(IV.19.28).

혼인 성사

결혼은 하나님이 제정하셨으나 그레고리 7세(1073년에서 1085년까지 재임한 교황)에 이르기까지는 성례로 간주되지 않았다. 칼뱅의 주장인즉 가톨릭은 결혼을 "큰 성례"로 간주하여 에베소서 5장 28-32절을 오해했다는 것이다. 올바른 독법은 "이것은 큰 비밀이다"이며, 이는 그리스도와 교회의 관계를 설명한 글이다. 칼뱅은 결혼을 성례라고 믿지 않았으나, 성경이 결혼을 "거룩한 언약"으로 묘사하고 있으므로 "신성한 것이라고 부른다"고 말했다(에베소서 5장 22-26절 설교).

하나님과 우리 자신을 알기

칼뱅은 당시 로마 가톨릭교회를 날카롭게 비판했으나 슬픔을 표명하고 희망의 끈도 놓지 않았다. 그는 추기경 사돌레토에 대한 답신을 열렬한 호소로 끝맺었다. "사돌레토여, 주님이 당신과 당신의 파당에게 교회 연합의 유일한 끈이 이 진리, 곧 주 그리스도께서 우리를 아버지 하나님과 화해시키셨고 흩어져 있던 우리를 모아 그분 몸의 친교 속으로 불러들이셨다는 진리 안에 있음을 마침내 알게 하시길 바라오. 그래서 그분의 한 말씀과 성령을 통해 우리가 한마음과 한 영혼으로 다 함께 합류하게 되길 바라오"(*Calvin: Theological Treatise*, 256).

칼뱅은 가톨릭교회가 진리에서 떠난 것을 공격하지만, 그렇다고 프로테스탄트의 실패에 눈을 감지는 않는다. 에베소서 4장 23-26절을 설교하면서 제네바 회중에게 이렇게 말했다.

복음의 빛을 갖고 있어서 가톨릭의 미신이 하찮다고 말할 수 있을지라도, 우리 역시 하나님의 가르침에서 멀리 떨어져 있다. 누군가가 우리의 삶을 면밀히 조사한다면, 이 참된 거룩함이 어디에 있겠는가? 이 의로움은 어디에 있겠는가?

23장

성례
"사다리"

"우리가 하나님께 가까이 갈 만큼 높이 날 수 없기 때문에 하나님은 우리를 위해 **사다리** 같은 성례를 제정하셨다"(4,14,8). "우리가 주 예수 그리스도를 찾을 때 [주님의] 만찬은 **사다리** 역할을 해야 한다"(에베소서 5장 25-27절 설교).

> "칼뱅은 시편 51편 9절('주의 얼굴을 내 죄에서 돌이키시고 내 모든 죄악을 지워 주소서') 해석에서 성례의 뜻을 폭넓게 들여다본다. 다윗은 하나님께 자신을 우슬초로 씻어 주길 원하시는지 여쭤볼 때, 이것이 마음의 정화와 관련이 있다는 것을 의식하고 있다. 그럼에도 사람은 또한 정화의 외적인 징표도 필요하다. 여기서 칼뱅은 성만찬을 고려하기 위해 방향을 바꾼다. 오직 그리스도의 피를 통한 화해만 있을 뿐이라고 칼뱅은 말한다. 그러나 우리 인간은 이 은혜의 구체적 증거를 보길 원하고 심지어는 우리 손으로 붙잡기를 바라기 때문에, 외적인 징표를 사용했을 때에만 양심이 편해진다. 여기서 칼뱅이 가시적 표징과 은혜를 얼마나 강하게 연결하는지, 심지어는 우리 손으로 그 은혜를 붙잡기 원한다고 말하고 있음을 주목해야 한다. 은혜를 받고 싶은 죄인은 자신의 눈을 그리스도의 희생으로 돌려야 하고, 자신의 믿음을 확인하고 싶으면 성만찬과 세례로 눈을 돌려야 한다."
>
> (Selderhuis, *Calvin's Theology of the Psalms*, 125)

읽기 | 「기독교 강요」 IV. 14. [*1541* ch. 10, pp. 561-577.]

성경 본문 | "우슬초로 나를 정결하게 하소서 내가 정하리이다 나의 죄를 씻어 주소서 내가 눈보다 희리이다"(시 51:7).

칼뱅은 이 구절을 이렇게 주석한다. "우리 죄를 속량받기 위해 오직 그리스도의 피만 바라봐야 한다는 것은 의심의 여지가 없다. 그러나 우리는 감각을 지닌 피조물이라서 눈으로 보고 손으로 만져야 한다. 그래서 우리가 죄를 용서받았음을 완전히 확신하려면 속죄의 외적인 상징을 개선하는 수밖에 없다."

주목할 인용문 | "우리의 성례들은 눈에 보이지 않고 장소에 계시지 않는 그리스도를 상징으로 표현하지만, 그분이 언젠가 밝히 나타나셨다는 것을 증언한다. 그러나 그 성례들은 이제 우리가 누리도록 그분을 나타내기도 한다. 그러므로 성례들은 그림자에 지나지 않으며, 오히려 그리스도의 현존을 나타내는 상징이다. 성례들은 언젠가 그리스도 안에 밝히 나타났던, 하나님의 예와 아멘을 담고 있기 때문이다"(주석_ 골 2:17).

기도 | 전능하신 하나님, 당신은 우리가 당신을 참으로, 그리고 순수하게 예배할 때 지킬 규칙을 규정하길 기뻐하셨습니다. 우리가 이 명백한 규칙을 따르게 해주시고, 우리의 상상에 빠지지 않게 하시며, 우리의 공상이나 육신의 어리석은 지혜를 통해 당신을 소홀히 여기지 않게 하소서. 당신의 아들이 그 피로 우리를 위해 확보하신 그 천상의 나라에 모여 마침내 그 영광을 완전히 즐기게 될 때까지, 우리가 당신의 법 안에, 그리고 당신의 외아들이신 우리 주님이 우리에게 전한 교리 안에 계속 거하게 하셔서 우리가 그 영광, 곧 당신이 이제 우리에게 맛보게 하신 그 영광을 아는 지식이 갈수록 많아지게 하소서. (*Lifting Up Our Hearts*, 287.)

성례의 정의

장 칼뱅은 먼저 아우구스티누스의 유명한 정의("성례는 보이지 않는 은혜의 보이는 형태다")로 시작해서 다음과 같이 확장한다. "이 외적 징표를 통해 주님은 우리의 연약한 믿음을 지탱할 목적으로 우리를 향한 그분의 선의의 약속을 우리 양심에 인 치시고, 우리는 주님과 그의 천사들 앞에서, 그리고 사람들 앞에서 그분을 향한 우리의 경건을 입증한다"(IV.14.1).

외적 징표

성례는 "우리의 연약한 믿음을 지탱하도록" 우리에게 주어진 외적 징표다. "우리 영혼이 몸에 붙어 있어서, [하나님은] 보이는 몸속에 영적인 것을 넣어 주신다"(IV.14.3). "성례의 가장 확실한 규칙은, 마치 우리 눈앞에 놓인 듯이 물리적인 것 안에서 영적인 것들을 봐야 한다"는 것이다(IV.15.14). 하나님은 이런 가시적인 외적 징표에 의해 "낮아지셔서 우리를 그분께 인도하신다." 이런 방식으로 그분은 "먼저 우리의 무지와 우둔함으로 인해, 이어서 우리의 연약함으로 인해 필요한 것을 공급하신다"(IV.14.3). 말씀이 연약해서 성례의 도움이 필요한 것이 아니라 우리가 연약하므로 "우리 믿음을 돕는 또 다른 도우미"로서 성례가 필요한 것이다(IV.14.1).

구약과 신약의 성례

칼뱅은 창세기 3장 23절을 주석하는 대목에서 "성소, 언약궤, 상과 그 기구"를, 구약의 백성이 "하늘로 올라갈 수 있게" 하는 "사다리와 수레"라고 부른다. 구약의 성례들은 그리스도를 예표했다. 신약의 성례들은 "이미 주어지고 나타난 것으로" 그분을 증언한다(IV.14.20). 구약의 성례들이 늘어나고 정교한 것은 에덴에서 아담이 타락한 이후 존재하던 하나님의 은총의 복음이 아직은 더 완전하고 더 빛나는 신약의 형태로 알려지지 않았기 때문이다. 칼뱅은 세례와 성찬을 논하는 대목 끝부분에 이렇게 말한다. 구약의 다양한 성례에 의해 유대인은 "비영구적인 상징들에서 멈추지 말고 하나님에게서 오는 더 나은 것을 기다리라는 경고를 받았다"(IV.18.20). 신약의 성례는 "수적으로는 더 적고, 그 뜻은 더 장엄하고, 능력은 더 뛰어나다"고 말한다(IV.14.26).

제4권 14장 18절에서 칼뱅은 이렇게 말한다. "'성례'라는 용어는 …… 일반적으로 하나님이 사람들에게 그분의 약속이 진실함을 더욱 확신시키기 위해 명령하신 모든 징표를 포함한다. 그분은 때로 그것을 자연의 사물로 나타내고, 또 때로는 기적으로 표현하길 원하셨다." 예컨대, 아담과 하와는 생명나무로, 노아에게는 무지개로, 아브라함에게는 연기 나는 화로로, 기드온에게는 젖은 양털과 마른 양털로, 열왕기하 20장에서는 해시계를 거꾸로 돌리심으로 자신의 약속이 진실함을 확신시키셨다. 이런 "성례들"은 그 자체에 효능이 있는 것이 아니라 "하나님 말씀이 그 위에 새긴 표시가 있기 때문에 그분 언약의 증거이자 보증이 된 것이다." "이것들은 그들의 연약한 믿음을 지지하고 확증하려고 행해진 것이라서 성례에 해당했다." "[하나님이] 그런 표시를

해, 별, 흙, 돌 위에 새기셨더라면, 그 모두가 우리를 위한 성례가 될 것이다"(IV.14.18).

하나님의 은혜를 증언하는 것

성례는 "우리를 향한 하나님의 은혜" 또는 선의를 증언하는 것이다(IV.14.1). 성례는 하나님의 은혜에 관한 말씀을 되풀이하여 보증하는 증언이다. 성례를 통해 우리는 보고 느끼고, 성만찬에서는 우리가 말씀에서 읽고 설교로 듣는 그 하나님의 선하심을 맛보기까지 한다. "성례는 가장 분명한 약속들을 불러온다. 성례가 말씀에 덧붙여 이러한 특징을 지니는 것은 사생화를 그리듯 우리를 위해 그런 약속들을 표현하기 때문이다"(IV.14.6). 성례는 말씀이 선언하는 바를 그림으로 보여 준다. 예수 그리스도, 아니 그리스도 그분, 성례의 실체이신 그분 안에 있는 약속들을 보여 준다는 뜻이다.

> **성찬에서**
>
> 여기서, 아 나의 주님, 나는 얼굴과 얼굴을 맞대고 당신을 봅니다.
> 여기서 나는 보이지 않는 것을 만지고 다루고 싶습니다.
> 여기서, 더 견고한 손으로 영원한 은혜를 붙잡고
> 내 모든 피로를 당신께 맡깁니다.
>
> 여기서 나는 하나님의 떡을 먹고 싶습니다.
> 여기서 당신과 함께 하늘의 왕족 포도주를 마시렵니다.

> 여기서 나는 세상의 짐을 하나씩 치워 두고 싶습니다.
> 여기서 죄를 용서받은 그 평온함을 새롭게 맛보렵니다.
>
> 호라티우스 보나

확증하고 보증하는 것

성례는 "약속 자체를 확증하고 보증하기 위해" 약속에 "일종의 부록"으로 붙어 있다. 말씀이 성례보다 우선하는 이유는 바로 말씀이 성례가 확증하는 약속을 제시하기 때문이다. 아우구스티누스는 "떡과 포도주에 말씀을 더하라. 그러면 그것이 성찬이 될 것이다"라고 썼다(IV.14.4). 성례는 "눈에 보이는 말씀"이고, "사생화를 그리듯" 약속을 표현한다(IV.14.5). 세례 예식서에서는 칼뱅이 "[그리스도께서] 자신의 부유함과 복을 자신의 말씀으로 전하듯이, 그분은 그것들을 자신의 성례로 우리에게 나눠 주신다"(*John Calvin: Writings on Pastoral Piety*, 154).

성례들은 약속 자체에 아무것도 더하지 않지만 약속을 확증하고 보증하는 만큼 "하나님 말씀과 같은 직분, 즉 그리스도를 우리에게 제시하는 직분을 가졌다"(IV.14.17). 조엘 비키는 이렇게 말한다. "성례들은 전파된 말씀과 같은 그리스도를 제시하지만 다른 방식으로 그분을 전한다. 우리가 성례를 통해 더 나은 그리스도를 얻는 것은 아니지만 때로는 그리스도를 더 잘 얻게 된다"(*The Cambridge Companion to John Calvin*, 134). 또는 우리가 그리스도를 다시 얻는다고 말하는 편이 낫겠다. 세례와 성만찬은 전파된 말씀을 되풀이하고, 확증하고, 강화하고, 예시하고, 극적으로 표현한다. 칼뱅은 "성례가 하나님 말씀과 같은 직분, 즉 그리스도를 우리에게 제시하며 그분 안에서 천상의 은혜의 보배를 내놓는 직분을 가졌다"고 되풀이한다(IV.14.17). 칼 바르트는 "우리는 성례를 신뢰하지 말고 오직 하나님만 신뢰해야 하며, 성례 사역은 우리가 그렇게 하도록 돕는다"고 말한다(*The Theology of John Calvin*, 176).

은혜의 수단

성례는 은혜의 수단이다. 그것들은 징표 이상이며 "우리 믿음을 지탱하고, 부양하고, 확증하고, 키워 준다"(IV.14.7). 성례들은 상징적 표현일 뿐 아니라 실제적인 증여이기도 하고, 보여 주는 것일 뿐만 아니라 주는 것이기도 하다. 성례에서 주님은 "우리 눈에 단순한 겉모습만 보이시는 것이 아니라 우리를 실체로 인도하시고 그 겉모습이 상징하는 바를 효과적으로 수행하신다"(IV.15.14). 그러나 성례는 홀로 은혜를 베풀지 않는다. 성례가 은혜의 수단이 되려면 다음과 같은 것들이 필요하다.

- 말씀_ "떡과 포도주에 말씀을 더하라. 그러면 그것이 성찬이 될 것이다"(IV.14.3).

- 성령_ "성례들은 성령, 그 내면의 선생이 임하실 때에만 그 직분을 온전히 수행할 수 있다. …… 성령이 함께하시지 않는다면, 떡과 포도주는 소경의 눈에 비치는 해의 찬란함이나 멀어 버린 귀에 들리는 목소리처럼 우리 마음속에서 아무것도 이룰 수 없다"

(IV.14.9). 성례를 통해 하나님은 참으로 자신이 약속한 바를 이루시지만, 그분이 그 효력을 작동하시는 것이지, 그것을 성례에 넘겨주지 않으신다.

- 믿음_ 성례는 "믿음으로 받지 않으면 어떤 유익도 주지 않는다"(IV.14.17).

열린 주둥이가 없는 용기에 포도주를 쏟아붓는 것을 칼뱅이 비유로 들고 있음을 주목하라(IV.14.17). 성례도 그것을 받을 열린 입(믿음)이 없을 때는 그 목적을 달성하지 못한다. 그러나 성례를 받는 것은 단순히 일이 아니다. 우리는 성례에 아무것도 가져가지 않고 그저 "간청"할 뿐이다(IV.14.26).

신앙고백

성례는 우리의 신앙고백이다. "첫째 주안점"은 성례가 "하나님 앞에서 우리 믿음을 돕는다"는 것이라고 칼뱅은 말한다. 둘째는 성례가 "사람들 앞에서 우리 믿음을 입증한다"는 것이다(IV.14.13). 하나님은 성례를 통해 우리를 그분께 더 가까이 묶으실 뿐 아니라 우리를 서로에게 가까이 묶으시기도 한다. 성례에 의해 우리는 교회에서 "다 함께 결합된다"(IV.14.19).「성만찬에 관한 글」에서 칼뱅은 이렇게 말한다. "우리 모두가 공동으로 사용하기 위해 성별된 떡이 서로 다른 낱알과 식별될 수 없을 만큼 다 함께 섞인 많은 낱알로 구성되었듯이 우리 사이도 나뉠 수 없는 한 친교 안에서 연합되어야 마땅하다"(*Calvin: Theological Treatise*, 151).

하나님과 우리 자신을 알기

"먼저 주님은 그분의 말씀으로 우리를 가르치고 지도하시며, 다음에는 성례로 그 내용을 확증하시고, 마지막에는 우리의 지성을 성령의 빛으로 비추셔서 말씀과 성례가 들어가도록 우리 마음을 열어 주신다"(IV.14.8). 이 세 가지 큰 복을 주신 하나님께 감사하자.

24장

세례

"입양의 상징"

"[세례 받은 아이들이] 자라 어른이 되면 하나님을 경배하고픈 간절한 열정에 큰 자극을 받는다. 이 하나님은 그들이 그분을 아버지로 인식할 만한 나이가 들기도 전에 **입양이라는 엄숙한 상징**을 통해 그들을 자녀로 받아들이신 분이다"(IV.16.9).

> 칼뱅은 에베소서 5장 25-27절을 설교하면서 세례와 성만찬의 주안점을 간략하게 진술했다. "성례를 올바른 용도로 사용하려면, 심지어 하나님이 허락하시고 제정하신 것일지라도, 우리 주 예수 그리스도가 우리를 안내하셔야 한다. 세례에서 우리가 보는 것은 물이지만 우리를 깨끗케 하는 것은 물이 아님을 확신하면서 우리는 하나님 아들의 피까지 더 높이 들어 올려져야 한다. 우리 주 예수께서 우리를 위해 십자가에서 죽으실 때 우리를 위해 얻어 내신 것이 씻음의 약속임을 알아야 한다. 만찬에는 떡과 포도주가 있다. 이제 우리 자신을 우리 눈앞에 놓인 물질에 집중시키는 것은 우리 자신을 예수 그리스도에게서 물러나게 하는 일이다. 그러므로 우리 믿음을 높이 들어 올려서 우리 구원의 모든 부분을 감싸고 있는 그분을 향해야 한다."

읽기 | 「기독교 강요」 IV. 15-16. [*1541* ch. 11. pp. 579-621.]

성경 본문 | "그러므로 우리가 그의 죽으심과 합하여 세례를 받음으로 그와 함께 장사되었나니 이는 아버지의 영광으로 말미암아 그리스도를 죽은 자 가운데서 살리심과 같이 우리로 또한 새 생명 가운데서 행하게 하려 함이라"(롬 6:4).

주목할 인용문 | "우리는 우리 구원의 창시자이신 아버지의 이름으로, 우리의 구속에 속한 모든 것을 수행하신 아들의 이름으로, 우리를 성화시키신 성령의 이름으로 세례를 받았다. 이는 우리 주 예수 그리스도께서 우리를 위해 사신 그 불가해한 유익을 소유하고 누리기 위해서다"(에베소서 4장 1-5절 설교).

기도(유아 세례에서) | 주 하나님, 영원하고 전능하신 아버지여, 당신은 우리의 하나님과 우리 자녀의 하나님이 되겠다고 기쁘게 약속하셨습니다. 우리가 기도하오니, 당신의 교회로 부르신 아버지와 어머니에게서 태어난, 당신 앞에 있는 이 아이 안에 그 은혜를 기쁘게 확증하소서.
그리고 우리가 이 아이를 당신께 드리고 성별할 때, 당신이 거룩한 보호의 손길 아래 이 아이를 영접하시고, 당신 자신을 그의 하나님과 구원자로 선언하시며, (아담의 모든 자손에게 물든) 이 아이의 원죄를 용서하소서. 그리고 당신의 영으로 이 아이를 거룩하게 하셔서 아이가 깨닫는 나이가 되면 당신을 유일한 하나님으로 알고 경배하게 하시며, 아이의 모든 삶에서 당신을 영화롭게 하셔서 당신에게 항상 죄를 용서받게 하소서. 그리고 아이가 이런 은혜를 얻도록 당신이 기쁘게 아이를 우리 주 예수님과 나누는 친교에 참여케 하시고, 그분 몸의 지체로서 그분의 모든 복에 참여하는 자가 되게 하소서.

자비로운 아버지, 우리 기도를 들어주셔서 우리가 당신의 규례에 따라 행하는 이 세례가 이 아이 안에서, 당신의 복음이 선포한 열매와 미덕을 낳게 하소서. 아멘. (*John Calvin*: *Writings on Pastoral Piety*, 155-56.)

돌아보며 내다보며

칼뱅은 성례 전반에 관한 서론 장(章)을 쓴 후 세 장에 걸쳐 "주님이 교회에서 날마다 행하길 원하신 두 성례"(IV.14.19), 곧 세례와 성찬에 관해 쓴다. 칼뱅은 성례들을 부당하게 극소화하거나 극대화할 생각이 없다. 어떤 이들은 "성례의 힘을 약화시키고" 또 어떤 이들은 "하나님이 성례에 부여하신다고 쓰여 있지 않은 모종의 신비한 능력을 성례에 부여한다"고 칼뱅은 말한다(IV.14.14). 칼뱅은 "성례에 부여해서는 안 될 것은 하나도 부여하지 말아야 하며 …… 성례에 속한 것은 하나도 빼앗지 말아야 한다"고 주장한다(IV.14.17).

세례의 정의

칼뱅은 세례를 정의하고 묘사하는 것으로 시작한다. "세례는 우리가 그리스도 안에서 접붙임 받아 하나님의 자녀로 간주되기 위해서 교회 공동체에 받아들여지는 입문의 징표다"(IV.15.1). 세례는 "우리가 깨끗이 씻어졌다는 표시이자 증거"다. 그것은 모든 죄를 용서받았음을 우리에게 확증하는 "봉인된 서류"와 같다(IV.15.1). 세례는 우리를 교회와 연합시키고 우리에게 "깨끗해지고 구원받았다는 지식과 확신"을 준다(IV.15.2). 우리는 교회 사역, 즉 우리 죄가 그리스도의 피로 깨끗이 씻어졌다고 말해 주는 복음 전파를 통해 용서받으며, "그 씻음의 징표와 증거"가 바로 세례다(IV.15.4).

세례의 복

세례는 "우리가 그리스도 안에서 죽었고 그분 안에서 새로운 생명을 얻었다는 것"을 입증한다(IV.15.5-6). 칼뱅의 세례 예식서(1542)에 따르면, "우리의 세례에는 하나님의 이중적 은혜와 유익"이 있다. 이는 "하나님이 우리의 모든 잘못을 우리에게 전가하지 않으시고 우리에게 자비로운 아버지가 되길 원하신다"는 것과 "우리가 승리를 거두고 그분 나라의 자유 안에 살게 될 때까지 하나님이 그분의 성령으로 우리를 도우셔서 마귀와 죄와 육신의 정욕과 싸울 힘을 주신다"는 것을 의미한다(Billings, *Union with Christ*, 109).

세례를 통해 우리는 그리스도와 연합하게 되고 "그분의 모든 복에 참여하는 자가 된다"(IV.15.6). 세례는 그리스도의 죽음과 부활을 모방하는 일일 뿐 아니라 그 죽음과 부활에 참여하는 일이기도 하다. "나뭇가지가 접붙여 있는 뿌리에서 물질과 영양분을 끌어내듯이, 올바른 믿음으로 세례를 받는 이들은 그리스도의 죽음이 그들 육신을 죽이는 데 효과적으로 역사하는 것과, 성령이 소생케 하시는 데서 그분의 부활을 느끼게 된다"(IV.15.5). 고린도전서 10장 1-5절 주석에서는 이스라엘의 출애굽 이야기를 통해 세례의 복을 예증한다. "세례에서 우리의 바로는 익사당하고, 우리의 옛 사람은 십자가에 죽으며, 우리 지체는 죽임당하고, 우리는 그리스도와 함께 장사되며, 마귀의 포로 상태와 죽음의 세력에서 해방된다." 세례는 복된 상태뿐 아니라 고난 중에도 우리를 그리스도와 연합시킨다. 마태복음 20장 22절과 관련해서 칼뱅은 이렇게 말한다. "우리가 이 조건 아래서, 그리고 이 목적(십자가를 우리 어깨에 고정시키는 것)을 위해 세례 받았다는 것을 기억하자."

세례가 그리스도인의 삶에서 지니는 중요성과 능력은 영원하다. "그것은 우리 믿음을 일으키고 기르며 확증하기 위해 주어졌다"(IV.15.14). "길을 벗어날 때마다 우리가 받은 세례를 기억해야 한다"(IV.15.3). 그러므로 "거짓된 참회의 성례는 필요하지 않다"(IV.15.4).

세례는 또한 우리 믿음의 고백이기도 하다. 먼저는 하나님이 우리의 것임을 보여 주고, 이어서 우리가 하나님의 것임을 다른 이들에게 보여 준다. 그것은 "우리가 하나님의 백성으로 간주되길 바란다는 것을 공개적으로 고백하는 표시다"(IV.15.13).

세례의 집행

안수받은 목사만 세례를 줄 수 있다. 죽어 가는 아이들에게 평신도가 급하게 세례를 주는 행위는 허용되지 않으며, 필요하지도 않다고 한다. 칼뱅에 따르면, 구원은 세례에 묶여 있지 않기 때문이다. "하나님은 [창세기 17장 7절에서] 우리의 아이들이 태어나기도 전에 그들을 그분 소유로 삼는다고 선언하신다. 하나님은 스스로 우리의 하나님과 우리 후손의 하나님이 될 것이라고 약속하시기 때문이다"(IV.15.20).

세례가 중요하긴 해도 구원의 필수 요건은 아니다. 설사 (나태나 멸시나 소홀함 때문이 아니라) 어떤 타당한 이유로 우리가 교회에서 세례를 받을 수 없을지라도, 우리는 여전히 "주님의 말씀으로 믿음에 의해" 하나님의 은혜를 받을 수 있다. 세례를 받지 못한 채 죽은 아기의 경우에도 하나님의 은혜는 성례에 제한되지 않고 "주님의 말씀으로 믿음에 의해 그 은혜를 받을 수 있다"(IV.15.22).

세례는 그 예식을 집행하는 사람의 공로에 의존하지 않는다. 칼뱅은 도나투스파의 오류를 배격하면서 아우구스티누스처럼 "누가 세례를 베풀든, 주관하는 분은 오직 그리스도시다"라고 주장한다(IV.15.8). "손 글씨와 봉인을 충분히 알아챌 수 있는 편지를 보낸다면, 누가 또는 무엇이 그것을 전달하든 아무 상관이 없다." 아버지와 아들과 성령의 이름으로 베푸는 세례는 "누가 집행하든 사람이 아니라 하나님께 속한" 것이다(IV.15.16).

칼뱅은 로마 가톨릭교회가 "그리스도께서 제정한" 세례에 덧붙인 "생소한 잡동사니"와 "과장된 허식"을 비판했다(IV.15.19). 그는 "외적인 허식이 그리스도께서 주신 간소한 제도를 오염시키지 않게" 하는 데 관심이 있었다(주석_ 행 8:38).

세례 방식

칼뱅은 "외적으로 우리 몸이 씻기고, 물에 잠기고 둘러싸이는 모습을 보는 것만큼이나 참되고 확실하게" 내적으로 하나님은 우리를 깨끗케 하신다고 말하면서 침수의 이미지를 사용한다(IV.15.14). 초기 교회는 침수(한 번이나 세 번), 물 붓기, 물 뿌리기를 사용했다고 지적한다. 이런 세부 사항은 중요하지 않으며 "나라에 따라 교회에 선택권을 줘야 한다"고 칼뱅은 믿는다(IV.15.19).

> 지극히 거룩한 당신의 이름으로 세례를 받나니
> 아, 아버지와 아들과 성령의 이름이라.
> 나는 비록 연약하고 비천해도
> 당신의 씨, 당신이 선택한 주인 사이에
> 한 곳을 내 것으로 주장하나니.
> 그리스도와 함께 장사되고 죄에 죽은 자니
> 당신의 영이 언제나 내 속에 살리라.
>
> 요한 람바흐(Johann J. Rambach)

유아 세례

칼뱅은 세례에 관한 논의에 "부록"을 덧붙여 유아 세례를 다룬다. 그런데 부록인 16장이 15장보다 길다! 칼뱅은 일부 사람이 유아 세례에 대한 논의가 지나치게 길다고 생각할 것을 예상하고, "그토록 중요한 문제에서 우리는 교회의 평화뿐만 아니라 교리의 순수성도 존중해야 한다"고 덧붙인다(IV.16.1).

칼뱅은 자신의 목적을 16장 제목으로 표현한다. "유아 세례는 그리스도의 제도와 그 징표의 본질과 가장 잘 어울린다." 그는 유아 세례를 반대하는 재세례파의 주장, 즉 하나님 말씀이 그것을 가르치지 않는다는 주장이 "겉으로는 그럴 듯하다"는 것을 인정한다(IV.16.1). 그러나 유아 세례는 "인간의 성급함 때문에 고안된 것"이 아니고 하나님의 "확실한 권위"(IV.16.1)와 "성경의 확고한 재가"(IV.16.8)에 근거한다고 확신했다. 그는 특히 은혜 언약의 통일성에 호소한다. 그는 제4권 16장에서 "언약" 또는 "약속"이라는 용어를 53번이나 사용한다. 언약의 은혜는 신약에서 말하는 것과 구약에서 말하는 것이 동일한 만큼 성례 역시 두 기간에 동일한 중요성을 지닌 것이 틀림없다고 주장한다. 반면에 재세례파는 구약의 언약은 물질적 또는 육적 제도였고, 할례는 영적인 징표가 아니라 정치적 징표였다고 주장했다.

칼뱅은 할례와 세례가 "영적인 관계"를 맺고 있다고 주장하면서 "이 두 징표가 서로 어떻게 다른지, 그리고 어떤 면에서 비슷한지"를 보여 준다(IV.16.3). 할례와 세례의 연관성은 은혜 언약의 단일한 연속성을 아름답게 지지한다. 골로새서 2장 11-12절은 할례를 통해 족장들에게 주어진 "영적 약속"이 세례를 통해 우리에게 주어졌다고 설명한다(IV.16.3). "외적인 의식"에는 차이가 있지만 의미와 목적에는 연속성이 있다. 세례가 할례 자리를 차지한 만큼, 세례는 할례처럼 신자의 유아에게도 집행되어야 한다고 칼뱅은 결론짓는다. 단지 남자 아기는 "본래 할례를 새길 수 있는" 몸으로 태어나지만, "그런 식으로 여자도 그들을 통해, 말하자면 할례의 동반자와 협력자가 될 수 있게" 하셨다고 칼뱅은 말한다(IV.16.16). 신약에서는 물론 남자 아기와 여자 아기 모두 세례를 받았다.

"그러나 언약이 여전히 확고하게 남아 있다면, 구약에서 유대인의 유아들과 관계있었던 것 못지않게 그리스도인의 자녀들에게도 그 언약은 적용된다. 그 아이들도 언약이 상징하는 것에 참여하는 자들이라면, 왜 그 징표에서 제외하는가?"(IV.16.5) 칼뱅이 보기에는 그리스도께서 오셔서 "아버지의 은혜를 줄이거나 박탈했다"는 것은 도무지 생각할 수 없었다(IV.16.6). 사실 "주 예수는 자신이 아버지의 자비를 제한하기보다 확대하기 위해 오셨음을 세상에 알릴 본보기를 보여 주고 싶어서 그분께 드려진 유아들을 포용하신다"(IV.16.7). 칼뱅은 그리스도께서 유아를 포용하시는 것과 유아 세례는 영적인 등치 관계가 있다고 본다. 그리스도께서 유아에게 천국을 약속하신 것은 "유아가 하나님의 언약 안에 포함되어 있다"고 증언하는 것이다. "유아를 그리스도께 데려가는 것이 옳다면, 어째서 그들에게 우리와 그리스도의 친교 상징인 세례를 받게 할 수 없는가?"(IV.16.7)

그런데 칼뱅에 따르면, 가장 초창기 교부들은 유아 세례 행습이 "사도 시대에 확실히 존재한 것"으로 간주했다(IV.16.8).

"옛적 유대 민족 못지않게 오늘날의 그리스도인들에게도 효력이 있다"(IV.16.6)는 구약 언약의 맥락에 세례를 위치하면서 칼뱅은 유아 세례에 관해 네 가지를 주장한다.

- 세례는 믿는 부모들에게 주어진 약속을 확증한다. 세례를 통해 부모들은 "그 자녀들의 몸에 새겨진 주님의 언약을 눈으로 목격하게 된다"(IV.16.9).

- 세례를 통해 유아들은 교회가 베푸는 양육의 혜택을 받고, 시간이 흐르면 그들이 하나님을 선택하기 전에 하나님이 먼저 그들을 그분 소유로 만드셨다는 것을 깨닫게 된다(IV.16.9, 17).

세례의 효능이 완전히 나타나는 것은 많이 연기될 수 있다. 다음과 같은 칼뱅의 글은 그 자신의 증언처럼 들린다. "우리는 진정 눈이 멀고 믿음이 없는 탓에 오랫동안 세례를 통해 우리에게 주어진 약속을 파악하지 못했다. 그러나 그 약속은 하나님께 속한 것인 만큼 언제나 고정되고 확고하며 믿음직스럽다"(IV.15.17).

- "유아들은 장래의 회개와 믿음을 위해 세례를 받았고, 이 둘이 아직 그들 안에서 형성되지는 않았지만, 그 씨앗이 성령의 내밀한 활동으로 그들 안에 숨겨져 있다"(IV.16.20).

그러나 칼뱅은 또한 "많은 이에게는 세례가 분명 무익하다"고 말한다(IV.17.22).

- 세례 받은 아이들이 자라 어른이 되면 하나님을 경배하고픈 간절한 열정에 큰 자극을 받는다. 이 하나님은 그들이 그분을 아버지로 인식할 만한 나이가 들기도 전에 입양이라는 엄숙한 상징을 통해 그들을 자녀로 받아들이신 분이다"(IV.16.9).

칼뱅은 어른이라면 세례가 믿음과 회개 다음에 와야 하지만, 유아 세례는 다르게 봐야 한다고 주장한다. 아브라함은 할례가 믿음 뒤에 왔지만 이삭에게 할례는 "모든 깨달음"에 앞섰다. 어른이 "언약의 친교 속으로 영접될" 때에는 "미리 그 조건을 배워야" 하지만, 유아는 "약속의 형태에 따라, 유전적 권리로" 이미 잉태 때부터 언약에 포함되어 있다(IV.16.24).

칼뱅은 유아 세례에 따른 유익을 과거와 현재와 미래의 것으로 본다. 신자의 자녀는 세례를 받기 전에 하나님께 속해 있다. "하나님은 우리의 아기들이 태어나기도 전에 그들을 그분 소유로 삼는다고 선언하신다. 하나님은 스스로 우리 하나님과 우리 후손의 하나님이 될 것이라고 약속하시기 때문이다"(IV.15.20). "신자의 자녀가 세례를 받는 것은 예전에는 교회의 문외한이던 그들이 처음으로 하나님의 자녀가 되기 위해서가 아니다. 약속의 복에 의해 그들이 이미 그리스도의 몸에 속해 있기 때문에 이 엄숙한 징표로 그들을 교회 안에 받아들이기 위한 것이다"(IV.15.22). 그 성례에 봉인된 약속이 장차 아이를 믿음으로 인도하리라 기대하는 것이다. 그렇다면 지금은 무슨 일이 일어나는가? 칼뱅은 그것을 "미결인 채로" 두기를 선호한다(IV.16.19). 그는 자신의 견해를 지지하기 위해 유아의 중생이나 믿음을 가질 가능성을 들먹이지 않는다. 단지 이렇게 말할 뿐이다. "자녀는 세례에서 모종의 유익을 얻는다. 교회의 몸에 접붙여져 다른 지체들에게 더 많이 돌봄 받는다"(IV.16.9). 그리고 부모들도 많은 유익을 얻는다. "경건한 지성들이 말씀뿐 아니라 눈으로도 하늘 아버지의 은총을 많이 받아 그들의 자식이 하나님의 돌보심 안에 있음을 확신하는 것은 매우 즐거운 일이기 때문이다"(IV.6.32).

> 주님, 우리 자녀를 믿음과 기도로
> 이제 당신께 바칩니다.
> 그들로 당신의 언약적 자비를 공유케 하시고
> 당신의 구원을 보게 하소서.
>
> 토마스 하바이스(Thomas Haweis)

하나님과 우리 자신을 알기

"세례는 우리가 깨끗이 씻어졌다는 표시이자 증거다. (내가 말하는 뜻을 더 잘 설명하자면) 그것은 우리의 모든 죄가 폐기되고 용서되고 지워진 나머지 결코 그분 눈앞에 나타나 우리에게 불리하게 상기되거나 고발될 수 없다는 것을 확증하는 봉인된 서류와 같다"(IV.15.1). 자신의 죄 때문에 구원을 의심하라는 사탄의 유혹을 받았을 때, 루터는 "나는 세례 받았다"라고 응답했다. 칼뱅도 마찬가지였다. "넘어질 때마다 우리는 세례 받은 기억을 되살려서 우리 마음을 강하게 하여 언제나 죄 사함을 확신할 수 있어야 한다"(IV.15.2).

25장

성만찬
"놀라운 맞바꿈"

"이것은 [그리스도께서] 그분의 헤아릴 수 없는 자비로 우리와 주고받은 **놀라운 맞바꿈**이다. 즉, 그분은 우리와 함께 사람의 아들이 되셔서 우리를 그분과 함께 하나님의 아들들로 만드셨다. 그분은 땅에 내려오셔서 우리를 위해 하늘로 올라가는 길을 예비하셨다. 그분은 우리의 죽을 운명을 취하셔서 자신의 불멸성을 우리에게 부여하셨다. 그분은 우리의 연약함을 받아들이셔서 자신의 능력으로 우리를 강건하게 하셨다. 그분은 우리의 가난을 스스로 수용하셔서 자신의 부를 우리에게 넘겨주셨다. 그분은 우리 죄의 무게를 스스로 짊어지셔서 우리에게 자신의 의로움의 옷을 입히셨다"(IV.17.2).

> "거룩한 향연은 칼뱅의 온 신학의 핵심에 놓인 은혜와 감사라는 주제를 의례적으로 상연한 것일 따름이다."
> (Gerrish, *Grace and Gratitude*, 20)

읽기 | 「기독교 강요」 IV. 17-19. [*1541* ch. 12, pp. 623-667; ch. 13, pp. 669-706.]

성경 본문 | "나는 하늘에서 내려온 살아 있는 떡이니 사람이 이 떡을 먹으면 영생하리라 내가 줄 떡은 곧 세상의 생명을 위한 내 살이니라"(요 6:51).

주목할 인용문 | "이 거룩한 잔치는 병자를 위한 약, 죄인을 위한 위로, 가난한 자에 대한 구제임을 기억하자. 그러므로 가치 있는 일(우리가 하나님께 가져갈 수 있는 유일한 최상의 종류)은 우리의 수치스러움과 …… 무가치함을 그분께 드려 그분의 자비로 우리를 그분께 합당한 자들로 만들게 하고, 우리 자신을 향한 절망으로 우리가 그분 안에서 위로를 받으며, 우리 자신을 낮춤으로 우리가 그분에 의해 높여지고, 우리 자신을 고발함으로 우리가 그분에 의해 의롭게 되는 것이다"(IV.17.42).

기도 | 모든 생각을 훨씬 뛰어넘는 모든 언어, 가난을 부로 바꾸는 놀라운 맞바꿈을 허락하소서. 즉, 우리의 절망적인 연약함에 당신의 막강한 힘을 주소서. 이 몸이 먹는 것을 통해 우리 영혼에 새로운 건강을 허락하소서. 하나님의 아들이여, 지금 우리와 함께하시고, 우리를 하나님의 아들로 만드소서. 아버지로부터 오셔서 우리를 지금 그분께 올려주소서. 우리 인간과 함께 죽으셔서 우리에게 하나님과 같은 생명을 주소서. 우리의 지체들을 당신께 짜 맞추시고 손발에 손발을 묶어 주소서.
하나님 말씀이 지금 우리를 순결함으로 부르시니 우리가 이 만찬에 참여하기에 합당하게 만드소서. 우리를 위해 겸손하게 단번에 바치신 당신의 희생으로 인해 우리가 감사의 강물에 잠기게 하소서.
모든 공의의 창시자시여, 우리를 불의한 길에서 돌이키소서. 모든 병의 치료자시여, 우리의 무서운 병을 고치소서. 이 식사를 통해 당신이 올 때까지 당신의 죽으심을 전파하고, 모든 사람을 우리의 형제로 만드시며, 당신의 평안 속에 살게 하소서. 아멘. (*Piety of John Calvin*, 171-72.)

돌아보며 내다보며

칼뱅은 제4권 15장과 16장에서 세례라는 성례를 다루었다. "세례는 우리가 그리스도 안에서 접붙임 받아 하나님의 자녀로 간주되기 위해서 교회 공동체에 받아들여지는 입문의 징표다"(IV.15.1). 17장에서는 성만찬이라는 성례를 다루는데, "성만찬에서 그리스도는 자신이 생명을 주는 떡임을 증언하며, 우리 영혼은 그것을 먹고 진정하고 복된 불멸에 이른다"(IV.17.1). "세례는 우리가 그리스도 안에서 하나님 앞에 의롭게 되었다는 징표이자 인증이고 …… 성만찬은 우리가 성령의 사역을 통해 그리스도 안에서 성화되었다는 징표이자 인증이다"(Partee, *The Theology of John Calvin*, 273).

칼뱅은 성만찬에서 일어나는 일을 이해하고 설명하기 위해 예순아홉 쪽을 썼다(맥닐-배틀즈 판). 그는 성만찬에 대한 오해를 다루려고 열아홉 쪽을 더 썼고, 스무 쪽에 달하는 또 다른 장을 추가했다. 이 분량은 1559년판 『기독교 강요』에서 다룬 주제들 가운데 가장 많다. 그뿐 아니라, 칼뱅은 성만찬을 다루는 별도의 책을 여러 권 집필하기도 했다.

칼뱅은 갈수록 가톨릭, 츠빙글리, 루터의 견해를 논박하는 짐을 더 많이 짊어졌지만, 성만찬을 다룬 글은 대체로 논쟁적이기보다 목회적 성격을 띠고 있다. "그리스도의 살은 하나님에게서 솟아나 그분께로 흘러드는 생명을 우리 속에 퍼부어 주는 풍부하고 무진장한 샘과 같다. 그런데 그리스도의 살과 피를 나누는 성찬이 하늘의 생명을 갈망하는 모든 사람에게 필요하다는 것을 모르는 사람이 누군가?"(IV.17.9)

성만찬이 우리에게 가져오는 것

제4권 17장 제목을 주목하라. "그리스도의 신성한 만찬, 그리고 그것이 우리에게 가져오는 것."

하나님은 "그분 외아들의 손을 통해 그분의 교회에 …… 영적인 향연을 주셨으니, 그 안에서 그리스도는 자신이 생명을 주는 떡임을 증언하며, 우리 영혼은 그것을 먹고 진정하고 복된 불멸에 이른다"(IV.17.1). 간단히 말하면, 성만찬은 우리에게 그리스도를 모셔온다. 마치 그분이 "우리 눈앞에 놓이고 우리 손으로 만져지는 것처럼"(IV.17.3) 말이다. 떡과 포도주의 징표는 "우리가 그리스도의 살과 피에서 받는 비가시적인 양식, …… 우리 영혼의 유일한 양식을 상징한다"(IV.17.1). "[그리스도는] 우리에게 취하라고 말씀하셔서 그것이 우리 것임을 밝히신다. 우리에게 먹으라고 말씀하셔서 그것이 우리와 한 실체가 되었다고 밝히신다"(IV.17.3). 성만찬은 "그리스도께서 천국의 삶에서 우리를 자신과 완전히 합류시킬 때까지, 우리가 그분 몸에 접붙여져 그분과 더불어 점점 자라게 하는 도우미다"(IV.17.33). "그래서 떡 한 조각을 받을 때 예수 그리스도가 우리 영혼의 양식임을 알고, 포도주 한 방울을 마실 때 그분 피가 우리에게 위로와 기쁨을 주는 영적 음료임을 증언하는 것이다. 요컨대, 우리는 그분 안에서 완전한 생명을 갖고 있다"(*John Calvin: Writings on Pastoral Piety*, 122).

성만찬은 이따금 집행되지만(칼뱅은 더 자주 있기를 바랐다) 그 만찬이 대표하는 "폭넓은 향연"은 늘 지속된다(Boulton, *Life in God*, 186). 성만찬이 우리에게 상기시키는 바는 이렇다. "그리스도는 우리가 계속해서 먹는 생명의 떡이 되셨다. …… 그것은 그리스도께서 행하신 모든 것,

또는 고난당하신 모든 것이 우리를 소생시키기 위한 것임을 확신시킨다. 다시 말하건대, 우리는 그것으로 끊임없이 부양되고 지탱되고 보존되는 만큼 그 소생은 영원히 지속된다"(IV.17.5). 그렇다면 성만찬은 "다른 어디서도 얻을 수 없는 그리스도와의 친교, 또는 그 몸의 받아들임을 가져오는 것이 아니라, 오히려 …… 신자들이 언제나 즐기거나 즐길 수 있는 친교를 생생하게 상징하고 베풀어 주는 것이다"(Gerrish, *Grace And Gratitude*, 133).

성만찬은 우리와 그리스도의 연합을 지지하고, 분명히 하며, 강화시킨다. 그 만찬은 "그분 몸은 참된 양식이고 그분 피는 참된 음료라서 우리를 영생에 이르게 한다고 증언하실 때 그분이 하신 그 약속"을 인증하고 확증한다(IV.17.4). 그 만찬에 의해 "우리는 그리스도와 한 몸이 되기까지 성장해서 그분 것이 무엇이든 그것이 우리 것으로 불릴 수 있다는 증거를 갖는다"(IV.17.2). 성만찬은 또한 우리로 하여금 사람들 앞에 공개적으로 이렇게 고백할 수 있게 해준다. "생명과 구원에 대한 모든 확신은 주님의 죽음에 의지하고, 우리는 우리의 고백으로 그분을 영화롭게 할 수 있으며, 우리의 본보기로 다른 이들에게 그분께 영광을 돌리도록 권면할 수 있다"(IV.17.37). 이 만찬은 우리와 그리스도의 연합을 강화하여 그분의 다른 몸, 곧 교회와의 연합을 심화한다. "우리는 형제들 안에 계신 그리스도를 사랑하지 않고는 그분을 사랑할 수 없기 때문이다." 아우구스티누스는 종종 이 성례를 "사랑의 끈"이라 부른다고 칼뱅은 말한다(IV.17.38). 우리의 연민과 관대함은 우리와 그리스도의 연합에서 생겨나고 상호간의 깊은 교제로 양성되는데, 이것은 교회 문을 나서며 끝나는 것이 아니라 궁핍한 자들을 찾아 세상으로 나가야 한다. 칼뱅은 성만찬을 집행한 후 회중이 떠날 때 되도록 교회 문에서 자선(가난한 자를 위한 모금)이 뒤따르기를 바랐다. 그런 식으로, 그리스도의 몸과 피를 서로 나누는 일이 교회 안에서 서로 사랑하는 모습뿐 아니라 굶주린 자와 나그네와 헐벗은 자를 사랑하는 모습으로도 나타나기 때문이다(주석_ 마 25:31-46).

> 자비로 찢긴 세상의 떡,
> 자비로 흘리신 영혼의 포도주,
> 생명의 말씀을 선포한 그분,
> 그분의 죽음으로 우리 죄가 죽었네.
>
> 슬픔으로 찢긴 마음을 보라,
> 죄인들이 흘린 눈물을 보라,
> 당신의 향연이 우리에게 표가 되어
> 당신의 은혜로 우리 영혼이 양식을 먹기를.
>
> 레지날드 헤버(Reginald Heber)

진정한, 그러나 영적인 임재

장 칼뱅은 빵과 포도주 자체보다는 성례 행위 안에 살아 계신 그리스도의 "진정한, 그러나 영적인 임재"가 있다고 가르쳤다(Jaroslav Pelikan, *The Melody of Theology*, 81). 칼뱅은 성만찬에 대한 자신의 견해가 초기 교회의 그것과 같다고 믿었다. 또한 아우구스티누스가 "완전히, 그리고 논쟁할 여지 없이" 그의 편에 서 있다고 확신했다(IV.17.28).

성만찬에 그리스도께서 참으로 임재하시지만 물리적 의미에서 임하시는 것은 아니다. 그러면 그리스도의 몸은 하늘에 있는데 우리가 성만찬에서 어떻게 그분의 살을 먹고 그분의 피를 마실 수 있는가? 칼뱅은 마리아의 본("나는 남자를 알지 못하니 어찌 이 일이 있으리이까"라고 물은 것[눅 1:34])을 좇아 우리도 "어떻게 그런 일이 일어날 수 있느냐는 어려운 질문"을 물을 수 있다고 생각한다(IV.17.25).

츠빙글리를 좇던 스위스 프로테스탄트들은 성만찬을, 십자가에서 우리를 위해 그리스도의 몸이 부서지고 그분의 피가 흘려졌다는 것을 우리가 기억하는 기념식이라고 믿었다. 칼뱅에 따르면, 이 그리스도인들은 그리스도의 살을 먹고 그분의 피를 마시는 것을 "단지 그리스도를 믿는 것일 뿐"이라고 규정한다. 그리고 "몸에 양식을 충분히 공급하려면 떡을 보는 것이 아니라 먹어야 하듯이, 영혼은 진정으로 깊이 그리스도를 먹는 자가 되어 그분의 능력에 힘입어 영적 생명으로 소생될 수 있어야 한다"고 덧붙인다(IV.17.5). "성만찬 자체가 하나의 선물이지 단지 선물을 상기시키는 것은 아니다"(IV.17.6). 게리쉬에 따르면, 칼뱅은 "아버지의 선하심에 따라 준비된 거룩한 향연은 그저 은혜의 선물을 기억하는 일이 아니라 실제로 베푸는 일이며, 따라서 하나님의 자녀들에게 감사의 반응을 요구하고 불러일으킨다"고 생각했다(*Grace and Gratitude*, 156).

가톨릭교회는 성례를 집행할 때 떡과 포도주가 그리스도의 몸과 피로 변한다고 가르쳤다. 칼뱅의 주장인즉 "고대인들은 이 허구적인 화체설을 지지하지 않으며, 화체설은 그리스도의 몸이 모든 인간 몸의 공통 특징에 제약을 받아 하늘에 머물러 있다는 사실을 무시한다"는 것이다(IV.17.12). 그뿐 아니라, 가톨릭 견해는 외적 상징인 떡과 포도주의 실체가 우리를 가시적인 것에서 비가시적인 영적 실재로 인도한다는 점을 부인하기 때문에 성례의 정의(定義)에 위배된다(IV.17.14).

루터파는 떡과 포도주 "안에", 떡과 포도주"와 함께", 떡과 포도주 "아래" 그리스도의 실질적인 몸과 피가 있어서 우리가 떡을 먹고 피를 마실 때 문자 그대로 그리스도의 살을 먹고 그분의 피를 마시는 것이라고 주장한다. 칼뱅에 따르면, 그리스도께서 육체적으로 내려오실 때에만 우리가 그분의 살과 피를 먹을 수 있다는 루터파의 생각은 잘못되었다. "그들은 그분이 우리를 그분 자신에게 끌어올리시기 위해 사용하는 하강 방식을 이해하지 못한다"(IV.17.16).

루터와 츠빙글리가 성만찬에 주님이 임재하시는 본질에 서로 동의하지 못했기 때문에 독일 프로테스탄트와 스위스 프로테스탄트는 한 교회로 연합하지 못했다. 필리프 멜란히톤의 사위 크리스토프 페첼에 따르면, 루터는 마르부르크에서 교착 상태에 빠진 후 성만찬에 관한 칼뱅의 작은 책을 집어 들고는 이렇게 높이 칭송했다. "처음부터 이 논란거리를 [칼뱅에게] 맡기면 좋을 뻔했다. 내 대적들이 칼뱅처럼 했더라면 우리는 곧 화해할 수 있었을 것이다"(McNeill, *The History and Character of Calvinism*, 153). 이 이야기가 정확하다면, 루터는 (멜란히톤이 그랬듯이) 대다수 루터교인들보다는 칼뱅에게 동의했을 것이다. 훗날 츠빙글리의 후계자인 하인리히 불링거(Heinrich Bullinger)와 칼뱅이 취리히 합의(*Consensus Tigurinus*, 1549)에서 성만찬에 대해 의견 일치를 본 일로 루터파는 칼뱅을 몹시 공격했다. 칼뱅과 불링거가 합의했지만, 둘 사이에는 약간 다른 점이 남아 있었다. 불링거는 성찬이 상징하는 바를 하나님이 정말로 제공하신다고 믿었다. 즉, 우리가 겉으로는 떡을 먹고, 안으로는 동시에 그리스도를 먹는다는 것이다. 칼뱅은 성만찬이 우리에게 그리스도의 몸과 피를 표현하고 나타내는 상징이고, 동시에 하나님이 우리에게 그리스도의 몸과 피를 나눠 주는 도구라고 주장했다.

칼뱅은 "이것은 내 몸이다"라는 그리스도의 말씀을, 가시적 징표로 상징하는 바를 부르는 환유(metonymy)로 이해했다. 예를 들면, 고린도전서 10장 4절(출애굽기 17장 6절 참고)에서 "이는 그들을 따르는 신령한 반석으로부터 마셨으매 그 반석은 곧 그리스도시라"라는 말씀처럼 말이다. 그리스도께서 자신의 몸을 나타내는 징표를 주셨을 때 망설이지 않고 그 징표를 그분 몸이라 부른 것이다. 어떤 의미에서 그리스도는 성찬의 떡과 포도주 안에 임하지 않으신다. 그분은 부활하셔서 아버지 오른편에 앉아 계시기 때문이다(막 16:6). 또 어떤 의미에서 그분은 성찬의 떡과 포도주 안에 계신다. "왕이신 그리스도의 임재가 떠나지 않았기 때문이다"(히 1:3, IV.17.26). 말씀이 전파될 때 참으로 임재하시는 것처럼(그러나 육체적으로 임하시는 것은 아니다), 그리스도는 성찬에도 참으로 임재하신다(그러나 육체적으로 임재하시는 것은 아니다). "교회에 오면 한 사람이 말하는 것을 들을 뿐만 아니라 하나님이 우리 영혼에 말씀하고 계시다는 것도 느낄 터이고, 그분이 바로 선생임을 확실히 알 수 있다. 그분은 또한 우리를 만지셔서 인간의 목소리가 우리 안에 들어오게 하시고 우리에게 유익을 주셔서 그 목소리로 우리를 새롭게 만드신다. …… 우리 주님이 우리에게 그분의 복음이 전파되는 복을 베푸신다면, 우리는 그분이 우리 가까이 계시며 우리의 구원을 확보하시고, 마치 우리가 그곳에서 그분을 직접 목격한 것처럼 자신의 입을 여셔서 우리를 부르신다는 확실하고 틀림없는 표지를 갖고 있는 셈이다"(디모데후서 1장 2절 설교). 성만찬에서도 같은 일이 일어난다. "그분이 자신의 육신을 우리에게서 멀어지게 하시고 몸을 입은 채 하늘에 올라가셨지만 …… 자기 백성에게 자신의 몸을 양식으로 주시기 때문이다"(IV.17.18).

성만찬에서 우리가 정말로 그리스도의 몸과 피를 받는 일은 어떻게 일어나는가? 칼뱅은 여러 방식으로 대답한다. 고린도전서 11장 24절 주석에서는 부활한 그리스도가 "그분 육신의 효능을 내려 주셔서 우리 안에 존재하게 하신다"고 말한다. 그분은 하늘에 머물러 있는 자신의 육신을 내려 주시는 것이 아니라 "그분 육신의 효능"을 내려 주신다. "그리스도는 외적 상징과 그분의 영으로 우리에게 내려오셔서 그분의 살과 피로 우리 영혼을 소생시키신다"(IV.17.24). 에베소서 3장 14-19절 설교에서는 "[그리스도가] 그분 말씀으로 정말로 우리에게 내려오시고 그분 성령의 능력으로 내려오시는 것은 사실이지만, 그것은 우리가 그분에게 높이 올라가게 하시기 위해서다."

칼뱅은 로마 가톨릭 신학자들이 "그리스도를 떡에 넣어 버린다"고 주장한다. 그에 칼뱅은 이렇게 답변한다. "성령의 은밀한 능력이 우리와 그리스도를 연합하는 끈이기 때문에 우리가 먹는 방식은 영적이다"(IV.17.33). 칼뱅은 동방정교회처럼 성만찬에서 성령의 역할을 강조한다. "그리스도의 몸이 우리에게서 그토록 멀리 떨어져 있는데 우리에게 침투하여 우리의 양식이 된다는 것이 믿을 수 없어" 보이지만, 우리가 "성령의 은밀한 능력"을 기억하면 충분히 믿을 수 있다는 것이다(IV.17.10). 성령이 함께하시지 않는다면, 떡과 포도주는 소경의 눈에 비치는 해의 찬란함이나 멀어 버린 귀에 들리는 목소리처럼 우리 마음속에서 아무것도 이룰 수 없다(IV.14.9, 12).

칼뱅은 성만찬을 다루면서 제2권에서 설명한 중요한 교리를 반복해서 말한다. "그러므로 온전한 그리스도께서는 모든 곳에 계시기 때문에, 우리의 중보자가 자기 백성과 늘 함께하시고 특별한 방식으로 만찬에 자신을 나타내신다. 그러한 방식으로 온전한 그리스도가 함께하시는 것이지, 그분의 모든 것이 함께하는 것은 아니다. …… 심판자로 나타나실 때까지 그분은 육신으로 하늘에 계시기 때문이다." 성만찬에서도 "온전한 그리스도께서 모든 곳에 계시나 그분 안에 있는 모든 것이 모든 곳에 있는 것은 아니다"(IV.17.30). 폴 헬름은 이렇게 설명한다. "그리스도께서 그분의 신성으로 모든 곳에 계시고 그분의 인성으로는 하늘에 계시지만, 온전한 그리스도는 성만찬을 받을 만한 사람 속에 성령의 효능으로 함께하신다……." 이루 말할 수 없는 "방식으로 그리스도는 한 장소에 온전히 존재하시는데, 육체적으로 그곳에 계시지 않을 때에도 그러하다"(*Calvin at the Centre*, 301-302).

칼뱅은 마태복음 28장 1-10절 설교에서 이렇게 말했다.

비록 우리 주 예수 그리스도는 하늘에 계셔서 스스로 눈에 보이게 나타나시지는 않지만, 그분 말씀과 함께 우리에게 우리가 이곳에서 살아 있는 형상으로 받는 떡과 포도주를 주신다. 그 안에서 우리는 …… 하나님의 아들이 진실로 우리의 감각으로 이해할 수 없는 방식으로 우리 안에 살아 계시다는 것을 묵상한다. 우리는 여기서 말하는 이 연합을 위해 그분을 하늘에서 끌어내릴 필요가 전혀 없다. 그것은 그분이 자신의 불가해한 능력과 성령의 놀라운 미덕을 알게 하실 때 우리에게 주시는 헤아릴 수 없는 특권이다. 성령이 바로 그토록 멀리 떨어져 있는 것들을 하나로 연합하게 하시는 분이다.

이를 칼뱅은 이렇게 요약한다. "비록 그리스도의 육신 자체가 우리 안에 들어오지는 않지만, 그리스도께서 자기 육신의 실체에서 우리 영혼에 생명을 불어넣으시는 것(참으로 그분의 생명을 우리 안에 쏟아부으시는 것)으로 충분하기 때문이다"(IV.17.32). 칼뱅의 적대자들은 칼뱅이 "하나님의 능력으로 여기는 것들은 자연 질서가 허용하는 것과 상식이 명하는 것과 다르지 않다"고 비난했다(IV.17.24). 이는 결코 정확하지 않다. 칼뱅은 성만찬을 한참 논한 후 이렇게 말한다. "그러므로 이제는 머리로 생각할 수 없고 혀로도 표현할 수 없는 이 신비에 놀라워할 수밖에 없다"(IV.17.7). "이제 누군가가 나에게 이런 일이 어떻게 일어나는지 묻는다면, 나는 그것이 몹시 고귀한 비밀이라 내 머리로 이해할 수 없고 내 말로도 선언할 수 없다고 부끄럼 없이 고백할 것이다. 더 분명히 말하자면, 나는 그것을 이해하기보다는 경험하는 편이다"(IV.17.32).

성만찬에 어떻게 참여할 것인가

1. 우리는 믿음으로 성만찬에 참여해야 한다

칼뱅은 단지 우리가 "믿음의 그릇에 모을 수 있는 만큼만" 성만찬에서 얻어 갈 수 있다고 말한다. "마치 비가 단단한 바위에 떨어질 때 돌 속으로 들어가는 입구가 없으면 그냥 흘러내리듯, 사악한 자들은 완고해서 하나님의 은혜를 내쫓는 바람에 그 은혜가 그들에게 이를 수 없듯이"(IV.17.33) 말이다. 그는 아우구스티누스의 말을 인용한다. "나머지 제자들은 떡, 곧 주님을 먹었으나 유다는 주님의 떡을 먹었고, 떡과 포도주는 선택받은 자들 안에서만 그것이 상징하는 바를 성취한다"(IV.17.34).

2. 우리는 겸손하게 자신을 살피면서 성만찬에 참여해야 한다

칼뱅은 성만찬을 먹기 전에 자신을 살펴야 한다는 바울의 권고를 진지하게 받아들인다. "[성만찬을] 거룩하고 순결하게 먹으라고 권고할 때, 바울은 우리에게 서로를 살피라거나 모두에게 온 교회를 살피라고 요구하지 않고 각 사람에게 자신을 시험하라고 요구한다"(IV.1.15). 그러나 칼뱅은 "우리 스스로 자격을 찾는 문제라면 우리는 불합격이다"라고 역설한다(IV.17.40-41). "이 거룩한 잔치는 병자를 위한 약, 죄인을 위한 위로, 가난한 자에 대한 구제임을 기억하자. …… 이 잔치는 완전한 자를 위해서가 아니라 약하고 힘없는 자를 위해 제정된 성례이며, 믿음과 사랑의 감정을 일깨우고 야기하며 자극하고 발휘하기 위한 것, 진정 믿음과 사랑의 결함을 바로잡기 위한 것이다"(IV.17.42). 칼뱅은 제네바에서 성만찬과 함께 주일 설교를 하면서 교인들에게 이렇게 말했다. "여러분, 이 사실을 알아야 합니다. …… 이 성례는 가련하고 아픈 영혼을 위한 약입니다. 우리 주님이 우리에게 요구하시는 유일한 자격은 우리 자신을 충분히 알아서 우리 죄를 슬퍼하고, 우리의 모든 즐거움과 기쁨과 만족을 오직 그분 안에서만 찾는 것입니다"(*John Calvin: Writings on Pastoral Piety*, 133).

> "존 던컨은 빵과 포도주를 나눌 때 교회 앞자리에 앉아 잔은 맛보지도 않은 채 옆으로 넘기면서 눈물만 계속 흘리는 한 여성을 보았다. 그는 식탁 자리를 떠나 복도로 내려가 장로에게 잔을 받아서 울고 있는 여성에게 직접 건네며 말했다. '잔을 받으십시오. 이것은 죄인을 위한 것입니다.'"
>
> (G. F. Barbout, *The Life of Alex. Whyte*, 310)

세례는 교회에 들어가는 "입구"인 데 비해(그래서 유아에게도 적절하다), 성만찬은 "주님의 몸과 피를 분별하고, 자신의 양심을 살피며, 주님의 죽음을 선포하고, 그 죽음의 능력을 생각할 수 있는 사람들을" 위한 것이다(IV.16.30).

3. 우리는 성만찬을 자주 집행해야 한다

칼뱅은 성만찬이 "매우 자주, 적어도 일주일에 한 번은 예배당 앞에 차려져야" 한다고 주장했다(IV.17.43). 중세 가톨릭교회는 성찬식이 연례행사로 충분하다고 생각했다. 그러나 칼뱅은 성만찬을 매주 지키는 것이 사도 교회의 행습이었으며, 오랜 세월 교회에서 실행해 온 관습이었다고 믿었다. 제네바에서는 (칼뱅의 지속적인 반대에도) 행정당국에 제한받아 기껏해야 일 년에 네 번밖에 성찬을 집행하지 못했다.

가톨릭의 미사

이미 언급했듯이, 칼뱅은 한 장 전체를 "교황의 미사: 그리스도의 만찬을 더럽혔을 뿐 아니라 멸절시킨 신성 모독"(IV.18)에 할애했다. 칼뱅의 강경한 어조는 "오늘날 진리를 대적하는 적들이 매우 심한 격노와 격분과 잔인함으로 싸우고 있다"(IV.18.18)는 사실에 영향을 받은 것이 분명하다. 그는 가톨릭의 가르침을 배격하는 이유를 적어도 다섯 가지 제시한다.

- "미사는 죄를 용서받기 위한 제사이자 제물이다"(IV.18.1).

- 미사는 "유일하고 영원한 제사장"이신 그리스도를 모욕한다

(IV.18.2).

- 히브리서는 "더 이상 제물은 남아 있지 않다"고 가르치며, "그리스도께서 '다 이루었다'고 하신 마지막 말씀도 …… 그 사실을 표현한다"(IV.18.3).

- 미사는 그리스도를 자주 제물로 바침으로 "그리스도의 유일무이한 참된 죽음을 지워 버리고 사람들의 기억에서 쫓아낸다"(IV.18.5).

- 미사는 사람들로 하여금 "미사 안에서 새로운 구속"을 보게 하기 때문에 그리스도의 죽음에서 오는 "유익을 빼앗아 버린다"(IV.18.6).

하나님은 "우리에게 향연을 베풀 식탁을 주신 것이지 희생 제물을 바칠 제단을 주신 것이 아니다. 그분은 제사 드릴 제사장을 성별한 것이 아니라 거룩한 연회를 베풀 목사를 성별하셨다"(IV.18.12). 칼뱅의 주장인즉, 성만찬은 둘째가 아니라 첫째며, "우리가 아무것도 하지 않고 오직 찬미의 제사를 드리는 감사의 제물"이라는 것이다(IV.18.17). 아우구스티누스는 이렇게 가르쳤다. "히브리인은 하나님께 동물을 제물로 바치면서 그리스도께서 바치신 장래의 제물에 대한 예언을 경축했다. 그리스도께서 그 몸을 가장 거룩한 제물로 드리셨고, 그리스도인은 그 몸을 먹음으로 이미 드려진 제사를 기억하며 기뻐한다"(IV.18.10). 성만찬은 하나님이 우리에게 주신 선물이지, 교회가 하나님께 드리는 제사가 아니다. 칼뱅은 누가복음 22장 17-20절 주석에서 예수는 "제자들에게 취하라고 명령하셨다. 따라서 그분 자신이 유일한 제물이시다"라고 말한다.

"만찬 자체는 우리가 감사하게 받아야 마땅한 하나님의 선물이다. 미사의 제사는 하나님께 값을 지불하는 것을 상징하지만 실은 사죄 형태로 받아야 마땅하다. 이 제사와 성찬 예식의 차이는 주는 것과 받는 것의 차이만큼 크다"(IV.18.7). 게리쉬는 이렇게 말한다. "제단이 위로 올려지는 순간 그리스도의 십자가는 아래로 던져진다. …… 주님은 우리에게 향연을 베풀 식탁을 주신 것이지 희생 제물을 바칠 제단을 주신 것이 아니다. 그분은 제사 드릴 제사장을 성별한 것이 아니라 거룩한 연회를 베풀 목사를 성별하셨다"(*Grace and Gratitude*, 148, 151).

제4권 18장 7절에서는 놀랍게도 이 하나님의 선물이 공동 행위로 전환된다. 성만찬은 로마 가톨릭의 미사와 이중으로 대립되는 위치에 있다. 성만찬은 행위와 제사의 언어를 배제하며, 공동체 의식이 손상되는 것을 참지 못한다. 칼뱅은 사적인 미사가 (비록 사람이 많을지라도 "신자들 사이에 성만찬에 참여하지 않는 곳마다") 그리스도께서 제자들에게 하신 명령, 즉 잔을 갖다가 "너희끼리 나누라"는 명령을 위반한다고 주장한다(IV.18.8). 칼뱅은 가톨릭이 평신도에게서 잔을 거두는 행습을 배격하면서, 마태복음 26장 27절에 따르면 "영원한 하나님이 모두 마시라고 명하신다"고 지적한다(IV.17.47).

가톨릭이 성별된 떡과 포도주를 진열하여 경배하는 행습은 우상 숭배라고 주장하며 칼뱅은 이렇게 묻는다. "선물을 주신 분 대신에 선물을 경배하는 것이 우상 숭배가 아니면 무엇인가?"(IV.17.36) 니케아 공의회는 "우리 앞에 놓인 상징에 겸손하게 주목하는 것"을 금지했다고 그는 말한다. "유일하게 합법적인 경배는 상징에 주목하는 것이 아니라 하늘에 앉으신 그리스도께 주목하는 것이다"(IV.17.37).

하나님과 우리 자신을 알기

제네바에서 주일 예배 마지막 순서인 성만찬에서 사용한 이 감사 기도를 드려 보라.

> 하늘에 계신 아버지, 가련한 죄인인 우리에게 그토록 큰 은혜를 주시고, 우리를 당신의 아들, 우리 주 예수 그리스도와 교제하도록 인도하심에 영원한 찬송과 감사를 드립니다. 예수 그리스도는 당신이 우리를 위해 죽음에 넘겨주신 분이요, 당신이 우리에게 영생의 고기와 음료로 주신 분입니다. 이제 우리에게 다른 은혜도 주시옵소서. 우리로 이런 것들을 결코 잊지 않게 하시고 우리 마음에 새기셔서 날마다 우리 믿음이 자라 온갖 선행의 열매를 맺게 하소서. 그리하여 우리가 삶의 모든 영역에서 당신의 영광을 드높이고 우리 이웃에게 덕을 세우게 하소서. 성령의 하나 됨 안에서 영원히 하나님 당신과 함께 살고 또 다스리는 낭신의 아들, 예수 그리스도를 통하여. 이멘.
>
> (*John Calvin*: *Writings on Pastoral Piety*, 134)

26장

시민 정부

"또 다른 도움"

"그러나 우리가 진정한 조국을 열망하면서 이 땅에서 순례자로 사는 것이 하나님의 뜻이라면, 그리고 순례 길에 [시민 정부와 같은] **그런 도움**이 필요하다면, 이런 것을 사람에게서 빼앗는 자들은 그의 인간성 자체를 박탈하는 것이다"(IV.20.2).

"'시민 정부'를 다룬 마지막 장은 이 책에서 가장 인상적인 부분이다. 맨 앞에서 프랑수아 1세에게 쓴 서문처럼 이번 장도 정치 행위 세계와 칼뱅 사상의 접촉점을 잘 보여 준다. …… 이 장은 성경에서 뽑은 인용문으로 가득한데, 성경이야말로 다른 곳처럼 이 장에서도 칼뱅의 일차 안내자이기 때문이다. …… 이 마지막 부분은 힘으로 가득 차 있으며, 그 내용을 성찰하면 칼뱅의 가르침이 세계 역사에 끼친 영향을 이해할 수 있을 것이다. 그러나 끝부분에서는 정치 행위나 이점에 의존하고 있다는 인상을 전혀 주지 않는다. 비록 왕들의 분노로 위협당할지라도, 그리스도께서 헤아릴 수 없는 대가로 구속하신 우리는 하나님께 순종해야 하며, 경건을 타협하거나 타락한 인간 욕망의 노예가 되기보다는 모든 것을 참고 견뎌야 한다."
(McNeill, 1:lxv-lxviii)

칼뱅 신학의 목적은 "하나님을 영화롭게 하고, 사람의 영혼을 구원하며, 인간의 삶과 사회를 변화시키는 것이다." (Leith, *Pilgrimage of a Presbyterian*, 181)

읽기 | 「기독교 강요」 IV. 20. [*1541* ch. 16, pp. 755-784.]

성경 본문 | "각 사람은 위에 있는 권세들에게 복종하라 권세는 하나님으로부터 나지 않음이 없나니 모든 권세는 다 하나님께서 정하신 바라"(롬 13:1).

주목할 인용문 | 장 칼뱅은 세네카의 「자비에 관하여」(*On Clemency*)에서 한 격언을 언급하면서 그에 동의한다(젊은 학자 시절에 칼뱅은 이 책에 관해 주목할 만한 주석을 썼다). "아무것도 허용하지 않는 군주 아래 사는 것은 정말 나쁘다. 그러나 모든 것을 허용하는 군주 아래 사는 것은 훨씬 나쁘다"(IV. 20. 10).

기도 | 하늘에 계신 아버지, 우리는 당신이 당신의 공의를 집행하도록 위임하신 당신의 종들, 곧 모든 군주와 지배자를 위해 기도합니다. 당신이 그들에게 당신의 영을 기쁘게 나눠 주시길 바라오니, 오직 그분만이 선한 주권자이신즉 그들 안에서 그분이 날마다 커지게 하시고, 그들이 참된 믿음으로 당신의 아들이자 우리 주님이신 예수 그리스도를 왕 중의 왕이요 주 중의 주로 인정하게 하소서. 당신이 그분에게 하늘과 땅의 모든 권세를 주셨기 때문입니다. 그들이 그들의 정부에서 그분을 섬기고 그분 나라를 드높이며, 당신의 기쁜 뜻을 따라 당신 손으로 만든 작품이자 목장의 양 떼인 신하들을 잘 다스리게 하소서. 그리하여 이곳에 그리고 온 땅에 있는 우리 모두가 완전한 평화를 누리며 모든 거룩과 미덕으로 당신을 섬기게 하시고, 우리를 우리의 적들에 대한 두려움에서 건지셔서 우리가 일생 내내 당신을 찬송하게 하소서. 아멘. (*John Calvin: Writings on Pastoral Piety*, 127.)

돌아보며 내다보며

칼뱅은 하늘이 아니라 시민 정부에 관한 논의로「기독교 강요」를 끝맺는다. 우리는 하늘을 고대하지만 그러는 동안에도 땅에서 살아간다. 칼뱅은 제3권 9장과 10장("장래의 삶에 대한 묵상"과 "현재 삶의 용도")에서 같은 두 주제를 연결하고 있다. 제4권의 열아홉 장은 우리를 교회로 데려갔다. 이 마지막 장에서 칼뱅은 우리를 "성소에서 불러내어 이 세상 속으로" 인도한다(McKee, *John Calvin: Writings on Pastoral Piety*, 31). 그리고 그 세상에서 우리는 하나님이 우리의 지상 생활을 위해 제정하신 또 다른 도움, 곧 인간 정부를 만난다.

> 장 자크 루소는 칼뱅 신학을 받아들일 인물이 전혀 아니지만 두 세기 전에 제네바의 공공 생활 형태를 빚어 준 그 개혁가에게 경의를 표했다. "칼뱅을 단지 신학자로만 여기는 사람들은 그가 지닌 비범한 재능의 범위를 이해하지 못하는 것이다. 칼뱅이 중요한 역할을 담당한, 우리의 현명한 칙령을 입안한 일을 보면 그는「기독교 강요」만큼 큰 명예를 받아야 마땅하다. …… 고국과 자유를 향한 사랑이 우리 가운데서 사라지지 않는 한, 그 위대한 인물에 대한 기억은 우리에게 쉬지 않고 기쁨을 줄 것이다." (Jean-Jacques Rousseau, *On the Social Contract*)

칼뱅은 기독교를 다룬 책에 시민 정부를 설명하는 장(章)을 포함한 이유를 설득력 있게 제시한다. "우리는 앞서[제3권 19장 15절] 사람이 이중 정부 아래 있다고 입증했고, 다른 장에서 영혼 또는 속사람 안에 거하고 영생에 관계된 통치를 충분히 길게 논한 만큼, 이 장에서는 오직 사회 정의 확립과 외적인 도덕성과 관련된 다른 종류의 통치를 다루려고 한다"(IV.20.1). "칼뱅주의 경건은 가정과 이웃, 교육과 문화, 경제와 정치 등과 관련된 모든 일상의 관심사를 포괄한다"고 존 맥닐은 말한다(*Political Duty*, vii).

이중 정부

그리스도인은 이중 정부 아래 살고 있다고 칼뱅은 말한다. 한 측면은 "영적인 것으로, 이로써 양심이 경건과 하나님을 경외하는 법을 배우게 된다. 둘째는 정치적인 것으로, 이로써 사람들 사이에 유지되어야 할 인간의 의무와 시민 정신을 배우게 된다"(III.19.15).

로버트 갓프리(Robert Godfrey)에 따르면 칼뱅이 논하는 이중 정부는 두 왕국 사상의 맥락에서 개진되고 있다.

> 칼뱅이 사용하는 두 왕국(교회와 국가)이라는 말은 분명 한 왕국은 그리스도께 속하고 다른 왕국은 그렇지 않다는 뜻이 아니었다. 한 왕국은 그리스도인의 삶을 위한 것이고 다른 왕국은 그렇지 않다는 뜻도 아니었다. 한 왕국은 하나님을 영화롭게 하고 다른 왕국은 그렇지 않다는 뜻도 아니었다. 그리스도는 진정 두 왕국 모두의 왕이시지만 두 왕국을 다르게 통치한다고 칼뱅은 생각했다(*Evangelium* 7 [2009]: 6-9).

시민 정부는 "그리스도인이 전혀 관계 맺지 않을 오염된 것"이 아니라 긍정적인 선(善)이다. 그것은 하나님이 "이 땅에서 하늘나라의 확실한 시작을 우리 안에" 주도하시는 한 가지 방법이고, "이 덧없는 죽을 인생에서 썩지 않는 불멸의 복된 상태를 예측하게 하는 것이다"(IV.20.2).

하나님은 인간의 삶과 사회 질서를 위해 별도의 고유한 책임을 진 병행 기관으로 각각 교회와 국가를 제정하셨다. 교회는 "영원한 생명과 관련된다." 시민 정부는 "오직 사회 정의 확립과 외적인 도덕성과 관련된다"(IV.20.1). 그러나 시민 정부는 인간에게 "빵, 물, 해, 공기"만큼 필요하고, 사람들이 "숨쉬고, 먹고, 마시고, 따스하게 사는" 문제를 책임진다(IV.20.3). 판사, 상원의원, 군인, 선장, 일꾼, 선생이 서로 도와 모든 사람의 복지를 증진할 때, 하나님의 현존이 "정의의 질서" 안에 뚜렷이 드러난다(주석_ 사 3:4). 칼뱅의 주장에 따르면, 정부에 능동적으로 참여하는 것이 기독교의 사랑의 의무인 것은 그런 활동이 질서를 지키고 우리 이웃의 권리와 안전을 보호하기 때문이다(IV.20.17). 칼뱅의 사회관은 법 앞의 동등한 정의를 포함한다. 특히 약자를 위한 정의와 병든 자와 가난한 자를 위한 특별한 조치가 포함되어 있다. 프레드 그레이엄(Fred Graham)은 "칼뱅에게, 정치 체제의 가치를 결정짓게 한 것은 사회적 약자에 대한 대우였다"고 결론짓는다(*Constructive Revolutionary: John Calvin and his Socio-economic Impact*, 62).

각 정부는 고유한 운영 영역이 있고 다른 정부를 도와야 하지만, 다른 정부의 권한을 침해해서는 안 된다. 칼뱅은 국가를 세속화하거나 교회를 정치화하는 것을 거부했다. "그들의 기능은 서로 합쳐져야 하되 각각 다른 편을 방해하지 않고 오히려 돕는 역할을 해야 한다"(IV.11.3). 칼뱅의 견해는 중세 교회의 많은 이들, 즉 국가를 교회의 통제 아래 두려 한 이들과 매우 달랐고, 16세기 일부 사람들, 즉 교회를 국가의 통제 아래 두길 원한 이들(제네바에도 있었다)과도 많이 달랐다. "교회는 시민 정부의 고유한 권한을 자기 것으로 주장할 수 없고,

시민 정부도 교회가 수행하는 일을 직접 수행할 수 없다"(IV.11.3). 교회는 시민 생활을 지배하는 법률을 통과시키지 않고, 국가는 "종교와 하나님 예배에 관한" 법을 강요하지 않는다(IV.20.3). 교회가 그 자체의 가르침과 권징을 완전히 통제해야 한다고 주장하면서 칼뱅이 "교회와 국가 사이에 쐐기를 박은 결과, 자유로운 국가 안에서 자유로운 교회라는 원칙을 세운 아버지가 되었다"(Warfield, *Selected Shorter Writings* 1:405). 그는 자신의 글과 행동을 통해 "프로테스탄트 세계에 무언가 새로운 것을 창조했다. 그 새로운 것 안에는 이후 개혁주의 교회에 찾아온 모든 자유에 대한 약속과 그 능력이 놓여 있다"(Warfield, *Calvin and Calvinism*, 19).

시민 정부는 "그리스도인들이 종교를 공개적으로 표현하고, 사람들 사이에 인간성이 유지되도록" 보장한다(IV.20.3). 정부는 "하나님을 외적으로 예배하는 것을 보호하고" "경건과 교회를 지켜 준다"(IV.20.2). 칼뱅은 국가에 교회 법령을 집행하도록 요구하지 않지만, 국가는 마땅히 교회를 지원하고 격려해야 한다고 주장한다. 교회 편에서는 교인에게 좋은 시민으로 살도록 격려하여 국가와 협력한다.

16세기 모든 가톨릭교도와 대다수 프로테스탄트와 마찬가지로 칼뱅은 심각한 이단에게 사형 선고를 내린 옛 유스티니아누스 법전(529년)을 지지했다. 삼위일체 교리를 반대한다고 천명한 세르베투스는 제네바가 준수해야 하는 제국의 시민법에 대항하는 죄를 범하는 바람에 유죄로 판결받고 형벌을 받았다. 그는 슬프게도 칼뱅의 승인과 함께 1553년 10월 27일 이단으로 화형 당했다.

> "1909년, 스페인 사람 이단[미카엘 세르베투스]이 화형 당한 그 자리에 인류 역사상 가장 감동적인 속죄의 기념비가 모습을 드러냈다. 칼뱅 탄생 400주년을 기념하는 동안 제막식이 거행되었다. 그 기념비에 새긴 글을 번역하면 이렇다. '우리는 우리의 위대한 개혁가인 칼뱅을 존경하고 그에게 감사하는 그의 후손이지만, 그가 살던 시대에서 기인한 잘못을 정죄하는 바이고, 종교개혁과 복음의 진정한 원리에 따라 양심의 자유에 확고히 헌신하면서 이 속죄의 기념비를 건립한다.'" (McKay, *The Presbyterian Way of Life*, 14)

집권자

칼뱅이 집권자를 하나님의 "대리자", "하나님의 대리인", "하나님의 대리"로 묘사하는 것(IV.20.4, 6)은 무척 뜻밖이다. "정권은 하나님 앞에서 거룩하고 합법적인 소명일 뿐 아니라 인간 삶의 모든 영역에서 가장 신성하면서도 단연 가장 영예로운 소명이기도 하다"(IV.20.4). 집권자는 인류의 안전을 보존하는 "거룩한 사역"을 수행한다(IV.20.14). "그들은 공중의 무죄, 겸손, 예의, 평온함을 보호하고 변호하는 자로 임명되었다"(IV.20.9). 집권자는 어느 의미에서 자신이 지배하는 사람들에게 종속되어 있다는 사실을 기억해야 한다. 한 설교에서 칼뱅은 이렇게 말했다. 하나님이 집권자를 우리 위에 두셨은즉 "그들은 그만큼 사람들을 다스림으로 섬겨야 하는 그들에게 종속되어 있는 것이 확실하다"(에베소서 5장 18-21절 설교).

집권자가 힘을 사용하는 것은 정당하지만, 칼뱅은 그들이 "지나친 가혹함"과 "극도로 잔인한 온유함"을 모두 피해야 한다고 경고한다.

> 하나님, 왕에게 주님의 판단력을 주시고
> 왕의 아들에게 주님의 의를 내려 주셔서,
> 왕이 주님의 백성을 정의로 판결할 수 있게 하시고
> 주님의 불쌍한 백성을 공의로 판결할 수 있게 해주십시오.
> 왕이 의를 이루면 산들이 백성에게 평화를 안겨 주며,
> 언덕들이 백성에게 정의를 가져다 줄 것입니다.
>
> 시편 72편(새번역),
> *Reformed Presbyterian Book of Psalms*

더 나아가, 시민 정부는 "그 영역의 평온함을 보존하기 위해, 선동가들이 일으키는 동요를 억제하기 위해, 억압받는 자들을 돕기 위해, 악행을 벌하기 위해" 전쟁을 벌일 권한이 있다(IV.20.11). 그러나 전쟁은 "지극히 필요한" 경우에만 허용될 수 있다. 전쟁은 "분노"나 "증오"에 지배받아서는 안 되며, "무자비한 가혹함"도 피해야 한다(IV.20.12).

정부는 정당한 목적을 위해 세금을 부과할 권한이 있으나, 통치자들은 과세가 "거의 백성의 피"라는 것과 "대의명분 없이 평민에게 세금을 부과하는 일은 전제적 강탈"임을 기억해야 한다(IV.20.13).

칼뱅은 여러 유형의 정부를 논하면서 "귀족 정치 또는 민주주의로 완화된 귀속 정치"를 신호한다. 그 실례가 바로 하나님이 이스라엘 백성을 위해 제정하신 정부다(IV.20.8). 존 맥닐은 칼뱅이 말하는 "탁월한 귀족 정치"는 혈통이 아닌 대중 선거의 민주주의에 의해 억제된 정치라고 설명한다. 노련한 전임자들이 선정한 명단에서 일반 투표로 최상의 인물을 선택하는 것이다(*On God and Political Duty*). 칼뱅에 따르면, 인간은 연약하고 죄가 있어서 많은 수가 안전하다. 그래야 "서로 돕고 가르치고 훈계할 수 있기" 때문이다(IV.20.8). 더글라스 켈리는 "피지배

자의 동의를 지지하는 정치 원리 및 권력의 분립과 균형은 모두 성경이 말하는 인간의 타락 교리에 매우 진지한 칼뱅주의 견해를 따른 논리적 결과다"라고 말한다(*The Emergence of Liberty in the Modern World*, 17).

> 일부 현대 중국 사상가들은 중국 문화가 "기독교 정신"에서 배워야 하는 것은 …… 원죄의 가르침이라는 결론에 도달했다. 중국 민주화 운동에 활발히 참여한 철학자인 위안 쯔민(Yuan Zhimin)은 이렇게 주장했다. "기독교가 죄를 강조하는 부분은 사회적 언약, 권력의 견제와 균형, 법의 지배 등을 확립하는 데 필요한 궁극적인 철학적 근거를 제공한다. …… 사람의 죄와 한계를 부인하는 것이 전제 정치의 영적 뿌리다. …… [이를] 인식하는 것이 민주주의의 시초다."
>
> (Samuel Ling, ed., *Soul Searching, God and Democracy*, 57)

민법

칼뱅은 법이 "국가의 가장 튼튼한 힘줄"이라고 말한다(IV.20.14). 법이 굳이 "모세의 정치 제도"를 재창조할 필요는 없지만 "영구적인 그 사랑의 법은 따라야" 한다(IV.20.14-15). 법은 "형태가 다양할 수 있으나 목적" 또는 "형평성이라는 목표"는 동일하다(IV.20.15-16). "형평성"이란, "엄격한 정의와 자비로운 중용의 균형을 이루는 인간관계상의 공평함"을 의미했다(Horton, *Calvin on the Christian Life*). 칼뱅은 신정(神政)을 배격했지만 기독교 국가를 세우는 지침을 사회적, 경제적, 법적 문제에 관한 구약의 가르침에서 찾는 경향이 있었다.

많은 사람이 제네바를 칼뱅이 실행한, 구약 율법에 지배받은 신권 정치로 오해하고 있다. 칼뱅이 제네바에서 엄청난 영향력을 발휘한 것은 사실이지만, "그의 권위는 주로 도덕적, 교회적, 설득적 성격, 말하자면 목회적 성격을 지녔다"(Clark, *A Theological Guide to Calvin's Institutes*, 99). 그는 1559년, 그러니까 스트라스부르에서 돌아온 지 18년 뒤, 죽기 5년 전에야 비로소 시민권을 받았다. "칼뱅이라는 이름이 제네바와 매우 밀접한 바람에 칼뱅이 외국 땅에서 거류민으로, 피고용인으로, 프랑스인으로 살았다는 사실이 종종 잊히곤 한다"고 엘시 맥키는 말한다(*John Calvin: Writings on Pastoral Piety*, 11).

그리스도인은 분쟁을 해결하기 위해 법정을 이용해도 좋으나 미움과 복수는 피해야 한다(IV.20.17). 누구든 마치 논쟁 중인 문제가 이미 "우호적으로 해결되고 조정된" 것과 같은 사랑과 선의로 상대방을 대하지 않는다면, 소송이 아무리 정의로워도 올바로 집행될 수 없는 법이다. 그러나 "올곧은 소송 당사자는 보기 드물다"는 것을 칼뱅도 시인한다(IV.20.18).

어떤 사람들은 칼뱅의 견해가 자본주의를 지지한다고 여겼다. 그들은 칼뱅이 제한된 상황에서 합리적인 이자를 허용하고, 일할 때는 검소하고 부지런하라고 격려한 것을 그 근거로 든다. 또 어떤 사람들은 칼뱅의 가르침에 "사회주의 정신"이 담겨 있다고 본다. "공동 책임을 중시하고, 보편적 선(善)이 모든 사적 이익보다 앞선다고 주장한 것"을 그 근거로 삼는다(Hunter, *The Teaching of Calvin*, 2). 로널드 윌리스(Ronald S. Wallace)는 "제네바에서 칼뱅의 최우선 관심사는 …… 도시 중심에 그리스도 안에 있는 신자의 공동체를 세우는 것이었다. 그들이 실천하는 인내, 사랑, 용서가 시민 사회의 나머지 사람들에게 본보기가 되길 바라서였다"(Calvin, *Geneva, and the Reformation*, 117).

시민

성경은 "되도록이면" 통치자에게, 심지어 악한 통치자에게도 순종하라고 명한다(IV.20.24). 칼뱅은 프랑스의 프로테스탄트들이 그랬듯이 그리스도인들에게 악한 통치자 아래 있을 때도 인내하고 기도하라고 권면했다. 불의한 통치자는 하나님이 우리 죄악을 벌하시고 우리로 하나님을 더욱 신뢰하게 하려고 세우신 자들이다. 우리는 "주님께 도와달라고 간청해야 한다"(IV.20.9). 바울은 통치자들을 "더 높은 권세라고 부르지 최고 [권세]라고 부르지 않는다"고 칼뱅은 말한다(주석_ 롬 13:1).

칼뱅은 반역을 만류했다. "사적인 시민은 …… 일부러 공적인 문제에 개입하지 않는 것이 좋다"(IV.20.23). 그러나 통치자들은 비판 및 성경에 근거한 교정의 대상이라고 칼뱅은 믿었다. 「기독교 강요」 초판(1535)에 처음 등장하고 이후 모든 판에 실린, 프랑수아 1세에게 쓴 편지에 이런 글이 나온다. "젊은 학자가 감히 …… 위대한 나라의 오만한 절대 군주를 훈계하는 일을 감행했습니다"(McNeill, *On God and Political Duty*, ix).

칼뱅은 역사상 하나님이 개입하신 사례를 가리키며 박해하는 통치자에게서 해방될 희망이 약간 있다고 덧붙인다. 때로는 악한 통치자를 벌하기 위해 "하늘에서 무장한" "공공연한 복수자들"이 세워진다(IV.20.30). 하나님은 정부 전복을 포함하여 역사 문제를 주관하신다. 이것은 통치자에게 주는 경고다. "군주가 듣고 두려워하게 하라"(IV.20.31). 아울러 시민을 보호할 책임이 있는 "더 낮은 집권자들"에게 품을 만한 작은 희망도 있다. 왕을 포함한 높은 집권자들이 권력을 남용하며 폭정을 일삼으면, 더 낮은 집권자들은 저항 세력을 조직하고 지도할 책임이 있다. 그러지 않는다면 그들은 사악한 배신의 죄를 짓는 것이다. "그들이 알고 있고 하나님의 규례에 따라 보호자로 임명된 시민의 자유를 부정직하게 배신하는 것이기 때문이다"(IV.20.31). 맥닐은 이렇게 말한다. "이 단호하고 암시적인 대목은 …… 보수적인 논의 끝부분에 하나의 양보 사항으로 조심스레 등장했다는 점에서 그 영향력이 작지 않고 컸다고 할 수 있다"(*On God and Political Duty*, xix).

프랑스 프로테스탄트에 대한 박해는 헨리 2세 치하에서, 잉글랜드와 스코틀랜드에서는 메리 튜더와 메리 드 기스 아래서 심해졌기 때문에 정치 당국에 순종하는 문제에 대한 칼뱅의 권고는 큰 시험대에 올랐다. 칼뱅은 더욱 강경하게 발언했다. 1560년대 초에 전한 사무엘상 8장 설교에서 그는 이렇게 말했다. "왕과 군주는 진정한 평등과 성실과 정직으로 법을 집행하겠다는 언약으로 백성과 묶여 있다. 그렇기 때문에 그들이 신뢰를 깨고 전제 권력을 빼앗아 자신이 원하는 것을 모두 행한다면, 백성은 그 악을 해결하기 위해 다 함께 조치를 취할 것을 생각할 수 있지 않은가?"

칼뱅은 1561년에 출간된 다니엘서 주석을 끝맺으며 불의한 통치자들에게 경고했다.

지상의 군주가 하나님께 맞서 일어날 때는 그들의 모든 권력을 제쳐 놓은 것이기 때문에, 인류의 일원으로 여길 가치가 없다. 그들이 매우 난폭해져서 하나님에게서 그분의 권한을 빼앗기 원할 때, 즉 그분의 보좌를 빼앗고 그분을 하늘에서 끌어내리길 원할 때마다 우리는 그들에게 철저히 도전해야 마땅하다.

평가

시민 정부에 관한 칼뱅의 논의는 유익한 개념을 많이 내포하지만 그 모든 사항을 현대에 직접 적용할 수는 없다. 칼뱅은 기독교 도시인 제네바에 살았다. 그러나 당시 프랑스를 비롯한 여러 곳에 살던 프로테스탄트는 위협과 박해를 받는 소수파였다. 악한 정부에 저항하는 문제에 대한 칼뱅의 사상은 분명 오늘날 그와 비슷한 억압과 박해 상황에 처한 그리스도인들의 관심사일 것이다.

시민 정부에 대한 칼뱅의 사상은 현대 정치 사상에 중대한 영향을 끼쳤다. 데이비드 스타인메츠는 이렇게 말한다. "우리는 [오늘날] 다른 상황에 처해 있다. …… 그러나 우리는 …… 칼뱅에게 …… 어느 정도 정의로운 정치 질서는 인간의 삶을 증진시킨다는 것과 그리스도인은 그에 대해 감사할 정당한 이유가 있다는 것을 배울 수 있다"(*Calvin in Context*, 208). 더글라스 켈리는 칼뱅의 견해 가운데 국가가 오직 한 교회만 허용하고 지지해야 한다는 주장은 "후진적"이었으나, "모든 행정 당국의 한계와 시민 저항권에 대한 교리"는 "선진적"이었다고 말한다 (*The Emergence of Liberty in the Modern World*, 27).

하나님과 우리 자신을 알기

칼뱅은 다음과 같이 선언하며 「기독교 강요」 마지막 장을 시작한다. "경건을 향한 열정이 우리 속에서 더욱 끓어올라서, 우리의 순례 길을 돕는 도우미로서 우리에게 시민 정부를 주신 데 대해 우리는 하나님께 감사를 증언할 수 있다"(IV.20.1). 그는 첫 장을 시작할 때처럼 무슨 수를 써서라도 경건과 하나님을 향한 사랑과 순종을 촉구하는 말로 마지막 장을 끝낸다. 그는 우리에게 자신의 핵심 주제 중 하나인 그리스도에 의한 구속과 그분과의 연합을 다시 상기시킨다. 그러고는 모든 것을 포괄하는 말("하나님이여, 찬송을 받으소서")로 마무리한다. "『기독교 강요』를 한 덩어리로 파악한다는 것은 판이 바뀔 때마다 그 마지막에 등장하는 송영을 따라 이런 선율이, 이 놀라운 글이 한결같이 울려 퍼지고 있음을 아는 것이다"(Reist, *A Reading of Calvin's Institutes*, 119).

그러나 하늘의 반포자인 베드로가 선포한 명령처럼("사람보다 하나님께 순종하는 것이 마땅하니라"[행 5:29]), 우리는 고난당할 때 경건에서 떠나기보다 주님이 요구하시는 순종을 드리고 있다는 생각으로 스스로를 위로하자. 그리고 우리의 용기가 약해지지 않도록 바울은 또 다른 막대기로 우리를 자극한다. 우리가 그토록 큰 대가로 그리스도에 의해 구속되고 우리의 구속이 그분의 목숨으로 이뤄진 만큼, 우리는 자신을 악한 욕망의 노예가 되게 해서는 안 되고, 그 욕망의 불경건에 종속되는 것은 더더욱 안 된다.

결론

장 카디에(Jean Cadier)는 장 칼뱅 전기에 이렇게 썼다.

지금 나는 조금 전에 어느 강연을 듣고 나오다가 "나는 방금 「기독교 강요」를 읽고 회심했습니다"라고 말한 한 남자를 생각하고 있다. 내가 그에게 정확히 어떤 메시지가 인생에 전환점을 초래했는지 말해 달라고 요청하자 그는 이렇게 대답했다. "나는 칼뱅의 책을 읽고 두 가지를 배웠습니다. 이제까지 내 삶을 지배한, 건강과 불확실한 장래에 대한 염려는 그리 중요하지 않는다는 것과, 정말 중요한 것은 하나님의 뜻에 순종하는 일과 그분 영광에 대한 관심뿐이라는 것입니다."

감사 기도

하늘에 계신 아버지, 가련한 죄인인 우리에게 그토록 큰 은혜를 주시고, 우리를 당신의 아들, 우리 주 예수 그리스도와 교제하도록 인도하심에 영원한 찬송과 감사를 드립니다. 예수 그리스도는 당신이 우리를 위해 죽음에 넘겨주신 분이요, 당신이 우리에게 영생의 고기와 음료로 주신 분입니다.

이제 우리에게 다른 은혜도 주시옵소서. 우리로 이런 것들을 결코 잊지 않게 하시고 우리 마음에 새기셔서 날마다 우리 믿음이 자라 온갖 선행의 열매를 맺게 하소서.

그리하여 우리가 삶의 모든 영역에서 당신의 영광을 드높이고 우리 이웃에게 덕을 세우게 하소서. 성령의 하나 됨 안에서 영원히 하나님 당신과 함께 살고 또 다스리는 당신의 아들, 예수 그리스도를 통하여. 아멘.

칼뱅이 제네바에서 주일 예배를 끝마치며 드린 "감사 기도"
(*John Calvin: Writings on Pastoral Piety*, 134)

참고 문헌

이 책에 언급된 도서 목록

A Theological Guide to Calvin's Institutes(2008)

Barth, Karl, *The Theology of John Calvin*(1995)

Battles, Ford Lewis, *An Analysis of the Institutes of the Christian Religion of John Calvin*(1972)

_____, *The Piety of John Calvin*(1978)

Billings, J. Todd, *Union with Christ*(2011), 「그리스도와의 연합」(기독교문서선교회)

Boulton, Matthew Myer, *Life in God: John Calvin, Practical Formation, and the Future of Protestant Theology*(2011)

Calvin, John, 「기독교 강요」, 주석, 신학 논문, 설교, 편지 등은 원문이나 영역본에서 인용하였다. 칼뱅의 기도문은 *Devotions and Prayers of John Calvin*; *John Calvin: Writings on Pastoral Piety*(edited by Elsie Anne McKee), *Lifting Up Our Hearts: 150 Selected Prayers from John Calvin*(edited by Dustin W. Benge)에서 인용하였다.

Canlis, Julie, *Calvin's Ladder: A Spiritual Theology of Ascent and Ascension* (2010)

Charry, Ellen, *By the Renewing of Your Minds: The Pastoral Function of Christian Doctrine*(1997)

Davies, Horton, *The Vigilant God: Providence in the Thought of Augustine,*

Aquinas, Calvin and Barth(1992)

Douglass, Jane Dempsey, *Women, Freedom, and Calvin*(1985)

Dowey, Edward A, *The Knowledge of God in Calvin's Theology*(1994)

Dyrness, William, *Reformed Theology and Visual Culture: the Protestant Imagination from Calvin to Edwards*(2004)

Edmondson, Stephen, *Calvin's Christology*(2004)

Engel, Mary Potter, *John Calvin's Perspectival Anthropology*(1988)

Fuhrmann, Paul T., *God-Centered Religion: an Essay Inspired by Some French and Swiss Protestant Writers*(1942)

George, Timothy, *Theology of the Reformers*(1988)

Gerrish, B. A., *Grace and Gratitude: The Eucharistic Theology of John Calvin*(1993)

Gordon, Bruce, *Calvin*(2009)

Graham, W. Fred, *The Constructive Revolutionary: John Calvin and his Socio-economic Impact*(1971)

Helm, Paul, *Calvin at the Centre*(2010)

Horton, Michael, *Calvin on the Christian Life: Glorifying and Enjoying God Forever*(2014), 「칼뱅이 말하는 그리스도인의 삶」(아바서원)

Hunter, Adam Mitchell, *The Teaching of Calvin: a Modern Interpretation*(1950)

Jones, Serene, *Calvin and the Rhetoric of Piety*(1995)

Keller, Timothy, *Prayer: Experiencing Awe and Intimacy with God*(2014), 「팀 켈러의 기도」(두란노)

Lane, Anthony N. S., *A Reader's Guide to Calvin's Institutes*(2009)

Leith, John, *John Calvin's Doctrine of the Christian Life*(1989), 「칼빈의 삶의 신학」(한국장로교출판사)

_____, *Pilgrimage of a Presbyterian: Collected Shorter Writings*(2001)

Mackay, John, *The Presbyterian Way of Life*(1960)

McCormack, Bruce L., *For Us and Our Salvation: Incarnation and Atonement* in the Reformed Tradition(1993)

McGrath, Alister E., *A Life of John Calvin*(1990)

_____, *Christian Theology*(1994)

McKee, Elsie Anne, *Institutes of the Christian Religion: 1541 French Edition* (2009)

_____, *John Calvin on the Diaconate and Liturgical Almsgiving*(1984)

_____, *John Calvin: Writings on Pastoral Piety*(2001)

McNeill, John T., *On God and Political Duty*(1950)

_____, *The History and Character of Calvinism*(1954), 「칼빈주의 역사와 성격」(크리스챤다이제스트)

Mouw, Richard J., 'Calvin's Legacy for Public Theology', *Political Theology* (2009)

Nichols, James Hastings, *Primer for Protestants*(1947)

Oberman, Heiko A., 'Initia Calvini: The Matrix of Calvin's Theology' in *Calvinus Sacrae Scripturae Professor: Calvin as Confessor of Holy Scripture*(1994)

_____, 'John Calvin: The Mystery of His Impact' in *Calvin Studies VI*(1992)

_____, 'Pursuit of Happiness: Calvin Between Humanism and Reformation' in *Humanity and Divinity in Renaissance and Reformation*(1993)

_____, *The Dawn of the Reformation: Essays in Late Medieval and Early Reformation Thought*(1986)

Ozment, Steven, *The Age of Reform 1250-1550: An Intellectual and Religious History of Late Medieval and Reformation Europe*(1980)

Parker, T. H. L., *Calvin: An Introduction to His Thought*(1995)

_____, *Calvin's Old Testament Commentaries*(1993)

Partee, Charles, *The Theology of John Calvin*(2008)

Protestant Scholasticism: Essays in Reassessment, edited by Carl R. Trueman and R. S. Clark(1999)

Reed, R. C., *The Gospel as Taught by Calvin*(n.d.) Robinson, Marilynne, *Gilead*(2004)

_____, *John Calvin: Steward of God's Covenant*(2006)

_____, *Lila*(2014)

_____, *The Death of Adam: Essays on Modern Thought*(1998)

Schreiner, Susan, *The Theatre of His Glory*(1991)

Selderhuis, Herman, *Calvin's Theology of the Psalms*(2007)

_____, *John Calvin: A Pilgrim's Life*(2009), 「칼빈」(Korea.com)

Stroup, George W., *Calvin*(2009)

The Cambridge Companion to John Calvin(2004)

Thompson, Bard, *Liturgies of the Western Church*(1961)

Torrance, Thomas F., *Scottish Theology*(1996)

_____, *Theological Science*(1969)

Wallace, Ronald S., *Calvin, Geneva, and the Reformation*(1988), 「칼빈의 사회 개혁 사상」(기독교문서선교회)

_____, *Calvin's Doctrine of the Christian Life*(1959), 「칼빈의 기독교 생활 원리」(기독교문서선교회)

Warfield, B. B., *Calvin and Augustine*(1974)

_____, *Calvin and Calvinism*(1931), 340-341

_____, *Selected Shorter Writings of Benjamin B. Warfield*(1970-73)

Wendel, François, *Calvin: the Origin and Development of his Religious Thought*(1963)

White, Robert, *Institutes of the Christian Religion: A New Translation of the 1541 Institutes*(2014)

_____, *John Calvin: Sermons on the Beatitudes*(2006)

칼뱅을 읽다
「기독교 강요」로 배우는 칼뱅 신학 사상

초판 발행	2018년 6월 20일
초판 2쇄	2025년 3월 25일
지은이	데이비드 칼훈
옮긴이	홍병룡
발행인	손창남
발행처	(주)죠이북스(등록 2022. 12. 27. 제2022-000070호)
주소	02576 서울시 동대문구 왕산로19바길 33, 1층
전화	(02) 925-0451(대표 전화)
	(02) 929-3655(영업팀)
팩스	(02) 923-3016
인쇄소	(주)진흥문화
판권소유	ⓒ(주)죠이북스
ISBN	979-11-93507-53-7 03230

책값은 뒤표지에 있습니다.
잘못된 도서는 교환하여 드립니다.
이 책 내용의 일부 또는 전부를 재사용하려면 반드시 죠이북스의 허락을 얻어야 합니다.